맥주 스타일 사전

*** 2ND EDITION ***

저자 김만제

2008년까지 술 한 잔 안 마시던 청년이 2009년 독일 교환학생을 통해 맥주를 접하면서 일기 형식으로 시음기를 남기는 블로그 '살찐돼지의 맥주 광장(www.fatpig.tistory.com)'을 시작했고, 이후 홈브루잉에 빠져들면서 2012년 다양한 맥주를 갈구하던 홈브루어들과 의기투합하여 비어포럼(www.beerforum.co.kr)을 개설했습니다. 맥주를 더 깊이 배우고 싶다는 생각에 독일 베를린 VLB 브루마스터 코스를 수강했고, 고국으로 돌아온 후 차츰 성장해가는 한국의 맥주 시장에서 즐거운 일을 해보고 싶은 생각에 2013년 이태원에 사계절을 열었습니다. 현재는 사람들에게 다양한 맥주의 세계를 알리고자 어메이징브루잉 아카데미 맥주 학원(www.amazingacademy.co.kr)의 원장을 맡고 있습니다.

Copyright © 2019 by Youngjin.com Inc.
1016, 10F. Worldmerdian Venture Center 2nd, 123, Gasan-digital 2-ro, Geumcheon-gu, Seoul 08505, Korea.
All rights reserved. First published by Youngjin.com. Inc,. 2015. Printed in Korea.

저작권법에 의해 한국 내에서 보호를 받는 저작물이므로 무단 전재와 복제를 금합니다.

이 책에 언급된 모든 상표는 각 회사의 등록 상표입니다.
또한 인용된 사이트의 저작권은 해당 사이트에 있음을 밝힙니다.

ISBN 978-89-314-6118-3

독자님의 의견을 받습니다
이 책을 구입한 독자님은 영진닷컴의 가장 중요한 비평가이자 조언가입니다. 저희 책의 장점과 문제점이 무엇인지, 어떤 책이 출판되기를 바라는지, 책을 더욱 알차게 꾸밀 수 있는 아이디어가 있으면 이메일, 또는 우편으로 연락주시기 바랍니다. 의견을 주실 때에는 책 제목 및 독자님의 성함과 연락처(전화번호나 이메일)를 꼭 남겨 주시기 바랍니다. 독자님의 의견에 대해 바로 답변을 드리고, 또 독자님의 의견을 다음 책에 충분히 반영하도록 늘 노력하겠습니다.

이메일 : support@youngjin.com
주 소 : (우)08505서울시 금천구 가산디지털2로 123 월드메르디앙벤처센터 2차 10층 1016호 (주)영진닷컴 기획1팀

STAFF

저자 김만제 | **총괄** 김태경 | **기획** 기획 1팀 | **진행** 차바울 | **디자인·편집** 지화경, 고은애 | **표지 디자인** 김소연
영업 박준용, 임용수 | **마케팅** 이승희, 김근주, 조민영, 김예진, 이은정 | **제작** 황장협 | **인쇄** 제이엠

맥주
스타일 사전

김만제 저

2ND EDITION

preface

"대한민국 맥주가 맛이 없어
문제라는 이야기가 많아 의견을 여쭙고자 연락드렸습니다."

개인 e-메일이나 운영하는 사이트, 업장 대표 전화로 특히 여름철이면 많이 걸려오는 기자나 에디터들의 연락이 있다. 이때 항상 내가 그들에게 전달해주는 답은 한 가지.
'우리나라 맥주의 맛이 문제가 아니라 그간 한국 맥주가 다양하지 못했던 것이 문제'라며 기사나 글의 구성 포인트를 다르게 잡을 것을 권유한다.
하지만 그들이 듣고 싶었던 답은 소위 전문가라는 사람들의 입을 통해 국산 맥주가 맛이 없다는 주장에 힘을 얻고 싶었던 것으로, 나의 권고는 그들에게 아무런 자극이 되지 못했다.
그간 국산 맥주의 맛에 관한 지적은 옛날부터 꾸준하게 있어왔고, 2012년 〈이코노미스트〉의 '한국 맥주는 북한 맥주보다 맛없다'라는 내용의 기사를 통해 국산 맥주가 수입 맥주보다 맛이 없다는 것이 기정사실화 되어버렸다. 2010년 이전에 사람들이 모이는 인터넷 사이트 게시판들의 맥주 이야기만 보더라도, 수입 맥주를 마시는 것은 허세라는 인식이 많았으나 맥주 맛을 위한 국내 소비자들의 소비가 증가하면서 많은 인식의 변화가 생긴 것은 사실이다.
그러나 기호 식품인 맥주에 있어서 '절대 좋은 맛'이라는 것은 존재하지 않는다. 더 희귀하고 역사가 오래된 맥주일수록 평가가 좋은 것은 대체로 사실이나, 맛이 좋다는 것은 어디까지나 개개인의 주관적 취향에 따라 갈린다. 이는 비단 맥주뿐 아니라 음료, 음식, 음악, 영화 등등 모든 분야에 적용되는 논리이다.
국산 맥주를 소변이라고 표현하는 몇몇 공격적인 자칭 맥주 마니아들이나, 자극적인 기사를 작성하려는 기자들은 주관적인 잣대에서 판단되어야 할 맛이라는 부분을 객관화시키려 하곤 한다. 이렇듯 많은 사람들이 국산 맥주에 맛에 불만이 있으니 바꾸어야 한다는 식으로 이야기하지만 여전히 다수의 사람들은 국산 맥주의 맛에 큰 불만이 없는 것도 사실이다.

인터뷰 도중에 이렇게 이야기하면 몇몇 사람들은 '국산 맥주 회사를 두둔하는 겁니까?' 라고 반문하는 때도 있다(어쩌면 인터뷰의 의도에 고분고분 따르지 않아서 생긴 짜증일 수도).

맥주에는 스타일이라는 것이 있다. 음악에 장르가 재즈, 힙합, 락, 클래식, 라틴 등등이 있는 것처럼, 맥주에도 필스너, 바이젠, 페일 에일, 스타우트, 세종, 트리펠 등등 각기 다른 다양한 풍미를 보유한 스타일이 존재한다. 맥주 업계에서 분류한 맥주 스타일의 가짓수는 전 세계를 통틀어 약 100여 가지가 된다.

국산 맥주가 다양할 수 없었던 것은 책 본문의 페일 라거Pale Lager 편에서 더 자세히 다루겠지만, 그간 국내에서는 페일 라거/라이트 라거Light Lager/다크 라거Dark Lager라는 3 종류의 맥주 스타일에서 벗어나기 힘들었다. 특히 페일 라거와 라이트 라거는 맥주의 스타일 가운데 가장 대중 친화적이고 맛이 순하고 얇아 여러 잔 마시기 좋은, 대기업 입장에서는 가장 상품성이 뛰어난 맥주 스타일이기도 하다.

대기업들은 독점적인 시장적 우세를 바탕으로 팔릴 만한 맥주들을 찍어 낸 것이고, 맥주 수입 업체들도 그간 팔릴 만한 해외의 페일 라거/라이트 라거를 수입해 왔다. 아사히, 하이네켄, 밀러, 코로나 등이 대표적인 이들의 스타일 계열 수입 맥주들이다. 결국 시장 논리에 의해 소비자들은 지금껏 100여 가지가 넘는 맥주 스타일 중 3~4가지의 맥주들 이외에는 다른 선택권이 없었다.

어떤 소비자들은 네델란드의 페일 라거인 하이네켄Heineken이 국산 맥주들보다 월등히 맛있다고 하는 사람이 있는 반면, 또 어떤 이는 수입 맥주 이것저것(접근성 측면에서 페일 라거일 가능성이 매우 높다) 마셔봤는데 거기서 거기라고 얘기하는 사람도 있다.

즉, 정답이 없는 주관적인 영역을 놓고 끝나지 않는 논쟁을 하는 것보다는 더 건설적이고 객관적인 부분에서 한국 맥주의 문제점을 지적하는 게 옳다고 생각한다. 맥주를 제대로 알리고 전파하며 즐기고 싶은 입장에서는 앞에서 언급한 것과 같은 언론 보도의 남발은 전혀 건설적이지 않다. 때문에 '한국 맥주는 맛이 없다'가 아닌 '한국 맥주에서는 왜 그간 다양한 스타일의 맥주나 나오지 못했나?'를 다뤄야 한다고 본다.

아직 사람들에게는 맥주 스타일이라는 게 낯설 수밖에 없다. 국산 맥주, 수입 맥주 가릴 것 없이 페일 라거의 독점적 시장하에 있었고, 맥주가 사회적으로 술이기 때문에 사회의 악으로 인식되고 있어 요즘 유행하는 먹방, 쿡Cook방처럼 여러 매체를 통해 대중들에게 노출되는데 제약도 많다.

맥주를 좋아하지만 맥주 전문가가 아닌 시민들의 인식에는 맥주는 여전히 3종류로 구분될 것 같다는 생각이다. 국산 맥주, 수입 맥주, 흑맥주. 다시 말해 맥주 스타일의 구분을 통한 소비는 아직까지는 소수의 마니아들을 통해서만 이뤄지고 있는 것이 현실이다.

이 책의 취지는 다양한 맥주의 스타일이 전 세계에 걸쳐 엄청나게 많다는 것을 알려주기 위함이다. 맥주가 외래에서 온 주류이기 때문에 맥주 관련 자료는 영어 위주라는 언어적 한계가 있었지만, 필자로서 가급적이면 우리말로 소통될 수 있는 쉬운 번역으로 많은 사람들에게 맥주에 대한 내용이 보급될 수 있도록 중간 전달자 역할을 하고 싶었다.

맥주 스타일 지식이라는 것은 이미 외국에서 오랜 기간 연구되고 개발되었던 것으로, 엄밀히 얘기하면 필자의 지식을 설파하고자 하는 책은 아니다. 그러나 단순히 해외의 자료를 딱딱하게 옮겨 담는 것에서 나아가 필자의 경험을 바탕으로 습득한 노하우와 견해들도 담아, 어려울 수 있는 분야를 유연하게 전달하기 위해 노력했다.

2012년 이래로 수입 맥주 시장을 필두로 이전과는 달리 다양한 스타일의 맥주가 들어왔고, 2014년에는 수세법 개정을 통해 국내 소규모 양조장에 대한 규제가 완화되어 독특한 맥주가 나올 가능성이 커졌다. 국산-수입 맥주 시장에서 페일 라거의 독점체제가 깨지게 되었으며, 이는 사람들의 다양한 맥주 스타일에 대한 이해가 매우 필요하게 된 시점이라는 것을 의미하기도 한다.

본론으로 돌아와서 맥주 스타일의 이해가 있다면, 한국 맥주의 문제점을 더 객관적인 시각에서 바라볼 수 있게 된다. '왜 우리는 그간 100가지 스타일 중 3종류의 맥주밖에 마실 수 없었는가?'라는 논쟁의 여지가 없는 질문을 던질 수 있는 것이다.

맥주 스타일의 이해는 소비자, 판매자, 제조자, 유통 업자 모두에게 맥주를 정확히 소비, 판매, 제작하기 위한 지식이라고 생각하며, 맥주 스타일을 이해하고 점점 다양한 맥주를 맛보려 하는 사람들이 많아질수록, 맥주 시장 자체가 점진적으로 성장하는 데 밑거름이 될 것이라고 본다.

30대 초반이라는 젊은 나이에 책이라는 것을 낼 수 있게, 그 동안 맥주의 지식을 넓힐 수 있도록 물심양면으로 도와주셨던 모든 분들께, 일일이 이곳에 이름을 적기는 어렵지만 감사의 인사를 전하고 싶다.

저자 김만제

일러두기

- 책에 표기된 맥주의 국내 수입 여부는 2019년 7월 기준입니다. 맥주 수입사의 사정에 따라 한정판 맥주의 경우에는 수입 여부가 달라질 수 있습니다. 출간 이후 국내 수입 여부가 변경된 맥주들은 저자 블로그(http://fatpig.tistory.com/)에서 추가 안내할 예정입니다.
- 지명, 맥주명 등과 같은 고유 명사는 최대한 원어 발음과 가깝게 표기했습니다. 다만 맥주명의 경우 수입사의 제품명과 다른 경우가 있으니, 이 부분 참고해 주세요. 예를 들어 'Westmalle'의 경우 책에서는 베스트말레로 표기하였으나, 국내에서 판매 중인 제품들은 수입사의 결정에 따라 '웨스트말레'로 라벨에 표기되었습니다.
- 외국 인명 상표명 등의 한글 표기는 국립국어원의 권고안을 최대한 따랐으며, 권고 기준이 애매한 경우 원어 발음을 따르려 했습니다.

공자님 말씀에 '알기만 하는 사람은 좋아하는 사람만 못하고, 좋아하는 사람은 즐기는 사람만 못하다'라고 합니다. 이 책으로 맥주에 대해 더 많이 알게 됐으니, 맥주를 더욱 좋아하고, 즐길 수 있기를 바랍니다. 건배!

contents

:: 머리말 … 4

Part 1. 맥주란 무엇인가

Section 01. 맥주는 무엇이고 어떻게 만들어졌는가? … 16

Section 02. 맥주를 만드는 데 필요한 것들 … 20
:: 맥아(Malt) … 20
:: 홉(Hop) … 21
:: 효모(Yeast) … 25
:: 물(Water) … 27

Section 03. 맥주 상식 사전 … 29
:: 독일 맥주 순수령 … 29
:: 라거는 약하고 에일은 강하다? … 35
:: 그루트 맥주(Gruit Beer) … 39
:: 올 몰트(All Malt) 맥주 … 42
:: 맥주의 특징에서 균형(Balance)이란? … 48
:: 밝은색 맥아 제조 기법이 맥주의 색상에 끼치는 영향 … 51
:: IBU(International Bitterness Unit)란 무엇인가 … 52
:: IBU 어느 수치까지 가능한 걸까? … 54
:: 공인된 맥주 전문가로 가는 길 씨서론(Cicerone) … 58

Part 2. 모르고 마셨던 맥주의 스타일 백과

Chapter 01. 맥주의 스타일 … 65
Section 01. 맥주 스타일별 특징 도표의 이해 … 67

Chapter 02. 하면 발효 맥주 : 라거Lager … 73
Section 01. 범세계적 맥주 스타일 … 74
∷ 페일 라거(Pale Lager) … 74
★ 페일 라거의 세부 분류 … 82
∷ 라이트 라거(Light Lager) … 84
Section 02. 체코의 맥주 … 86
∷ 체코 필스너(Pilsner) … 87
★ 체코 맥주의 플라토(Plato) 스케일 … 90
Section 03. 독일의 맥주 … 92
∷ 독일 필스너(Pilsner) … 93
∷ 헬레스 라거(Helles Lager) … 97
∷ 엑스포트(Export) … 101
∷ 라들러(Radler) … 105
∷ 옥토버페스트비어-메르젠(Oktoberfest-Märzen) … 106
Section 04. 다크 라거Dark Lager … 112
∷ 슈바르츠비어(Schwarzbier) … 113
∷ 둔켈(Dunkel) … 116
Section 05. 복(Bock) 맥주 … 119
∷ 둔클레스복(Dunkles Bock) … 120
∷ 도펠복(Doppelbock) … 123
∷ 아이스복(Eisbock) … 127
∷ 마이복(Maibock) … 131

Chapter 03. **상면 발효 맥주 : 에일Ale 혹은 바이젠Weizen** … 135

Section 01. 독일의 바이젠 맥주 … 136

　　　　　:: 헤페 바이젠 … 136

　　　　　★ 바이스비어 … 141

　　　　　★ 헤페-바이젠 맛의 원천? … 142

　　　　　★ 바이젠(Weizen)은 에일인가? … 143

　　　　　:: 크리스탈 바이젠(Kristall Weizen) … 144

　　　　　:: 둔켈바이젠(Dunkelweizen) … 147

　　　　　:: 바이젠복(Weizenbock) … 149

　　　　　:: 로겐비어(Roggenbier) … 152

Section 02. 독일의 지역 맥주 … 154

　　　　　:: 쾰쉬(Kölsch) … 154

　　　　　:: 알트(Alt) … 159

　　　　　:: 라우흐비어(Rauchbier) … 165

　　　　　:: 켈러비어(Kellerbier) … 169

　　　　　★ 독일 맥주의 숨겨진 보고 프랑켄(Franken) … 174

　　　　　:: 베를리너 바이세(Berliner Weisse) … 176

　　　　　:: 고제(Gose) … 180

Section 03. 영국의 맥주 … 183

　　　　　:: 포터(Porter) … 184

　　　　　★ 검은색 에일 스타우트(Stout)와 포터(Porter)의 차이 … 188

Section 04. 영국의 맥주—스타우트(Stout) … 190

　　　　　:: 드라이 스타우트(Dry Stout) … 190

　　　　　:: 스위트/밀크 스타우트(Sweet/Milk Stout) … 193

　　　　　:: 오트밀 스타우트(Oatmeal Stout) … 197

　　　　　:: 러시안 임페리얼 스타우트 (Russian Imperial Stout) … 200

　　　　　★ 크래프트(Craft) 맥주계에서 통용되는 임페리얼(Imperial)이라는 용어 … 206

　　　　　★ 임페리얼(Imperial)과 더블(Double)의 관계 … 208

　　　　　:: 발틱 포터(Baltic Porter) … 210

　　　　　:: 포린 엑스트라 스타우트(Foreign Extra Stout) … 214

★ 검은 맥아라고 다 같은 검은 맥아가 아니다! … 218
★ 아메리칸 블랙 에일(American Black Ale)? 블랙 IPA(Black IPA)? … 221

Section 05. 영국의 맥주-페일 에일 … 225
:: 스탠다드/오디너리 비터(Standard/Ordinary Bitter) … 228
:: 스페셜/베스트/프리미엄 비터(Special/Best/Premium Bitter) … 231
★ 에일(Ale)을 대표하는 맥주는? … 234
:: 엑스트라 스페셜 비터(Extra Special Bitter, ESB) … 236

Section 06. 미국의 맥주 … 239
:: 미국식 페일 에일(American Pale Ale) … 241
:: 미국식 엠버 에일(Amber Ale) … 246

Section 07. 아일랜드의 맥주 … 250
:: 아이리시 레드 에일(Irish Red Ale) … 250

Section 08. 인디아 페일 에일(India Pale Ale) … 253
:: 영국식 인디아 페일 에일(English IPA) … 254
:: 미국식 인디아 페일 에일(American India Pale Ale) … 262
:: 임페리얼 인디아 페일 에일(Imperial India Pale Ale) … 267
:: 임페리얼 레드 에일(Imperial Red Ale) … 271
★ 인디아 페일 라거(India Pale Lager) … 273
:: 임페리얼 필스너(Imperial Pilsner) … 275
★ 펌킨 에일(Pumpkin Ale) … 276
★ 크리스마스에 마시는 크리스마스 비어(Chiristmas Beer) … 278
★ 빅 비어(Big Beer) … 282
★ 자극적인 맥주는 가라! 세션 비어(Session Beer) 신드롬 … 283

Section 09. 잉글리쉬 몰티비어(English Malty Beer) 에일 … 286
:: 브라운 에일(Brown Ale) … 286
:: 발리 와인(Barley Wine) … 290

Section 10. 스코티시(Scottish) 에일 … 295
:: 스코티시 위 헤비(Scottish Wea Heavy) … 297

Section 11. 벨기에 맥주 스타일 … 300
　　　　　:: 벨지안 화이트(Belgian White) … 301
　　　　　★ 벨지안 화이트의 아버지 피에르 셀리스(Pierre Celis) … 307
　　　　　:: 세종(Saison) … 310
　　　　　★ 수도사들의 혼이 담긴 맥주 트라피스트 에일(Trappist Ale) … 315
　　　　　★ 애비 에일(Abbey Ale)은 무엇인가? … 323
　　　　　★ 트라피스트(Trappist)는 맥주 스타일 개념이 아니다! … 327
　　　　　:: 두벨(Dubbel) … 328
　　　　　★ 엥켈(Enkel) … 333
　　　　　:: 트리펠(Tripel) … 334
　　　　　:: 쿼드루펠(Quadrupel) … 339
　　　　　★ 병입 숙성(Bottle Conditioning) … 343
　　　　　:: 벨지안 블론드(Belgian Blonde) … 346
　　　　　:: 벨지안 골든 스트롱 에일(Belgian Golden Strong Ale) … 349
　　　　　:: 벨지안 페일 에일(Belgian Pale Ale) … 354
　　　　　:: 벨지안 IPA(Belgian India Pale Ale) … 357
　　　　　:: 비에흐 드 가르드(Biére de Garde) … 363
　　　　　:: 플랜더스 레드 에일(Flanders Red Ale) … 368
　　　　　:: 플랜더스 우드 브륀(Flanders Oud Bruin) … 374

Chapter 04. 즉흥 발효 : 람빅(Lambic) … 379
Section 01. 람빅(Lambic)의 특징 및 대표 맥주 … 380
　　　　　:: 스트레이트 람빅(Straight Lambic) … 385
　　　　　:: 괴즈(Gueuze) … 386
　　　　　:: 크릭(Kriek) … 391
　　　　　★ 스위트 람빅(Sweet Lambic) … 394

Part 3. 크래프트 맥주란 무엇인가

Chapter 01. **크래프트 맥주, 제대로 알기** … 400
Section 01. 수제 맥주? 크래프트 맥주(Craft Beer)! … 401
Section 02. 콜라보레이션(Collaboration), 크래프트 양조장이 사는 새로운 방법 … 411
Section 03. 에일(Ale)이 크래프트 맥주의 전유물? … 421
Section 04. 2010년대 후반의 대세 New England IPA … 426
Section 05. American Wild … 429
Section 06. Independent Craft Brewer Seal … 432

Chapter 02. **특별한 맥주를 즐기기 위한 보틀샵(Bottle Shop)** … 435
Section 01. 보틀샵(Bottle Shop), 특별한 맥주를 원한다면 이곳으로 … 436

what beer is applied

맥주는 무엇이고
어떻게 만들어졌는가?

맥아로 만든 주류라는 의미를 가진 맥주는 기원전 4000년경부터 중동 지역 문명의 발상지인 티그리스강과 유프라테스강을 끼고 발달한 메소포타미아 문명의 수메르인에 의해서 처음 만들어졌다고 알려져 있습니다.

수메르인의 맥주 양조 방식은 현대와 같이 전문적인 양조 방식을 갖춘 것이 아닌 빻은 보리를 빵과 같은 형태로 제조한 후 빵에 물을 붓고 저장해 두었던 정도였으며, 효과적으로 미생물을 다루는 발효라는 개념조차 알지 못했던 고대인들은 경험적으로 습득한 방식으로 맥주를 제조했습니다.

수메르인이 맥주를 양조했다는 기록은 수메르 우루크 왕조의 제5대 왕인 길가메시 왕의 서사시의 한 구절에서 찾아볼 수 있습니다. 맥주를 마신다라는 구절과 작업에 참여한 인부들에게 맥주와 포도주를 제공하라는 문구들이 확인됩니다.

기원전 3000년 즈음부터 메소포타미아에서 바빌로니아의 부흥기를 가져온 최초의 성문화된 법전 편찬으로 유명한 함무라비 왕의 법전을 살펴보면 맥주와 관련된 조항이 있는 것을 발견할 수 있습니다.

"맥주를 파는 사람이 맥주 값을 곡물로 받지 않고 금전을 달라고 요구하거나, 맥주의 품질을 떨어뜨리는 행위가 발각될 시 그 사람에게 처벌을 내린다. 경우에 따라 물에 빠뜨려 익사시키는 수도 있다."

법전에 맥주와 관련된 조항이 명시되었다는 사실에 미루어 보더라도 맥주라는 주류는 당시 시민들과 매우 밀접하게 연결되어 있다는 사실을 파악할 수 있습니다. 메소포타미아 문명과 마찬가지로 우연히 반죽한 빵을 발효시켜 맥주를 만든 이집트 문명에서부터 맥주는 점점 서쪽으로 전파되어 그리스와 로마 문명에 닿게 됩니다.

로마 문명의 권역은 지리적으로 와인에 더 알맞은 기후를 가졌기에, 맥주의 양조는 와인의 주 재료인 포도가 생산되지 않는 로마 문명의 외곽인 북유럽 지역에서 더 성행하였습니다. 로마 군과 항상 대치했던 게르만 민족의 본거지인 라인강 너머의 독일 지역과 체코, 네덜란드, 벨기에 등이 맥주를 생산하던 주요 지역이었습니다. 때문에 와인은 로마의 지배 계층이 즐기는 주류로 여긴 반면, 맥주는 야만인들이 즐기는 저급 술이라는 인식이 형성되기에 이릅니다.

야만인들이나 하층 계급의 사람들이 마시던 맥주는 8~9세기 중세 유럽을 지배한 프랑크 왕국시기부터 다른 국면을 맞이하게 됩니다. 교황으로부터 서로마 황제의 칭호를 수여 받은 샤를마뉴를 비롯한 프랑크 제국의 황제들은 적극적으로 기독교를 포교하기 위해서 제국 내 각지에 기독교 수도원을 건설하기 시작합니다.

수도원들은 표면적으로 보기에는 그 지역 내에서 기독교를 전파하는 기구나 다름없었지만, 황제는 제국의 신하인 주교들을 수도원장으로 파견하여 중세 봉건 통치체제를 구축합니다. 이렇게 설립된 수도원들은 각기 맥주를 양조하였습니다. 우리나라에서는 종교인이 술을 가까이 한다는 것에 매우 부정적인 인식을 가지고 있지만, 예수와 12제자가 모여 가진 최후의 만찬의 기록을 보면 맥주는 아니지만 함께 포도주를 즐긴 것으로 나와있습니다.

메소포타미아나 이집트에서는 신에게 바치는 제물로 맥주를 양조하기도 했으며, 유럽의 수도원들에서는 맥주 양조를 통해 금식 기간에 영양을 보충하기도 하면서 황제 일행이 방문하면 맥주를 대접하기도 했습니다.

세계에서 가장 오래된 양조장이라고 불리는 바이헨슈테판 Weihenstephan 은 독일 바이에 른 주의 프라이징 Freising 시에 위치한 수도원에서 만들던 맥주를 기반으로 한 것입니다. 이 수도원은 768년에 세워졌으며 1040년에 양조장이 설치되었습니다. 1803년에 세속화된 상업 양조장에게 수도원 양조 권한과 기법을 넘겨주기는 했습니다만, 바이헨슈테판은 여전히 유럽 수도원 기반 맥주를 대표하는 브랜드로서 굳건한 이미지를 가졌습니다. 바이헨슈테판 이외에도 벨기에의 레페 Leffe 나 독일의 파울라너 Paulaner 등등 오랜 역사를 자랑하는 양조장들의 맥주들을 보면 중세 수도원 맥주 양조 문화와 밀접한 관계를 맺고 있습니다.

수도원을 중심으로 형성된 봉건 체제의 유럽 마을에 상공업이 발달하면서 맥주 양조 문화가 수도원에서 세속의 양조장들에게 전파되며 새로운 시대를 맞이하게 됩니다. 중세 유럽의 맥주를 비롯해서 기원전 이집트나 메소포타미아의 맥주 양조는 체계화 된 공정이나 정석적인 재료로 이루어진 양조는 아니었습니다.

현대 맥주 양조는 맥주의 쓴맛을 창출하기 위하여 홉 Hop 이 세계 각지의 어느 양조장에서든 이견 없이 맥주의 주 재료로 받아들여지나, 고대와 중세의 양조는 각종 향신료나 야생 허브 등이 사용되었습니다. 그루트 Gruit 는 유럽의 마을이나 산간 주변에서 쉽게 구할 수 있는 독특하고 쌉싸래한 풍미를 가진 야생 허브의 집합을 뜻하는 용어로, 그루트 맥주 Gruit Beer 란 각 지역마다 토속적인 야생 허브를 이용하여 만든 맥주를 의미합니다. 지역별로 자라나는 토종 허브의 맛의 특색이 다르다보니 중세 유럽의 맥주는 체계화 된 양조보다는 지역별로 난립하는 그루트 맥주 Gruit Beer 들이 더 성행했던 시기였습니다.

사실 야생 허브를 채집해서 만들던 그루트 맥주 Gruit Beer 는 스스로 채집한 야생 허브들에 대한 특성을 모른 채 사용한 경우가 허다했다고 알려집니다. 몇몇 야생 허브들은 환각 증상을 불러일으키거나 심하면 목숨을 위협하는 물질을 포함하기도 했습니다. 검증되지 않은 야생 허브들로 맥주를 빚어 생기는 문제점들이 유럽 각지에서 속출하자 점차 안전하면서도 맥주의 맛을 향상시킬 수 있는 허브들이 각광받기 시작합니다.

홉 또한 야생 허브 집단인 그루트의 일원으로 시작되었지만 점차 맥주 양조에 있어서 홉의 효능이 인정받다보니 다른 야생 허브들을 제치고 맥주 양조의 핵심적인 재료로 자리매김합니다. 독일이나 체코 지역에서는 본격적으로 홉 농장을 설치하여 적극적으로 맥주 양조에 이용하게 되었고, 이러한 맥주들이 유럽에 전파되면서 마침내 홉은 1516년 반포된 독일의 맥주 순수령이 인정한 맥주 기본 재료에 포함됩니다.

맥주의 기본 재료 4가지는 물 Water, 맥아 Malt, 홉 Hop, 효모 Yeast 입니다. 1516년 독일 빌헬름 3세에 의해 제정된 맥주 순수령은 '맥주로 인정받기 위한 기본 3재료'를 규정한 것으로 16세기 당시에는 효모의 존재를 알지 못했음 현재까지 독일 맥주 문화와 맥주 스타일을 이루는 근간이 되고 있습니다.

이후 독일 라거 맥주에 영향을 받은 국가들과 양조가들에게는 맥주 순수령이 규율처럼 준수되고 있지만, 벨기에나 영국 등의 독일 이외 지역에서 맥주 문화를 꽃피운 양조장은 16~17세기까지 그루트 맥주 Gruit Beer 들을 양조했으며 여전히 물, 맥아, 홉, 효모 이외에 다른 재료를 넣어도 맥주로 인정 받을 수 있었습니다. 맥주 순수령 이후로 순수령을 지키는 독일 맥주의 성향과 영국, 벨기에의 맥주 성향이 갈리게 되었고, 결과적으로는 국가별로 다양한 맥주 양조가 꽃피웠습니다.

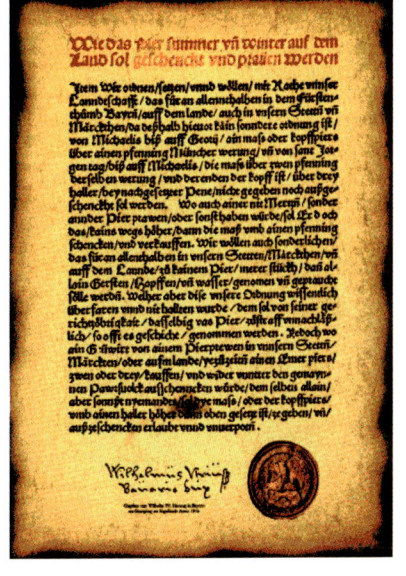

맥주 순수령1

맥주를 만드는 데
필요한 것들

맥주 순수령이 제정된 16세기 이후의 유럽 맥주 역사는 이후 소개되는 다양한 스타일의 맥주들 편에서 자세히 다루기로 하고, 먼저 맥주의 기본 4재료인 맥아, 홉, 효모, 물 등이 맥주 양조에 있어서 어떤 역할을 하는지 알아보도록 하겠습니다.

맥아 Malt

막걸리는 쌀이나 밀로, 와인은 포도로 만들듯이 맥주는 맥아Malt를 이용하여 술을 만들어 냅니다. 보통 맥주의 재료를 보리로 이해하는 경우가 많은데, 이는 절반은 맞고 절반은 틀린 말입니다. 맥아는 보리 낟알을 물에 반응시켜 싹을 틔우고 맥주를 만들 때 필요한 효소들을 생성한 후 싹을 제거한 것을 이릅니다.

일반적인 보리로도 맥주를 만들 순 있지만 맥주를 양조하기 위한 최적의 상태를 갖춘 맥아보다는 효율과 품질 부분에서 크게 떨어지기 때문에, 맥주용 보리는 맥아화 과정을 거쳐야 합니다. 맥아 제법이 발달하지 않은 고대-중세의 맥주들은 일반 보리로 맥주를 만들었기 때문에 현대의 맥주들에 비해 품질이 안정되지 못했습니다.

맥아의 대부분은 맥아화된 보리이지만 밀과 같은 다른 곡물도 맥아화 될 수 있습니다. 독일에서 만들어지는 밀맥주 Wheat Beer 는 맥아화 된 밀과 보리 맥아가 혼합되어 사용되기에 온전하게 맥아 = 보리라고 생각하기는 약간의 무리가 있습니다.

맥주를 포함한 발효주는 곡식이나 과일로부터 당Sugar을 얻고, 효모가 당을 섭취하여 알코올과 이산화탄소를 생성하는 것이 일반적입니다. 맥주 양조에서도 당을 제공하는 원천이 맥아로서, 분쇄된 맥아가 물과 만나 반응하는 과정인 당화~Mash~는 양조의 필수단계입니다. 당화 과정에서 맥아와 섞은 물을 맥아즙~맥즙~이라고 부르며, 맥아즙에서 보리 껍질이나 부유물 등을 걸러낸 후 효모로서 발효시키면 맥주가 됩니다.

홉 Hop

홉~Hop~은 학명으로 'Humulus Lupulus'라고 불리는 삼과의 식물로서, 홉이라는 식물의 암꽃 잎이 맥주의 재료로 사용되며 중세 이후 본격적으로 맥주에 첨가되었습니다. 16세기경 유럽에서 공식적으로 맥주의 재료로 인정받기 이전 시기에는 야생에서 채취할 수 있는 허브나 꽃 등이 향미를 부여하기 위해 투입되었으나, 홉 특유의 탁월한 성능과 향미 때문에 지금까지도 많은 양조장들이 의심의 여지없이 사용하는 맥주의 주재료입니다.

맥아2와 홉3

홉은 맥아Malt처럼 발효를 위한 당의 원천이 되지도 않으며, 효모처럼 발효의 주체도 아니며, 물과 같이 마시는 액체가 되지도 않습니다. 그럼에도 홉이 맥주의 기본 재료로 자리매김한 까닭은 홉이 가진 뛰어난 기능들 덕분입니다.

홉은 항생물질Anti-Bacterial이자 천연 방부제로서 발효 중 부정적인 미생물, 박테리아들을 죽이거나 성장을 억제합니다.

당Sugar을 위한 원천인 맥아는 마치 캐러멜이나 시럽과 같은 단맛과 향을 맥주에 부여합니다. 홉은 맥주에 있어서 쌉쌀한 풍미를 남기기에 홉이 없다면 맥주는 달작지근한 맛 위주의 음료가 되어 금방 물리게 됩니다. 맛과 향의 균형적인 측면에서 홉의 역할은 매우 중요합니다.

전 세계적으로 300가지가 넘는 종의 홉이 맥주 양조계에서 사용되고 있으며, 홉마다 각기 다른 고유의 풍미를 지닙니다. 예를 들면 미국의 캐스케이드Cascade 홉은 자몽, 귤과 같은 새콤하고 시트러스Citrus한 속성을 맥주에 입힙니다. 반면 영국의 브램링 크로스Bramling Cross라는 홉은 블랙커런트Black-Currant, 베리의 왕으로 불리는 작은 열매로 건포도스러운 풍미이며, 독일의 테트낭Tettnang 홉은 꽃이나 허브같은 아늑함과 화사함 등을 간직했습니다.

같은 종의 맥아, 물, 효모를 사용했더라도 캐스케이드Cascade 홉과 테트낭Tettnang 홉 중 어떤 것을 사용했느냐에 따라 완성된 맥주의 맛은 완전히 달라질 수 있습니다. 마치 동일한 라면에 고추장이나 된장을 넣었을 때의 맛과 향의 차이와 같은 것으로 홉Hop은 맥주의 양념으로서 매우 중요한 재료입니다.

홉Hop, 품종에 따라 맛이 변화하는 매력적인 재료

메를롯Merlot, 삐노 누아Pinot noir, 모스카토Moscato, 리슬링Riesling 등등 어떤 포도 품종을 사용했느냐에 따라 와인의 맛이 달라지며, 같은 포도 품종이라 할지라도 어느 지역의 기후에서 나고 자랐느냐에 따라 그 특성이 달라집니다.

홉Hop은 맥아에서 나온 당Sugar을 기반으로 만든 액체를 효모로 발효시켜 알코올을 얻는 맥주라는 술에서 양념 역할을 하는 재료로, 어떤 종류의 홉을 사용하느냐에 따라서 맥주의 맛이 천차만별로 달라집니다.

2014년 정식으로 소개된 홉의 품종은 약 250여 종입니다. 홉이 주로 재배되는 지역은 북위 35~41도, 남위 34~43도의 서늘한 지역으로 연간 필요 강수량은 300mm, 여름 평균 기온은 섭씨 16~18℃를 기록하는 곳이 적당합니다.

홉을 재배하는 대표적인 산지로는 유럽에서는 독일 바이에른Bayern 지역과 체코 보헤미아Bohemia 지역, 영국 동남부 켄트Kent, 알프스 산맥 남부 슬로베니아Slovenia, 벨기에의 포페린게Poperinge 지역이 꼽힙니다.

국가별 대표 홉의 맛과 특성

국가	아로마 / 플레이버
미국	Piney 솔, Citrusy 감귤, Resiny 송진
영국	Earthy 흙, Herbal 허브, Woody 숲, 나무
독일/체코	Floral 꽃, Perfumy 향수, Peppery 후추, Minty 민트

- Citrusy : 감귤류, 자몽, 오렌지, 라임, 레몬 등
- Earthy : 진흙, 초목, 버섯, 마른 잎 등

※ 트로피컬(열대) 후르츠 계열 : 망고, 망고스틴, 구아바, 패션후르츠

※ 스톤후르츠(핵과일) 계열 : 복숭아, 자두, 살구

※ 포도/베리류

생산 국가에 따라 홉이 가진 고유의 맛과 특성이 차이가 납니다. 미국의 홉은 대체로 솔Pine이나 감귤Citrus의 새콤한 맛을 맥주에 입히며, 영국의 홉은 숲이나 나무, 진흙 등의 은은하고 점잖은 느낌을 맥주에 선사합니다.

같은 레시피의 맥주, 다시 말해서 동일한 알코올 도수와 동일한 맥아 구성, 동일한 효모를 이용한 두 맥주가 하나는 미국산 캐스케이드Cascade, 다른 하나에는 독일산 할러

타우Hallertau를 사용했다면, 이 둘은 홉으로 인해 전혀 다른 맥주의 맛이 납니다.

홉은 본래 유럽에서 주로 서식되는 덩굴성 다년초 식물이었지만 유럽과 기후가 비슷한 다른 대륙과 섬들에도 이식됩니다. 미국의 클러스터Cluster 홉은 영국의 종자가 미국에서 재배된 케이스로 영국과 미국의 기후 차이 때문에 영국 본토에서와는 다른 풍미를 나타내게 됩니다.

이민자들에 의해 대륙을 건너온 종류의 홉이 있는 반면, 인간이 인위적으로 조성한 환경과 연구 시스템을 통해 우수한 특성만 결합하여 새롭게 탄생한 신종 홉 품종들도 많습니다. 예를 들어 미국의 샌티엄Santiam 홉은 독일의 테트낭Tettnang 홉과 할러타우 미텔프뤼Hallertau Mittelfrüh 홉, 미국의 캐스케이드 홉으로부터 특성들을 물려받은 홉으로 샌티엄 홉에서는 독일 홉의 꽃향기floral 와 미국의 새콤한 풍미를 동시에 접할 수 있습니다. 지역 기후에 따른 홉 특성의 변화와, 기존 홉 간의 결합을 통한 신 종자 탄생이라는 요인을 통해 홉을 재배하고 연구하는 'Hop Breeding Company홉 재배사' 들을 통해 매년 다양한 홉이 출시되고 있습니다. 홉의 원산지였던 유럽을 넘어 미국에서 주로 재배되던 새로운 타입의 홉들은 이제 홉을 기르기 적당한 기후의 다른 국가들인 뉴질랜드나 호주 등의 오세아니아 지역은 물론 일본과 중국과 같은 아시아 지역까지도 재배 범위가 넓어졌습니다.

일본의 소라치 에이스Sorachi Ace 홉은 일본 맥주 기업 삿포로Sapporo 사에서 1984년 개발한 품종으로 독일의 브루어스 골드Brewer's Gold 종과 체코의 사츠Saaz 홉을 엮어 만들었습니다. 홉의 원산지나 재배지가 대부분 미국이나 유럽 등의 서양권 재배종이 많은 현실에서 이례적으로 일본의 소라치 에이스Sorachi Ace 는 특유의 레몬맛과 품질을 인정받아 훌륭한 홉 품종들이 즐비한 유럽과 미국의 많은 양조장들에서도 사용하는 제품이 되었습니다.

오직 한 품종의 홉을 사용하는 싱글 홉Single Hop 맥주들도 있기는 하지만 보통은 복수의 홉을 사용하기도 합니다. 특히 페일 에일Pale Ale 이나 인디아 페일 에일IPA 처럼 홉의 특성이 중요한 맥주들은 다양한 품종의 홉을 사용하는 경향이 있으며 각각의 홉을 어떻게 섞는지에 따라 맥주의 맛이 좌우됩니다.

250가지가 넘는 종류의 홉Hop 중 3~4종을 골라 어떻게 배합하느냐에 따라 파생되는 맥주 맛의 경우의 수는 많을 수밖에 없습니다. 품종에 따라 달라지는 홉의 각기 다른 맛을 점차 이해하면서 마신다면 맥주를 즐기는 또 하나의 재미를 얻게 될 것입니다.

효모 Yeast

효모는 맥주와 같은 발효주에서는 가장 필수적인 요소로서 발효 작용을 담당합니다. 맥아로 당이 담긴 맥즙을 만들고, 홉으로 아무리 맥즙을 양념해놓아도 효모가 없다면 알코올이 없는 액체맥즙 일 뿐입니다. 알코올을 절대 내포할 수 없습니다.

효모의 발효 과정4

효모는 맥아로부터 추출한 맥아당Sugar 이 담긴 맥즙에 투입되어 발효를 진행합니다. 이때 발효 온도는 상당히 중요한 변수로 '상면 발효의 에일Ale'과 '하면 발효의 라거Lager'를 구분하는 기준이 됩니다.

상면 발효 : 보통 섭씨 18~23℃에서 발효하는 방식으로, 이에 따른 결과물을 에일Ale 맥주라 부 릅니다. 상면 발효Top-Fermentation 라고 불리는 까닭은 발효 후 효모가 맥즙의 상층에 머물기 때문입니다.

하면 발효 : 섭씨 8~13℃에서 발효하는 방식으로, 이에 따른 결과물을 라거Lager 맥주라고 합니다. 하면 발효Bottom-Fermentation라고 불리는 까닭은 발효 후 효모가 맥즙의 하단으로 가라앉기 때문입니다.

맥주 양조장에서 사용하는 효모들은 이미 상면 발효에 알맞거나 하면 발효에 적합하도록 설계가 되어있습니다. 에일 효모를 하면 발효 맥주 온도에서, 반대로 하면 발효 라거 효모를 에일 맥주의 온도에서 발효시키는 것은 가능하지만 꼭 그래야 할 이유도 없고 결과물도 바람직하지 않기에 에일Ale 맥주 효모는 해당 발효 온도인 18~23℃에서 발효합니다.

맥주 양조에 있어서 가장 어려운 점이자, 숙련된 맥주 양조가들도 항상 마음을 놓지 않고 신경을 쓰는 부분이 효모의 발효 과정입니다. 맥주의 공정은 요리와는 달라서 인간의 힘으로는 맥즙을 발효시켜 알코올이 포함된 맥주를 만들 수는 없습니다. 어디까지나 효모에게 전적으로 맡기는 수밖에 없습니다.

만약 발효 과정 중 비위생적인 환경으로 인한 오염이나 건강하지 못한 효모의 발효로 맥주 발효에 없어야 할 박테리아미생물가 창출해낸 신맛이나 떫은 맛 등이 완성된 맥주에 남게 되거나, 효모가 죽어 발효 자체가 이뤄지지 않았다면 맥주 양조가는 엄청난 자금, 시간, 인력의 손실을 마주해야 합니다. 발효는 요리처럼 인간이 직접 할 수 있는 부분이 아니기에 효모가 위생적인 환경에서 적합한 온도에서 원활히 발효가 가능하도록 최적의 환경을 조성해주는 것 이외에는 다른 방법이 없습니다.

따라서 맥주 양조가들은 맥주 양조의 90%는 작업의 청결과 위생이라고 논할 만큼 맥주의 발효 과정은 엄격하게 인간에 의해 제어되어야 할 부분입니다.

물 Water

맥주가 주류인 만큼 맥주 재료에 있어서 가장 많은 비중을 차지하는 것은 단연 물입니다. 그렇기에 오염의 여지가 없는 질 좋은 물로 만들면 그만큼 상급의 맥주가 나온다는 것은 삼척동자도 알만한 사실입니다.

깨끗한 물로 맥주를 만드는 것은 1000년 전의 양조장이나 현대 할 것 없이 모든 양조장들이 기본적으로 지키는 철칙입니다. 따라서 물을 정제하는 기술이 발달하지 않은 중세와 근대의 유럽에서는 양조장의 부지를 고를 때 가장 신경썼던 부분이 지역에서 어떤 물이 공급되는가를 파악하는 것이었습니다.

단순하게 깨끗한 지하수가 흐르느냐가 파악해야 할 중요한 사항이 아닌, 지역의 물이 어떤 광물을 포함했으며 산성도는 얼마가 되는지를 중시했습니다. 맥주 양조에 매우 중요한 사안이기 때문입니다.

지역마다 흐르는 물을 경수 Hard Water 와 연수 Soft Water 라는 두 종류의 물로 쉽게 구분할 수 있습니다. 우리말로 경수는 센물, 연수는 단물로 표현하기도 합니다. 경수와 연수를 가르는 가장 중요한 물질은 칼슘과 마그네슘 등의 양이온으로 경수에는 양이온이 많이 포함되어 있으며, 연수에는 적게 포함되었습니다.

예로부터 맥주 양조가들은 지역에서 공급되는 물의 특성에 맞춰서 알맞은 맥주 스타일을 만들어 냈습니다. 황금빛 필스너 맥주의 원조로 유명한 체코 플젠 Plzen 지역의 필스너 양조장들은 플젠의 물이 미네랄과 염분의 함량이 적은 연수라는 것을 파악했고 보다 더 깔끔한 맛의 라거를 생산하는 데 많은 보탬이 된다는 사실을 알고 있었습니다. 플젠 지역의 연수를 바탕으로 나온 필스너 맥주들은 다른 지역의 물을 사용한 필스너들보다 원형에 가까운 라거의 맛으로 더 사랑 받았으며, 체코 필스너를 필스너의 원형으로 우뚝 서게 했습니다.

영국의 중부에 위치한 버턴 온 트렌트 Burton On Trent 지역의 물은 황산염 Gypsum 이 다량으로 포함된 것으로 유명했습니다. 황산염 Gypsum 이 포함된 물은 홉의 풍미를 부각시키는 데 큰 도움이 되는 것으로 밝혀져, 홉의 풍미가 매우 중요한 페일 에일 가운데서도 영국의 버턴 온 트렌트의 페일 에일이 19세기 영국 페일 에일의 붐을 주도하게 됩니다. 현대 양조에서는 양조 용수 정제나 화학물 등을 첨가하여 중성의 물을 산성으로 변화시키는 기법 등이 발달하여 지역 특유의 물 특성이 예전만큼 중요하지는 않지만, 물은 맥주 재료들 가운데서 가장 많은 비중을 차지하기 때문에 물의 청결과 고유 특성이 양조의 성패를 판가름 짓는다고 봐도 과언은 아닙니다.

맥주 상식 사전

독일 맥주 순수령

맥주 하면 떠오르는 나라, 맥주의 정통파로 여겨지는 국가가 독일이 된 원동력은 아무래도 독일 맥주 순수령이 있기에 가능하지 않았나 싶습니다. 독일어로는 'Reinheitsgebot', 영어로는 'German Purity Law 혹은 German Beer Purity Law'라고 불리는 독일 맥주 순수령은 맥주는 오로지 보리, 물, 홉으로만 만들어야 한다는 것을 골자로 합니다. 효모Yeast 또한 발효주 맥주에 있어서는 핵심적인 재료이지만 16세기에는 효모라는 존재를 인지하지 못했기에 포함되지 않았습니다. 19세기 프랑스의 루이 파스퇴르에 의해 밝혀지기 전까지 말이죠.

1516년 공표한 법으로 바이에른의 공작이 맥주 순수령을 반포하게 된 까닭은 두 가지로 압축됩니다. 첫 번째는 보리 맥아 이외에 맥주의 당원으로 사용될 수 있는 밀Wheat과 호밀Rye 등을 식량으로 확보하기 위해서 입니다.

빵을 주식으로 하는 유럽 식문화에서 빵의 주 원료인 밀과 호밀이 맥주의 재료로 사용되면 그만큼 빵 생산에 필요한 재료들이 맥주에 투입돼 빵의 가격 상승을 불러일으킬 수 있기 때문입니다. 맥주의 재료를 빵 생산에 적합하지 않은 보리에 국한시키면서 식량에 필요한 밀과 호밀의 가격을 안정시키는 것이 바이에른 공작이 맥주 순수령을 반포한 목적들 중 하나로 설득력 있게 인정받고 있습니다.

두 번째 이유는 홉이 맥주의 주 재료로 자리매김하게 되면서 검증되지 않은 야생 허브 사용에 따른 부작용 등을 방지하려는 목적 때문입니다. 고대 메소포타미아 시대의 맥주부터 맥주 순수령이 공포되기 이전 시기인 중세 유럽까지 맥주는 체계화된 양조라기보다는 우연에 기대는 양조에 더 가까웠다고 할 수 있습니다.

정원에서 자생하는 야생 허브를 이용해 맥주를 만들고, 농장에서 구할 수 있는 곡식들을 사용하여 맥주를 만드는 수준이었습니다. 몇몇 야생 허브는 맥주에 사용되었을 경우 독성 물질이나 환각 등의 부작용을 야기하는 경우가 발생했습니다. 또한, 야생 허브가 아닌 홉을 사용한 맥주가 맛과 풍미에 있어서 탁월하면서도 홉 자체에 방부 효능까지 있어서 오래 보관하기 용이했으며, 무엇보다 안전하다는 것이 검증되자 홉이 들어간 맥주를 적극적으로 장려하기 위한 목적이 깃들어서 맥주 순수령에서 홉을 주재료에 포함시켰다는 의견도 많습니다.

야생 허브에서 발생하는 문제를 바로잡기 위한 목적 말고도, 위생에 관한 개념이 사람들에게 심어지지 않은 중세 맥주 양조에서는 저급의 맥주들 때문에 사건사고가 적지 않았다고 전해집니다. 때문에 질 나쁜 맥주를 판매한 양조가는 교수형에 처해지거나, 몸을 묶은 채로 강에 떨어뜨려 익사시키는 형벌이 가해졌습니다. 양조 위생을 개선시키거나 적절한 환경에서 효모를 다루는 방법을 그 당시 사람들이 알았더라면 이렇게 가혹한 형벌이 내려지지는 않았을 겁니다.

맥주 순수령은 표면적으로는 더 이상 질 나쁜 맥주가 양조가들에 의해 생산되는 것을 막기 위해 검증된 재료들로 맥주를 만드려는 의도로 제정되었습니다. 그래서 독일 맥주 순수령의 영어식 표기는 'German Purity Law'라고 되어있는데, 'Purity' 즉 '순수'라는 말이 포함되었다는 사실은 불결한 맥주가 나오는 것을 막기 위한 목적성을 띠는 것이나 다름 없습니다.

그러나 1516년 독일 맥주 순수령이 제정되었지민 온 독일에 영향을 미치지는 못했습니다. 순수령을 제정한 인물이 당시 독일의 지배자였던 신성로마제국의 황제가 아닌 고작 연방국이었던 바이에른주의 공작이었기 때문에, 맥주 순수령은 그의 권역인 바이에른주에만 적용되었습니다. 반포된 지 300년 이상의 세월 동안 맥주 순수령은 독일 동남부의 바이에른주 일대에만 영향을 끼쳤고, 벨기에와 네덜란드와 인접한 북서부 독일이나 베를린을 중심으로 성장한 북동부의 프로이센의 맥주 양조가들에게는 무관했습니다. 바이에른주 이외의 맥주들은 여전히 순수령에서 금하는 과일이나 향신료들을 맥주에 넣었습니다.

독일 맥주 순수령이 전 독일에 본격적으로 적용된 시기는 비스마르크의 프로이센에 의해 독일이 통일된 1871년 이후입니다. 당시 독일의 역사를 잠시 살펴보면 1871년 이전 독일은 이미 프로이센을 중심으로 한 북독일 연맹이 공고한 상태였고 오스트리아와 남독일 연맹은 통일 독일에 가담하지 않은 상태였습니다. 1860년 프로이센-오스트리아 전쟁을 통해 오스트리아를 포함한 대독일 통일은 사실상 물거품이 되었고, 1870년 프로이센-프랑스 전쟁에서 프로이센이 승리하자 남독일 연맹의 국가들이 통일 독일에 가담하게 됩니다. 당시 남독일 연맹에는 바이에른이 포함되었고, 통일 독일에 바이에른이 가담하는 전제 조건들 중 하나가 각종 재료가 난립하던 북독일의 맥주들로부터 경쟁력을 갖추기 위해 바이에른의 맥주 순수령을 전 독일에 적용시킬 것을 강력하게 요구했다고 합니다.

통일 독일 연방 정부는 이를 받아들여서 북독일 맥주 양조가들의 반대에도 불구하고 전 독일에 맥주 순수령을 적용시켰습니다. 때마침 독일과 체코에서 번성한 필스너 라거의 전파로 북독일의 양조가들은 대세였던 필스너로 기민하게 맥주 양조 노선을 변경하게 되었습니다. 1871년 이후 독일의 맥주 순수령은 전 독일에서 지대한 영향을 끼쳤고, 통일 독일 이후의 독일 양조가들에게는 불가침의 영역으로서 맥주 순수령이 깊이 자리잡게 됩니다.

또한 독일식 맥주들이 이후 유럽이나 아메리카 대륙, 아시아 등에 생기는 신규 양조장들에게 본보기가 되며, 자연스럽게 맥주 순수령 또한 독일 맥주를 전수받은 양조가들에게 율법과 같이 받아들여지게 됩니다.

맥주 순수령은 보리 맥아가 아닌 싼값의 옥수수나 쌀 등 다른 재료로 원가 절감을 노리는 다국적 대기업형 라이트 라거들과 대비되어 맥주의 정수를 지키고 잡다한 재료를 넣지 않는다는 점이 많은 사람들에게 맥주의 정통파 독일이라는 이미지와 정체성을 심어주는 데 많은 공헌을 하였습니다. 또한 맥주 순수령에 입각한 철저한 재료 관리로 완성된 독일 맥주의 정제된 특성은 독일 맥주의 품질을 높여주는 데 지대한 영향을 끼칩니다.

500년 전부터 맥주 품질을 관리하기 위해 반포된 독일의 맥주 순수령은 대기업형 맥주들과는 차원이 다른 꼼수를 부리지 않는 정통 맥주를 지향하는 독일 맥주라는 이미지를 심어주었습니다. 여기에 뮌헨이나 베를린 등의 저명한 대학이나 맥주 양조 아카데미들에서 경험을 쌓고 수학한 전 세계 각지의 양조가들이 신망하는 독일 맥주의 품질, 그리고 맥주 순수령에 깊은 영감을 받고 본국으로 돌아와 정통 독일식으로 맥주를 사람들에게 알리는 일에 관한 자부심 등이 독일 맥주 순수령을 더욱더 빛나게 하고 있으며, 많은 관광객을 맥주를 통해 독일로 끌어들이고 있습니다.

그러나 독일 맥주 순수령은 성역이 아닙니다. 어디까지나 독일과 그 영향을 받은 국가에서 적용되는 법이며, 맥주 순수령에 위배되는 맥주를 만든다고 해서 그 맥주가 순수하지 않다고 생각하는 건 매우 위험한 사고입니다. 예를 들어 독일의 인접 국가인 벨기에는 자체적인 맥주 문화를 꽃피운 국가로 예로부터 맥주 순수령의 권역 밖에 놓여 영향을 받지 않았습니다. 그래서 향신료나 시럽 등을 첨가하여 제조한 맥주들이 많았습니다. 대표적인 맥주가 호가든 Hoegaarden으로 대표되는 벨지안 화이트 Belgian White 스타일의 맥주로, 코리엔더 고수 씨앗과 큐라소, 오렌지 껍질 등이 첨가되어 독특한 풍미를 자아냅니다.

독일 맥주 순수령의 잣대로만 판단해서 벨기에의 호가든을 순수하지 않은 맥주라고 여겨버리면 독일을 제외한 벨기에, 영국, 네덜란드, 미국 등 각 국가마다 장인 정신을 가지고 오랜 기간 만들어 온 맥주들은 독일 맥주 순수령에 어긋나는 정통에 입각한 맥주가 아니게 됩니다.

독일은 세계에서 맥주로 영향력 있는 국가이고, 유구한 맥주 문화와 전통을 자랑하긴 하지만, 독일의 맥주법이 전 세계의 중심이 되는 법은 아닙니다.

마치 옛 중국인이 자신들이 세상의 중심이며, 색목인이나 주변 국가들을 오랑캐 취급을 한 것처럼, 독일에서 맥주 순수령이 가지는 파워는 여전히 대단합니다. 독일 양조가들에게 맥주 순수령을 어기는 일이란 우리나라 지하철에서 젊은 사람이 노약자 석에 앉았을 때 따가운 시선을 받는 것 이상입니다.

독일에서 맥주 순수령에 어긋난 맥주를 만들 수는 있습니다. 다만 그것을 맥주라고 부르지는 못합니다. 가장 대표적인 사례는 1990년대에 벌어진 일명 '브란덴부르크 맥주 전쟁'이라 불리는 사건입니다.

1993년 '노이첼러 클로스터 브로이Neuzeller Kloster=독일어로 수도원'를 인수하여 운영하던 헬무트 프릿슈Helmut Fritsche라는 양조가는 독일 연방 정부로부터 그가 생산하는 슈바르츠비어Schwarzbier에 설탕 시럽을 첨가하는 행위는 맥주 순수령에 어긋나기에 맥주Bier라고 불릴 수 없으니 설탕을 넣지 말거나, 맥주라고 칭하지 말도록 권고 받았습니다.

그러나 헬무트 프릿슈Helmut Fritsche는 노이첼러 클로스터 브로이Neuzeller Kloster의 근본인 수도원이 이미 16세기부터 슈바르츠비어에 설탕을 첨가하였기에 옛 레시피를 따른 것일 뿐이라며 바꿀 수 없다고 항소하였습니다. 10년간의 법정 공방을 통해 내려진 결과는 헬무트 프릿슈Helmut Fritsche에게 독일 연방 정부가 20,000유로의 벌금을 배상할 것을 판결 내렸으며, 그의 슈바르츠비어가 '맥주'로서 불릴 수 있는 권리를 부여했습니다.

10년간의 법정 공방 기간에는 맥주Bier라는 표현을 사용할 수 없었기에 헬무트Helmut의 맥주는 슈바르처 압트Schwarzer Abt라는 이름을 대신 사용하였지만 이제는 당당하게 맥주Bier라는 문구를 라벨에 삽입할 수 있게 되었습니다.

위의 양조장의 사례에서 미루어 볼 때, 독일 맥주 순수령은 독일 맥주의 정체성 확보에는 도움이 되었으나, 재료의 제한으로 인해 맥주의 다양성이라는 측면에서는 매우 부정적인 영향을 끼친 것이 사실입니다.

1871년 독일의 통일로 맥주 순수령이 온 독일에 적용되기 이전 시기 맥주 순수령과 무관했던 북독일의 맥주들은, 벨기에가 맥주의 다양성을 갖춘 맥주들로 찬사를 받는 것처럼 북독일 지역 토속 재료에 기반하거나 오랜 양조 전통에 입각한 특이한 맥주들이 많았습니다. 코리엔더고수나 라즈베리, 레몬 등의 과일을 첨가하기도 하고, 홉이 아닌 야생 허브를 사용한 맥주들이 북독일 각지에 널리 생산되었습니다.

그러나 1871년 이후 북독일 지역 특산 맥주들은 맥주 순수령과 라거/필스너의 급속한 전파로 인해 자취를 감추게 되었고, 현재 북독일 지역을 대표하는 독특한 지역 맥주는 쾰른의 쾰쉬Kölsch 나 뒤셀도르프의 알트Alt 이외에는 현재는 사실상 멸종되었습니다.

다만 아담 비어Adambier 나 브로이한Broyhan 등의 맥주는 꼭 맥주 순수령 때문에 멸종되었기보다는 라거/필스너가 더 양조장 운영과 재정 확보에 적합하다고 독일 양조가들이 판단하도록 만든 시장 논리 때문인 것이 더 큽니다. 현재 독일에 판매되는 맥주들을 살펴보면 라우흐비어Smoke Beer 나 고제Gose, 베를리너 바이세Berliner Weisse 등의 지역 맥주를 제외하면 대다수가 필스너–둔켈다크 라거–바이스비어Weissbier 등의 대중성을 인정받은 맥주들에 머뭅니다. 즉 독일의 대형 마트나 맥주 전문 마트에 들어가면 브랜드는 참 많지만 맥주 스타일 측면에선 다양하지 못한 상황입니다. 라면을 사러 마트에 갔는데, 라면 브랜드는 50가지가 넘지만 50가지 중 절대 다수가 김치라면, 육개장 맛 라면인 것과 비슷한 광경입니다.
독일 맥주 시장에 필스너–둔켈–바이스비어 등이 차지하는 비율이 워낙에 크다 보니 다른 스타일의 맥주가 소개될 공산이 크지 않고, 이미 독일 국민들이 독일 맥주 스타일과 특유의 저렴한 가격에 익숙해진 터라 새로운 맥주가 나와도 경쟁력이 없습니다.

미국이나 유럽을 중심으로 불고 있는 독특하고 창의적인 맥주를 만드는 크래프트Craft 맥주 산업도 독일을 제외한 벨기에, 네덜란드, 영국, 덴마크 등에 이미 자리잡았지만 보수적인 독일 맥주 시장은 아직 새로운 맥주를 받아들일 준비가 되지 않았습니다. 독일에서도 크래프트 맥주가 젊은 양조가들 위주로 시작되고 있지만, 이미 독일 내에서 인지도 있는 필스너 맥주들에 비해 그들이 만든 크래프트 맥주가 가격적으로 마케팅적으로 경쟁력이 없어 독일의 크래프트 맥주는 소비층을 확보하기 어려운 상황입니다.
워낙 보수적인 독일 맥주 시장인데다가 맥주 재료에까지 제한을 두는 맥주 순수령은 독일에서 새롭고 창의적인 맥주가 나올만한 가능성을 차단하는 벽으로 작용하고 있기에, 맥주 순수령이 항상 옳고 순기능만 있다고 보기는 어렵습니다.

독일 맥주 순수령이 맥주 역사에 있어 위대한 문화유산인 것은 확실합니다. 독일 내에서 변화의 움직임을 보이지 않는다고 해도 여전히 많은 사람들은 독일 맥주를 정통이라고 생각할 것이고 맥주 순수령의 순기능을 보려고 할 것입니다. 그리고 아무 문제없이 이전처럼 많은 관광객을 맥주라는 문화 컨텐츠로 독일로 끌어들일 수 있을 겁니다. 독일 맥주 순수령에는 매우 긍정적인 측면과 부정적인 기능이 공존합니다. 따라서 중용의 눈으로 맥주 순수령을 바라볼 필요가 있습니다.

라거는 약하고 에일은 강하다?

사람들이 맥주에 관심을 많이 갖다 보니 TV, 신문 기사, 인터넷 기사 등등에서 맥주에 관한 정보를 주는 기사를 많이 발견할 수 있게 되었습니다. 아무래도 맥주에 관해서 아무것도 모르는 사람들에게 맥주의 특징에 관해 설명하려면 하면 발효, 홉, 효모 등등의 낯선 맥주 용어가 어느 정도는 먼저 서술되어야 하지만, 너무 깊이 들어갈 경우 일반 사람들의 관심 및 집중력 저하를 불러 일으킬 수 있기 때문에 대중매체에서는 매우 간추린 정보를 전달합니다.

> '맥주는 하면 발효의 라거Lager 와 상면 발효의 에일Ale 로 나뉘는데, 라거 종류는 가볍고 청량하게 마시는 맥주이며 에일은 꽃/과일 향기가 나며 쓰고 강한 맛의 묵직한 특징을 갖습니다.'

사실 위와 같은 설명에 틀린 내용은 없습니다. 그리고 일반 사람들에게 전달하기에 가장 알맞은 형식이라 생각하고 있습니다만 어디까지나 설명의 편의를 위해 많이 축약된 정의일 뿐 만고불변의 진리는 아닙니다.

'사람들은 어떤 맥주를 강한 맥주라고 느낄까요?' 물론 본인 입맛이 느끼기에 강한 맥주가 강한 맥주라는 원론적인 답을 내놓고자 이렇게 화두를 던지는 것이 아닙니다. 일반적인 페일 라거만 마시던 사람들이 새로 접한 맥주(아마도 에일)로부터 강하다-부담스럽다-묵직하다라고 느낄만한 맛의 요소들을 나열해보면 아래와 유사할 거라 봅니다.

    홉의 쓴맛 Hoppy Bitter
    맥아의 단맛 Malty Sweet
    맥아의 무게감 Body
    알코올 맛

맛 자체의 생소함이나 효모의 과일 에스테르 등등은 적어도 강한 맛이라고 여겨지지는 않을 테니 제외했습니다.

강한 맥주 = 에일이라는 공식이 성립된다면 '에일은 라거보다 홉의 쓴맛이 강하고 맥아의 단맛과 무게감이 넘치며 알코올 맛도 센 맥주' 라고 봐야 합니다. 하지만 이 명제는 받아들이기에는 상당한 무리가 있습니다.

홉의 쓴맛, 맥아의 단맛-무게감, 알코올 맛은 라거-에일을 막론하고 양조가가 어떻게 만드느냐에 따라 충분히 바뀔 수 있습니다. 인디아 페일 라거 India Pale Lager, IPL 는 크래프트 맥주계에서 개발한 신종 장르로 홉만 많이 넣으면 라거도 얼마든지 IPA처럼 쓴맛을 뿜어낼 수 있다는 것을 단적으로 보여주는 예입니다.

알콜 도수 13, 16%를 기록하는 라거 맥주들

미국 포트 브루잉 팬저 임페리얼 필스너(9.5%, 라거)[6]

맥아의 단맛 및 무게감의 증가도 발효 시에 잡아 액체 속 당Sugar 의 느낌을 증진하거나 무게감을 높여주는 특수 맥아들을 많이 넣어 비발효당을 많이 생성하도록 당화 온도를 높게 잡는 데서 나타나는 현상이지 에일 맥주라서 발생하는 것은 아닙니다.

어디까지나 라거와 에일의 구분은 효모의 차이에서 오는 것으로, 에일 효모 가운데서도 미국식 페일 에일에 주로 사용되는 효모들처럼 깔끔하고 개운하게 맥주를 완성시키는 효모가 있는 반면, 맥아적인 느낌을 살려주며 묵직함을 동반케 하는 효모종이 따로 있습니다. 이 경우는 라거 효모들에서도 마찬가지입니다. 즉, 에일과 라거의 차이를 맛의 경중으로 구분하는 것은 어디까지나 맥주를 입문하는 단계의 분들을 위해 편의상 뭉뚱그려 설명한 것일 뿐 정확한 기준은 아닌 것입니다.

라거와 에일 가운데 기본적으로 확립된 맥주 스타일들에서도 강한 스타일의 맥주가 에일쪽에 많은 것은 사실이지만, 모든 에일이 라거보다 강한 것은 아닙니다.

에딩거Erdinger, 파울라너Paulaner, 바이헨슈테판Weihenstephan 등으로 대표되는 독일의 바이스비어Weissbier 나, 호가든Hoegaarden 으로 유명한 벨기에의 밀맥주 벨지안 화이트Belgian White 가 대표적인 마시기 편하고 청량함도 갖춘 상면 발효한 에일 계통의 맥주입니다.

킬케니Kilkeny, 스미딕스Smithwick's로 대표되는 아이리시 레드Irish Red는 보통 알코올 도수 4~5%를 오가는 에일 스타일의 온화하고 안정된 느낌의 맥주로 부담스런 묵직함이나 홉의 쓴맛, 과일 향과는 거리가 먼 맥주이기도 합니다.

반면 파울라너 살바토르Salvator 나 바이헨슈테판의 코르비니안Korbinian 등의 도펠복Doppelbock 이라 불리는 스타일은 하면 발효 라거 계통 맥주로 7%에 이르는 높은 도수와 강하고 묵직한 맛, 알코올 맛 등을 지녔습니다.

누군가가 도펠복Doppelbock, 라거 스타일의 맥주와 독일 바이스비어Weissbier, 에일를 동시에 마시고 어떤 것이 라거인지 에일인지 구분하라는 테스트에 참가한다면, 그가 에일이 라거보다 강하다는 정보를 맹신한다면 오히려 실험에서 라거의 대표로 나온 도펠복Doppelbock 을 에일이라고 선택할 가능성이 더 높아 보입니다.

'에일은 강하고 라거는 순하다'라는 너무 축약된 정보를 얻은 일반적인 소비자들에게 에일과 라거에 관한 이미지가 너무 고착화되어, "에일 맥주는 너무 쓰고 강해서 내 타입이 아니야."라는 선입견을 미리 가지게 된다면 다양한 맥주를 마실 수 있는 기회를 스스로 놓아 버리는 결과로 나타날 수도 있습니다.

영국 오디너리 비터인 브랙스피어 비터(3.4%, 에일)

이 사실을 잘 인지하고 있는 세계의 여러 에일 맥주 양조장에서는 강한 맥주라고 불릴만한 마니아적 에일들보다 일반 취향의 사람들에게 알맞을 순하고 편한 에일 맥주를 시장에 내놓으려고 노력하고 있습니다. 미국 크래프트 맥주계에서 새롭게 불고있는 기조인 세션 에일 Session Ale 은 자극적인 에일이 아닌 음용력 좋고 편한 에일을 만들자는 움직임입니다.

에일 맥주는 일반 소비자들을 겁주는 무서운 맥주가 아닙니다. 오히려 색안경을 끼고 에일 맥주를 바라보면 에일이 가진 다양성을 깨닫지 못하게 됩니다. 에일 맥주를 즐기는 소비자들 마니아들 이 강하고 자극적인 것만을 좋아해서 에일을 마시는 것도 아닙니다. 더불어 라거 맥주도 언제나 가볍고 쉽기만한 맥주가 아닙니다. 오히려 편해야 한다는 통념에 갇혀서 싱겁다고 편하만 당하기 일쑤입니다. 페일 라거 Pale Lager 가 아닌 국내에 소개조차 되지 못한 수많은 라거 Lager 스타일의 맥주들이 가진 매력도 정말 엄청납니다.

'라거는 약하고 에일은 강하다'는 견해는 긴 글로 개개인을 일일히 다 이해시킬 수 없다는 한계에서 나온 함축된 결과로 나온 것이기에, 편견에 사로잡히지 않고 다양한 스타일의 맥주를 시음하다 보면 라거 같은 에일이, 또 에일 같은 라거가 세상에 꽤 많다는 것을 발견하는 날이 오게 될 것입니다.

그루트 맥주 Gruit Beer

스코틀랜드는 기후적으로 홉이 자라기 어려운 지역입니다. 따라서 스코틀랜드 지역을 기반으로 한 맥주들은 전통적으로 홉의 풍미가 강하지 않았습니다. 그래서 홉 대신에 고대 스코틀랜드에서는 야생 허브나 꽃 등을 채집하여 맥주 양조에 넣어 독특한 풍미를 부여했던 양조 전통이 있었다고 합니다.

스코틀랜드의 윌리엄 브라더스 브루잉 컴퍼니 William Brothers Brewing Company 는 기원전 2000

년경부터 스코틀랜드의 원주민들이 양조하던 야생화를 넣은 헤더 에일Heather Ale을 역사적 에일Historic Ale이라는 시리즈의 하나로 출시하고 있습니다. 프로치 헤더 에일Froach Heather Ale은 홉이 아예 들어가지 않았고 홉 대신에 야생화Heather와 들버드나무Sweet Gale라는 식물을 첨가하여 현대 맥주들과는 다른 고대인들이 마시던 맥주의 맛을 재현하였습니다.

헤더 에일 이외에도 해초를 넣은 에일, 딱총나무 열매인 엘더베리Elderberry와 전나무 잎을 넣은 맥주 등등 스코틀랜드에서 구할 수 있는 고유의 재료들을 통해 빚은 맥주들도 시도됩니다.

스코틀랜드뿐 아니라 홉이 맥주의 주 재료로 채택되기 이전인 중세 유럽에서는 비싼 홉 대신에 흔히 구할 수 있는 야생 허브들로 맥주를 만들었는데, 이를 그루트 맥주Gruit Beer라고 합니다. 그루트Gruit는 각종 허브가 혼합된 것을 의미하는 것으로 스위트게일, 야생화, 쑥, 캐러웨이 등등이 포함되었습니다.[7]

본래 홉이라는 재료가 맥주의 재료로 통용된 것은 독일 같은 경우 **1516년**의 맥주 순수령 이후로, 맥주 순수령이 반포된 이전 시기 그리고 이후에도 홉 이외의 다른 풀이나 허브 등을 넣어 맥주에 향미를 부여하는 양조 문화가 존속했습니다.

홉이 다른 야생초들에 비해 맥주의 풍미를 결정짓는 양념으로서 자리잡은 데에는 물론 꽃이나 과일, 풀잎 등등의 홉 고유의 맛과 향 때문인 것도 분명하지만, 방부 효과를 인정받아 맥주의 품질을 유지시켜주는 기능 때문입니다. 인디아 페일 에일이나 임페리얼 스타우트Imperial Stout를 탄생시킬 수 있었던 건 홉만의 특수 기능 덕분입니다.

윌리엄 브라더스 브루잉William Brothers Brewing Company의 헤더 에일Heather Ale

1990년대 이후 미국과 유럽의 소규모 크래프트 양조장들에서는 홉이 아예 들어가지 않거나 소량의 홉과 야생 허브가 혼용된 옛 그루트 맥주들을 복원하는 데 관심을 가지기 시작했습니다.

약 500년 동안 이루어진 홉의 판도 속에서 근근히 살아남은 핀란드의 사티Sathi와 같은 주니퍼베리Juniper Berry 나뭇가지가 들어간 전통 맥주를 재현하거나, 베르가모트 꽃과 쑥을 사용한 맥주들이 시장에 새롭게 소개되기에 이릅니다.

미국과 유럽 등지의 소규모 양조장들이 자신만의 정체성을 드러내는 방법 중 하나는 고고학적 연구를 통해 옛 유럽의 맥주를 복원하는 작업입니다. 스코틀랜드의 윌리엄 브라더스 브루잉 컴퍼니는 이 분야에서 눈에 띄는 성과를 거두어 그루트 맥주를 논할 때 빠지지 않고 등장하는 양조장이 되었습니다. 소규모 크래프트 맥주 산업이 지속되는 한 그루트 맥주와 같은 옛 맥주 복원 작업은 지속적으로 이행될 겁니다.

맥주가 서양 문화권에서 발전한 주류이다보니 이름이 낯선 야생초들이 많지만, 점차 그 관심의 확대 범위가 동양의 야생초들로 넘어온다면 향후 상당히 흥미로운 맥주들이 많이 등장할거라 봅니다.

서양 톱풀과 로즈마리 머틀(도금양)이 사용된 에일8

올 몰트 All Malt 맥주

"우리 회사의 맥주는 올 몰트 100% Malt 맥주로 깊은 맛을 추구했습니다!"
"국산 맥주는 맥아 함량이 적어서 맛이 없다고 합니다!"
맥주와 관련한 기사나 광고, 보도 자료 등을 보면 누구나 한 번쯤은 듣고 보고 했었을 문구들입니다. 도대체 올 몰트 All Malt 는 무엇이고 맥아 함량이 적다는 것은 어떤 의미일까요?

올 몰트 All Malt 맥주는 다른 말로 100% 맥아 Malt 로만 만든 맥주라는 의미입니다. 발효주인 맥주는 효모 Yeast 가 당 Sugar 을 먹어야 알코올이 만들어집니다. 맥주의 당원인 맥아를 빻은 후 물에 약 1시간 동안 담가 맥아의 당이 물과 반응하는 과정을 당화라고 하는데, 당화가 끝나 당 Sugar 을 담은 물에 효모가 투입되어 발효 과정을 거치면 우리가 마시는 알코올을 담은 맥주가 됩니다.

100% 맥아 맥주는 당 Sugar 을 공급하는 당원이 100% 맥아에서 온다는 말이며, 쌀이나 옥수수, 귀리 등의 다른 곡물이나, 설탕 등의 당의 투입 없이 오로지 맥아 당으로만 맥주를 만들었다는 것을 시사합니다.

독일의 맥주 순수령에서도 언급되었듯이 맥주의 재료로는 보리 맥아가 명시되었으며, 실제로 보리 맥아의 당으로 만들어져야 '맥주다운 맥주'가 완성되는 것은 맞습니다. 쌀이 사용되면 맥주 자체가 가벼워지며, 옥수수는 특유의 단맛을, 설탕을 과다하게 당원으로 사용해서 맥주를 만들면 조악한 단맛을 마주하게 됩니다.

따라서 고풍미의 맥주를 지향하는 맥주들이나 독일 맥주의 필스너/라거 맥주의 전통에 따라 라거 맥주를 생산하는 양조장들은 마케팅을 펼칠 때 100% 맥아, 올 몰트 All Malt 임을 강조합니다. 말 그대로 맥아 이외의 당원이 될 만한 다른 재료를 넣어 맥주 맛을 그르치지 않았음을 주장하는 것입니다.

올 몰트 All Malt 맥주는 맥주의 풍미를 증진시키는 가장 좋은 방법임에는 틀림이 없으나 100% 맥아 맥주를 너무 맹신한 나머지 그렇지 않은 맥주들을 질 나쁜 맥주라고 배격

할 필요는 없습니다. 각각의 맥주 스타일마다 올 몰트 All Malt 가 필수사항이거나, 그렇지 않은 경우도 있기 때문입니다.

라이트 라거 Light Lager 라고도 불리고 미국식 부가물 라거 American Adjunct Lager 로도 알려진 스타일의 맥주가 있습니다. 미국의 버드와이저 Budweiser, 쿠어스 라이트 Coors Light 등과 우리나라의 카스 Cass 등이 이 스타일의 대표적인 맥주들로, 각 국가를 대표하는 맥주이자 가장 대중적인 맛을 지향하는 제품들입니다.

고풍미를 추구하기보다는 부담감은 없고 누구나 들이킬 수 있는 얇은 맛의 저풍미를 목적으로 한 맥주로, '100% All Malt' 맥주로 만들기보다는, 맥아에 비해서 가격이 저렴하여 원가 절감에 용이한 쌀이나 옥수수 등의 부가물을 섞어 풍미를 약화시키고 원가 절감으로 인한 가격적인 경쟁력을 도모합니다. 기업 비밀 등으로 인해 성확히 공개된 바는 없지만 이들 맥주에는 맥아의 비율이 전체 가운데 약 60~70% 정도 달한다고 알려져 있으며, 나머지 30~40%를 쌀이나 다른 곡물 등에서 충당한다고 알려져 있습니다.

개인적으로 판단하기에는 라이트 라거/미국식 부가물 라거라고 불리는 이 맥주의 스타일은 음악으로 따지면 아이돌 팝 음악, 자동차로 따지면 옵션이 하나도 포함되지 않은 경차입니다.

맥주를 좋아한다고 말하는 사람이 많고, 누구나 다 음악을 즐긴다고 이야기해도 모든 이들이 심각하게 마니아 성향을 가지면서 문화를 향유하지는 않습니다. 라이트 라거류는 일반적인 대중들이 생각하고 머릿속에 그리는 맥주의 전형입니다. 호프집에서 시원하게 저렴한 가격에 한 잔 들이키기 좋은, 마실 때 맥아 맛이나 홉의 쌉쌀함 등의 복잡한 분석도 필요없이 맥주를 음료로 소비하기 위한 소비층들에게 가장 적합한 맥주 스타일입니다.

이건 비단 우리나라에서만 나타나는 특이 현상이 아니라 세계 모든 국가에서 나타나는 현상으로 어느 국가든 간에 맥주 시장 점유율 1위를 차지하는 맥주는 대중성에 철저하게 입각한 라이트 라거/페일 라거 스타일의 맥주입니다. 약간의 차이가 있을 수는 있어도 선진국 사람들이든 개발도상국 사람들이든 맥주에 관해 갖는 이미지는 동일합니다.

대중적인 맥주를 생산하는 대기업화 된 맥주 양조장들은 많은 자본과 높은 기술력, 연구 시설, 유통망 등을 갖추었기 때문에 맥주 맛과 품질에 관한 품질 관리 Quality control 가 영세한 소규모 양조장들에 비해서는 매우 우수합니다. 라이트 라거/페일 리거 류의 맥주들은 기본적으로 저풍미를 지향하기에 독특한 맛을 내거나 다양한 시도를 하는 데 한계가 있습니다. 더불어 이미 높은 시장 점유율을 기록한 제품들이기에 함부로 레시피를 개조하거나 창의적인 시도를 통해 맛을 변화시킨다면 충성 고객층의 반발을 살 가능성이 매우 높습니다. 국내에서 높은 판매고를 기록하는 카스 Cass 맥주가 일련의 도전적 시도 때문에 갑자기 맛이 달아지고 씁쓸함이 증가한다면 많은 대중들이 타사의 제품에 더 손길을 줄 것입니다.

다양한 맥주, 고풍미의 맥주를 접했던 맥주 마니아층에서는 라이트 라거나 페일 라거를 생산하는 대기업형 맥주 회사들에 대부분 부정적인 입장을 취합니다. 저풍미의 맛 없는 맥주만 만들고 연구 개발은 하지 않으면서 시장성만 바라본다는 것이 가장 큰 이유입니다.

하지만 맥주 스타일 특성상 라이트 라거나 페일 라거는 본래 저풍미의 맥주 스타일이며 그것을 만드는 대기업들의 가장 큰 목표는 이윤 창출입니다. 이윤이 창출이 되지 않는다면 회사가 존속할 수 없습니다. 앞에서 라이트 라거를 아이돌 팝 음악에 비유했는데, 대중적인 음악을 해야 하는 아이돌 댄스 그룹이 갑자기 색소폰과 콘트라 베이스를 들고 나와 즉흥 연주의 10분짜리 재즈 음악을 한다면 그룹의 정체성이나 향후 전략에 문제가 생길겁니다. 그래서 고풍미의 맥주를 제작할 수는 있지만 기업들은 안 한다는 의견이 정확합니다.

하지만 맥주를 소비 목적에서만 마시지 않고 다양하게 즐기는 소비층이 생겨날수록 다양한 맥주 스타일에 관한 수요는 늘어나게 됩니다. 더불어 라이트 라거 등의 가벼운 라거 맥주밖에 마실 맥주가 없는 국내의 현실을 깨닫고, 다른 국가의 맥주들을 동경하게 됩니다.

'독일에서는 맥주 순수령으로 인해 보리 맥아만 써야 한다고 들었다. 그런데 왜 우리나라 맥주에서는 쌀이나 다른 잡곡을 사용하느냐?' 와 같은 비판의 목소리가 점점 커지자 대기업 맥주 회사들에서는 '100% All Malt'라는 문구를 강조한 신제품들을 내놓습니다.

라이트 라거에 비해서 맥아의 비율이 상승했거나 100% All Malt로 만든 라거가 페일 라거 Pale Lager 이기에 라이트 라거보다는 고풍미를 지향하지만, 대기업의 특성상 부담스런 고풍미보다는 무난하면서 맛이 조금 더 강화된 제품이라는 지적이 알맞습니다. 나름 고풍미라는 맥주를 내놓으면서도 여전히 주력 상품은 라이트 라거이기에 맥주 기업들은 그쪽에 더 총력을 기합니다. 맥주를 학습해가면서까지 다양하게 즐기는 소비층은 극히 소수이고, 여전히 많은 대중들은 일상적인 맥주 소비를 이뤄나가기 때문입니다.

1970년대까지 미국 역시도 버드와이저 Budwiser 나 밀러 Miller, 팝스트 Papst, 쿠어스 Coors 등의 라이트 라거들이 맥주 시장을 독점했던 시절이 있었으나, 1980년 이후 다양하고 독특한 맥주의 생산과 보급을 목적으로 하는 크래프트 맥주가 대두되었습니다. 1970년 미국 전역에 100곳도 안되던 양조장들이 2014년에는 2,400여 곳의 양조장이 생겨났으며, 이들 양조장 가운데 90% 이상이 크래프트 맥주를 취급하는 양조장들입니다. 버번 위스키 배럴에 숙성한 스타우트, 냉침한 커피 원두를 넣은 포터 등을 비롯해서 기상천외한 시도와 창의적인 맥주들이 1980년 이후 35년 동안 미국 크래프트 맥주 시장에서 선보여졌고, 크래프트 맥주 시장의 성공적인 표본으로 미국이 손꼽히기는 하지만, 2013년 전체 미국 맥주 시장의 점유율을 살펴보면 크래프트 맥주가 차지하는 비율은 7.8% 밖에 되지 않습니다.

가장 성공적인 크래프트 맥주 시장이자 35년 만에 2,400여 곳 이상의 크래프트 맥주 양조장들이 생겨났지만, 여전히 92.2%의 일반적인 미국 시민들은 'Non-Craft' 맥주를 즐깁니다. 그 이유는 다양합니다. 대기업의 맥주들이 규모 경제의 논리로 인해 소규모 양조장 위주의 크래프트 맥주들에 비해 가격이 저렴하고 구하기 용이했으며, 마케팅도 원활하게 할 수 있었기 때문입니다.[9]

사람의 입맛이라는 게 그리 쉽게 바뀌지 않는다는 것도 중요한 부분으로 미국에서 분명 크래프트 맥주를 즐긴 사람들이 많을 테지만, 개개인의 여러 사연들 때문에 여전히 대기업의 라이트 라거를 구매하는 요인이 가장이 큽니다. 스스로 능동적인 맥주 마니아가 아닌 이상 편하고 쉬운 맥주 소비를 추구하는 소비자층이 훨씬 더 많다는 반증입니다.

이러한 사실을 제대로 인지하고 있는 대기업 양조장들은 기존의 방식 그대로 운영하다가 마니아 층의 수요가 많아진다고 생각되는 시점에 신제품을 하나 둘 내놓아 반응을 살피고 시장성이 있다고 판단되면 정식 라인업 맥주로 가져갑니다. 맥주 회사들이 그토록 강조하던 100% All Malt 맥주도 바로 이런 일환이며, 라거 맥주가 아닌 아직 우리나라 사람들에게 낯선 에일 맥주를 하이트와 OB 등의 국내 대기업에서 2013년, 2014년 연이어 생산했다는 것은 시장이 변화하고 있다는 조짐을 느낀 대기업 양조장들의 대응입니다.

100% All Malt가 아니어서 맥아 함량이 적은 맥주 같지도 않은 맥주, 하이그래비티 공법 등의 완성 후 물을 타서 양을 불리는 맥주라서 맛이 없다는 의견이 많지만, 라이트 라거 류에서 맥아 함량이 적은 것은 비단 우리나라 뿐만 아니라 다른 국가의 대기업 양조장의 라이트 라거에서도 보여지는 양상이며, 물을 타는 하이그래비티 또한 마찬가지입니다.

아이돌 그룹의 댄스 음악에서 음악성은 좀 떨어진다 해도 대중들이 쉽게 기억하는 멜로디를 계속해서 반복하거나 음악성보다는 다른 마케팅 요소들을 강조하는 것처럼, 시장성과 대중성을 바라보는 맥주는 라이트 라거에서 맥주 풍미의 강화보다는 마케팅 등의 맥주 외적인 쪽에 더 신경을 쓰게 됩니다.

개인적인 의견으로는 국내 대기업 맥주 회사의 맥주가 맥아 함량이 낮고 하이그래비티 공법을 사용하는지에 관해 소모적인 불평과 비난만 가하는 것보다는, '왜 지금껏 우리나라에서는 100가지가 넘는 맥주 스타일 가운데서 오로지 라이트 라거와 페일 라거라는 단순한 라거 맥주들밖에 없었는가? 가벼운 라거 맥주가 시장을 독점할 수 밖에 없었는가?'에 관한 의문점을 갖고, 현재 미국이나 유럽, 일본 등에 불고 있는 다양하고 독특한 맥주를 마시는 움직임인 크래프트 맥주 산업에 관심을 가져볼 필요가 있습니다.

대기업형 라이트 라거 이외에도 전통적인 맥주에서 100% All Malt와 관련이 없는 스타일도 있습니다. 벨기에의 수도원 타입의 맥주인 트리펠 Tripel 은 평균적으로 8~9%대의 알코올 도수를 기록하는 맥주로 알코올 도수를 높이기 위해 전통적으로 인위적인 당 Sugar 을 투입합니다. 캔디 시럽이나 캔디 슈가 등의 부가물을 맥아와 함께 넣어 맥아당 이외의 다른 당으로부터 알코올을 생성시키는 것입니다.

독일의 맥주 순수령에 따르면 맥아 이외의 다른 재료로부터 당을 얻어 알코올 도수를 올리는 방법은 금지되었으나, 벨기에는 독일의 맥주 순수령과는 관계없는 독자적인 맥주 문화를 꽃피었기 때문에 설탕이나 시럽 등의 부재료를 넣는 것이 매우 자유롭습니다. 벨기에의 맥주들은 맥주 스타일 특성상 시럽이나 꿀 등의 부재료를 넣는 일이 잦아 100% All Malt 맥주에 해당하지 않는 벨기에 맥주들도 많습니다.

벨기에 맥주를 비롯해서 1980년대 이후 미국을 필두로 유럽이나 일본 등 세계 각지에 전파되고 있는 크래프트 맥주 양조장들에서는 기존의 틀을 벗어난 새로운 맥주들을 만들기 위해 많은 시도를 합니다. 직접 양봉한 꿀을 맥주에 넣는다던가, 메이플 시럽을 첨가하여 독특한 맛을 유도하는 등 100% All Malt에 너무 구애 받지 않고 맥주를 만듭니다.

벨기에의 맥주나 미국/유럽의 크래프트 맥주들이 시럽이나 꿀, 설탕 등을 당원으로 사용하기는 하지만, 그들이 만드는 것도 기본적으로 맥주이기에 총 당원 중 과반수 이상은 맥아에서 당을 얻어 맥주로서의 골격은 갖추되, 약 10~20%의 당을 다른 곳에서 추출하는 형식입니다.

벨기에의 몇몇 수도원 맥주나 대기업형 라이트 라거/페일 라거 등을 제외한 다른 스타일의 맥주들은 대다수가 100% All Malt에 해당합니다. 독일이나 영국, 체코 등의 유서 깊은 양조장이나 신식 크래프트 양조장에서 굳이 All Malt를 라벨에 강조하지 않는 이유는 당연한 일이기 때문입니다. 종종 설탕이나 시럽, 귀리나 호밀 등의 다른 곡물이 첨가되더라도 그것을 감추거나 수치스럽게 여기지 않습니다. 귀리, 호밀, 시럽 등도 이미 맥주의 재료로 오래 전부터 사용되었으며, 적당량이 들어갔을 때 맥주의 맛을 해치기보다는 더 다양한 풍미에 기여하는 것을 알고 있기 때문입니다.

따라서 100% All Malt 맥주는 맥주의 맛을 해치지 않는 기본적으로 긍정적인 맥주 원료의 구성임은 인지하되, 100% All Malt 맥주가 아닌 것에 부정적인 시선으로 접근하기보다는 해당 맥주의 스타일 특성을 파악하여 유연하게 대처하는 것이 전문적으로 맥주를 즐기는 데 있어서 필요한 마음가짐이라고 생각합니다.

맥주의 특징에서 균형 Balance 이란?

전문적으로 맥주의 맛과 느낌 등을 표현하는 사람들은 가끔 몇몇 맥주에 '이 맥주가 균형감은 좋다!' 라는 말을 자주 합니다. 일반 대중들이 듣기에는 어떤 뉘앙스로 이야기하는 것인지는 감은 오지만, 정확히 어떤 맥주가 균형이 좋다는 건지에 관해서는 확실한 정보가 없어서 낯설게 느껴질 때도 있습니다.

맥주는 기본적으로 4개의 주재료로 만듭니다. 맥아 Malt, 홉 Hop, 효모 Yeast, 물입니다. 영국의 버턴 Burton 지역처럼 특수하게 석회질이 많이 포함된 물은 홉의 쓸쓸함을 살려주는 등 독특한 기능을 수행할 수는 있지만, 많은 양조장이 깨끗하게 처리된 지하수를 사용하기 때문에 다른 3가지 재료들에 비해서 직접적으로 맥주 맛 밸런스에 아주 큰 영향을 끼치지는 못합니다. 양조 용수에 다량의 설탕이나 소금을 타는 등 기이한 행위를 하지 않는다면 말이죠.

또한 스타일 특성상 코리엔더 고수 등이 첨가되는 경우도 있지만, 그렇지 않은 맥주 스타일들이 많기 때문에 맥주의 맛과 느낌에 절대적인 영향을 미치는 주 재료는 맥아, 홉, 효모입니다. 즉 맥주에서 균형이라 함은 맥아-홉-효모 간의 맛에 영향력을 둔 줄다리기를 의미합니다.

맥아가 많이 사용된 맥주, 특히 효모에 의해 발효가 되지 않는 비발효당을 많이 함유한 캐러멜 맥아나 크리스탈 맥아가 많이 사용된 맥주들 같은 경우는 맥주의 질감과 무게감이 향상될 뿐 아니라 풍미가 깊어지고 달작지근한 맛을 냅니다.

맥주와 보리, 홉10

홉은 맥주의 쓴맛을 담당하며, 홉의 종류에 따라 과일-허브-풀-송진-솔-건포도 등등의 다양한 향 맥주에 부여합니다.

효모의 주 임무는 맥아에서 나온 당을 섭취하여 발효하는 것이지만, 독일식 바이젠 Weizen 과 같은 효모들은 부가 임무로 효모 특유의 발효 부산물을 생성합니다. 에스테르 Ester 나 페놀 Phenol 이라고 불리는 것들로 홉이나 맥아에서 볼 수 없는 독특한 풍미를 맥주에 입힙니다.

우리가 설렁탕을 먹을 때 아무런 양념을 치지 않는 진한 사골 국물은 아무런 맛이 없습니다. 그래서 사람들은 소금이나 파, 양념장 등등을 첨가해서 먹습니다. 소금을 너무 많이 넣으면 설렁탕이 짜집니다. 이처럼 맥주에 홉을 많이 넣으면 맥주가 써집니다. 양념장을 많이 넣으면 양념장의 맛이 배어 짭조름해지는 맛과 함께 설렁탕 국물의 색상도 변하며 넣는 양에 따라 국물이 걸쭉해집니다. 비발효당이 많은 특수 맥아를 많이 넣은 맥주는 달아지고 무게감과 질감도 두껍고 진득해지며 색상도 짙은 경향이 있습니다.

설렁탕에 파를 넣으면 씹을 때 쌉싸래한 파 맛을 느낄 수 있습니다. 몇몇 맥주 효모들도 효모 발효 부산물로 바나나나 정향Clove과 같은 달고 알싸한 특징을 맥주에 가미합니다.

소금에 의해 과한 짠맛이 나거나, 양념장을 너무 많이 넣어 국물에 미처 풀어지지도 않은 덩어리 양념장이 보이거나, 파만 수북하게 담긴 설렁탕을 두고 우리는 맛의 균형이 맞을 것이라 생각하지 않습니다. 적당한 파와 소금, 양념장이 조화를 이룬 설렁탕이 간이 알맞다고 표현합니다. 즉 첨가한 양념들 간의 균형을 잘 맞추었다는 이야기입니다.

맥주의 균형도 이와 같은 궤를 그립니다. 홉의 과다 투입으로 쓴맛이 유난히 두드러지는 맥주, 발효되지 않는 맥아당이 많이 남아 단 물과 같은 맛이 지배적인 맥주 등등은 맛의 균형이 맞는 맥주가 아닙니다. 그러나 균형이 안 맞는 맥주라고 해서 무조건 바람직하지 않은 시선으로 볼 필요는 없습니다.

각 맥주의 스타일에 따라 재료 간의 균형이 요구되는 맥주가 있고, 그렇지 않은 경우도 많습니다. 독일의 헤페-바이젠Hefe-Weizen의 맛의 포인트는 바이젠 효모에서 나온 바나나/정향과 같은 맛과 가볍고 산뜻한 무게감입니다. 따라서 정석적인 바이젠의 스타일 가이드라인에 따르면 홉Hop을 많이 사용해서 쓴맛을 굳이 창출하는 것은 불필요합니다. 비발효당이 많은 캐러멜 맥아를 잔뜩 사용해 질감과 무게감을 묵직하게 하고 캐러멜 단맛을 내지 않을 이유도 없습니다. 즉 헤페-바이젠은 효모에 전적으로 의존하는 스타일로 균형을 맞춘다고 다른 재료의 특성을 구태여 가져올 필요가 없습니다. 이와 같은 경우는 높은 도수와 캐러멜스러운 단맛이 중요하기에 맥아에 초점을 맞춘 도펠복Doppelbock에서도 드러나며, 홉의 쓸쓸함이 무엇보다 추구되는 인디아 페일 에일IPA 스타일도 마찬가지입니다.

균형이 요구되는 맥주 스타일은 두 가지 재료 간 혹은 세 가지 재료 간의 균형을 요구합니다. 미국의 엠버Amber 에일은 캐러멜 맥아의 사용으로 단맛의 속성을 지니는 동시에 홉Hop의 향미와 쌉쌀한 맛도 갖추었습니다. 한 쪽이 지나치면 균형의 파괴로 엠버 에일Amber Ale의 스타일 카테고리 안에 들기에 무리가 됩니다.

독일의 바이젠복Weizenbock은 바이젠의 풍미를 강화하고 도수를 높인 스타일로 바이젠 효모의 특성과 복Bock의 맥아적인 풍부함과 단맛의 공존을 추구합니다.

맥주 맛에서의 균형을 찾는 일이란 당연히 그 스타일에서 드러나야 할 두 가지 이상의 맛이 잘 분포했는가를 확인하는 것이고, 또 어색하지 않게 잘 어우러지는가를 확인하는 것입니다.

밝은색 맥아 제조 기법이 맥주의 색상에 끼치는 영향

맥주의 색상은 맥아의 색상으로 결정됩니다. 맥아에서 당을 뽑아내 효모 발효 과정을 거쳐 알코올을 생성하는 맥주. 양조의 첫 단계는 분쇄된 맥아와 물을 섞어 반응시키는 당화 과정입니다.

이때 물과 섞여 반응하는 맥아들의 색상이 어두운색을 띤다면 어두운 추출물맥아즙이 완성될 것이고, 밝은색을 띠면 밝은색의 맥아즙이 나옵니다.

맥아에 색상에 따라 결정되는 맥주의 색상

밝은색의 맥아즙을 얻으려면 분쇄하는 맥아가 밝은색상이어야 하는데, 보리에서 맥아로 형성되는 공정 중에는 맥아를 굽는 Kilning 과정이 있습니다. 200~220℃ 정도의 고온에서 구운 맥아는 스타우트와 같은 검은색을 띠는 맥주에 사용되는 흑색 맥아 Roasted Malt 라는 결과로 나타나며, 상대적으로 낮은 온도인 150~180℃에서 구우면 붉은색의 캐러멜 맥아 Caramel Malt 가 제조됩니다.

반면 밝은색의 맥아는 낮은 온도인 80℃ 정도에서 공정이 마무리가 되기 때문에, 산업 혁명 이전의 수공업식 맥아 제조 환경에서는 불을 사용하여 밝은색의 맥아를 완성시키는 데 어려움을 겪었습니다. 따라서 19세기 이전의 맥주들은 붉은색에서 어두운 색 계열이 많을 수밖에 없었던 것이죠.

IBU International Bitterness Unit 란 무엇인가

IBU는 맥주의 쓴맛을 수치화하는 단위로, 맥주가 쓸수록 높은 수치를 기록합니다. IBU가 기록하는 맥주의 쓴맛은 전적으로 홉에서 나오는 것으로 효모나 맥아적인 특색은 IBU를 상승시키는 데 아무런 관련이 없습니다.

2015년 현재 약 300가지가 넘는 종류의 홉이 맥주 양조에 사용됩니다. 모든 홉은 알파 액시드 Alpha-acid 라는 성분을 가지고 있으며, 알파 액시드는 맥주의 양조에서 홉을 맥즙에 넣고 끓이는 과정 중에 이성질화 Isomerization 되어 맥주에 쓴맛을 불어넣습니다. 홉이 보유한 알파 액시드 수치가 높을수록 이성질화 되는 과정에서 더욱 효과적으로 맥주에 쓴맛을 더할 수 있습니다.

1 IBU는 1L의 맥주에서 1mg의 이성질화 된 알파 액시드를 의미하는 것으로, 쉽게 말해서 IBU를 높이는 방법, 즉 맥주를 쓰게 만드는 방법은 홉을 많이 쓰면 됩니다. 다만 쓴맛을 위해 홉을 효과적으로 쓰는 문제는 단순히 많은 양을 넣는 것과는 별개의 문제입니다.

높은 IBU를 기록하는 맥주들은 그만큼 쓸쓸한 맛의 홉의 성향이 강하다는 사실을 증명합니다. 홉을 중심으로 맥주 맛이 구성되는 미국의 인디아 페일 에일 India Pale Ale 류는 평균적인 IBU가 60 정도를 기록합니다. 쓸쓸한 맛으로 정평이 난 체코의 필스너 Pilsner 들이 대략 35~40 IBU입니다.

전 세계적으로 가장 대중적인 페일 라거 Pale Lager 들은 약 10 IBU를 보유하였습니다. 10 IBU 정도면 홉의 쓴맛이 거의 없는 것으로, 홉의 쓸쓸한 맛이 강하면 대중들이 부담스러워한다는 사실을 익히 알고 있는 대기업 양조장이기에 쓴맛을 가능한 최대로 낮춘 스타일이 페일 라거입니다.

페일 라거는 대중성과 시장성을 바라보고 의도적으로 IBU를 낮춘 스타일이지만, 본래부터 낮은 IBU를 보유한 스타일도 있습니다. 독일의 바이스비어 바이젠 는 평균적인 IBU가 10~15로 홉의 쓸쓸함이 요구되지 않습니다.

맥주에 있어서는 산전수전 다 겪은 몇몇 마니아들은 '높은 IBU = 좋은 맥주'라는 사고를 가지기도 했는데, 그들의 논리로는 어지간한 IBU의 맥주가 주는 쓴맛에서 더 이상 감흥을 느끼지 못하는 상황에 이르다 보니 더 큰 자극을 통해 흥을 얻기 위하여 이따금 '높은 IBU = 좋은 맥주'라는 주장을 하기도 합니다.

하지만 맥주 스타일의 특성상 독일 바이젠처럼 IBU가 높지 않은 것이 미덕인 맥주들에게 높은 IBU의 잣대를 적용하는 것은 무리이며, 오히려 좋은 맥주는 각 스타일별 맥주가 갖추어야 할 범위의 IBU 수치에 알맞게 도달한 제품이 바람직하다고 볼 수 있습니다.

IBU 어느 수치까지 가능한 걸까?

맥주의 쓴맛을 나타내는 지표로 IBU Internation Bitterness Unit 가 맥주 양조계에서는 가장 일반적으로 사용됩니다. 홉이 많이 첨가될수록 맥주가 씁쓸해지고, 그에 따른 IBU의 상승을 이룩할 수 있습니다. 인디아 페일 에일 India Pale Ale 과 같이 맥주 스타일에 있어서 홉 Hop 이 주역을 담당하는 맥주들은 높은 IBU를 나타냅니다.

홉의 특성과 큰 연관이 없는 독일식 헤페바이젠 Hefe-weizen 류는 IBU가 고작 10 정도면 족하며, 홉의 씁쓸한 맛이 요구되는 필스너들은 30~40 정도가 이상적입니다. 홉으로 점철된 미국식 IPA는 50~70정도가 평균입니다.

페일 라거 Pale Lager	8~12 IBU
필스너 Pilsner	25~40 IBU
헤페바이젠 Hefe-weizen	8~15 IBU
잉글리쉬 비터 English Bitter	30~40 IBU
포터 Porter	25~40 IBU
벨지안 트리펠 Belgian Tripel	15~25 IBU
인디아 페일 에일 India Pale Ale	60~80 IBU
스카치 에일 Scotch Ale	15~25 IBU
발리와인 Barleywine	60~90 IBU
임페리얼 인디아 페일 에일 Imperial IPA	70~120 IBU
벨지안 화이트 Belgian White	10~15 IBU
도펠복 Doppelbock	15~25 IBU

높은 IBU를 기록하는 맥주들이 가지는 공통적인 특징인 마시고 난 뒤 입 안에 남는 홉의 씁쓸한 여운은 상당한 중독성을 가졌습니다. 높은 IBU에서 나오는 홉의 강한

쓴맛은 처음 접하는 사람들에게는 매우 부담스럽게 다가올 수 있는 성질이지만, 점차 미각이 쓴맛에 단련되다 보면 그 맛을 무디게 받아들이며, 더 감각이 둔해지면 강한 쓴맛이 주는 여운이 없게 되면서 마시는 맥주가 허전해지는 순간까지도 찾아옵니다.

이는 마니아적 성향을 가진 크래프트 맥주 애호가들에게서 어렵지 않게 발견되는 사례로, 점차 자극에 둔감해져 더 강렬하고 자극적인 맥주를 찾게 되는데, 그런 마니아적 수요에 발맞춰 나온 맥주들이 가뜩이나 쓴 IPA에서 쓴맛의 세기를 상승시킨 임페리얼 IPA, 트리플Triple IPA 들입니다.

크래프트 맥주를 취급하는 양조장들이 출시한 임페리얼 IPA나 트리플 IPA, 혹은 임페리얼 스타우트Imperial Stout 류에서는 맥주의 관한 기본적인 스펙 등이 라벨에 적혀져 있어 소비자들이 이를 확인하고 구매할 수 있도록 장치해 놓았습니다. 기본적인 스펙이란 맥주의 알코올 도수Abv%, 색상, IBU 등등입니다.

자극에 무뎌진 크래프트 맥주 마니아들이 맥주를 구매하는 매장에서 처음 보는 임페리얼 IPA나 트리플 IPA를 발견했을 때, 우선적으로 고려하는 사항은 맥주의 IBU가 얼마나 높느냐가 될 수 있기에, 몇몇 크래프트 맥주 양조장들에서는 적극적으로 자신들의 IPA에서 IBU가 높다는 것을 내세우기도 합니다.

일반적인 아메리칸 IPA의 IBU 상한선이 70 정도라고 보면, 임페리얼·트리플 IPA는 70을 훌쩍 넘는 100 IBU 정도를 기록합니다. 사실 70 IBU의 맥주를 마셔도 쓴맛이 넘치는데, 극단적인 예로 다음 페이지의 이미지에서 볼 수 있는 덴마크의 양조장 미켈러Mikeller의 1000 IBU라는 맥주를 마주한다면 '과연 어떤 맛일까?' 라는 호기심을 적어도 극단적 크래프트 맥주 마니아들은 갖게 됩니다.

그러나 맥주가 지닐 수 있는 IBU의 한계치는 120~130 정도 입니다. 홉의 쓴맛을 추출하는 과정은 끓임조에 넣고 장시간 동안 우려내는 것으로, 효과적으로 쓴맛을 얻기 위해서 보통 60~90분 동안 맥아즙에 홉을 넣고 섭씨 100℃ 이상의 온도에서 끓입니다.

덴마크 미켈러 Mikkeller의 1000 IBU 맥주

IBU를 높이는 가장 원론적인 방법은 알파 액시드 Alpha Acid가 높은 홉 Hop 위주로 많은 양을 넣는 것입니다. 그러나 단순히 홉을 많이 넣는 것에는 한계가 있습니다. 학창시절 배운 용해도와 관련한 예시로 소금물을 만드는 것과 같은 이유입니다.

물 100g에 약간의 소금을 넣는다면 물에 용해되어 소금 입자가 사라지게 됩니다. 하지만 지속적으로 소금을 넣게 되면 점차 녹지 않고 남은 소금 입자가 눈에 보이게 됩니다. 용해도를 넘어선 것으로 물의 양을 늘리지 않고 더 많은 소금을 녹이려면 물의 온도를 높이는 등의 물리적인 과정이 수반되어야 합니다.

맥아즙을 끓인다는 과정을 통해 쓴맛을 창출하는 맥주의 공정도 마찬가지로, 가열 장치에 들어간 맥아즙의 양은 고정되어있고 더 많은 홉을 넣기 위해 물을 넣는 양을 불리는 과정은 있을 수 없습니다. 온도도 섭씨 100~130℃가 한계로 더 높은 온도에서 끓지 않습니다. 더불어 평소 60분 걸리던 과정이 3~4시간으로 연장되지도 않습니다. 그 이유는 IBU를 계산하는 공식에는 끓는 동안 맥아즙 내의 물의 증발량이 하나의 인자로서 작용하기 때문입니다. 경험적으로 모든 양조장들은 고정된 시간 동안 얼마만큼의 맥즙을 끓이면 얼마의 물이 증발한다는 것을 수치화하여 알고 있습니다. 그러나 끓이는 시간을 연장하여 더 많은 증발을 유도하거나 물을 넣는 행위는 증발량을 변화시키고, 그것에 따라 IBU 수치도 달라지게 됩니다.

맥주 양조의 기본은 불확실성을 줄이고 항상성을 유지하는 것이기에 IBU를 더 올리겠다고 양조 공정의 시스템의 변형을 주는 것은 지속적인 맥주 품질에 있어서 위험 요소이기 때문에 어지간해서는 양조 공정에 있어서 기행은 용납되지 않습니다. 그렇기 때문에 극단적으로 IBU를 높이는 방법은 양조 공정에서 변화를 주는 것이 아닌 홉을 많이 넣는 것만으로 이룩해야 할 부분입니다. 하지만 이 부분에서는 용해도의 한계를 마주하게 됩니다.

맥주 양조 산업에서는 120~130 IBU가 정상적인 양조 공정에 따른 맥주 IBU의 한계치라고 보고 있기에 미켈러 Mikkeller 의 1000 IBU는 사실상 맥주에서 불가능한 수치입니다. 그럼에도 불구하고 미켈러가 양조 공정의 이치를 모르고 1000 IBU라는 맥주를 내놓은 것이 아닙니다. 1000 IBU라는 자극적인 수치를 통해서 맥주 마니아들의 호기심을 자아내고 구매로 귀결되게 만드는 일종의 마케팅 전략입니다. 1980년 초 미국 내 양조장 수가 약 90곳에 불과했지만 크래프트 맥주 붐이 일어난 이후 2012년 양조장이 2,400여 곳으로 늘어난 정황을 볼 때, 기존의 크래프트 맥주 양조장이나 신규 양조장 할 것 없이 기본적인 IPA나 포터 Porter 등의 맥주들만 생산해서는 다른 양조장들과의 경쟁에서 살아남을 수 없었습니다.

독특한 창의성이나 도전 정신, 기행 등을 통해 크래프트 맥주계에서 이름을 알리고 팬을 확보하는 것도 양조장의 생존과 유지를 위한 하나의 전략이 될 수 있기에 덴마크 미켈러 Mikkeller 양조장은 1000 IBU와 같은 평범하지 않은 기행으로 노선을 정했습니다.

공인된 맥주 전문가로 가는 길 씨서론Cicerone

와인을 전문적으로 다루고 고객들에게 능란하게 정보를 설명할 수 있는 사람을 우리는 '소믈리에' 라고 부릅니다. 이는 우리에게 아주 친숙해진 단어로 종종 체계화되지 않은 다른 주류에 전문화 된 사람들에게도 사용되는데, 이를테면 막걸리 소믈리에, 맥주 소믈리에라고도 합니다.

우리나라에서는 맥주를 와인처럼 심취하고 탐구하면서 마시는 문화가 아직은 정착되지 않았기에 '소믈리에' 라고 부르는 게 어색하거나 불편하지만, 크래프트 브루어리가 가장 발달하고 세계에서 가장 다양한 맥주 스타일을 취급하는 미국에서는 전문적인 맥주 취급가들을 양성하고 공인하기 위한 자격증 제도를 만들었는데 이를 씨서론Cicerone 이라고 합니다.

본래 영어 단어 씨서론Cicerone 은 명승지의 관광 안내원이란 의미입니다. 안내원은 그 명승지의 역사, 지리, 양식, 관련인물 등등을 관람객들에게 설명할 수 있도록 모든 정보를 숙지하여야 할 의무가 있는 것과 같은 의미로 맥주 자격증의 이름에도 차용되었습니다.

씨서론Cicerone 은 맥주를 전문적으로 서빙, 관리하며 맥주를 취급하는 모든 공간에서 손님들에게 정확한 정보와 조언을 줄 수 있는 사람들을 공인하기 위한 자격증 프로그램입니다.

공인된 맥주 전문가 '씨서론Cicerone'

씨서론은 불과 2007년에 시작되었지만 그 필요성은 진작에 대두되었습니다. 미국의 크래프트 맥주 양조장의 초기인 1980년 초에는 미국 전역에 고작 10개의 양조장이 전부였으나, 1995년에는 500곳이며, 미국 양조가 협회에서 발표한 2012년 미국 내 양조장의 총 개수는 약 2,400여 곳입니다.

약 2,400개의 양조장들 가운데 크래프트 맥주 양조장이 아닌 곳은 단 50여 곳 뿐이며 나머지 2,350개에 해당하는 장소는 크래프트 맥주 양조장인 크래프트 브루어리, 우리나라에서는 하우스 맥주로 불리는 브루펍 Brewpub 들입니다.

미국 전역에 퍼져 있는 2,400여 개 양조장의 맥주들을 서빙하는 브루펍, 레스토랑의 운영자들은 그 특별한 맥주를 손님들에게 제공할 때는 분명 명확한 지식과 손님들에게 인정받을 수 있는 신뢰가 필요합니다. 와인의 소믈리에 자격증이 그렇듯 미국에서는 맥주에도 고유제도를 만들었는데 그것이 '씨서론'이죠.

씨서론 자격증 프로그램은 총 세 단계로 구성되어 있습니다. 첫째 단계인 Certified Beer Server, 둘째 단계인 Certified Cicerone, 가장 높은 단계인 Master Cicerone입니다. 첫 단계인 Beer Server는 70달러의 자금과 1시간의 시간만 있다면 온라인으로도 응시나 획득이 가능하나, Cicerone 단계에서는 요구사항이 많습니다.

1단계인 Beer Server를 통과한 사람은 현재 18,000명을 돌파했지만, Certified Cicerone은 약 650명, 최고 단계의 Master Cicerone은 겨우 6명밖에 없습니다.

공개된 씨서론 자격증 소유자 명단에는 미국 유수의 양조장인 사무엘 아담스의 Boston Beer Company, Goose Island, Flying Dog, Avery Brewery, Brookyn Brewery, Miller-Coors 출신의 인물들에, 미국 유명 맥주잡지인 〈Draft〉 출신, 자가 양조 재료 쇼핑몰인 Northern Brewer의 소속도 있었고, Beer Server 레벨에 속한 것으로 보이는 'Master Chef'의 Chris Spradley, Gorden Ramgey도 있다고 합니다.[11]

생맥주 시스템	과정 내용
Equipment and terminology	맥주 장비와 전문 용어
System balance concepts	운영 자금 수지에 관한 개념
Troubleshooting discussion	고장 수리에 관한 검토
Cleaning regimen requirements	청소, 세척에 관한 파악
Beer clean glass	컵 세척과 관리
Beer Styles: glassware review, style geography	맥주 스타일과 그에 맞는 전용 잔. 지역 고유 스타일에 관한 이해
Flavor and Tasting Basic	시음 능력 기초
Basic off flavors	맥주의 이취-잡미에 관한 이해
Brewing Process Basic	양조 과정 기초
Basics of hop and Malt Basic	맥아와 홉 기초
Beer and Food Pairing	각 스타일의 맥주에 잘 맞는 음식 선택과 이해

씨서론이 다루는 분야는 전문적인 양조를 제외한 맥주 관련 모든 분야를 망라합니다. 씨서론 기관에서 작성한 두 번째 단계인 Certified Cicerone의 개요를 살펴보겠습니다.

씨서론은 실질적으로 맥주의 다른 전문 분야인 양조 관련 브루마스터 Brew Master 의 분야 이외의 것들을, 전문적인 펍 운영자로서의 숙지하여야 할 과목들을 전부 취급하는 것이나 다름없습니다.

크래프트 맥주 시장의 급격한 성장을 거친 미국에서는 양조장과 맥주가 기하급수적으로 늘어난 만큼 그 맥주를 서빙하는 펍-레스토랑 소속의 서버들의 능숙한 기술과 전문지식이 뒷받침되어야 양조장에서 갓 나온 맥주와 거의 동일한 컨디션의 맥주를 손님들에게 제공할 수 있었습니다. 질 좋은 맥주는 더 많은 소비자들을 끌어들이고 곧 맥주 시장의 번영이라는 흐름으로 이어지게 됩니다.

아직까지 우리나라에서는 맥주를 취급하는 업주들의 맥주 관련한 전문지식이 부족한 상황이고 이를 교육시킬 기관의 부재로 완벽한 컨디션의 맥주가 서빙되는 환경이라고 보기는 어렵습니다. 반면 2014년을 기준으로 수입 맥주 시장과 크래프트 맥주 시장의 성장세가 눈에 띄기 때문에 여기에 발 맞추어 맥주 관련한 전문적인 인력이 자연스럽게 요구되고 있습니다.

제대로 된 맥주 사업을 펼치고 싶은 젊은이들이나 이미 실행에 옮긴 사업주라면 맥주 소믈리에로 불리는 씨서론Cicerone 자격증 획득을 통해 맥주 전문가로 거듭나길 바랍니다.

Part. two

모르고 마셨던
맥주의 스타일 백과

1

맥주의 스타일

맥주의 스타일

김치가 총각김치, 깍두기, 동치미, 열무김치 등 재료나 만드는 방식에 따라 다양한 종류로 나뉘듯 맥주도 필스너 Pilsner, 바이젠 Weizen, 스타우트 Stout, 인디아 페일 에일 India Pale Ale 등 여러 스타일로 분류됩니다.

전 세계적으로 약 100여 종의 맥주 스타일이 존재하며 양조법, 발효 방식, 재료 혹은 출신 지역에 따라 각각의 스타일이 나뉘게 됩니다. 많은 사람들은 일반적으로 맥주를 청량하고 시원하게 마시는 금색 빛이 도는 음료로 생각하는 경향이 있지만, 이러한 맥주는 페일 라거 Pale Lager 라는 약 100종의 맥주들 중 하나의 스타일에 지나지 않는 것으로, 나머지 99종의 맥주를 찾아 마시는 것은 맥주를 즐기면서 마시는 데 또 하나의 재미를 선사할 것입니다.

맥주 스타일의 대분류를 살피면 크게 라거 Lager, 에일 Ale, 람빅 Lambic 세 종류입니다.

라거 Lager : 하면 발효한 맥주

에일 Ale : 상면 발효한 맥주

람빅 Lambic : 상면 발효하였지만 맥주 효모 이외의 박테리아를 이용하여 발효한 맥주

라거 Lager 의 하위 분류에는 필스너 Pilsner, 페일 라거 Pale Lager, 둔켈 Dunkel 등등 약 20여 종의 맥주 스타일이 있고, 에일의 하위 분류에는 페일 에일 Pale Ale, 스타우트 Stout, 세종 Saison, 바이젠 Weizen 등 약 70여 종의 맥주 스타일이 있습니다.

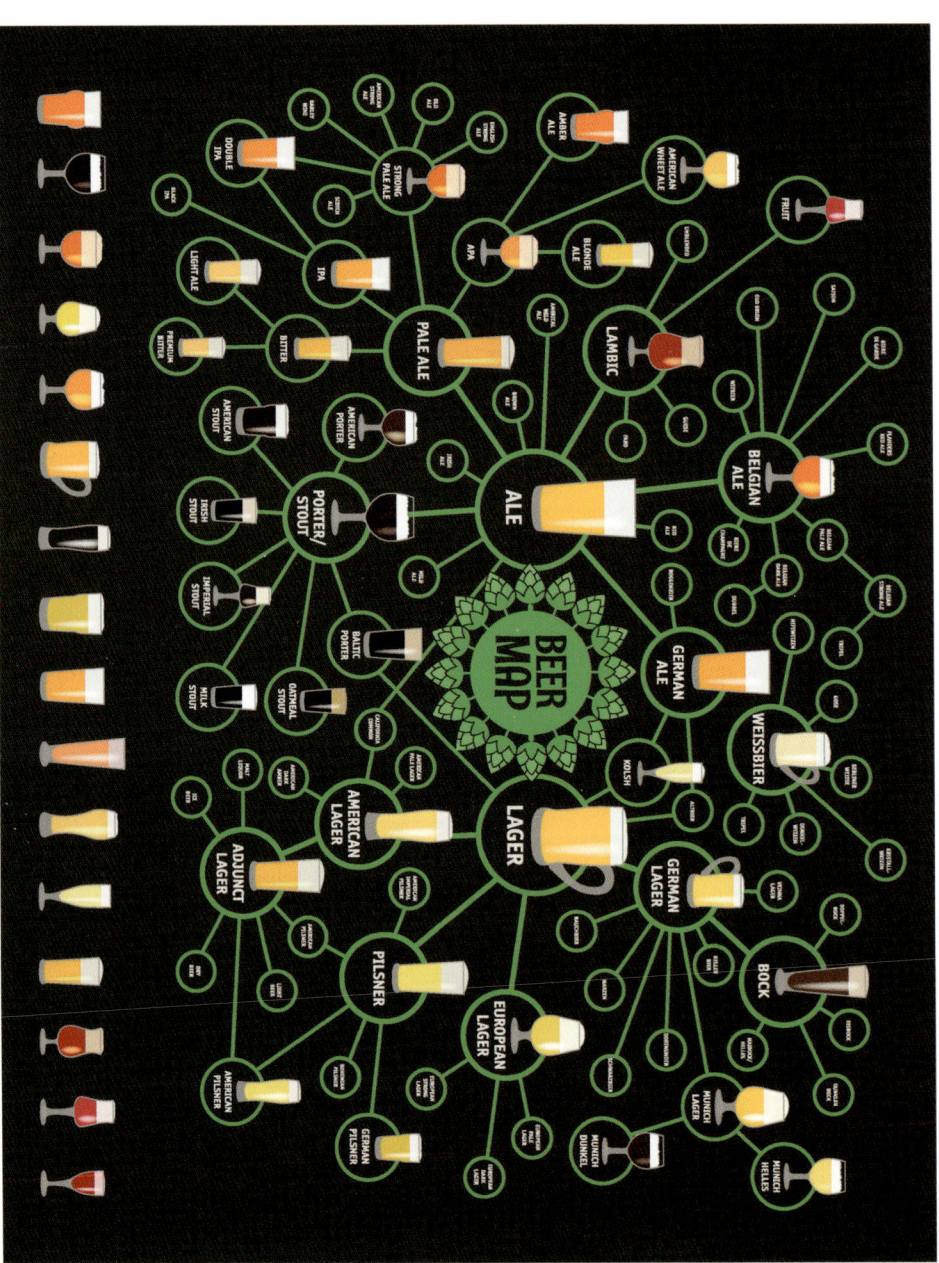

맥주 스타일별 대분류

맥주 스타일별 특징 도표의 이해

각 맥주 스타일마다 아래와 같은 형식으로 대략적인 맛의 분포를 시각화하여 표현한 도표가 제공됩니다.

맥주의 맛을 평가하는 데 중요한 요소들인 홉, 맥아, 효모 등의 재료에서 나타나는 특성을 비롯하여 맥주의 무게감 Body, 그 스타일의 맥주들이 지니는 평균적인 알코올 도수와 색상 등을 도표를 통해 간략하게 확인할 수 있습니다.

DETAIL		
홉 Hoppy		🍺
맥아 Malty		🍺🍺
효모 Yeasty		🍺🍺🍺
무게감 Body		🍺🍺🍺
검은맥아 Roasted		🍺🍺
산미 Sour		🍺
색상	갈색	
평균 알코올 도수	4.5~5.5%	
※ 5개 만점. 높을수록 맛이 강함		

검은 맥아 Roasted 항목은 검은색 맥아를 사용한 맥주들에만 적용되는 사항으로 필스너와 같이 검은색 맥아가 일절 들어가지 않는 맥주들에는 검은 맥아 평가 항목이 존재하지 않습니다. 마찬가지로 산미 Sour 도 사우어 비어 Sour Beer 라고 불리는 맥주들에만 존재하는 항목입니다.

홉 Hoppy

맥주의 주재료중 하나인 홉이 많이 들어간 맥주는 씁쓸한 풀과 같은 맛과 함께, 홉 종류에 따라 열대 과일/감귤류 시트러스의 맛 혹은 꽃이나 허브와 같은 특징이 짙게 나타납니다.

호피 Hoppy 한 맥주라는 표현은 맥주 맛에서 홉이 차지하는 비중이 크다는 뜻으로 자연스럽게 홉이 많이 들어간 맥주들이 호피 Hoppy 하다고 해석할 수 있습니다. 전통적으로 홉의 쓴맛이 강한 영국의 인디아 페일 에일 India Pale Ale, IPA 이나 체코의 필스너 Pilsner 가 호피 Hoppy 한 맥주에 해당합니다.

맥아 Malty

맥아는 효모가 발효 과정을 통해 알코올을 만드는 데 꼭 필요한 성분인 당 Sugar 을 제공하는 필수적인 재료입니다. 효모는 발효하면서 맥아에서 나온 당을 섭취하기는 하지만, 맥주 종류에 따라 맥주 안의 모든 당을 소비하지 않고 발효를 끝내기도 합니다. 맥주 안에 남은 잔여 당 Sugar 은 맥주를 달게 만들고 더 두텁고 끈적하게 만듭니다. '맥아적이다 Malty, 몰티하다'라고 표현되는 맥주들은 맥아당에서 나온 엿기름이나 꿀, 캐러멜과 같은 성질의 단맛이 납니다. 인위적으로 시럽을 첨가하거나 단 성분을 넣지 않는 이상 맥주의 단맛은 맥아에서만 추출이 가능하기 때문에 묵직하다고 알려진 맥주들은 맥아적 Malty 인 성향을 띱니다.

만약 효모가 잔존한 맥아당을 남기지 않고 거의 완전하게 당을 섭취하면서 발효를 완료하였을 때 맥주는 개운하면서 깔끔하고 가벼운 성질을 나타내며, 따라서 입에 걸리는 느낌 없이 꿀떡꿀떡 여러 잔 마시기 편하고 음식이랑 궁합 맞추기 쉬운 타입의 맥주가 됩니다.

일본 맥주의 대표주자인 아사히 수퍼 드라이 Asahi Super Dry 의 브랜드 명에서 '드라이 Dry' 가 뜻하는 것은 맥아의 잔여 당 Sugar 을 발효력이 좋은 효모로 남김없이 발효하여 맥아적 Malty 성질을 없앤 것으로, 몰티 Malty 하다는 말의 반대말이 드라이 Dry 라고 보면 쉽습니다.

맥아적인 단맛 Malty 은 홉의 호피 Hoppy, 쏩쓸함 한 과일 맛과도 대비되는 특성으로 맥주의 주요한 맛을 구성합니다.

① 홉 Hoppy ★★★★ ＋ 맥아 Malty ★★★ 구성의 맥주보다
② 홉 Hoppy ★★★ ＋ 맥아 Malty ★ 인 맥주에서 홉의 성향이 더 온전히 나타납니다.

단순 수치로 보면 ①이 더 홉 캐릭터가 강한 맥주라고 볼 수 있지만, 홉과는 극의 성질인 맥아적인 단맛이 홉의 쓸쓸함과 과일 맛을 중화시켜주면서 오히려 홉과 맥아의 맛이 잘 어울러진 맥주가 됩니다.

반면 ②는 맥아적 성질은 매우 미미하고 홉이 뚜렷하기 때문에 홉에 의해 맛이 좌지우지 되는 맥주가 되는 것이죠. ①과 ② 모두 홉의 성질이 강한 호피 Hoppy 한 맥주인 건 분명하나, 맛의 주연을 따졌을 때 ②는 한 재료가 단독 주연인 맥주가 되며, ①은 여러 맛들이 상향평준화 된 균형 잡힌 맥주가 됩니다.

효모 Yeasty

효모의 제1 기능은 발효 과정을 통해 알코올을 생성하는 데 있습니다. 그러나 여러 에일 효모들은 발효 과정을 통해 알코올을 포함해서 발효 부산물들인 에스테르 Ester 나 페놀 Phenol 등을 생산해 냅니다.

에스테르는 흡사 과일과 같은 풍미로 맥주에 드러나며, 페놀은 치과 약품이나 소독약, 후추와 같은 느낌으로 맥주 안에 분포됩니다. 이들은 상면 발효한 에일 효모가 발효하면서 나타나는 물질들로 모든 에일 효모에서 나타나지는 않습니다.

벨기에 에일 효모나 독일식 바이젠 Weizen 효모를 사용한 맥주에는 에스테르와 페놀이 모두, 영국 에일 효모로 발효시킨 맥주에는 에스테르만 주로 발견됩니다.

상면 발효의 에일 효모이지만 몇몇 미국 에일 효모들은 발효 시 에스테르나 페놀을 통한 특유의 발효취를 형성하지 않으며, 하면 발효 라거 Lager 효모들에서도 잘 나타나지 않습니다.

맥주가 '효모적이다 Yeasty'라는 말은 홉과 맥아와는 매우 다른 효모의 에스테르나 페놀 맛이 두드러지는 맥주들을 표현할 때 쓰는 용어들입니다. 이미 언급한 벨기에 에일이나 독일식 바이젠, 영국 에일이 대표적인 효모적 Yeasty 맥주들입니다.

몇몇 라거 효모 발효 시 나타나는 버터류의 단맛도 효모적 Yeasty 이라고 표현하며, 경우에 따라 생막걸리처럼 효모가 여과되지 않은 라거/에일에도 효모적 Yeasty 이란 단어가 적용되기도 합니다.

무게감 Body

맥주 시음 용어에서 바디 Body 는 맥주의 무게감을 표현하는 말입니다. 무게감이 높은 맥주는 보통 맥아적인 성향, 즉 몰티 Malty 한 맥주에서 자주 목격됩니다. 입에 무언가 꽉 들어차는 느낌과 쉽사리 넘기기 어려운, 안정적이며 진하고 깊은 맛이 느껴지는 맥주들이 높은 무게감 Body 를 가졌다고 합니다. 영어로는 'Full Body'라고 하며, 반대말은 낮은 무게감 즉, 'Light Body'입니다.

알코올 도수가 높은 맥주의 무게감이 높을 가능성이 많지만, 항상 성립하는 것은 아닙니다. 알코올 도수가 높아도 맥아 당을 최대로 제거한 맥주에서는 강한 무게감이 발견되지 않습니다. 가볍고 순해서 대중적인 라거 맥주로 유명한 아사히 수퍼 드라이 Asahi Super Dry 는 알코올 도수가 5.0%인데 반해, 중후하고 묵직한 흑맥주로 알려진 기네스 드래프트 Guinness Draghut 는 알코올 도수가 4.2%입니다.

무게감이 높은 맥주들은 입에 닿는 질감 Mouthfeel 도 부드럽고 진득한 편입니다. 무게감과 입에 닿는 질감은 맥주 안에서 정비례하는 경우가 많습니다.

검은 맥아 Roasted

검은색 맥아는 맥아를 고온에서 장시간 구워서 완성시킨 맥아로, 맥주의 색상을 어둡게 하거나 에스프레소나 단맛 없는 초콜릿, 탄 곡물 등의 풍미를 맥주에 불어넣습니다.

우리가 흔히 일컫는 '흑맥주' 들이 검은 맥아가 들어간 맥주들이며, 대체로 색상이 어두운 맥주들은 검은 맥아의 영향으로 에스프레소, 초콜릿, 탄 곡물의 맛이 납니다. 반대로 이야기하면 페일 라거나 필스너 등의 밝은 색상의 맥주는 검은 맥아가 전혀 포함되지 않기에 검은 맥아의 타고 그을린 로스팅 Roasted 풍미를 나타내기가 불가능합니다. 따라서 검은 맥아의 특징은 어두운 색상의 맥주에서만 발견됩니다. 이 책에서 검은 맥아 별점이 등장하는 맥주는 어두운색 계열의 맥주입니다.

산미 Sour

산미는 정상적인 맥주 발효 과정에서는 매우 부정적인 이취 異臭 이상한 냄새, Off-flavor 로 여겨집니다. 발효 과정 중에 맥주 효모보다는 박테리아, 특히 젖산균에 감염되어 나타나는 증상이 산미입니다.

그래서 대부분의 맥주 스타일에서는 산미가 지양되지만 벨기에의 람빅 Lambic 이나 독일의 베를리너 바이세 Berliner Weisse 와 같은 스타일은 오히려 산미를 의도적으로 이용하여 맥주의 맛에 더 다양한 특징을 불어넣습니다.

산미 Sourness 는 마치 시큼한 식초나 레몬이나 신 체리 등의 자극적인 과일처럼 느껴지기도 합니다. 이 책에서 산미 Sour 별점이 등장하는 맥주는 사우어 비어 Sour Beer 라 불리는 산미를 의도적으로 유도한 맥주들입니다.

기타 항목

● 알코올 도수(AVB)

해당 맥주 스타일이 드러내는 평균적인 색상과 알코올 도수입니다. 한 스타일 안에서도 맥주 브랜드에 따라 여러 도수가 존재하기 때문에, 해당 스타일의 평균값을 표기했습니다.

● IBU

맥주의 쓴맛을 나타내는 표준 단위 중 하나로 International Bitterness Unit의 약자이며, 일반적으로 IBU의 숫자가 높을수록 더욱 쓴 맛의 맥주입니다.

● 색상

색상은 각 스타일별 맥주의 눈에 보이는 색깔입니다. 맥주 종류에 따라 금색, 갈색 등으로 구별했습니다.

● 대표 브랜드

각 스타일별 대표 맥주입니다. 각 스타일을 가장 잘 드러내는 맥주들이라 할 수 있습니다. 맥주 이름 옆 괄호 안의 표시는 맥주의 국내 시판 여부입니다. O 표시가 된 맥주는 국내에서 구입 가능한 맥주입니다.

* 국내 시판 여부는 2019년 7월 기준으로 표기했습니다. 향후 맥주 수입사의 전략에 따라 바뀔 수 있으니 양해 바랍니다.

2

하면 발효 맥주 : 라거 Lager

범세계적 맥주 스타일

라거 Lager 의 하위 분류에는 필스너 Pilsner, 페일 라거 Pale Lager, 둔켈 Dunkel 등등 약 20종의 맥주 스타일이 있고, 에일의 하위 분류에는 페일 에일 Pale Ale, 스타우트 Stout, 세종 Saison, 바이젠 Weizen 등의 약 70여 종의 맥주 스타일이 있습니다.

페일 라거 Pale Lager

칼스버그
Carlsberg

버드와이저
Budwiser

밀러 제뉴인 드래프트
Miller Genuine Draft

DETAIL

- 홉 Hoppy
- 맥아 Malty
- 효모 Yeasty
- 무게감 Body
- 색상 : 금색
- 알코올 도수 : 4~5%
- IBU : 8~18

※ 5개 만점. 높을수록 맛이 강함

페일 라거 대표 브랜드

- 칼스버그(Carlsberg, 덴마크, ○)
- 버드와이저(Budwiser, 미국, ○)
- 밀러 제뉴인 드래프트(Miller Genuine Draft, 미국, ○)

개 요

페일 라거는 전 세계인들이 맥주를 생각하면 가장 먼저 떠올리는 형태의 맥주로, 대다수의 국가에서 가장 높은 소비율, 시장 점유율을 장악하는 맥주 스타일입니다.

역 사

어둡고 칙칙한 색상의 맥주들이 여전히 대세였던 19세기 초, 독일과 체코에서는 가브리엘 젠들마이어 Gabriel Sedlmayr 나 요제프 그롤 Josef Groll 등이 밝은색 맥아 제조 기법을 터득하여 새로운 라거 맥주의 시대를 열었습니다.

아돌푸스 부쉬(버드와이저 양조장 설립자)[1, 2]

19세기에 이르러 유럽의 많은 이민자들이 미국으로 건너가 살게 되었는데, 독일과 체코 지역의 양조가들도 예외는 아니었습니다. 지금도 미국식 라거 맥주하면 바로 이름이 떠오르는 버드와이저 Budweiser 의 창립자 아돌푸스 부쉬 Adolphus Busch 가 독일을 떠나 미국에 정착한 시기는 1857년이었고, 또 다른 미국 맥주의 대표 주자 밀러 Miller 는 1855년 독일 출신의 이민자 프레드릭 밀러 Frederick Miller 에 의해 시작되었습니다.

밀러 제뉴인 드래프트3

19세기 중엽 미국에 정착한 양조가들은 자신들이 살던 유럽의 기후, 풍토와 유사한 지역에 양조장을 세워서 맥주를 만들었는데, 당시 유럽에서 유행하던 필스너와 페일 라거라는 맥주를 독일 출신 양조가들이 주로 생산했습니다.

실제로 미국의 버드와이저Budweiser는 1870년대 체코의 부드바이스 부드바르Budweiser Budvar 필스너에서 영감을 얻어 탄생한 맥주인데, 아돌푸스 부쉬Adolphus Busch의 미국 측이 버드와이저Budweiser라는 브랜드를 재빠르게 미국 시장에 상표 등록을 해, 여전히 현재 진행형인 미국-체코 간의 버드와이저Budweiser라는 상표권 분쟁의 씨앗이 되었습니다.

버드와이저4

만약 둘 중 한 곳이라도 맥주 사업의 쇠락으로 파산되었다면 버드와이저 상표권 분쟁이 종결되었겠지만, 그렇지 않았다는 것은 140년 동안 변함없이 페일 라거 맥주가 대중들에게 선호되는 맥주라는 것을 증명하는 사례이기도 합니다.

이후 1, 2차 세계대전을 거치고 냉전시대에 접어든 후 미국의 자유 경제 체제는 전 세계를 주도하는 사회 경제 체제로 자리잡았고, 미국의 기업과 브랜드들은 타국의 기업가들에게 귀감이 되었습니다. 맥주 역시 마찬가지로 13년 동안 미국 주류계를 옥죄었던 미국 금주령이 1933년 해제된 이후로, 그 긴 기간 동안 살아남을 수 있었던 양조장은 기반이 탄탄한 대기업 양조장들이었습니다. 이들은 대다수 소비자의 기호에 맞춘 페일 라거를 생산하던 양조장이며 버드와이저, 밀러 등의 브랜드는 미국식 산업 방식을 동경하던 다른 국가의 대기업 양조장들에게 영향을 주게 됩니다.

더불어 필스너가 선풍적인 인기를 끌던 유럽 대륙에서도 19세기 말 덴마크 칼스버그Carlsberg 사에서 라거 맥주 전용 배양 효모의 분리에 성공하면서 페일 라거의 대량생산 체제에 접어들었고, 이후 칼스버그Carlsberg, 하이네켄Heineken, 스텔라 아르투아Stella Artois 등 대기업의 양산형 페일 라거가 유럽의 소비자들에게 깊숙이 다가가게 됩니다.

세계적 페일 라거 칼스버그5

특 징

필스너는 홉의 쓴쓸함이 기분 좋게 남는 특징이 중점화된 맥주인데, 이는 편하고 가벼운 맥주를 찾는 대중의 취향과는 맞지 않아서 점점 대중과 멀어지기 시작했고, 체코와 독일의 필스너에서 파생된 맥주들이 점차 시간이 지나면서 대중지향적인 성향을 띠게 된 것이 페일 라거입니다.

페일 라거는 필스너의 쓴쓸함을 개선하여 청량하고 가벼우며, 맑고 깨끗한 자태를 지녀 누구에게나 사랑 받는 맥주의 원형으로서 자리잡게 되었습니다.

미국과 유럽 등의 서방 선진국에서 대중을 상대로 인기를 구가하는 페일 라거 맥주들은 아프리카, 남미, 아시아 등의 맥주 회사들에게 귀감이 되었습니다. 중국의 칭타오 Tsingtao, 일본의 아사히 Asahi, 네덜란드의 하이네켄 Heineken, 멕시코의 코로나 Corona 등 한 국가를 대표하는 점유율 1위 맥주들은 페일 라거이거나, 페일 라거에서도 더 풍미와 세기를 낮춘 라이트 라거 Light Lager 입니다.

우리나라 대기업 맥주 시장을 보더라도 카스, 하이트는 라이트 라거이며, 맥스, 오비 골든 라거는 페일 라거라는 사실로 비춰 볼 때, 그간 대기업 맥주들에 의해 독점되었던 국내 맥주 시장에서 한국사람들이 평소 페일 라거 맥주 이외에는 다른 선택권이 없었다는 것을 보면 페일 라거 맥주가 얼마나 널리 퍼져 있는지 실감할 수 있습니다.

일반적인 사람들이 맥주라는 이미지를 떠올리면 생각나는 '맥주의 전형 = 페일 라거'라는 공식은 비단 한국인들에게만 국한된 것이 아니라, 전 세계적인 현상입니다. 이탈리아 사람이라고 맥주를 생각하면 붉은색에 홉의 기운이 강한 인디아 페일 에일 IPA 을 떠올리거나, 네덜란드 국민이라고 벨기에식 농주인 세종 Saison 을 떠올리지는 않습니다. 즉, 페일 라거는 이미 전 세계인들의 생활에 너무나 밀접하게 연관된 맥주이기에 앞으로도 대중 맥주 시장에서의 페일 라거 스타일의 강세는 굳건할 거라 봅니다.

누구나 편하게 즐기는 보편적 맥주 페일 라거6

페일 라거의 재료 구성은 100% 맥아인 제품도 있지만, 약간의 옥수수나 쌀 등의 부가 곡물의 사용이 허용됩니다. 독일 맥주 순수령에 구속되지 않는 국가에서 생산하는 페일 라거들에는 맥아에 비해 가격이 싼 곡물들을 이용해 원가 절감 차원에서 부가물을 사용하는 경우도 있습니다.

라거 효모를 사용하며 홉의 쌉싸래함은 적은 편으로 부담스런 요소들을 줄여 음용력을 최대한 살렸습니다.

페일 라거 대표 맥주

밀러 Miller

국적 | 미국

특징 |

버드와이저 Budweiser와 함께 미국을 대표하는 페일 라거 맥주. 소속은 SABMiller로 세계에서 두 번째로 규모가 큰 맥주 그룹이며 남아공 출신이지만 본사는 영국 런던 London에 있다. 대표 브랜드는 밀러 제뉴인 드래프트 Miller Genuine Draft로 맥주의 금색 빛이 고스란히 비치는 병으로도 유명하다. 맑고 깨끗한 부담 없는 맛에 고소함이 살아 있다는 평이다.

하이네켄 Heineken

국적 | 네덜란드

특징 |

네덜란드 맥주. 공격적이고 세련된 마케팅으로 유럽을 넘어 전 세계적 라거 맥주로 발돋움했다. 하이네켄을 생산하는 Heineken International은 밀러의 SABMiller, 버드와이저의 앤호이저 부시 인베브 Anheuser-Busch InBev처럼 국제적인 대형 맥주 회사로 여러 국가의 맥주 양조장을 소유하며 운영하고 있다. 남성들에게는 유럽 축구 별들의 전쟁 챔피언스리그의 공식 후원 맥주로 잘 알려져 있다. 살짝 씁쓸한 맛이 감돌지만 가볍고 깔끔한 맛이 포인트. 이름과 철자 때문에 독일 맥주로 혼동하는 사람들도 더러 있다.

칼스버그 Carlsberg

국적 | 덴마크

특징 |

덴마크 왕실이 공식 지정한 덴마크 맥주. 19세기 말 덴마크 칼스버그 연구소에서 페일 라거 Pale Lager 용 효모를 분리 배양에 성공하면서 맥주 역사에 기념비적인 성과를 남겼다. 그래서 페일 라거용 효모의 명칭이 덴마크 칼스버그 Carlsberg 에서 따온 사카로마이세스 칼스버건시스 Saccharomyces Carlsbergensis 라고 불리기도 한다. 약간 쌉쌀하지만 기본적으로 가볍고 개운한 맛이 있다.

칭타오 Tsingtao

국적 | 중국

특징 |

19세기 말 독일이 산둥반도를 조차한 이후, 독일과 영국의 기술로 1903년 양조장이 설립되었다. 중국에서 가장 유명한 맥주인 칭타오는 본래는 독일 전통에 따라 맥주 순수령에 의거해 만들어졌으나, 이후 쌀을 비롯한 부가적인 곡물이 첨가되면서 조금 더 가볍고 산뜻한 페일 라거로 변모하였다. 국내에서는 중국 요리를 판매하는 곳에서 대부분 취급하는 맥주로, 중국 음식과의 좋은 궁합을 자랑한다.

Supplement

페일 라거의 세부 분류

페일 라거Lager 맥주는 전 세계적으로 가장 널리 퍼진 스타일의 맥주이자 사람들이 생각하는 맥주의 전형에 가깝습니다. 대표적인 브랜드로는 하이네켄Heineken, 칼스버그Carlsberg, 아사히 수퍼 드라이Asahi Super Dry, 맥스Max 등등으로 많은 국가들에서 시장 점유율이 높은 맥주들입니다.

점유율 위주로 표시한 국가별 대표 맥주들(대부분 페일 라거)[7]

라거Lager 는 라거-에일의 관계를 구분하는 대분류로서 사용되기도 하지만, 라거 맥주하면 일반적으로 페일 라거Pale Lager 맥주를 연상하는 경우가 많습니다. 분명 라거라는 대분류에는 복Bock, 둔켈Dunkel, 필스너Pilsner 와 같은 다양한 하위 스타일이 존재하는 데도 불구하고 말입니다.

페일 라거의 압도적인 점유율과 익숙함은 국내뿐만이 아닙니다. 해외의 많은 국가에서도 라거Lager 라는 용어가 페일 라거와 동일시 되어 있습니다. 약 15년 전 국내에도 '랄라라' CF로 유명했던 오비 라거OB Lager 가 있었습니다. 오비 라거에서 라거는 페일 라거 맥주 스타일임을 뜻하기도 합니다.

페일 라거는 영어권 표현으로, 맥주 문화의 형성에 있어 영어권의 영향을 받은 곳들은 그대로 페일 라거라는 용어를 차용하지만, 예로부터 맥주 문화가 발달했던 독일이나 체코 등에서는 거의 사용되지 않는 단어입니다. 독일의 맥주 시장에서는 페일 라거의 포지션을 필스Pils 맥주가 차지하고 있으며, 대중 지향적인 필스Pils는 페일 라거와 풍미를 비교했을 때, 아주 큰 차이가 없습니다.

라이트 라거 Light Lager

코로나 Corona   버드 라이트 Bud Light 8

DETAIL

홉 Hoppy	🍺
맥아 Malty	🍺
효모 Yeasty	🍺
무게감 Body	
색상	노란색
알코올 도수	2.8~4.2%
IBU	8~12

※ 5개 만점, 높을수록 맛이 강함

라이트 라거 대표 브랜드
- 밀러 라이트(Miller Lite, 미국, ○)
- 코로나(Corona, 멕시코, ○)
- 타이거(Tiger, 싱가폴, ○)

개 요

가볍고 청량하며, 부담스럽지 않은 맥주를 즐기려는 사람들이 많은 만큼 라이트 라거는 맥아-홉-효모 맥주 3재료에서 나올 수 있는 고유의 맛을 최소한으로 줄였습니다. 맥주 스타일의 카테고리 안에서는 가장 저풍미의 맥주 스타일입니다.

특 징

칼로리 함량을 줄인 맥주들에서도 라이트Light 라는 표현이 사용되기는 하지만, 맥주 스타일에 있어서 라이트 라거는 페일 라거보다 쌀이나 옥수수 등의 부가 재료의 비율이 높은 맥주들을 일컫습니다.
쌀-옥수수 등의 부가물이 사용되는 이유는 맥주의 주재료인 맥아라는 곡물에 비해 단가가 저렴하다는 이유로, 부가물이 다량 사용되면 맥주 특유의 풍미보다는 가벼운 풍미를 맥주에 부여합니다. 청량감을 위해 강한 탄산을 주입하는 사례도 보입니다.
페일 라거조차도 대중들에게 부담스럽다는 판단 하에 대형 양조장에서 1970년대부터 출시하였습니다.

라이트 라거 대표 맥주

버드 와이저 Budweiser

국적 | 미국

특징 |
미국을 대표함과 동시에 전 세계에서 가장 유명하다고 할 수 있는 맥주 브랜드. 세계에서 제일 규모가 큰 다국적 맥주 기업 앤호이저 부시 인베브 Anheuser-Busch InBev 의 간판 맥주로 월드컵과 같은 큰 스포츠 행사의 공식 후원 맥주이기도 하다. 일반적인 대중들의 입맛에 철저하게 맞춘 가볍고 청량하면서 약간 고소한 맛이 나는 맥주이다. 우리나라에서 판매되는 버드 와이저는 오비 OB 에서 생산된 제품이다.

코로나 Corona

국적 | 멕시코

특징 |
멕시코를 대표하는 맥주. 투명한 병에 담겨 맥주의 금빛 자태를 관찰할 수 있다는 마케팅 요소로 유명하다. 병 입구에 라임이나 레몬 등을 꽂아서 마시는 방법으로도 잘 알려진 맥주이다. 깨끗하고 깔끔하며 소량의 곡물 맛이 난다.

체코의 맥주

독일이 맥주의 국가라고 주장하는 것에 반론으로 제기되는 국가는 체코인데, 체코는 전 세계에서 인구비율당 가장 높은 맥주 소비율을 자랑하는 나라입니다. 체코는 세계적으로 가장 많이 소비되는 황금색의 라거 맥주 필스너 Pilsner 를 처음 발견한 국가로 원조 필스너 맥주를 만든 양조장을 문화유산처럼 여전히 간직하고 있습니다.

체코는 전통적인 라거 맥주의 국가입니다. 영국이나 벨기에의 전통적인 맥주 스타일이 주로 에일로 구성되어 있는 반면 체코는 라거 맥주에 매진했습니다.

체코에서 맥주를 만드는 양조장들의 맥주 구성을 살펴보면 가장 많이 취급되는 맥주 스타일은 단연 필스너 Svetly, 밝은 이며, 이외에 앰버 Polotmavy, 호박색 라거나 다크 Tmavy, 어두운 라거, 알코올 도수가 강한 스트롱 라거 Strong Lager 등이 주요 품목입니다. 몇몇 체코 양조장은 지리적으로 독일 바이에른과 가까운 덕에 바이에른 전통의 맥주 바이스비어 바이젠, Weissbier 를 생산하기도 합니다.

체코가 필스너의 원조 국가라는 정체성이 매우 강하기는 하지만, 필스너 이외에 체코의 독자성을 가진 다른 맥주 스타일이 별로 없기도 합니다. 예를 들어 벨기에는 호가든 Hoegaarden 을 위시한 벨지안 화이트 Belgian White 라는 밀맥주와 더불어 수도원식 맥주인 두벨 Dubbel, 트리펠 Tripel, 야생 효모의 신맛이 독특한 람빅 Lambic, 플랜더스 레드 Flanders Red 와 같이 스타일 구성이 다양합니다.

체코의 맥주 브랜드는 많지만 맥주 스타일 구색은 다소 단조로운 편이며, 체코 양조장 맥주 구색을 면밀히 살펴보면 저도수 필스너 알코올 4.2% 타입, 고도수 필스너 알코올 5.3% 타입 등으로 세분화하는 사례도 어렵지 않게 목격할 수 있습니다.

체코 맥주 스타일이 다양하지 못하다는 것이 단점처럼 보일 수 있으나, 다시 생각해보면 큰 장점이 되기도 합니다. 한 우물만 판다는 것으로 세계에서 필스너만큼은 제대로 만드는 국가로 인식되어있는 체코입니다.

페일 라거 Pale Lager 와 함께 전 세계 맥주의 표본이 된 필스너 Pilsner 의 기술과 전통을 배우려 여전히 많은 기술자가 체코를 방문하고 있으며, 체코의 수도 프라하를 방문하는 관광객들은 체코에서의 맥주 한 잔의 꿈을 품고 찾아옵니다.

체코 필스너 Pilsner

필스너 우르켈
Pilsner Urquell

감브리누스
Gambrinus

DETAIL

홉 Hoppy	🍺🍺
맥아 Malty	🍺🍺
효모 Yeasty	🍺
무게감 Body	🍺🍺
색상	금색
알코올 도수	4.3~5.2%
IBU	30~45

※ 5개 만점. 높을수록 맛이 강함

체코 필스너 대표 브랜드
감브리누스(Gambrinus, 체코, ○)
예젝(Jezek, 체코, ○)
필스너 우르켈(Pilsner Urquell, 체코, ○)
부데요비츠키 부드바르(Budejovicky Budvar, 체코, ○)

역 사

필스너는 19세기 초 독일 바이에른 출신의 요제프 그롤 Josef Groll 이 체코 서부의 도시 플젠 Plzen, Pilsen 에서 개발한 맥주로, 19세기 이전의 맥주의 형태는 어두운 색상의 상면 발효 맥주들이 많았지만, 밝은색을 내는 맥아 제조 기법의 발견으로 플젠의 맥주는 금색에 가까운 밝은색을 띨 수 있게 되었습니다.

어둡고 칙칙한 색상의 맥주만 마시던 시민들은 밝고 깨끗하면서 플젠지역 특유의 연수와 체코의 명물 홉인 사츠 Saaz 홉의 다량 투여로 쌉싸래한 맛이 곁들여진 플젠식 라거에 열광적으로 매료되기 시작했으며, 독일과 체코의 전통 양조 기법인 라거 맥주 특유의 장기 숙성은 맥주의 탁함을 줄여주는 데 주효했기에 시각적으로도 이전의 맥주들에 비해 월등했습니다. 이러한 특징들을 갖춘 신식 맥주는 체코 플젠 Pilsen 에서 생산된 맥주라는 의미로 필스너 Pilsner 가 되었습니다.

특 징

체코 필스너 맥주는 유럽 지역은 물론이고 바다 건너 미국에서도 모방되기 시작했지만, 체코 플젠에서는 필스너의 원조라는 의미의 이름을 가진 필스너 우르켈 Pilsner Urquell 과 같은 브랜드로 여전히 명성을 떨치고 있습니다.

체코 원조 필스너 '필스너 우르켈'9

체코 필스너 대표 맥주

필스너 우르켈 Pilsner Urquell

국적 | 체코

특징 |

체코를 대표하는 맥주이자 필스너 스타일의 선구자이자 원조. 우르켈 Urquell 은 원조라는 의미를 담고 있다. 체코 서부 플젠 Pilsen, Plzen 이라는 도시에 필스너 우르켈 양조장이 소재하며, 필스너라는 맥주의 이름은 도시명에서 차용되었다. 홉의 허브나 꽃과 같은 쌉쌀함이 입에 맴돌기에 페일 라거에 익숙한 취향의 사람들에게는 써서 마시기 힘들다는 첫 인상이 강하게 남는다고 하지만, 지속적으로 마시다 보면 홉의 쌉쌀함에서 미학을 발견하게 된다.

부데요비츠키 부드바르 Budejovicky Budvar

국적 | 체코

특징 |

체코 남부 체스케 부데요비체 České Budějovice [독일어로는 부드바이스 Budweiss]라는 도시에서 만들어진 체코 필스너 스타일의 맥주이다. 체코 이외의 국가에서는 보통 버드와이저 부드바르 Budweiser Budvar 라고 불린다. 이 맥주를 모방하여 미국에서 만든 제품이 현재는 세계적인 맥주가 된 버드와이저 Budweiser 이다. 서로 이름이 유사해서 상표권을 가지고 여러 국가에서 소송을 벌인 사건들이 유명하다. 필스너 우르켈에 비해서 홉의 쌉쌀함이 도드라지지는 않고 과일과 같은 맛이나 둥글둥글한 단맛 등이 완화된 쌉쌀함과 절묘하게 조화된다. 필스너 우르켈과 함께 체코를 대표하는 맥주이다.

Supplement

체코 맥주의 플라토 Plato 스케일

"체코에서 12도 짜리 맥주를 마셨는데 하나도 독하지 않았고 순했어요!"

체코 출신 맥주들의 전면 라벨에는 대부분 12°나 10°와 같은 표기가 있습니다. 때문에 맥주에 관해 깊은 지식을 가지고 있지 않은 사람들의 입장에서는 이를 알코올 도수%로 오해하기 쉽습니다. 하지만 저 숫자는 플라토 Plato 수치로서 알코올 도수와는 무관합니다. 즉 12°가 12%의 알코올 도수가 아니라는 것이죠.

체코 맥주의 플라코 표기|10

체코 맥주 플라토 표기|11

플라토 Plato 는 액체 비중계가 나타내는 맥아즙 내 당의 수치로 Wort : 효모가 들어가기 이전의 발효가 이뤄지지 않은 맥주 형태로, 맥주와 같은 발효주는 효모가 당을 먹고 알코올을 배출하기 때문에 발효 전 상태인 맥아즙에는 알코올이 없음) 내 당도를 보여주는 지표입니다.

다시 설명하면, 플라토 Plato 는 맥즙에 녹아든 맥아에서 추출한 당 예 : Sucrose 의 중량 비율%을 보여주는 것으로, 12Plato라 함은 물과 당이 섞인 용액 맥즙 이 총 100g이라면 12g의 당을 포함한다는 뜻입니다. 쉬운 표현으로 맥즙 내 당에 의한 농도가 12%라는 것입니다.

플라토 Plato 는 1843년 체코 보헤미아의 과학자 카를 발링 Karl Balling 이 밝혀냈고 이후 독일의 과학자 프리츠 플라토 Fritz Plato 에 의해 다듬어졌습니다.

플라토 Plato 는 현재 유럽의 양조장들이 맥주 내 알코올 함량 % 을 알아내기 위한 여러 수단들 가운데 가장 애용하는 방식으로서 12°, 10° 등의 수치는 발효되기 이전의 수치 Original Extract 입니다. 플라토 수치는 독일과 체코 맥주에서 발견할 수 있습니다.

독일에서는 플라토 수치에 따라 Einfachbier 2~5.5°, Schankbier 7~8°, Vollbier 11~14°, Starkbier 16° 등으로 분류하며 독일법상 도펠복 Doppelbock 으로 불리려면 독일에서는 18° Plato 이상이 되어야 합니다.

많은 국가가 맥주의 라벨에 플라토 Plato° 수치보다는 알코올 도수 % 를 눈에 띄게 드러내며 플라토 수치는 경우에 따라 기록하지 않기도 합니다. 유독 두 국가, 체코와 중국에서 플라토 수치를 알코올 도수보다 전면 배치하는 경향이 있습니다.

플라토 수치와 그것에 따른 알코올 도수는 체코, 독일 뿐아니라 세계 여러 국가들에서 맥주에 세금을 책정하는 바탕이 되는 중요한 요소로서, 높은 플라토 수치로 인한 강한 알코올 도수 맥주에는 더 많은 세율이 부과되는 곳이 많습니다.

플라토 수치와 알코올 도수의 관계와 변수를 설명하려면 양조 방면으로 깊이 파고 들어야 하기 때문에, 단순한 변환수치를 알려드리면 10° Plato는 대략 4%대의 알코올 도수, 12° Plato는 어림잡아 5%의 알코올 도수에 상응합니다. 도펠복 DoppelBock 으로 인정받기 위한 18° Plato는 약 7.5%의 알코올 도수쯤 됩니다.

근사값을 얻는 매직 넘버로 2.4가 제시되기도 합니다. 18 Plato ÷ 2.4 = 7.5% ABV

향후 체코를 방문하여 맥주를 즐기실 계획이라면, 체코 맥주 전면 라벨에 큼지막하게 적힌 10°, 12°를 알코올 도수로 오해하지 말길 바랍니다. 대신 알코올 도수는 후면 라벨에 작게 표시된 것을 살펴보거나, 아니면 플라토 수치를 2.4로 나누어 내가 마시게 될 맥주의 알코올 도수를 파악할 수 있을겁니다.

독일의 맥주

독일에서 시장 점유율의 다수를 차지하고 있는 맥주는 필스너 Pils 나 엑스포트 Export 같은 라거 맥주입니다. 체코가 필스너와 다크 라거 위주의 비교적 단순한 체코 맥주 스타일을 가지고 있는 반면에, 독일은 대중적이고 단순한 라거 맥주들 이외에 복 Bock 이나 옥토버페스트비어 등과 같은 독특한 독일 라거 맥주의 고유한 스타일을 보유하고 있습니다.

라거 맥주가 매우 발달한 독일 맥주 문화이나, 상면 발효 에일 맥주 계열도 독일 맥주 스타일의 구성에서 비중 있게 발달했습니다. 독일 동남부 바이에른식 밀맥주인 바이스비어 Weissbier 를 비롯하여 독일 서부 쾰른의 쾰쉬 Kölsch, 뒤셀도르프의 알트 Alt 등이 대표적인 독일 상면 발효 맥주입니다.

독일은 지역 맥주의 전통이 강합니다. 베를린의 베를리너 바이스 Berliner Weisse 나 밤베르크의 라우흐비어 Rauchbier, 프랑켄 지역의 켈러비어 Kellerbier 는 그 지역 일대에서 즐길 수 있는 명물 맥주로서 지역적 한계로 인해 많은 사람이 마시는 맥주는 아니지만 마니아층은 일부러 지역 맥주집을 순방할 정도로 인기가 높습니다.
대중적인 독일 맥주 브랜드를 접한다면 필스너 Pils, 엑스포트 Export, 둔켈 Dunkel, 바이젠 Weizen 이라는 독일 내에서는 기본적이지만 다소 단조로울 수 있는 맥주 스타일을 만나게 될 가능성이 높고, 보수적인 맥주 시장 분위기 때문에 벨기에나 영국 등의 타국의 전통 맥주나 크래프트 계열 맥주를 구하기 매우 어려워, 다양한 맥주 스타일 즐기는 생활을 영위하는 것보다는 독일 내 몇몇 스타일에 집중해서 마시는 게 적합합니다.

따라서 독일에서는 독일의 지역 맥주 스타일을 미리 학습하고 이해하면서 즐기는 것이 독일 여행 시 여러 기회 비용을 고려했을 때 독일 맥주를 가장 합리적으로 즐기는 방법이라고 생각합니다.

참고로 독일은 맥주 공병 재활용 문화가 상당히 발달하였습니다. 맥주를 구입 시 맥주 가격 이외에 공병 값을 마치 부가세 지불하듯 추가로 지불합니다. 병의 종류에 따라 공병 값은 달라지지만 일반 맥주병은 7센트, 고급 병 스왕-탑 은 15센트입니다.
평균적이고 규격화된 독일의 병 맥주는 500ml 제품으로 가격은 보통 70센트~1유로 정도입니다. 맥주 한 병을 구매하면 맥주 가격 70센트에 공병 값 7센트를 더하여 총 77센트를 지불하는 것이죠.
공병 값은 이후 판매처에 반납하면 돌려받을 수 있으며 많은 독일 시민들은 공병을 함부로 버리지 않고 모아뒀다가 공병 값을 환급 받습니다. 이는 맥주 공병만 아니라 생수나 음료수의 페트병, 캔 등에도 적용되는 사항으로 재활용 가능 용기의 재활용 시스템이 사회 전반에 잘 조직되어 있는 독일입니다.

독일 필스너 Pilsner

크롬바커 Krombacher

비트부르거 Bitburger

DETAIL

홉 Hoppy	🍺🍺🍺
맥아 Malty	🍺🍺
효모 Yeasty	🍺
무게감 Body	🍺🍺
색상	금색
알코올 도수	4.3~5.2%

※ 5개 만점. 높을수록 맛이 강함

독일 필스너 대표 브랜드
크롬바커(Krombacher, 독일, ○)
비트부르거(Bitburger, 독일, ○)
벡스(Beck's, 독일, ○)

개 요

필스너는 체코뿐 아니라 독일에서도 가장 많이 소비되고 있는 맥주 스타일이지만, 철자가 약간 다릅니다. 필스너 Pilsner 라는 명칭은 체코 플젠 출신이라는 정체성이 강하기 때문에, 독일의 필스너들은 Pilsener 혹은 Pils라는 식으로 스타일 이름을 약간 변형시켜 판매합니다.

특 징

필스너는 크게 두 종류의 부류로 나뉘는데, 체코 필스너 Czech Pilsner 와 독일 필스너 German Pils 입니다. 필스너의 재료 구성은 독일 맥주 순수령에 의거 쌀, 옥수수 등의 다른 곡물을 사용하지 않으며, 주로 맥아 100% All Malt 에 라거 효모를 사용하여 발효하며, 알코올 도수는 4~5%입니다.

체코 필스너와 독일 필스너의 가장 큰 차이는 홉에서 생깁니다. 체코의 필스너들은 그들의 전통을 살려 체코 자테츠 Zatec 지역에서 나오는 사츠 Saaz 홉을 사용하며, 독일 필스너들은 독일의 할러타우 Hallertau, 테트낭 Tettnang, 슈팔트 Spalt, 헤어스부르커 Hersbrucker 등의 독일 출신 홉들을 사용합니다.

독일의 필스너인 크롬바커 필스

필스너는 기본적으로 홉의 쌉쌀함과 허브, 레몬, 풀잎 등등의 향미가 중점적인 맥주로서, 페일 라거Pale Lager에 비해 홉의 세기가 비교적 강합니다.

체코 필스너는 다소 둥글둥글 원만하게 고소한 단맛과 홉의 쌉쌀함이 함께 묻어나지만, 독일 필스너는 가볍고 산뜻한 성질에 홉의 쌉쌀함이 가미된 성향을 띱니다.

독일의 필스너인 비트부르거13

독일 필스너 대표 맥주

크롬바커 Krombacher

국적 | 독일

특징 |

독일을 대표하는 필스너 가운데 하나. 독일 내 필스너 시장 점유율로는 항상 상위권에 랭크된 맥주로 독일 어느 지역에서든 볼 수 있다. 독일 홉 특유의 허브, 꽃 향미와 씁쓸한 맛이 약간 감돈다. 독일 맥주다운 정제된 맛이 일품이다.

비트부르거 Bitburger

국적 | 독일

특징 |

독일 서부의 작은 도시 비트부르크 Bitburg 에서 만들어졌다. 국내에서는 비트버거라고 불린다. 독일 축구 국가대표팀 공식 스폰서 맥주. 크롬바커와 마찬가지로 독일을 대표하는 필스너로 독일 내 전국구 맥주. 깔끔하고 순한 맛에 새콤하게 튀는 홉의 맛이 일품이다.

헬레스 라거 Helles Lager

로벤브로이 오리지널
Löwenbräu Original

바이헨슈테판 오리지널
Weihenstephan Original

파울라너 뮌히너 헬
Paulaner Münchner Hell

아우구스티너 라거비어 헬
Augustiner Lagerbier Hell

DETAIL

홉 Hoppy	🍺🍺	
맥아 Malty	🍺🍺	
효모 Yeasty	🍺	
무게감 Body	🍺🍺	
색상	금색	
알코올 도수	4.5~5.5%	
IBU	16~22	

※ 5개 만점 높을수록 맛이 강함

헬레스 라거 대표 브랜드

- 로벤브로이 오리지널(Löwenbräu Original, 독일, ○)
- 바이헨슈테판 오리지널(Weihenstephan Original, 독일, ○)
- 파울라너 뮌히너 헬(Paulaner Münchner Hell, 독일, ○)
- 아우구스티너 라거비어 헬(Augustiner Lagerbier Hell, 독일, ×)

개 요

헬레스Helles 혹은 헬Hell이라고 불리는 라거Lager는 독일 바이에른 지역과 주도인 뮌헨München에서 탄생한, 지역에서 주로 소비되는 밝은색의 맥주입니다. 독일어로 헬Hell은 밝다는 뜻의 단어입니다.

역 사

헬레스 맥주는 1894년 뮌헨의 스파텐Spaten 양조장에서 처음 개발된 맥주로, 뮌헨과 바이에른의 동쪽에 위치한 체코 보헤미아 지역의 필스너Pilsner가 선풍적인 인기로 유럽을 휩쓸자, 필스너에 대항하기 위해서 맥주에 관한 자부심이라면 둘째라면 서러운 뮌헨의 양조가들이 새롭게 출시한 뮌헨München 식 금빛 라거 맥주입니다. 따라서 몇몇 헬레스 맥주의 이름에는 뮌헨의 헬레스 맥주라는 용어로서 Münchner Hell이 사용되기도 합니다.

현재 독일에서 가장 많이 소비되는 맥주 스타일은 필스너Pils로 유명한 벡스Beck's, 크롬바커Krombacher, 비트부르거Bitburger 등이 독일의 'No.1'을 다투는 필스너입니다.

특 징

독일에서 필스너는 전국구로 절찬리에 판매되는 대중적인 맥주인데 반해서 헬레스Helles의 포지션은 바이에른Bayern-뮌헨München 지역에 한정되며, 몇몇 대기업 소속의 유명한 헬레스 정도만 바이에른 외 독일 지역이나 해외에 유통됩니다.

독일에서 밝은색의 라거 맥주는 필스너Pils와 필스너가 아닌 맥주로 나뉜다고 해도 과언이 아닐 정도로 필스너Pils의 시장 점유율이 상당합니다. 몇몇의 뮌헨 시민들은 지역에 대한 충성심으로 헬레스Helles를 마신다고도 합니다.

아우구스티너 라거비어 헬14

독일 노블Noble 홉의 쌉싸래한 풍미는 약간만 드러나며, 맥아적인 단맛은 아주 강하지는 않지만 고소함이나 순한 풍미가 있습니다. 도수는 4.5~5.5% 정도로 아주 강한 맥주는 아니며, 홉의 풍미가 강한 필스너Pils보다는 전반적으로 조금 더 온순한 성향을 가진 밝은색 라거 맥주인 헬레스입니다.

파울라너 헬레스

헬레스 라거 대표 맥주

아우구스티너 헬 Augustiner Hell

국적 | 독일

특징 |

1328년 뮌헨에서 설립된 아우구스티너Augustiner 양조장의 대표 맥주. 뮌헨의 기차역이나 공원 등에서 뮌헨 사람들이 손에 든 맥주들을 살펴보면 아우구스티너 헬이 대부분일 정도로 뮌헨에서는 대중적으로 사랑받는 제품이다. 새콤한 과일 맛이 인상적이며 곡물과 같은 고소함도 은은하게 나타나지만, 가볍고 순해서 마시기에 부담이 없다.

뢰벤브로이 오리지널 Löwenbräu Original

국적 | 독일

특징 |

우리나라 사람들에게는 맥주 체인점 명칭으로 알려지기도 했으나 본래 뢰벤브로이는 독일 뮌헨에 소재한 양조장의 명칭이다. 홉의 씁쓸함은 필스너에 비해 무디지만 레몬과 같은 새콤함, 바삭한 청량감과 더불어 맥아의 달면서도 고소한 맛이 살며시 엿보인다.

엑스포트 Export

DAB 오리지널
DAB Original

외팅어 엑스포트
Oettinger Export

DETAIL

홉 Hoppy	🍺🍺
맥아 Malty	🍺🍺
효모 Yeasty	🍺
무게감 Body	🍺🍺
색상	금색
알코올 도수	4.8~6%
IBU	20~30

※ 5개 만점. 높을수록 맛이 강함

엑스포트 대표 브랜드
DAB 오리지널(DAB Original, 독일, ○)
외팅어 엑스포트(Oettinger Export, 독일, ○)

개 요

매기는 세금에 따라 맥주를 분류하는 독일에는 엑스포트Export라는 카테고리가 있습니다. 이는 도수가 높은 라거 맥주인데, 다른 지역에 맥주를 수출할 때 조금이나마 더 높은 도수의 맥주가 보존성이 탁월했기에 엑스포트Export라는 이름이 붙었다고 합니다.

역 사

독일 서북부의 예로부터 공업지대로 이름난 루르Ruhr 지역에는 많은 광부들이 거주했으며, 그 중심에는 도르트문트Dortmund가 있습니다. 영국의 짐꾼들이 포터Porter 맥주를 마셨던 것처럼, 도르트문트의 광부들은 도르트문트의 라거 맥주를 소비했습니다.

도르트문트의 광부15

특 징

엑스포트Export 라는 명칭은 전 독일 지역에서 필스너Pils, 헬레스Helles, 둔켈Dunkel 맥주들에도 종종 붙여지는 수식어로서 일반적인 뉘앙스는 0.5~1% 정도 약간 도수가 높은 맥주라고 해석됩니다.

독일에서 스트롱 비어Stong Beer 라는 개념은 복Bock 맥주가 자리매김하고 있으며, 복Bock 은 자신만의 뚜렷한 개성으로 인해 하나의 스타일로 인정받지만, 엑스포트 필스너-엑스포드 둔켈Export Pils - Export Dunkel 등은 약간 도수 높은 맥주라는 개념이기에 하나의 독일 스트롱 비어 스타일로 취급받지는 못하는 상황입니다.

댑 엑스포트 DAB Export 16

반면 도르트문트 에스포트Dortmunder Export 는 필스너 정도의 노블 홉Noble Hop 의 세기와 헬레스Helles 만큼 맥아적인 성향, 다른 독일 라거들에 비해 평균적으로 높은 도수기본 5%에서 시작 등에서 여타 밝은색 독일 라거 맥주들과는 나름의 차별점을 보입니다.

보통의 필스너들과 아주 확연한 차

이를 보이는 것도 아니요, 0.5%의 도수 차이나 전반적인 맥주 성향이 마시는 이에게 아주 큰 엑스포트Export만의 뚜렷한 개성을 어필하는 것도 아니며, 엑스포트라는 단어가 도르트문트만의 전유물도 아니기에 약간은 중립적인 스타일의 맥주입니다. 취하고 싶은 날 필스너 대신에 마시는 맥주라는 개념으로 받아들이는 일부 독일인들도 있습니다.

엑스포트 스타일은 독일 내에서 필스너의 입지처럼 전국에서 생산되는 맥주이기에 알트Alt나 라우흐비어Rauchbier처럼 도르트문트의 지역색이 뚜렷한 맥주는 아닙니다. 따라서 도르트문트Dortmund Export라는 표현보다는 그냥 독일 엑스포트German Export라는 표현이 더 선호됩니다.

그래서인지 엑스포트 맥주 스타일을 설명할 때는 맥주의 특징과 성격상 다른 맥주들과 차이가 두드러지는 뚜렷한 개성이 없기 때문에, 도르트문트의 스토리를 연동시켜 정체성을 드러내기도 합니다.

엑스포트 대표 맥주

댑 엑스포트 DAB Export

국적 | 독일

특징 |
1868년 설립된 양조장에서 생산되는 독일 엑스포트 스타일의 맥주. 필스너에 비해서 다소 높은 알코올 도수를 지녔지만 크게 알코올 맛이 도드라지지는 않는다. 홉의 쌉쌀함과 맥아 곡물의 고소함이 호각을 이룬다.

라들러 Radler

카를스베르크 라들러 Karlsberg Radler

개 요

라들러는 20세기 초반 독일 바이에른주 뮌헨 주변 일대로 숲속을 자전거로 누비는 스포츠 마니아들을 위해서 지역 여관 주인이 새롭게 만든 혼합 맥주Mix-beer를 기원으로 합니다.

특 징

갈증이 난 자전거 마니아들을 위해 보다 더 청량하고 가벼우면서, 도수는 낮게 설계한 것이 라들러Radler 로 독일어 Radler는 자전거 타는 사람을 의미하는 단어입니다. 약 50:50의 비율로 레모네이드와 필스너 헬레스 등의 금빛 라거를 섞어 제공했으며, 이후 매우 긍정적인 반응을 얻어 현재는 뮌헨 시내와 바이에른 전역에서 즐길 수 있는 혼합 맥주입니다.

이와 같은 혼합 맥주를 남부 독일 지역에서는 라들러Radler로 부르고, 북부 독일지역에서는 알스터바서Alsterwasser 라고 부릅니다. 알스터바서 또한 라들러와 마찬가지로 금빛 라거를 레모네이드와 일정 비율로 섞는 방식입니다.

필스너와 레모네이드의 결합 라들러17

술이 약한 사람들이나 여름의 갈증해소를 위해 많이 소비되는 라들러Radler는 독일의 메이저급 양조 회사들은 물론이고, 소규모 지역 양조장들까지 취급할 만큼 독일에서는 매우 대중 친화적인 음료형 맥주입니다.

옥토버페스트비어-메르젠 Oktoberfest-Märzen

파울라너 옥토버페스트 메르젠
Paulaner Oktoberfest-Märzen

사무엘 아담스 옥토버페스트
Samuel Adams Oktoberfest

벨텐부르거 아노 1050
Weltenburger Anno 1050

DETAIL		
홉 Hoppy	🍺🍺	
맥아 Malty	🍺🍺🍺	
효모 Yeasty	🍺	
무게감 Body	🍺🍺🍺	
색상	구리색	
알코올 도수	4.7~6.0%	
IBU	18~24	

※ 5개 만점. 높을수록 맛이 강함

옥토버페스트비어-메르젠 스타일 대표 브랜드

파울라너 옥토버페스트 메르젠
(Paulaner Oktoberfest-Märzen, 독일, ×)

사무엘 아담스 옥토버페스트
(Samuel Adams Octoberfest, 미국, ○)

구스 아일랜드 옥토버페스트
(Goose Island Oktoberfest, 미국, ○)

벨텐부르거 아노 1050
(Weltenburger Anno 1050, 독일, ○)

개요

옥토버페스트 Oktoberfest 는 1810년, 바이에른의 황태자 루트비히 왕의 결혼식을 축하하기 위한 경마대회였습니다. 옥토버페스드 Oktoberfest 는 묵은 맥주를 빠르게 소비해야 하는 시대 요구에 가장 적합한 축제였고, 이 곳에서 많이 제공되는 맥주라 하여 옥토버페스트비어 Oktoberfestbier 라는 스타일이 등장했습니다.

역사

라거 Lager 맥주의 통상적인 발효 온도는 섭씨 8~13℃입니다. 냉장 시설이 발달하기 이전인 19세기 독일의 여름 무더위에서는 실온에서 8~13℃를 유지하면서 발효해야 하는 맥주 양조가 불가능했습니다. 24℃가 넘어가는 여름 날씨에는 잡균들이 맥주 효모보다 빠르게 세력을 확장하기 때문에 이때 양조한 맥주는 신맛이 나는 등 망치기 일쑤였습니다.

경험적으로 옛 독일의 양조가들은 가을이 시작되는 10월에서 이듬해 4월까지는 맥주를 양조하고 발효하는 데 기후가 저해요소로 작용하지 않는다는 것을 알았으며, 일교차로 인한 온도의 변화를 없애는 데 지상보다는 지하실에서 맥주를 발효하는 것이 바람직하다는 사실도 알게 되었습니다.

메르젠Märzen은 독일어로 3월을 뜻하는 단어입니다. 3월이 맥주의 스타일 이름으로 불려지는 까닭은 이 맥주가 시기적으로 여름이 오기 전, 안전하게 양조를 완성할 수 있는 3월에 주로 만들어졌기 때문입니다.

옥토버페스트비어Oktoberfestbier는 세계에서 가장 유명한 맥주 축제인 독일의 옥토버페스트Oktoberfest의 맥주라는 의미로 옥토버Oktober는 우리말로 10월을 뜻합니다. 옥토버페스트는 매년 9월 말에서 10월 초까지 약 2주 동안 바이에른Bayern의 주도 뮌헨München에서 개최됩니다.

옥토버페스트비어Oktoberfestbier와 메르젠Märzen은 동일한 스타일의 맥주로 여기는데, 옥토버페스트는 10월의 맥주이고 메르젠은 3월의 맥주이니 어딘가 어긋나는 듯한 기분이 듭니다.

뮌헨 옥토버페스트 광경18

사실 메르젠Märzen은 3월에 주로 양조하는 맥주일 뿐, 3월에 소비하는 맥주는 아닙니다. 일반적으로 라거 맥주는 약 2~3주 간의 발효시간을 거친 후 6~7주, 경우에 따라 석달까지 낮은 온도에서 장기 숙성을 거쳐야 완성되는 맥주입니다. 그렇기에 3월에 양조되는 메르젠Märzen의 결과물을 보려면 적어도 2~3달은 지난 여름에서야 가능합니다.

기술이 발달한 현대의 양조 환경과는 달리, 냉장 시설이 없던 19세기 이전에는 여름의 높은 온도 때문에 맥주 양조장들은 휴무를 가질 수밖에 없었습니다. 그래서 맥주 소비의 성수기인 여름에 맥주를 마시려면 전부 지난 겨울이나 봄에 미리 양조를 해야 했습니다.

여름이 지나고 9월부터 점점 날씨가 서늘해지면 맥주 양조가 다시 가능해지며, 10월 말쯤이면 서서히 그 해 가을 생산한 싱싱한 맥주들이 사람들에게 선보여졌습니다. 따라서 겨울이나 봄에 미리 만들어 놓은 묵은 맥주들을 빠르게 소비할 필요가 생겼습니다.

특 징

옥토버페스트 메르젠Oktoberfest- Märzen 스타일의 맥주 도수는 독일의 일반적인 필스너 맥주보다 알코올 도수가 평균 1~2% 가량 높은데, 이는 알코올 도수가 높을수록 장기간 보존 시 맥주가 상하는 것을 막을 수 있기 때문입니다.

맥아나 홉의 사용량도 필스너보다는 많아 전반적으로 맛의 상향 평준화를 이룩한 맥주입니다. 맥아적인 성향이 중점적이지만 아주 달지는 않으며 대체로 차분하고 부드러운 성향을 지녔습니다. 홉은 독일계열 노블Noble Hop 홉이 주로 사용되었고, 허브나 약초와 같은 싸함Spicy과 꽃과 같은floral 느낌을 줍니다.

냉장 기술이 발전된 19세기 이후로는 꼭 3월이 아니더라도 계절에 상관없이 맥주를 양조할 수 있어 옥토버페스트-메르젠의 시기적 연관성은 많이 퇴화되었으나, 여전히 옥토버페스트 시즌의 주인공 맥주는 옥토버페스트-메르젠 Oktoberfest- Märzen 입니다. 독일의 맥주 시장은 사시사철 옥토버페스트-메르젠 Oktoberfest- Märzen 맥주를 판매하고 있으며, 둘을 같은 스타일로 여기기 때문에 어떤 용어를 사용하여 맥주 라벨에 기록하든 그것은 양조장의 자유입니다.

옥토버페스트비어 Oktoberfestbier 라는 이름이 계절 한정과 뮌헨의 옥토버페스트 축제 전용 맥주라는 뉘앙스도 있고 이름도 길기 때문에, 많은 독일의 양조장들에선 그냥 줄여서 페스트비어 Festbier : 축제 맥주 라고도 하며, 독일 바이에른주 북부 프랑켄 Franken 지역에서는 봄에 개최되는 맥주들을 페스트비어 Festbier 라며 선보입니다. 페스트비어 Festbier 도 맥주 스타일 상으로는 옥토버페스트-메르젠 Oktoberfest- Märzen 에 속합니다.

파울라너 옥토버페스트비어

옥토버페스트비어-메르젠 대표 맥주

파울라너 옥토버페스트비어 Paulaner Oktoberfestbier

국적 | 독일

특징 |

독일 뮌헨에 소재한 파울라너Paulaner 양조장에서 만든 옥토버페스트 시즌용 가을 한정 맥주. 필스너의 금색보다는 다소 짙은 구리색을 띠며 약간의 시럽과 같은 맥아의 단맛과 진중함이 존재한다. 홉은 씁쓸하진 않지만 허브나 꽃의 향을 낸다.

사무엘 아담스 옥토버페스트 Samuel Adams Oktoberfest

국적 | 미국

특징 |

미국 크래프트 맥주 양조장의 선구자 사무엘 아담스Samuel Adams 에서 만든 가을용 계절 맥주. 이름에서 보이듯 독일의 옥토버페스트 스타일을 추구했다. 캐러멜과 같은 단맛이 조금 끈적하게 남으며 꽃과 같은 아름다운 향이 피어오른다.

다크 라거 Dark Lager

다크 라거 Dark Lager, 즉 어두운색을 띠는 라거 맥주라는 뜻으로 색상이 어둡기 때문에 우리나라에서는 흑맥주라는 표현이 자주 사용됩니다.

맥주의 다양한 색은 사용되는 맥아의 색상에 따라 결정됩니다. 다크 라거는 어두운 검은색의 맥아가 재료로서 첨가되면 나오는 결과물로, 페일 라거 Pale Lager를 구성하는 기본 레시피에 어두운색 맥아의 점유율이 5%만 되어도 맥주의 색상은 검게 변하게 됩니다. 나머지 95%는 밝은색 맥아로 구성됩니다.

어두운색 맥아는 고유의 풍미를 지녔습니다. 커피 원두, 초콜릿, 검붉은 색 과일, 캐러멜 등등의 맛을 맥주에 부여합니다. 미국의 맥아 회사 Briess의 다크 초콜릿 Dark Chocolate 맥아에 관한 설명을 보면 다음과 같습니다.

"Give beer brown to dark color and roasted coffee and cocoa flavor, depending on usage rate. Use 1~10% for color adjustment and chocolate flavor. Ideal for porters, brown ales, stout, and other dark styles"

로스팅된 커피와 코코아 맛을 내며, 총 맥아량 100% 가운데 1~10%의 사용량에 따라 초콜릿스러운 맛을 조절 할 수 있다. 맥주에 갈색~어두운색을 더해준다. 포터나 브라운 에일, 스타우트, 기타 어두운 맥주 스타일에 좋다." [20]

슈바르츠비어 Schwarzbier

코스트리쳐
Köstrizer

외팅어 슈바르츠비어
Oettinger Schwarzbier

DETAIL

홉 Hoppy	🍺
맥아 Malty	🍺🍺
효모 Yeasty	🍺
무게감 Body	🍺🍺
검은맥아 Roasted	🍺🍺
색상	어두운 갈색
알코올 도수	4.4~5.4%
IBU	20~30

※ 5개 만점, 높을수록 맛이 강함

슈바르츠비어 대표 브랜드
쾨스트리쳐(Köstrizer, 독일, ○)
외팅어 슈바르츠비어
(Oettinger Schwarzbier, 독일, ○)
펠트슐뢰센 슈바르츠비어
(Feldschlößchen Schwarzbier, 독일, ○)

개 요

독일 중부의 튀링겐 지역과 프랑켄 지역에서 만들어지는 어두운색의 라거 맥주로 슈바르츠 Schwarz 는 독일어로 검은색을 뜻하는 단어입니다. 말 그대로 검은 맥주인 슈바르츠비어의 색상은 어두운 갈색에서 검은색을 띠고 있으며, 로스팅 된 검은 맥아를 소량 사용하여 떫은 느낌과 단맛이 적어 종종 블랙 필스너 Black Pilsner 라고 불립니다.

외팅어 슈바르츠 비어

특 징

슈바르츠비어는 다크 라거이기는 하나 스타우트 Stout 처럼 검은 맥아의 강한 떫은 맛이 느껴지지는 않습니다. 도수는 일반적으로 생각할 수 있는 맥주의 도수인 4~5.5% 정도로, 색상은 검지만 특별하게 강한 맛을 지닌 맥주는 아닙니다. 대표적인 슈바르츠비어로는 독일 출신의 쾨스트리쳐Köstritzer라는 맥주가 있으며 독일 대문호 괴테가 즐긴 것으로 유명합니다.

독일 북부, 동부 지역에서 나오는 다크 라거에서 슈바르츠Schwarz라는 표현이 자주 발견됩니다. 바이에른Bayern을 비롯한 남쪽에서는 둔켈Dunkel이 우세합니다. 슈바르츠비어보다는 둔켈이 좀 더 달고 맥아적인Malty 끈적함을 지녔습니다.

슈바르츠비어의 대명사 쾨스트리쳐21

슈바르츠비어 대표 맥주

쾨스트리쳐 Köstritzer

국적 | 독일

특징 |

독일 대문호 괴테를 비롯하여 많은 독일 유명 인사들이 즐겼다고 알려진 유서 깊은 맥주. 독일 동부 튀링겐, 작센 지역을 대표하는 검은색 라거 맥주이다. 은은한 캐러멜의 단맛과 검은 맥아의 코코아, 커피 맛이 슬며시 엿보인다. 아주 무거운 맥주는 아니지만 쾨스트리쳐 맥주의 라벨에서 풍기는 고전적인 인상 때문에 더 깊은 맥주처럼 느껴지는 효과도 있다.

외팅어 슈바르츠 Oettinger Schwarz

국적 | 독일

특징 |

독일 보급형 저가 맥주의 대명사 외팅어Oettinger에서 만든 슈바르츠비어. 외팅어는 가격도 저렴하고 품질이 좋은 것으로 잘 알려진 브랜드. 토스트나 빵과 같은 고소함에 초콜릿, 커피의 검은 맥아의 맛이 어렴풋하다. 꽃이나 허브 등의 홉의 향도 약간 있다. 무게감은 가볍고 순해서 마시기 편하게 설계된 느낌이다.

둔켈 Dunkel

쾨니히 루트비히 둔켈
König Ludwig Dunkel

바이헨슈테판 트라디치온
Weihenstephaner Tradition

DETAIL

홉 Hoppy	■
맥아 Malty	■■■
효모 Yeasty	■
무게감 Body	■■■
검은맥아 Roasted	■■
색상	어두운 갈색
알코올 도수	4.5~5.6%
IBU	18~28

※ 5개 만점, 높을수록 맛이 강함

둔켈 대표 브랜드

쾨니히 루트비히 둔켈
(König Ludwig Dunkel, 독일, ○)
바이헨슈테판 트라디치온(Weihenstephaner Tradition, 독일, ×)
벨텐부르거 클로스터 바로크 둔켈
(Weltenburger Kloster Barock-Dunkel, 독일, ○)
아잉거 알트바이리슈 둔켈(Ayinger Altbairisch Dunkel, 독일, ○)

개 요

슈바르츠비어 Schwarzbier 가 독일 중부–동부의 다크 라거라면, 둔켈 Dunkel 은 독일 남동부 바이에른 Bayern 지역의 다크 라거입니다. 독일어로 둔켈 Dunkel 은 다크 Dark 의 의미로 '어둡다'는 뜻을 가졌습니다.

특 징

어둡다는 의미의 이름을 가진 맥주인만큼, 색상은 완연한 검은색보다는 갈색과 어두운 갈색에 걸친 색을 띱니다.

검은 맥아의 떫은 로스팅 된 맥아 맛은 슈바르츠비어 Schwarzbier 보다는 경감되었으나 캐러멜이나 초콜릿의 달작지근한 맛과 묵직한 성향을 보입니다. 둔켈 Dunkel 도 알코올 도수는 4.5~5.5%의 일반적인 맥주의 범위에 들어가는 스타일로 검은 맥아 특유의 탄 맛이나 떫음, 쓴맛이 적으면서 맥아적인 단맛 Malt Sweet 이 강화된 맥주라 흑맥주가 부담스럽다는 선입견을 타파할 수 있는 좋은 예가 되어줄 겁니다.

쾨니히 루트비히 둔켈22

둔켈 대표 맥주

쾨니히 루트비히 둔켈 König Ludwig Dunkel

국적 | 독일

특징 |

독일 바이에른주에 소재한 칼텐베르크 양조장에서 만든 제품으로, 루트비히 왕 König Ludwig 이라는 이름을 가진 맥주가 이곳의 대표 브랜드이다. 참고로 루트비히 왕은 독일의 유명한 노이슈반스타인 Neuschwanstein 성을 비롯 여러 성을 건축한 바에른의 왕 루트비히 2세를 뜻한다. 검은 맥아의 탄 맛보다는 달콤한 캐러멜과 같은 맛이 난다. 입에 닿는 느낌은 두껍고 묵직한 편이다.

바이헨슈테판 트라디치온 Weihenstephaner Tradition

국적 | 독일

특징 |

독일 바이에른주에 소재한 바이헨슈테판 양조장에서 만든 둔켈 맥주. 세계적인 맥주 양조가 학습기관과 연계된 바이헨슈테판의 맥주는 전 세계적으로 그 품질을 인정받고 있다. 토스트와 건과일 건포도, 자두 등의 고소한 과일 맛이 난다. 견과류나 볶은 커피콩과 같은 맛도 나며 아주 무겁지는 않아 마시기 편하다.

복Bock 맥주

많은 복Bock 맥주가 독일 맥주의 심장부인 바이에른Bayern에서 취급되기에, 바이에른의 고유 맥주로 여겨지기도 하지만, 본래는 독일 북부 니더작센Niedersachsen주의 아인벡Einbeck 지역에서 기원한 맥주입니다.

중세시대 아인벡은 많은 독일의 도시들이 가담한 무역 동맹인 한자 동맹Hansa 동맹. 독일 북부의 도시들과 외국에 있는 독일의 상업 집단이 상호교역의 이익을 지키기 위해 창설한 조직에 가입하였으며, 그 당시 아인벡에서 만든 맥주는 밀과 보리를 바탕으로 만든 수출에 용이한 높은 도수의 에일이었다고 합니다.

맥주는 아인벡의 주요 교역품 중 하나였으며, 여러 단골 고객들 중에는 바이에른의 공작도 있었다고 합니다. 17세기 초부터 아인벡의 복 맥주는 바이에른주에서 아인벡 출신의 브루마스터에 의해 양조되기 시작했습니다.

이후 점차 아인벡의 맥주는 독일 바이에른 지역의 방언에 의해 'Ein bock'이라고 불렸으며, 이후 독일어 부정관사와 철자가 같은 아인Ein이 떨어져 나가면서 복Bock이라는 명칭으로 바이에른에서 정착하게 됩니다.

복은 현재 높은 도수의 맥주를 뜻하는 'Strong Beer'의 개념으로 접근하면 이해하기가 수월합니다. 전통적으로 알코올 도수가 6% 이상은 되어야 복으로 인정받으며 도수가 7%가 넘으면 도펠복Doppelbock, 8% 이상은 아이스복Icebock으로 구분합니다.

복은 독립된 맥주 스타일의 하나이자, 다른 스타일 명칭의 후미에 붙어서 해당 맥주의 도수가 높아진 것을 알리기도 합니다. 예를 들어 바이젠복Weizenbock은 독일식 밀맥주 바이젠Weizen이 복Strong 맥주화 되었다는 것으로, 'Strong Weizen'의 의미를 지닙니다.

복 맥주의 상징은 염소입니다. 바이에른 지역어로 'Bock'이 염소 Billy Goat 와 동음이의어이기 때문에, 많은 양조장에서는 복 맥주의 라벨에 염소의 그림을 그려 넣고 있습니다.

1882년 복 Bock 맥주 광고 23

둔클레스복 Dunkles bock

아인벡커 우어 복 둔켈
Einbecker Urbock Dunkel 24

DETAIL		
홉 Hoppy	🍺🍺	
맥아 Malty	🍺🍺🍺	
효모 Yeasty	🍺	
무게감 Body	🍺🍺🍺	
색상	갈색	
알코올 도수	6.3~7.2%	
IBU	20~27	

※ 5개 만점. 높을수록 맛이 강함

둔클레스복 대표 브랜드
아인벡커 우어복 둔켈
(Einbecker Ur-Bock Dunkel, 독일, ✗)

개 요

둔클레스복 Dunkles bock 은 복 Bock 이라는 한 단어로 부르는 것이 더 일반적인 맥주로, 복 맥주들 가운데서는 가장 일반적인 스타일입니다. 알코올 도수는 6.3~7.0%에 이르며, 하면 발효한 라거 맥주입니다.

특 징

복Bock에는 통상적으로 검은색이 아닌 어두운색 계열의 맥아들이 많이 사용되기 때문에 색상은 구리색~어두운 갈색을 주로 발하며, 캐러멜 맥아나 소량의 초콜릿 맥아의 풍미도 납니다.

복 맥주는 본래 높은 알코올 도수와 맥아적인 단맛 위주로 이루어진 스타일이라 홉의 쌉쌀함이나 허브, 약초, 꽃, 과일 등의 홉 고유의 맛이 많이 느껴지지는 않습니다. 다만 단맛이 많이 돌기 때문에 단맛과 쓴맛의 균형을 맞추어 주기 위해 홉이 보조를 맞추어 주는 수준은 됩니다.

효모의 과일 맛 에스테르Ester를 거의 내지 않는 라거 효모로 발효되었기에 효모에서 기인하는 과일스러움은 찾기 어렵습니다. 물을 제외한 맥주의 맛을 좌우하는 3재료인 홉-맥아-효모 가운데서 맥아+알코올 도수에만 집중한 스타일이 복입니다.

하면 발효 라거 맥주가 많은 독일 맥주 스타일 카테고리에서 둔클레스복은 필스너Pils나 헬레스Helles 등의 다른 라거 맥주들에 비하면 강한 편이나, 복이라는 대분류 안에서는 약한 수준입니다.

둔클레스복 대표 맥주

아인벡커 우어복 둔켈 Einbecker UrBock Dunkel

국적 | 독일

특징 |

독일 복Bock 맥주의 원조 아인벡Einbeck에서 나온 아인벡커의 간판 복. 캐러멜 느낌의 단맛과 은은한 빵의 느낌, 건포도, 자두 등의 건과일의 맛 등이 엿보인다. 필스너나 헬레스 등의 밝은색 라거 맥주들에 비하면 무겁지만 상위 제품인 도펠복 Doppelbock에 비하면 나름 순한 편이다.

도펠복 Doppelbock

파울라너 살바토르
Paulaner Salvator

바이헨슈테판 코르비니안
Weihenstephaner Korbinian

벨텐부르거 클로스터 아삼 복
Weltenburger Kloster Asam Bock

DETAIL

홉 Hoppy	🍺🍺
맥아 Malty	🍺🍺🍺🍺
효모 Yeasty	🍺
무게감 Body	🍺🍺🍺🍺
색상	갈색
알코올 도수	7.0~8.5%
IBU	16~26

※ 5개 만점. 높을수록 맛이 강함

도펠복 대표 브랜드
- 파울라너 살바토르(Paulaner Salvator 독일, ○)
- 바이헨슈테판 코르비니안(Weihenstephaner Korbinian, 독일, ○)
- 아잉거 셀러브레이터(Ayinger Celebrator, 독일, ○)
- 벨텐부르거 클로스터 아삼 복(Weltenburger Kloster Asam Bock, 독일, ○)

개 요

독일어로 도펠Doppel 은 영어로 더블Double, 국어로는 '갑절'을 뜻하는 단어입니다. 복Bock 앞에 갑절이 붙었다고 해서 맥주의 알코올 도수 6%가 아닌 12%가 되는 것은 아니며 1단계, 2단계의 의미로서 도펠Doppel 이 붙었습니다.

역 사

도펠복 Doppelbock 은 뮌헨에 소재한 파울라너 Paulaner 양조장에서 만든 살바토르 Salvator 라는 제품으로, 1780년 최초로 대중에 공개되었습니다. 대중에게 공개되었다는 것은 본래 이 맥주가 가톨릭에서 금식이나 절식이 요구되는 사순절을 견디기 위해, 유럽의 수도원에서 수도승들이 소비하기 위해 개발된 맥주였기 때문입니다.

옛 수도원에서 소비되던 본 형태의 도펠복은 더 많은 당 Sugar 과 약간 낮은 알코올 도수를 포함했지만, 아무튼 '액체 빵'이라는 별칭답게 맥주 한 잔이 끼니를 대신할 수 있을 만큼 당과 영양소, 포만감과 만족감을 지닌 맥주입니다.

파울라너 살바토르 도펠복25

특 징

도펠복 Doppelbock 은 일반 복 Bock 에 비해서 풍미가 향상된 강화판으로 알코올 도수는 최소 7%에서 9%까지도 아우르며, 맥아적인 성향도 강화되어 더 달작지근한 맛에 맥주의 질감이나 무게감에서도 묵직하면서 진득하며, 색상도 더 어두워졌습니다. 홉 Hop 의 성향은 도펠복도 복과 마찬가지로 그리 튀지는 않으나, 단맛을 잡아주는 약간의 쓴맛으로서의 역할만 수행합니다.

도펠복은 하면 발효한 라거 맥주로 높은 도수, 묵직한 질감과 무게감, 강한 맥아적인 단맛, 어두운 색상 등의 특징을 띠고 있어, 정보가 없는 상태에서 마신다면 에일 맥주로 혼동할 가능성도 있습니다. 하지만 도펠복은 라거 맥주 군에서 보편적인 시장에 나오는 제품들 가운데서는 가장 강력한 맥주입니다. 또한 이러한 맥주의 특징은 도펠복을 겨울에 어울리는 맥주로 자리매김하게 했습니다.

도펠복에는 이름에 관한 재미있는 풍습이 있습니다. 접미사로 '-ator'를 붙이는 것으로 도펠복의 시초인 파울라너 살바토르Paulaner Salvator의 영향을 받았습니다. 뮌헨을 비롯해서 바이에른주, 심지어는 크래프트 맥주의 천국인 미국에서 조차도 '-ator'를 자신의 도펠복 이름에 끼워 넣었습니다. 아잉거 셀러브레이터Ayinger Celebrator, 투허 바유바토르Tucher Bajuvator, 벨스 칸섹레이터Bell's Consecrator, 축성자 등이 이와 같은 방법으로 이름을 지었습니다. 심지어는 씨 유 레이터See you later 라는 제품까지 있습니다.

도펠복 대표 맥주

파울라너 살바토르 Paulaner Salvator

국적 | 독일

특징 |

한때 국내에 수입되어 마니아들에게 찬사를 받았던 맥주이나 수입이 중단되어 파울라너는 헤페바이젠 Hefe-weizen 을 제외하고는 마트나 소매점에 병이나 캔으로 납품되는 맥주가 없었으나, 최근 다시 수입돼, 많은 맥주 애호가들이 반가워 하고 있다. 도펠복 Doppelbock 답게 높은 알코올 도수와 맥아의 캐러멜 느낌의 단맛, 검붉은 건과일류의 맛이 난다. 입에 닿는 질감도 묵직하고 진득해서 가격은 비싸지만 한 잔으로도 충분한 만족감을 얻을 수 있다.

바이헨슈테판 코르비니안 Weihenstephaner Korbinian

국적 | 독일

특징 |

도펠복 Doppelbock 스타일의 맥주. 순한 초콜릿이나 캐러멜 등을 연상시키는 단맛과 묵직한 무게감으로 무장한 맥주이다.

🌾 아이스복 Eisbock

쿨름바허 아이스복
Kulmbacher Icebock

슈나이더 아벤티누스 바이젠 아이스복
Schneider Aventinus Weizen-Eisbock

DETAIL

홉 Hoppy	🍺🍺
맥아 Malty	🍺🍺🍺🍺
효모 Yeasty	🍺
무게감 Body	🍺🍺🍺🍺🍺
색상	갈색
알코올 도수	9.0~14.0%
IBU	25~35

※ 5개 만점. 높을수록 맛이 강함

아이스복 대표 브랜드

쿨름바허 아이스복(Kulmbacher Icebock, 독일, ×)
슈나이더 아벤티누스 바이젠 아이스복
(Schneider Aventinus Weizen-Eisbock, 독일, ○)
쇼르슈복 아이스 13 둔클러 아이스복
(Schorschbock Ice 13 Dunkler Eisbock, 독일, ×)

개 요

독일어로 아이스Eis는 영어의 Ice와 동일한 의미를 가진 단어로 우리말로 '얼음 복'이 됩니다. 아이스복Eisbock은 알코올 도수 범위가 9~14%이며, 독일에서 나오는 맥주 스타일 가운데서는 가장 강력한 도수와 풍미를 지닌 맥주입니다.

역 사

19세기 말 독일 바이에른Bayern 주 북부 쿨름바허Kulmbach 지역의 한 양조장에서 복Bock을 만들던 양조가의 실수에서 비롯되었습니다. 완성된 맥주를 담은 통을 추운 겨울날 외부에 방치해둔 사건이 발생합니다. 다음날 그가 돌아와서 방치된 맥주 통을 열었을 때, 빙결된 얼음이 상부에 뜬 것을 발견했고 망연자실한 채 얼음을 맥주에서 분리해 내었습니다.

얼음을 맥주에서 제거한 후 남은 복 맥주를 마셔보니 생각보다 더 알코올 집약적이고 맛도 괜찮아서 탄생한 맥주가 아이스복Eisbock 입니다. 당시 쿨름바허의 브루마스터는 알코올이 물보다 어는점Ice Point 이 낮다는 사실을 알지 못한 채 실수로 알아냈지만, 원리를 깨달은 후 얼린 맥주의 얼음을 제거하는 작업을 반복적인 연습을 통해서 맥주의 품질과 알코올 도수를 높이는 데 성공을 거두게 됩니다.

특 징

아이스복은 슈퍼마켓 등의 일반 시장에는 좀처럼 유통되지 않으며, 맥주만 전문적으로 취급하는 점포들에서만 판매합니다. 높은 도수의 맥주는 그만큼 맥아Malt 의 사용량이 많다는 반증이며, 맥아의 사용량이 많다면 맥주 원가가 높아질 수밖에 없습니다. 9~14%의 도수로 대중들에게 쉽게 다가갈 수 있는 맥주도 아니기에 아이스복Eisbock 은 맥주 마니아층이 찾는 점포에 들어가는 게 당연한 흐름이라 생각합니다.

쿨름바허 아이스복26

아이스복도 복의 한 종류이기 때문에 다른 복Bock 들처럼 맥아적인 성향Malty이 강합니다. 어두운 색상을 띠며 캐러멜, 토스트, 시럽 등등의 맥아의 달작지근한 맛이 최우선시 되었으며, 홉의 씁쓸한 맛과의 균형이 무너진, 맥주 스타일들 가운데서 대표적으로 맥아 특성에 집중한 맥주입니다. 하면 발효라거Lager 효모를 주로 사용하기에 효모에서 기인하는 과일스러운 맛도 찾기 어렵습니다.

슈나이더 아벤티누스 바이젠 아이스복
Schneider Aventinus Weizen-Eisbock

독일에서 아이스복을 취급하는 양조장은 그리 많지 않습니다. 시장성이 매우 적은 스타일인 것도 한몫합니다. 그러나 미국을 필두로 1980년대 이후로 새롭게 분 창의적인 맥주의 물결인 크래프트 맥주 양조장들 가운데 몇몇 곳에서는 아이스복의 원리를 이용해 높은 도수의 맥주를 경쟁적으로 출시했고, 이를 마케팅 삼아 자신들의 이름을 널리 알렸습니다.

브루독Brewdog의
Sink the Bismarck27

독일 쇼르슈Schorsch 양조장과 영국의 브루독Brewdog 양조장 간의 경쟁인 높은 도수의 맥주 만들기가 대표적인 사례로서, 영국과 독일이라는 역사적 라이벌 관계도 이용했고, 일례로 영국의 브루독은 'Sink the Bismarck41%'로 19세기 독일의 통일을 이룩한 수상 '비스마르크를 가라 앉혀라' 라는 이름의 맥주를 발표, 고도수 맥주 경쟁 가운데 독일의 어느 양조장을 겨냥한 것인지 알 수 있게 작명한 것입니다.

결국 높은 도수 맥주 경쟁은 엉뚱한 제3의 양조장의 승리로 돌아갔지만, 아이스복을 만드는 원리로 맥주의 알코올 도수가 57%까지도 진화하는 무모함을 보여주었습니다. 다만 이것을 맥주로 생각하고 마실 수 있을지는 의문입니다.

아이스복 대표 맥주

쿨름바허 아이스복 Kulmbacher Icebock

국적 | 독일

특징 |

아이스복을 발견한 쿨름바허 양조장에서 만든 오리지널 아이스복. 극단의 알코올 도수로 치닫는 괴짜 양조장들의 제품과는 다르게 도펠복 Doppel-bock 과 크게 다르지 않은 성향을 보인다. 그을린 설탕과 졸여진 건포도 액즙의 맛 등이 포착된다.

슈나이더 아벤티누스 바이젠 아이스복 Schneider Aventinus Weizen-Eisbock

국적 | 독일

특징 |

바이스비어의 명가 슈나이더에서 만든 아이스복. 다른 아이스복이 하면 발효 라거 효모를 이용하여 도수를 끌어올린 제품들이라면, 바이젠 전문 기업인 슈나이더는 상면 발효 맥주인 바이젠을 바탕으로 아이스복을 만들었다. 바이스비어의 효모 맛인 바나나/정향이 살짝 감지되기는 하지만 이내 밀려오는 복 Bock 특유의 단맛과 묵직함이 맥주 맛을 종결시킨다. 12%로 일반 맥주에 비해 알코올 도수가 높으니 마시기 전 염두에 두어야 한다.

마이복 Maibock

호프브로이 마이복
Hofbräu Maibock

프리마토 익스클루시브 16
Primátor Exkluziv 16°

DETAIL

홉 Hoppy	🍺🍺🍺
맥아 Malty	🍺🍺🍺
효모 Yeasty	🍺
무게감 Body	🍺🍺🍺
색상	구리색
알코올 도수	6.5~7.5%
IBU	23~35

※ 5개 만점 높을수록 맛이 강함

마이복 대표 브랜드
- 호프브로이 마이복(Hofbräu Maibock, 독일, ×)
- 아인벡커 마이 우어 복(Einbecker Mai-Ur-Bock, 독일, ×)
- 프리마토 익스클루시브 16(Primátor Exkluziv 16°, 체코, ○)
- 로그 데드가이 에일(Rogue Dead Guy Ale, 미국, ○)

개 요

5월의 복이라는 이름을 가진 마이복Maibock은 다른 복들과는 사뭇 다른 성향을 드러내는 맥주입니다. 도펠복Doppelbock, 아이스복Icebock 들이 초콜릿이나 토스트, 진한 캐러멜 등의 전형적인 맥아 중심적인 동짓날 먹는 팥죽의 색상과 비슷한 것과 달리, 금색에서 밝은 호박Amber 색을 띠는 마이복은 봄의 싱그러움을 간직한 맥주입니다.

역 사

마이복Maibock은 본래 독일 남부 바이에른주 알프스 북쪽 인근 양조장들이 양조한 맥주입니다. 독일의 5월은 우리나라 4월의 기후와 비슷해서 겨울철의 묵직한 맥주를 음용하기에는 계절이 따뜻하고 화사하며, 그렇다고 여름철처럼 가볍고 산뜻한 라거 맥주를 즐기기에는 조금 쌀쌀한 날씨입니다.

호프브로이 마이복27

봄이 겨울과 여름이라는 대비되는 계절의 중간에 걸친 만큼 봄을 위한 마이복의 성향도 중립적인데, 분명 복Bock이라는 이름을 갖춘 만큼 맥아적인 성향이 느껴지지만, 밝은색을 지녔기에 토스트-진한 캐러멜의 단맛 등을 생성하는 어두운 색 캐러멜 맥아가 많이 들어가지 않으며, 밝은색에 알맞은 필스너 맥아, 약간의 비엔나-뮌헨, 밝은색 캐러멜 맥아, 멜라노이딘 맥아 등으로 구성됩니다. 도수는 6.5~7.5%를 아우릅니다. 하면 발효 라거 효모를 사용합니다.

홉은 독일 홉을 사용하여 특유의 꽃-풀-허브 등의 플로랄Floral/스파이시Spicy 한 맛이 주종을 이루며 초목과 꽃들이 기지개를 펴는 봄의 느낌에 어울립니다. 따라서 많은 양조장의 마이복 라벨 디자인을 살펴보면 봄의 느낌을 주기 위한 노력들을 많이 발견할 수 있습니다.

메르젠Märzen이 옥토버페스트비어Oktoberfest Bier 라는 다른 이름으로 불리지만 동일시되는 것처럼, 마이복도 여러 명칭으로 불리고 있습니다. 그중 하나인 헬레스복Helles-bock은 단순히 밝은 복이라는 의미도 있겠지만, 필스너에 비해 맥아적인 성향을 약간 띠는 뮌헨식 라거 헬레스Helles 맥주의 강화판, 즉 복으로 만들었다해서 헬레스복이라 칭하기도 합니다.

프륄링스복Frühlingsbock이라는 이름은 독일어로 '봄의 복Spring Bock'이란 뜻으로 마이복이 5월에 한정된다면 보다 더 포괄적인 의미로 봄을 겨냥해서 나오는 맥주들입니다.

헬레스복, 마이복, 프륄링스복 등 명칭은 다르지만 같은 컨셉으로 동일한 시즌을 겨냥해서 계절 맥주로 출시하는 제품들이 많습니다. 독일에서는 2월 말이나 3월 초부터 슬며시 모습을 드러내기 시작하여 부활절 주간인 3월 말에서 4월 초쯤에는 본격적으로 많은 제품들을 선보입니다.
봄을 목표로 해서 만드는 맥주들인데, 라거라는 특성상 긴 숙성시간을 필요로 하여 양조 시기는 겨울입니다. 10월과 11월에 갓 수확한 홉과 맥아로 양조됩니다. 다른 복들에 비해서 싱그러운 느낌의 홉의 성향이 조금 더 나타나지만 그래도 복의 세부 스타일인 만큼 맥아적인 성향이 조금 더 우세합니다.

플렌스 부르거 프륄링스복29

마이복 대표 맥주

호프브로이 마이복 Hofbräu Maibock

국적 | 독일

특징 |

붉은색 자태를 뽐내며, 맥아의 캐러멜이나 흑설탕같은 단맛과 함께 도펠복 Doppelbock 류에서는 없었던 홉의 새콤하고 향긋한 풀 내음, 허브 풍미 등이 은은하게 나타난다. 그래도 복 Bock 의 한 장르이기 때문에 맥아적인 성향이 우세하며 입에 닿는 느낌도 다소 무겁고 진득하다. 도펠복에 비해서 완화되고 향긋해졌다.

프리마토 익스클루시브 16 Primátor Exkluziv 16°

국적 | 체코

특징 |

체코 출신 나호르 Náchod 양조장에서 만드는 16플라토의 맥주로 알코올 도수는 7.5%에 달한다. 필스너와 다크 라거 쪽에 전념하는 체코 내 다른 양조장들과는 달리 나호르 Náchod 양조장에서는 프리마토 브랜드 맥주를 공격적으로 양조하는 편이다. 체코에서 흔하지 않은 영국식 페일 에일이나 스타우트, 대중적 취향과는 거리가 있는 도펠복 등도 생산한다. 익스클루시브 16은 마이복 Maibock 스타일의 맥주로 2015년 현재 국내에 소개된 유일한 하면 발효 마이복 제품이다. 오렌지 잼이나 시럽 같은 녹진한 단맛이 감돌면서 풀, 허브, 귤 등의 새콤하고 싱그러운 풍미가 피어 오른다.

3

상면 발효 맥주 :
에일Ale 혹은 바이젠Weizen

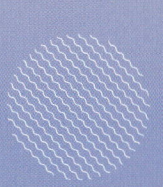

독일의 바이젠 맥주

헤페 바이젠 Hefe-weizen

파울라너 헤페바이스비어
Paulaner Hefe-weissbier

에딩거 헤페바이스비어
Erdinger Hefe-Weissbier

DETAIL

홉 Hoppy	🍺
맥아 Malty	🍺🍺
효모 Yeasty	🍺🍺🍺🍺🍺
무게감 Body	🍺🍺
색상	노란색
알코올 도수	4.5~5.5%
IBU	8~15

※ 5개 만점. 높을수록 맛이 강함

헤페 바이젠 대표 브랜드

에딩거 헤페바이스비어(Erdinger Hefe-Weissbier, 독일, ○)
파울라너 헤페바이스비어
(Paulaner Hefe-weissbier, 독일, ○)
바이헨슈테파너 헤페바이스비어
(Weihenstephaner Hefe-weissbier, 독일, ○)
슈나이더 바이스 탭 7 운저 오리지날
(Schneider Weisse Tap 7 Unser Original, 독일, ○)

개 요

독일어로 헤페 Hefe 는 효모 Yeast 를 뜻하며, 병이나 캔, 드래프트 맥주 용기인 케그 Keg 등에 효모를 담고 있는 바이젠 맥주가 헤페-바이젠입니다. 바이젠=바이스비어가 동일어로 사용되기 때문에 헤페-바이스비어 Hefe-weissbier 라는 명칭도 두루 쓰입니다. 바이스비어 바이젠 계열의 가장 기본적인 스타일로 바이에른 지역 출신의 대부분의 양조장을 비롯해서 바이에른 지역이 아닌 곳에서도 많이 만드는 인기 맥주 스타일입니다.

특 징

라거 맥주가 발달한 독일의 맥주 스타일에서 효모적인 특성 Yeasty 을 발견하기란 쉽지 않습니다. 필스너 Pils 는 홉의 씁쓸한 맛이 포인트이며, 둔켈 Dunkel 은 검은색 맥아의 맛이 주안점이기에, 라거 효모는 깔끔한 발효와 깨끗한 맛의 피니시에만 초점이 맞춰진 맥주가 많습니다.

그러나 바이스비어는 효모 Yeast 가 가장 활약하는 맥주로, 독일 바이에른 지역의 바이젠 효모 특유의 바나나와 유사한 단맛과 정향 클로브, Clove 이나 후추와 비슷한 알싸한 맛이 주로 나타납니다. 바이젠 맥주를 취급하는 양조장 고유의 바이젠 효모에 따라서는 풍선껌이나 바닐라와 흡사한 풍미가 드러나기도 합니다. 알코올 도수는 약 4.8~5.5%에 이릅니다.

따라서 페일 라거-독일 필스너에서 보여주는 대중들에게 익숙한 라거의 맛과는 확연하게 차별되는 바이스비어 특유의 맛은 많은 독일 맥주 가운데 매력적인 맥주로서 대접 받게 되었으며, 바이스비어를 처음 접하는 사람들은 개인의 입맛과 취향에 관계없이 색다른 경험을 얻게 됩니다.

에딩거 바이스비어 Erdinger Weissbier [1]

2000년에 국내의 하우스 맥주 시장이 활발해지기 시작했는데, 이때 독일에서 유학했던 여러 브루마스터들이 야심차게 시도했던 맥주가 독일식 헤페-바이젠입니다. 2000년대 후반부터 우리나라 수입 맥주 시장이 성장하는 데 있어서 사람들에게 '맥주 맛이 다르다'라는 인식을 심어주는 데 많은 역할을 한 맥주이기도 합니다.

본래는 독일 동남부 바이에른(Bayern) 주에서 만들던 맥주였으나 이제는 전 독일을 비롯해서 이웃 국가인 체코나 영국, 오스트리아 등에서도 만들며, 독일에서 맥주를 배워 독일 맥주의 영향을 받은 양조가들이 설립한 아시아, 아메리카 대륙 등의 소규모 양조장에서도 헤페-바이젠을 취급할 정도로 많은 인기를 구가하는 맥주 스타일입니다.

효모를 간직한 헤페-바이젠은 따르는 방법과 맥주를 담는 전용 잔의 모습도 독특합니다. 길다란 관과 같은 형태의 잔을 기울인 후, 천천히 거품을 만들면서 맥주를 따릅니다. 총 맥주의 4/5 가량을 따른 다음, 1/5이 남은 병을 흔들어 병 밑바닥에 침전된 효모를 맥주와 잘 섞이게 한 뒤 나머지를 따라냅니다. 침전된 효모가 잔에 들어가 풀어지며 바이젠 맥주의 외관은 탁해지면서 맛이 한 층 더 풍부하게 바뀝니다. 이 방식은 우리의 생막걸리를 따라 마시는 것과 매우 유사합니다.

헤페-바이젠을 잔에 따를 때는 매우 조심해야 합니다. 거품이 상당히 풍성하게 일어나기 때문에 방심하다간 잔의 절반 이상이 거품으로 채워지는 낭패를 마주할 수도 있습니다. 헤페-바이젠이 거품이 풍성한 까닭은 많은 탄산 보유량과 단백질 성분 때문입니다. 용기 안에 투입된 효모는 느린 속도로 맥주 안의 당을 섭취하면서 발효를 진행시킵니다. 발효 과정에서는 약간의 알코올과 탄산가스(이산화탄소)가 생성되는데, 밀폐된 용기 안에서는 탄산이 빠져나갈 방도가 없으므로 맥주 안에 포화되어 탄산이 증대해집니다. 따라서 헤페-바이젠은 부드러운 거품과 가벼운 무게감과 탄산의 청량감으로 무더운 계절에도 부담없이 즐기기에 알맞은 성향의 맥주입니다.

맥주의 단백질 성분은 맥주를 탁하게 하며 거품을 풍성하게 만드는 데 일조합니다. 보리 맥아에 견주어 밀 맥아는 단백질 함유량이 많기 때문에, 밀 맥아가 전체 곡물 구성에서 절반 이상을 차지하는 밀맥주는 탁할 수밖에 없으며 거품이 자연스럽게 발생하게 됩니다. 그래서 독일의 몇몇 바이젠 맥주 브랜드에서는 자연적으로 탁함이라는 의미의 Naturtrüb이라는 문구를 라벨에 삽입하기도 합니다.

바이젠Weizen은 효모 캐릭터가 주요한 스타일의 맥주이며, 밀 맥아의 고소함이 약간 느껴지는 것 이외에 특별히 진득하고 묵직한 맥아적인 성향Malty이 드러나지 않으며, 홉Hop의 씁쓸함도 그리 요구되지 않습니다. 전 세계 맥주 스타일 가운데 효모 특성이 강한 스타일의 대표격이 바이젠입니다.

파울라너 바이스비어 Paulaner Weissbier 2

헤페-바이젠 대표 맥주

파울라너 헤페바이스비어 Paulaner Hefe-weissbier

국적 | 독일

특징 |

국내 대형 마트의 잦은 수입 맥주 할인 행사로 대한민국 사람들에게 인지도를 쌓은 독일 대표 헤페-바이스비어 중 하나로 독일 맥주의 고장 뮌헨에서 만들어졌다. 다른 헤페-바이스비어 대부분이 금색이나 노란색을 띠는 반면, 파울라너는 구릿빛을 띠는데 진해진 색상만큼 맛도 진하다. 효모에서 나오는 바나나/클로브의 영향력도 강하여 호불호를 떠나 누구에게나 확실한 인상을 심어줄 수 있는 개성 있는 맥주이다.

에딩거 헤페바이스비어 Erdinger Hefe-weissbier

국적 | 독일

특징 |

뮌헨에서 멀지 않은 에어딩 Erding 에서 나온 밀맥주. 국내에서는 파울라너보다 인지도는 약한 편이나 에딩거 또한 세계적으로 인정받는 바이스비어 전문 브랜드이다. 노란색이나 금색 빛을 띠며 탄산도 약간 많고 가볍고 산뜻한 맛 위주로 구성되어 라거 Lager 맥주에서 바이스비어로 갓 넘어온 사람에게 적합하다.

Supplement

바이스비어 Weissbier

바이스비어Weissbier 또는 바이젠Weizen 이라고 불리는 이 스타일은 독일 바이에른Bayern 지역의 특산 맥주입니다. 독일어로 바이스Weiss 는 흰색을 뜻하여 직역하면 '흰색 맥주'라는 의미를 가졌으며, 바이젠은 독일어로 밀Wheat 을 뜻합니다. 고로 우리나라에서는 독일 바이젠 맥주, 밀맥주라고 부르기도 합니다.

바이젠과 바이스비어는 동일한 맥주 스타일이며 명칭만 다른 것입니다.

1516년 바이에른의 빌헬름 공작에 의해 제정된 맥주 순수령에 따르면 맥주는 보리, 물, 홉으로만 양조하도록 되어있어, 밀은 순수령에 의거하지 않은 재료가 되어 이론적으로는 사장되어야 할 맥주였지만, 정작 법률을 만든 공작과 귀족 세력은 바이스비어를 즐겼다고 합니다. 맥주 순수령에 허용되는 재료들 가운데서 밀을 제외한 것은 유럽 시민들의 주식인 빵을 만드는 밀이 절대적으로 필요했기에, 맥주에 밀이 포함되는 것을 막기 위함이었다는 주장이 설득력이 있습니다.

바이스비어라는 이름으로 불리게 된 까닭은 밝은 맥아의 제조법이 발달하지 못했던 유럽의 중세 근대 시대에는 대부분의 맥주가 어둡고 칙칙한 색을 띠었습니다. 바이스비어의 색상은 동시대의 맥주들에 비해서 밝은 편이었고, 다량의 효모Yeast 를 담고 있어 맥주를 잔에 따를 시 뿌옇고 탁한 외관을 보여주었기에 바이스비어라는 이름을 얻게 됩니다. 실제 바이스비어의 색상은 노란색~금색에 걸치며, 흰색을 띠지는 않습니다.

독일에서 바이젠 혹은 바이스비어 스타일의 맥주로 인정받기 위해서는 전체 곡물 함량에서 50% 이상은 밀 맥아로 구성되어야 합니다. 다수의 바이에른 양조장에서는 밀 맥아를 60~70% 정도 사용하고 있다고 합니다. 나머지 30~40%는 보리 맥아가 투입되므로, 밀맥주Weizen 라고 해서 밀만 100% 사용한 맥주는 아닙니다.

바이젠은 독일 맥주에서 보기 드문 약 섭씨 20℃ 근처에서 발효하는 상면 발효 맥주입니다

바이스비어3

Supplement
헤페-바이젠 맛의 원천?

밀맥주라고 주로 불리는 헤페-바이젠이기에 많은 사람들이 그 특유의 맛의 근원이 밀 Wheat이라고 생각하는 분들도 있습니다. 헤페-바이젠에서 밀 Wheat은 곡물 특유의 고소한 맛에 영향을 줄 뿐, 바나나-정향-후추 등의 달고 알싸한 맛에 기여하지 않습니다.

헤페-바이젠은 전적으로 바이젠 효모 Yeast의 특성에 의존하는 맥주 스타일로, 만약 밀 맥아 100% 구성에 라거 효모를 사용한다면 바이젠 맥주의 맛을 실현시키는 일이 불가능합니다. 마찬가지로 맥아 구성을 밀 맥아 70% 보리 맥아 30%로 매우 기본적으로 가져가더라도 바이젠 효모가 아닌 페일 에일과 같은 다른 효모를 사용하게 되면 독일식 헤페-바이젠의 특성을 볼 수 없습니다. 오히려 밀을 아예 사용하지 않고 보리 맥아로만 100% 구성한 다음 바이젠 효모로 발효시키면 정통 바이젠과 유사한 풍미를 얻을 수 있습니다.

그만큼 독일식 바이젠에서 효모의 역할은 절대적입니다.

Supplement

바이젠 Weizen 은 에일인가?

상면과 하면, 발효 방식에 따른 맥주 구분에서 바이젠은 상면 발효한 맥주이기 때문에 에일Ale에 속하는 것이 이론적으로는 맞습니다. 다만 에일Ale이라는 용어 자체가 영어권 국가에서 사용하는 말이며, 맥주에 있어서 정통성과 독자적 자존심이 강한 독일에서는 영어권 표현을 사용하지 않습니다. 'Obergärige'라는 상면 발효를 뜻하는 표현은 발견되지만 전통을 고수하는 독일식 맥주에서는 'Ale'이라는 단어를 찾기가 대단히 힘듭니다.

독일식 밀맥주는 그저 'Weizen' 혹은 'Weissbier'라는 단어로서만 통용될 뿐, 'German Wheat Ale'과 같은 표현은 없습니다. 영어권 국가에서도 현지 표현을 존중해서 'Weizen/Weissbier'라는 스타일 명을 이용하며, 몇몇 사람들이 'German Wheat Ale'이라고 부르기는 하지만, 어색한 느낌이 있습니다.

따라서 '바이젠이 에일Ale인가?' 라는 질문에는 양조학적으로 보면 Yes이며, 맥주 문화, 역사와 언어학적으로 보면 No 입니다

크리스탈 바이젠 Kristall Weizen

에딩거 바이스비어 크리스탈 클라
Erdinger Weissbier Kristall Klar

바이헨슈테판 크리스탈바이스비어
Weihenstephaner Kristallweissbier

DETAIL

홉 Hoppy	🍺
맥아 Malty	🍺🍺
효모 Yeasty	🍺🍺🍺🍺
무게감 Body	🍺
색상	노란색
알코올 도수	4.5~5.5%
IBU	8~15

※ 5개 만점, 높을수록 맛이 강함

크리스탈 바이젠 대표 브랜드

바이헨슈테판 크리스탈바이스비어
(Weihenstephaner Kristallweissbier, 독일, ○)
에딩거 바이스비어 크리스탈 클라
(Erdinger Weissbier Kristall Klar, 독일, ○)

개요

크리스탈 바이젠 Kristall Weizen 은 영어로 'Crystal Wheat Beer', 한국어로는 '수정과 같이 투명한 밀맥주'가 됩니다. 헤페-바이젠 Hefe-weizen 이 효모를 포함하여 맥주 잔에 풀어질 때 시각적인 탁함을 보여주는 것과는 다르게, 크리스탈 바이젠 Kristall Weizen 은 맥주를 병이나 캔 등의 용기에 주입하기 이전에 탁한 맥주의 원인인 효모를 여과 Filter 하여 투명한 자태를 뽐낼 수 있게 제작한 바이젠입니다. 몇몇 브랜드에서는 영어로 Crystal Clear와 같은 의미인 크리스탈 클라 Kristall Klar 라는 수식어를 붙이기도 합니다.

특 징

우리나라의 생막걸리가 장시간 냉장 보관되면 효모는 밑으로 가라앉고 그 효모층 위에는 깔끔한 외관의 술로 분리되는 것을 본 적이 있나요? 이 막걸리를 취향에 맞춰 맑은 술을 마시고 싶다면 막걸리 병을 흔들지 않고 조심스럽게 상층의 술만 따라내기도 하죠. 독일의 헤페-바이젠도 음용 시에 1/5을 남기고 흔들어서 첨잔해서 마시도록 권유될 뿐 강요는 아닙니다. 효모의 풍미를 선호하지 않는 취향의 사람도 있기 마련이기에, 크리스탈 바이젠은 아예 효모를 여과해서 여지를 남기지 않은 것이죠.

엄밀히 독일 바이젠 효모로 발효된 맥주이기 때문에 헤페-바이젠 Hefe-weizen과 동일한 성향을 나타냅니다. 다만 효모가 제거되어 입에 닿는 느낌이나 풍미가 더 깔끔해진 것뿐이죠. 독일에서 가장 많이 소비되는 맥주가 필스너 Pils 즉, 라거 맥주이기 때문에 바이젠 스타일 안에서 사람들에게 익숙한 라거적인 풍미를 선사하기 위해 크리스탈 바이젠 Kristall Weizen이 탄생했다는 이야기도 일리가 있습니다.

헤페-바이젠과 크리스탈 바이젠의 차이점은 한국사람들에게는 생막걸리와 살균 막걸리의 풍미의 차이라고 보면 설명이 될 것 같습니다.

캡프란치스카너 크리스탈 클라4

크리스탈 바이젠 대표 맥주

에딩거 바이스비어 크리스탈 클라 Erdinger Weissbier Kristall Klar

국적 | 독일

특징 |

효모를 걸러내어 걸쭉함을 줄여 깔끔한 풍미를 가진 크리스탈 바이젠. 에딩거의 크리스탈 바이젠도 깨끗함을 강조하기 위해 겉면 표지 색상도 반짝반짝 빛나는 은색으로 코팅하였다. 헤페-바이스비어 Hefe-weissbier 보다는 맛의 중심인 효모 맛이 적지만 풍성한 거품이나 고소한 곡물 맛은 남아 있다.

바이헨슈테판 크리스탈바이스비어 Weihenstephaner Kristallweissbier

국적 | 독일

특징 |

헤페 바이젠으로도 유명한 바이헨슈테판이지만 크리스탈 바이젠 또한 걸작으로 평가 받는다. 효모가 여과되어 깔끔하고 정갈한 맛을 내면서도 바이젠의 본분을 소홀히 하지 않았기에 오히려 오리지널 헤페 바이젠보다 더 좋다고 평가하는 사람들도 있다.

둔켈바이젠 Dunkelweizen

바이헨슈테판 헤페바이스비어 둔켈5
Weihenstephaner Hefe-weissbier Dunkel

DETAIL

홉 Hoppy	🍺
맥아 Malty	🍺🍺🍺
효모 Yeasty	🍺🍺🍺
무게감 Body	🍺🍺
검은맥아 Roasted	🍺🍺
색상	어두운 갈색
알코올 도수	4.5~5.5%
IBU	10~18

※ 5개 만점, 높을수록 맛이 강함

둔켈바이젠 대표 브랜드

에딩거 바이스비어 둔켈
(Erdinger Weissbier Dunkel, 독일, ○)
바이헨슈테판 헤페바이스비어 둔켈(Weihen-stephaner Hefe-weissbier Dunkel, 독일, ○)
듀라커 호프 둔켈바이스비어
(Dulacher Hof Dunkelweissbier, 독일, ○)
파울라너 헤페 바이스비어 둔켈(Paulaner Hefe Weißbier Dunkel, 독일, ○)

개 요

독일식 어두운색 라거 맥주가 둔켈Dunkel인 것처럼, 독일식 헤페-바이젠을 둔켈화 시켰다고 해서 둔켈바이젠Dunkelweizen입니다. 색상은 짙은 구리색에서 어두운 갈색 정도를 띠며 검은색인 경우는 드뭅니다.

특 징

헤페-바이젠의 레시피 구성에서 어두운 맥아가 투입된 것입니다. 어두운 맥아의 효과로 초콜릿, 로스팅 커피 맛이 나타나기는 하지만 아주 강력하지는 않고, 바이젠 효모의 맛인 바나나, 정향, 바닐라와 균형을 이룹니다. 맥아적인 성향이 기존 헤페-바이젠에 비해서 살짝 강해졌지만, 홉의 성질은 마찬가지로 발현되지 않습니다. 실제 알코올 도수나 추구하는 성향은 헤페-바이젠과 크게 어긋나지 않습니다.

둔켈바이젠 대표 맥주

바이헨슈테판 헤페바이스비어 둔켈 Weihenstephaner Hefe-weissbier Dunkel

국적 | 독일

특징 |
어두운색 맥주는 강할 것이라는 막연한 편견을 깨주는 아주 모범적인 맥주. 바이젠 효모에서 나오는 바나나의 달콤함과 함께 어두운색 맥주 특유의 코코아, 초콜릿의 풍미가 어우러져 있다.

바이젠복 Weizenbock

슈나이더 바이스 탭 6 운저 아벤티누스
Schneider Weisse Tap 6 Unser Aventinus

바이헨슈테판 비투스
Weihenstephaner Vitus

DETAIL

홉 Hoppy	🍺🍺
맥아 Malty	🍺🍺🍺🍺
효모 Yeasty	🍺🍺🍺🍺
무게감 Body	🍺🍺🍺
색상	금색~갈색 (브랜드에 따라 다름)
알코올 도수	6.5~8.0%
IBU	15~30

※ 5개 만점, 높을수록 맛이 강함

바이젠복 대표 브랜드

슈나이더 바이스 탭 6 운저 아벤티누스
(Schneider Weisse Tap 6 Unser Aventinus, 독일, ○)
바이헨슈테판 비투스(Weihenstephaner Vitus, 독일, ○)
에딩거 바이스비어 피칸투스
(Erdinger Weissbier Pikantus, 독일, ×)

개요

독일에서 복Bock을 강한 맥주Strong Beer의 개념으로 사용하는데, 바이젠에 복이 붙었으니 바이젠을 강하게 만든 맥주라는 의미입니다.

특징

독일 바이에른 지역의 바이스비어 양조장에서 주로 생산하는 맥주로, 알코올 도수는 7% 이상이며, 도수를 높이기 위한 다량의 맥아 사용으로 묵직함과 풍미가 강화된 맥주입니다. 바이젠을 모태로 한 맥주이기에 밀 맥아와 보리 맥아의 비율은 6:4, 브랜드에 따라 바이젠복Weizenbock을 밝은색으로 만들기도 어두운색으로 양조하기도 합니다. 바이젠복은 상면 발효 바이젠 효모를 사용하는 맥주인지라 헤페-바이젠의 바나나, 정향 등의 맛이 납니다.

복Bock이라는 맥주 스타일 카테고리를 살펴보면 복, 도펠복Doppelbock, 마이복Maibock, 아이스복Eisbock 등은 하면 발효 라거 효모를 사용한 맥주의 풍미를 강화한 제품들이지만, 바이젠복은 상면 발효 효모를 사용하였습니다.
그렇기에 독일 복맥주들이 모두 라거Lager 맥주 기반이라는 말이 성립하지 않는 것은 바이젠복의 존재 때문이라고 할 수 있습니다.
독일에서 전국적으로 이름난 밀맥주 전문 양조장인 슈나이더Schneider, 에딩거Erdinger 에서는 상시로 어두운색 바이젠복을 생산하며, 이 곳들보다 영세한 독일의 소규모 양조장에서는 바이젠복을 겨울철 계절 맥주로 만듭니다.
높은 알코올 도수에 묵직한 무게감과 한 잔을 마셔도 만족감이 상당한 바이젠복은 여름에 알맞은 성질의 헤페바이젠과 다르게 주로 겨울에 소비됩니다.

슈나이더 아벤티누스 바이젠복

바이젠복 대표 맥주

슈나이더 바이스 탭 6 운저 아벤티누스 Schneider Weisse Tap 6 Unser Aventinus

국적 | 독일

특징 |

복Bock이라는 단어가 들어가지만 바이젠복은 바이젠 효모를 이용한 상면 발효의 맥주이다. 어두운색을 띠는 아벤티누스 복은 도펠복Doppelbock과 바이젠의 결합이라고 생각하면 쉽다. 바이젠 효모의 바나나/클로브/바닐라 등의 달콤하고 알싸한 맛이 도펠복 특유의 졸여진 캐러멜이나 건과일류의 농익은 맛과 함께 나타난다. 맛도 복잡하면서 질감, 무게감, 알코올 도수도 상당하니 개성 강한 맥주를 즐기는 사람들에게 추천.

바이헨슈테판 비투스 Weihenstephaner Vitus

국적 | 독일

특징 |

슈나이더 아이스탭 6 운저 아벤티누스와는 다르게 비투스Vitus는 밝은색을 띠는 바이젠복이다. 따라서 도펠복Doppelbock의 캐러멜, 건과일이 아닌 온순한 풍미의 시럽이나 꿀의 풍미가 향긋하게 펼쳐진다. 일반적인 헤페 바이젠Hefe-weizen이 점점 따분해지고 심심하게 다가온다면 비투스Vitus를 추천한다.

로겐비어 Roggenbier

트룬 운트 탁시스 로겐
Thurn Und Taxis Roggen

8 DETAIL

홉 Hoppy
맥아 Malty
효모 Yeasty
무게감 Body

\# 특수재료 호밀의 알싸한 맛(Spicy)
색상   호박(Amber)색
알코올 도수   4.5~6.0%
IBU   10~20

※ 5개 만점, 높을수록 맛이 강함

로겐비어 대표 브랜드
트룬 운트 탁시스 로겐
(Thurn Und Taxis Roggen, 독일, ×).

개 요

미국식 호밀 맥주들이 홉Hop이나 맥아Malt의 특성이 강한 페일 에일/IPA/스타우트 등인 반면, 독일 로겐비어Roggenbier는 바이스비어 효모를 사용하여 만든 맥주로 바이스비어 효모 특유의 바나나/정향클로브의 성질이 묻어납니다.

특 징

호밀Rye이 주재료인 맥주는 호밀 특유의 매운 듯Spicy한 맛과 찐득한 점성을 지니는 게 특징입니다. 호밀 맥주하면 미국 크래프트 맥주 양조장에서 나오는 호밀 페일 에일 / IPA 등이 먼저 연상되지만, 독일에서도 적은 수이기는 하나 호밀을 사용한 맥주들이 시장에 나옵니다. 독일어로 로겐Roggen은 호밀을 뜻합니다.

색상은 약간 둔켈바이젠Dunkelweizen과 유사하여 은근한 캐러멜의 성향도 가졌고, 밀Wheat보다는 호밀Roggen에 더 치중한 스타일이라 높은 점도를 지니며, 끝 맛에는 홉의 쓸쓸함과는 다른 호밀의 쓸쓸함을 남겨줍니다.

독일에서 로겐비어를 취급하는 양조장은 매우 적어서 찾아 마셔야 하는 제품입니다. 독일 바이에른주의 레겐스부르크Regensburg나 그 일대에서 주로 취급합니다.

로겐비어 대표 맥주

트룬 운트 탁시스 로겐 Thurn Und Taxis Roggen

국적 | 독일

특징 |

독일에서도 매우 마이너한 스타일의 맥주이고 구하기도 어렵다. 따라서 국내에서 접할 수 없는 맥주이기도 하다. 호밀Roggen의 효과로 맥주의 점성이 질기고 끈적하며, 무게감이 상승했다. 효모는 바이젠 효모가 사용되어 바나나, 정향의 달고 알싸한 성질이 묻어난다. 모르고 지나치면 평생 접할 수 없을 수도 있는 맥주 스타일이기에 독일 여행 시 로겐Roggen이라는 글귀가 포함된 맥주가 보이면 바로 마셔보도록 하자.

독일의 지역 맥주

독일의 대중적인 맥주 스타일은 필스너 Pils, 바이젠 Weizen, 엑스포트 Export, 둔켈 Dunkel, 헬레스 Helles 입니다. 독일의 소매점이나 대형 마트 등에서 가장 쉽게 접하는 것이 가능한 맥주 스타일이며, 시장 점유율의 대부분을 차지하는 맥주 스타일입니다.

그러나 독일에는 위와 같은 맥주 스타일만 존재하는 것은 아닙니다. 쾰쉬 Kölsch와 알트 Alt의 예에서처럼, 독일의 몇몇 도시들은 고유한 맥주 스타일을 전통에 따라 여전히 생산하고 있으며, 해당 도시에 직접 방문하든가, 아니면 맥주만 취급하는 전문적인 상점들에서 희귀하게나마 구할 수 있습니다.

쾰쉬 Kölsch

프뤼 쾰쉬 Früh Kölsch

가펠 쾰쉬 Gaffel Kölsch

DETAIL

홉 Hoppy	🍺🍺
맥아 Malty	🍺🍺
효모 Yeasty	🍺🍺🍺
무게감 Body	🍺
색상	금색
알코올 도수	4.7~5.0%
IBU	18~30

※ 5개 만점, 높을수록 맛이 강함

쾰쉬 대표 브랜드
가펠 쾰쉬(Gaffel Kölsch, 독일, ○)
프뤼 쾰쉬(Früh Kölsch, 독일, ○)
지온 쾰쉬(Sion Kölsch, 독일, ×)
라이쓰도르프 쾰쉬(Reissdorf Kölsch, 독일, ×)

개 요

쾰쉬Kölsch 는 쾰른Köln 의 형용사적 표현으로 쾰른의 지역 맥주 명칭에 그대로 적용되었습니다. 그만큼 쾰른 시민들의 사랑을 받고 있다는 증명으로, 필스너-라거 맥주의 시장 점유율이 독일 전 지역에서 매우 강세임에도 쾰른에서는 쾰쉬 맥주가 라거 맥주와 비슷한 비율로 소비된다고 합니다.

역 사

쾰른은 기원 후 1세기부터 로마제국에게서 도시의 칭호를 부여받은 곳인 만큼 독일에서 오랜 역사를 자랑하는 도시입니다. 무구한 역사에 걸맞게 독일 지도에서 반대편인 동남부의 바이에른 지역과는 별개로 독자적인 맥주 문화를 꽃피웠습니다.

쾰른 주변 일대는 중세시기부터 하면 발효 라거 맥주보다는 상면 발효 맥주를 주로 양조했습니다. 다만 19세기 독일의 통일과 맞물려 새로운 맥주 금빛 라거의 폭발적인 시장 확장으로 인해, 북독지역의 에일 맥주 문화는 점차 쇠퇴하게 되고, 대세에 따라 많은 양조장들이 필스너-라거 맥주로 노선을 변경하였습니다.

쾰른의 명물 쾰른 성당을 배경으로 한 쾰쉬 맥주 홍보물7

쾰른의 쾰쉬 Kölsch도 현재 판매되는 금빛의 가벼운 맥주 형태로 완성되게 된 것은 불과 120년밖에 되지 않습니다. 밝은색의 금빛 맥주가 나오려면 밝은색의 맥아 제조 기법이 발견된 이후에야 가능했는데, 19세기 초에야 발견됐기 때문입니다.

비교적 짧은 역사를 가진 쾰쉬임에도 쾰른 시민들의 전폭적인 지지를 받아 지역 맥주로서 자리매김했습니다. 1948년에는 쾰른에서 쾰쉬를 만드는 약 20곳의 양조장이 연합하여 독일 연방 정부에 쾰른에 소재한 그곳 양조장들만이 쾰쉬라는 명칭으로 맥주를 양조할 수 있도록 소원했습니다. 그 결과 쾰쉬 연합 Kölsch Konvention을 조직하여 쾰쉬 맥주의 통일성과 품질의 향상을 이룩하면서 독자적인 정체성을 유지하기 위한 노력을 펼칩니다.

특 징

독일 북서부 라인강 주변에 쾰른 Köln이라는 독일에서 다섯 손가락 안에 드는 대도시가 있습니다. 유럽 고딕 양식 건축물로 유명한 쾰른 대성당이 쾰른 중앙역 바로 옆에 자리잡았으며, 쾰른 대성당 뒤편으로는 쾰른의 지역 맥주인 쾰쉬 Kölsch를 판매하는 맥주집들을 어렵지 않게 볼 수 있습니다.

프뤼 쾰쉬8

쾰쉬는 독일에서 보기 드문 상면 발효의 에일 맥주입니다. 바이에른의 바이젠 Weizen과 마찬가지로 쾰른에서는 쾰쉬를 에일이라 칭하지 않습니다. 그냥 쾰쉬라고 합니다. 상면 발효 맥주라고 하면 무겁고 향이 강한 약간의 부담이 있는 맥주라고 막연하게 여길 수도 있으나, 쾰른에서 필스너-라거와 비슷한 비율로 소비되는 데는 이유가 있습니다.

먼저 쾰쉬의 알코올 도수는 대략 4.7~5.0%에 이릅니다. 맥주에서 나올 수 있는 가장 밝은색 계열인 노란색-금색을 띠며, 상면 발효 쾰쉬 효모를 사용하기 때문에 에일 발효 시 발생하는 배나 사과 등의 과일스러운 면모가 약간 나타나고, 맥아적인 단맛이나 당에 의한 질척거림도 적어 물리지 않고 가볍게 마시기 탁월하게 설계된 맥주입니다.

발효는 상면 발효이지만 하면 발효한 라거Lager 맥주처럼 거의 빙점에 가까운 온도에서 장기 숙성을 하기 때문에 맑고 정제된 맛을 느낄 수 있으며, 홉의 쓸쓸함이나 풀-과일스러운 맛도 은근하게 엿보입니다. 종합적으로 쾰쉬를 보면 자극과는 거리가 먼 맥주 스타일로, 라거스러운 에일 맥주라는 세간의 평이 알맞다 생각합니다.

쾰쉬 맥주는 독특한 잔과 방식으로 서빙됩니다. 쾰른 성당 주변의 쾰쉬 맥주집에 방문하면 맥주는 슈탕에Stange 라고 불리는 약 200ml 밖에 되지 않는 작은 장대형 잔에 제공되며, 서버들이 크란츠Kranz 라 불리는 독특한 형태의 물체에 다수의 맥주 잔을 끼워 다니면서 빈 잔이 있으면 정리하며 동시에 새 맥주를 가져다 줍니다.

잔 용량이 200ml인데다가 쾰쉬 맥주도 가볍고 산뜻하게 마시기 좋은 스타일이기에 사람들과 이야기하면서 부담 없이 맥주를 즐기기에 매우 좋습니다.

쾰쉬 맥주 잔과 크란츠

쾰쉬 대표 맥주

프뤼 쾰쉬 Früh Kölsch

국적 | 독일

특징 |
독일 쾰른 시의 상징인 쾰른 대성당 바로 앞에 자리잡은 프뤼Früh에서 만든 정통 쾰쉬 맥주. 쾰쉬 효모에서 나오는 은은한 과일 맛, 저온 숙성을 통한 깔끔함과 개운함이 돋보이는 맥주. 슬며시 드러나는 고소한 곡물 맛은 덤이다.

가펠 쾰쉬 Gaffel Kölsch

국적 | 독일

특징 |
에일 = 강한 맥주라는 사고를 여지없이 무너뜨릴 수 있는 맥주가 바로 쾰쉬Kölsch로 가펠은 쾰른 출신의 쾰쉬 양조장 가운데 정통파로 알려져 있다. 라이벌 프뤼Früh와는 다르게 국내의 대형 마트에서 캔맥주로도 구매할 수 있으니 비교적 구하기 쉽다. 새콤한 과일 맛과 산뜻한 맛의 전개로 상면 발효 에일이지만 라거 대용으로도 충분히 그 역할을 수행한다.

알트 Alt

위어리게 알트 Uerige Alt

프랑켄하임 알트 Frankenheim Alt

DETAIL

홉 Hoppy	🍺🍺🍺
맥아 Malty	🍺🍺🍺
효모 Yeasty	🍺🍺
무게감 Body	🍺🍺🍺
색상	금색
알코올 도수	4.5~5.2%
IBU	25~50

※ 5개 만점, 높을수록 맛이 강함

알트 대표 브랜드

- 슐뤼셀 알트(Schlüssel Alt, 독일, ×)
- 프랑켄하임 알트(Frankenheim Alt, 독일, ×)
- 디벨스 알트(Diebels Alt, 독일, ×)
- 픽스헨 알트(Füchschen Alt, 독일, ×)
- 위어리게 알트(Uerige Alt, 독일, ×)
- 둑스타인 오리지날(Duckstein Original, 독일, ×)

개요

알트Alt 는 독일 북서부 뒤셀도르프Düsseldorf 시와 그 일대에서 생산되는 맥주이며 영어로는 'Old'와 같은 뜻을 가진 독일어입니다. 즉 알트 비어Alt Bier 는 'Old Beer'라는 의미입니다. 알트는 쾰쉬Kölsch 와 마찬가지로 독일에서는 보기 드문 상면 발효 맥주입니다. '오래된'이라는 이름이 붙여진 까닭은 보통 숙성 기간이 발효 후 약 2주 정도로 짧은 상면 여하의 발효 에일들과는 다르게, 알트는 낮은 온도에서 오랜 기간2~3달 의 숙성을 거쳐야 완성되기 때문입니다. 이 부분에서는 아랫동네 쾰쉬 맥주와 유사합니다.

특 징

쾰쉬Kölsch와 동일하게 독일에서 보기 드문 상면 발효 맥주라는 점, 마치 라거Lager 맥주처럼 오랜 기간의 숙성을 거친다는 점에서 양조 방식은 닮았지만, 결과로 나타나는 두 맥주의 성향은 여러 차이를 보입니다. 알트Alt는 색상에서부터 어두운 계열인 갈색-어두운 갈색을 띱니다. 알코올 도수 자체는 평균적인 쾰쉬들과 비슷한 4.8% 언저리에 수렴하지만 밝고 산뜻한 느낌의 쾰쉬들과는 다르게 진중하고 안정된 성향을 지녔습니다.

슐리셀 알트9

쾰쉬보다는 맥아적인 성향Malty이 강하기에 조금 더 묵직하고 견과류 특유의 고소한 맛이나 적당히 달작지근한 맛 등을 내포했으며, 단맛이 지나치지 않도록 맥주 맛의 균형적 측면을 위해 홉의 쓴쓸함도 추가되었습니다. 색상은 어둡지만 스타우트 등의 검은 맥주들처럼 탄 맛이나 구운 보리의 쓴맛이 드러나진 않습니다. 장기간의 숙성을 거친 알트는 전반적인 맛이 거칠거나 조악하지 않고 매우 깔끔한 진행을 보여줍니다.

프랑켄하임 알트10

알트 비어는 독일 북서부 지역 뒤셀도르프Düsseldorf시와 그 주변 지역에서 아주 오래전부터 만들어지던 맥주였습니다. 라거가 본격적으로 성행하기 시작한 18세기 이전부터 뒤셀도르프 주변지역에서는 알트 비어가 곧 맥주였습니다. 그러나 19세기 이후 필스너를 필두로 한 하면 발효 라거 맥주들의 급속한 보급은 알트 맥주의 생산에도 차질을 주었습니다.

그간의 전통을 버리고 신식 맥주인 라거를 채택하여 점차 알트 맥주를 취급하는 양조장들이 적어졌으며, 알트 맥주의 소비도 이전과 같지는 않았습니다. 그래서 19세기 이후부터는 몇몇 뒤셀도르프의 양조장이 새로운 라거에 대비되는 용어로서 전통적인 맥주에 '알트'라는 표기를 하게 됩니다. 이후 뒤셀도르프의 많은 양조장에서 Alt라는 용어를 사용하면서, 알트는 뒤셀도르프 지역에서 나오는 갈색 빛의 상면 발효 맥주를 칭하는 맥주 스타일 용어로 자리매김하게 됩니다.

뒤셀도르프 의 구시가지를 방문하면 시내를 관통하는 라인강 주변에 알트 맥주를 취급하는 전통적이고 핵심적인 양조장들을 발견할 수 있으며, 전통적인 방식에 따라 철제 통이 아닌 나무로 된 통에 탭Tap을 연결한 후 맥주를 제공합니다. 알트 맥주도 쾰쉬와 마찬가지로 큰 잔이 아닌 간편한 작은 잔에 서빙되기도 합니다.

가만히 들여다보면 알트와 쾰쉬는 참 유사한 점이 많습니다. 우선 두 도시간의 거리가 기차로 약 1시간밖에 되지 않으며, 라인강을 모태로 발전한 도시입니다. 두 맥주 모두 상면 발효한 맥주이며 19세기 이후부터 필스너-라거 맥주의 팽창에 위협을 느껴 본격적으로 자신들의 맥주에 관한 강한 정체성이나 뚜렷한 지역색을 드러냅니다. 색상은 서로 다르지만 알코올 도수는 4.8~5.0%에 걸치며 발효 후 숙성기간이 짧지 않은, 장기간의 숙성으로 깔끔하고 정제된 풍미를 추구하였습니다. 맥주의 서빙도 0.2~0.3L의 장대형 작은 잔에 담기면서 나무통Wooden Cask의 전통을 간직한 것도 동일합니다.

뒤셀도르프와 쾰른이 위치한 독일 북서부 지역은 독일 맥주 문화의 꽃이라 할 수 있는 동남부 바이에른 지역과는 별개로 자신들만의 맥주 문화를 간직했었습니다. 지금은 사라지거나 거의 취급되지 않는 상면 발효의 맥주들이 독일 북서부 지역에서는 마을이나 도시마다 생산되었습니다.

1516년 독일 바이에른의 공작이 제정한 홉, 맥아, 물만 사용한 것만이 맥주로 인정되는 맥주 순수령이 독일 북서부 지역에서는 지리적인 거리 때문에 거의 영향을 받지 않았으며, 따라서 허브나 고수 씨앗 등의 부가물을 넣어 만든 맥주들도 나올 수 있었습니다. 그러나 19세기 중반 비스마르크에 의한 독일의 통일과 필스너-라거 맥주와 바이에른식 맥주 풍습의 전파로 쾰른과 뒤셀도르프를 제외하고 다양했던 독일 북서부의 맥주들은 점차 획일화 되었습니다.

프뤼 쾰쉬보다 알트가 낫다며 쾰쉬를 비방하는 광고11

그 때문에 현재까지도 자신들의 전통을 잃지 않은 바이젠을 제외하고는 독일에서는 드문 상면 발효 맥주인 알트와 쾰쉬는 독일의 독특한 지역 맥주를 소개할 때 빠지지 않고 언급되는 맥주가 되었습니다.

쾰쉬를 마신 말의 소변이 알트12

닮은 점이 많고 동병상련의 입장을 가진 알트와 쾰쉬입니다. 이 맥주들의 본 고장인 뒤셀도르프와 쾰른은 서로 사이가 좋아야 할 것 같은 느낌이 들지만, 실제로는 앙숙과 같은 라이벌 관계가 형성되었다고 합니다. 중세시절 여러 전쟁을 치르면서 생긴 역사적인 갈등과 스포츠 때문에 생긴 라이벌 의식 등등이 알트와 쾰쉬 사이에서도 지역감정이 작용되기 시작했으며, 이 같은 비방용 광고들이 나오기에 이릅니다. 그래서 지리적으로 매우 가까운 두 도시이지만, 각자의 도시에서는 라이벌 지역의 맥주를 발견하기가 여간 쉽지 않습니다. 의식적으로 상대방을 외면하는 듯한 느낌까지 듭니다.

알트 대표 맥주

위어리게 알트 Uerige Alt

국적 | 독일

특징 |

독일 뒤셀도르프의 알트비어 Altbier 의 명가로 날씨 좋은 날 구시가지 미술관 거리를 걷다 보면, 큰 오크통을 거리에 가져다 놓고 알트비어를 판매하는 위어리게 맥주집의 모습을 볼 수 있다. 붉은 구리색이 감도는 위어리게 알트에서는 캐러멜을 바른 토스트의 느낌이 전달되며 꽃과 같은 화사한 홉의 향기도 풍겨난다. 알트 맥주가 평균 4.8% 밖에 되지 않기에 색상은 어두울지 몰라도 맛과 질감, 무게감에서는 부담이 없다.

프랑켄하임 알트 Frankenheim Alt

국적 | 독일

특징 |

1873년 독일 뒤셀도르프에서 처음 문을 연 양조장으로, 슐뤼셀 Schlüssel 이나 픽스헨 Füchschen, 위어리게 Uerige 등과 마찬가지로 뒤셀도르프를 대표하는 알트 맥주 제조장으로 알려져 있다. 둔켈 Dunkel 맥주를 연상시키는 달작지근한 캐러멜 맥아 맛과 잘 구운 빵과 같은 고소함, 허브나 꽃 등의 홉의 향기가 좋다.

라우흐비어 Rauchbier

에히트 슐렌케를라 라우흐비어 메르젠
Aecht Schlenkerla Rauchbier Märzen

DETAIL

라우흐비어의 기본이 되는 스타일에 따라 다르게 형성됨
예) 메르젠, 바이젠, 복
특수재료 훈연 맥아의 훈연 맛.

색상	갈색
IBU	20~30

라우흐비어 대표 브랜드

에히트 슐렌케를라 라우흐비어 메르젠
(Aecht Schlenkerla Rauchbier Märzen, 독일, ○)
슈페치알 라우흐비어 라거
(Spezial Rauchbier Lager, 독일, ×)

개요

라우흐비어는 독일 바이에른주 북부 프랑켄 Franken 지역의 밤베르크 Bamberg 라는 인구 약 7만 명의 도시의 지역 맥주입니다. 밤베르크의 구시가지 전체는 유네스코 문화 유산으로 등록되었을 만큼 아름다운 유럽의 풍경을 그대로 간직하고 있습니다.

밤베르크 구시가지 전경[13]

아름다운 도시의 풍경과는 달리 밤베르크에서 나오는 지역 맥주는 상이한 특징을 보여줍니다. 라우흐비어Rauchbier는 영어로 'Smoke Beer', 우리말로 표현하면 '훈연 맥주'라고 표기할 수 있습니다. 이 맥주를 마신 사람들은 "맥주만 마시는 데 바비큐를 한 입 물은 것 같다"고 말합니다. 밤베르크에서는 전통적인 방법에 따라 라우흐비어를 만들 때, 맥주의 주재료인 맥아를 장작에 구울 때 너도밤나무 장작을 이용하여 특유의 스모키한 훈연 풍미가 맥아에 스며들 수 있도록 굽습니다.

특 징

훈연 속성을 머금은 맥아를 이용하여 양조한 맥주는 마치 바비큐와 같은 훈제 느낌이 그대로 드러나며, 독일의 깔끔한 분위기의 필스너-라거 맥주와는 다르게 강건한 성향을 보여줍니다.

밤베르크의 전통적 방법에 따른 훈연 맥아를 이용해 만든 맥주를 라우흐비어Rauchbier라고 하지만, 맥주의 기본적인 스타일은 다른 독일 맥주들을 차용하고 있습니다. 그 말은 라우흐비어는 어디까지나 훈연 맥아로 포인트를 준 맥주라는 것으로 기본 맥주 스타일은 메르젠Märzen이나 바이젠Weizen, 복Bock 등을 따릅니다. 다시 말해서 메르젠, 바이젠의 레시피의 맥아-홉-효모 구성에 훈연 맥아가 포함된 것입니다.

라우흐비어의 색상은 훈연 맥주라는 이름에 걸맞게 갈색-어두운 갈색을 띱니다. 알코올 도수나 맥주의 성향은 어떤 스타일을 기본으로 두었느냐에 따라 달라집니다. 라우흐비어-바이젠은 독일식 헤페-바이젠에 베이스를 둔 것이기에 기본적인 스펙은 헤페-바이젠을 따라가며,

훈연 풍미와 바이젠 효모의 과일 맛이 동반합니다. 반면 라우흐비어-복은 복의 묵직함과 높은 도수에 훈연 속성이 입혀진 것입니다. 따라서 라우흐비어가 상면 발효의 맥주인지 하면 발효 맥주인지의 여부는 뒤따르는 스타일 표기에 메르젠_{하면}인지, 바이젠_{상면}인지를 확인하면 됩니다.

밤베르크의 구시가지에 위치한 슐렌케를라 Schlenkerla 나 슈페치알 Spezial 등이 라우흐비어를 양조하는 이름난 곳들입니다.

슐렌케를라 입구의 간판

라우흐비어 대표 맥주

에히트 슐렌케를라 라우흐비어 메르젠 Aecht Schlenkerla Rauchbier Märzen

국적 | 독일

특징 |

전 세계적으로 그 특이함이 널리 알려진 밤베르크의 대표 라우흐비어 Smoke Beer 브랜드. 어두운 빛깔에 특유의 장작 맛, 훈연 고기 맛은 라우흐비어를 처음 접하는 사람들에게 충격을 선사하지만, 익숙해지면 훈연 풍미에 숨겨진 은은한 꽃이나 고소한 곡물의 맛도 호감이 간다. 훈연 풍미가 워낙 강해서 그럴지 알코올 도수는 5.4% 정도로 아주 높은 편도 아니라 개성은 강하지만 부담스런 맥주는 아니다. 국내에도 판매되고 있는 제품이니 호기심이 생긴다면 꼭 한 번 시도해 보시기를 권한다.

켈러비어 Kellerbier

악티엔 츠비클 켈러비어
Aktien Zwick'l Kellerbier

DETAIL

홉 Hoppy	🍺🍺
맥아 Malty	🍺🍺🍺
효모 Yeasty	🍺🍺🍺🍺
무게감 Body	🍺🍺🍺
색상	구리색
알코올 도수	4.8~5.6%
IBU	20~35

※ 5개 만점. 높을수록 맛이 강함

켈러비어 대표 브랜드

악티엔 츠비클 켈러비어
(Aktien Zwick'l Kellerbier, 독일, ×)
아르코브로이 츠비클비어
(Arcobräu Zwicklbier, 독일, ○)
라이카임 켈러비어
(Leikeim Kellerbier, 독일, ○)
카이저돔 켈러비어(Kaiserdom Kellerbier, 독일, ○)

개 요

독일 바이에른Bayern 주 북부 프랑켄Franken 지역의 맥주. 명칭을 우리말로 번역 하면 지하실Keller 맥주입니다. 알코올 도수는 5.0~5.5% 정도로 소개되는 다른 지역 맥주와는 다르게 하면 발효의 라거 맥주입니다.

특 징

켈러비어는 프랑켄 지역의 전통에 따라 원칙적으로 효모나 미생물을 완전 소멸하는 작업인 살균과 걸러내는 필터링 작업을 걸치지 않습니다.

현대 맥주에 있어서 살균이나 여과필터링는 맥주의 보존성을 높이고 품질의 균일함을 유지하기 위한 필수적인 작업으로, 인위적이라 하더라도 꼭 부정적인 시선으로 볼 필요는 없습니다. 하지만 살균-여과 등의 작업은 공장 내 또 다른 시설과 이를 설치하고 유지하기 위한 자금, 인력 등을 필요로 하기 때문에, 가내 수공업 형식으로 맥주를 양조하는 소규모 양조장에서는 현실적으로 적용이 어렵습니다.

뮌히스호프 켈러비어

독일 바이에른주 북부 프랑켄 지역은 독일에서 가장 많은 소규모 양조장이 밀집한 지역으로 많은 양조장이 가내 수공업 형식으로 양조 작업을 수행합니다. 그래서 켈러비어는 현대적인 느낌보다는 전원적인 독일 마을에 소재한 조그만 양조장의 지하 숙성 창고에서 뽑아낸 맥주와 같은 느낌을 주며 자연적인 느낌 그대로를 담은 맥주로 자리매김하였습니다.

일반적인 맥주들은 발효가 끝난 후 효모를 제거한 밀폐된 저장조로 옮겨져 외부 공기와 차단된 상태에서 짧게는 2주, 길게는 3달의 숙성 시간을 보냅니다. 저장조로 옮겨지는 과정에서 효모를 제거하는 이유는 더 이상의 맥주 발효를 막기 위한 것입니다. 발효의 주역인 효모는 제거되지만 발효 과정에서 발생한 탄산가스는 밀폐된 저장조에 맥주와 함께 들어가 숙성 기간 동안 서서히 맥주 안으로 포화되며, 맥주 스타일에 따라 청량한 탄산감이 더 필요한 경우에는 인위적으로 저장조에 탄산을 주입하기도 합니다.

맥주를 보관하는 지하실 켈러, Keller

독일 프랑켄지역 특유의 가스트호프 Gasthof.¹⁶ 숙박시설과 레스토랑이 전원적인 비어가르텐과 함께한다.

켈러비어의 독특한 점은 밀폐된 현대식 스테인리스 저장조가 아닌 유럽 전통적인 나무로 된 오크통에 맥주를 넣고, 1차 발효시기처럼 왕성하진 않지만 여전히 발효가 진행 중인 효모들을 저장조에 함께 투입하여 2차 발효 과정을 진행한다는 것입니다. 그리고 일부러 통을 밀폐하는 마개를 느슨하게 조여 2차 발효에서 발생하는 탄산이 조금씩 새도록 유도합니다.

그 결과 켈러비어는 새어나간 탄산들 때문에 전반적으로 탄산감이 약하며 여과나 살균을 거치지 않기 때문에 탁한 외관을 보여주는 동시에 효모적인 특징Yeasty이 있습니다. 효모적인 성향이 바이젠Weizen 처럼 노골적으로 나타나지는 않으나, 효모의 존재감 때문에 일반적인 여과나 살균을 거친 필스너-라거와는 매우 다른 특성인 나름 걸쭉하고 풍부한 느낌을 받을 수 있습니다. 우리의 생막걸리와 비슷한 효모적인 특성을 지녔습니다. 더불어 할러타우Hallertau 와 같은 독일 최대 아로마Aroma 홉 산지와 가까운 지리적 이점으로 독일 홉의 허브/꽃/약초 등의 풍미가 많이 드러납니다.

악티엔 츠비클 비어[17]

보존 기간과 맛의 항상성에 큰 도움이 되는 여과와 살균 작업을 거치지 않기 때문에 프랑켄 지역 이외의 장소들에서는 켈러비어를 접하기 쉽지 않습니다. 몇몇 현대화된 프랑켄 지역 소재의 양조장에서 살균을 한 켈러비어를 해외로 수출하기도 하지만, 켈러비어의 본질에는 어긋난 측면이 있습니다.

켈러비어는 프랑켄 지역에서 동의어로 츠비켈Zwickel이라고도 불립니다.

켈러비어 대표 맥주

악티엔 츠비클 켈러비어 Aktien Zwick'l Kellerbier

국적 | 독일

특징 |
라거 맥주이지만 여과 되지 않은 효모 때문에 탁한 외관을 보이며 효모에서 나오는 과일, 비누와 같은 향을 풍긴다. 필스너와 바이젠의 중간점이라고 생각할 수 있는 맥주.

Supplement

독일 맥주의 숨겨진 보고 프랑켄 Franken

16개의 주로 이루어진 독일에서 가장 큰 면적을 가진 주는 동남부의 바이에른 Bayern 입니다. 맥주의 도시로 이름난 뮌헨 München 이 주도인 바이에른주를 북부와 남부로 가르면, 바로 북부지역이 프랑켄 Franken 입니다. 영어로는 프랑코니아 Franconia 라 불립니다.

프랑켄 지역의 이름난 도시는 뉘른베르크 Nürnberg, 뷔르츠부르크 Würzburg, 밤베르크 Bamberg, 바이로이트 Bayreuth 등이 있으며, 많은 도시들이 중세 유럽풍 건물과 로맨틱한 풍경, 소박한 유럽 구시가지 마을의 모습을 간직한 곳들로 많은 여행객을 끌어들입니다.

독일 지도에서 프랑켄지역의 위치[18]

프랑켄이라는 이름은 로마제국 이후 서유럽을 재패한 프랑크 제국을 세운 프랑크 Frank 족에서 비롯됐습니다. 독일의 역사를 살펴볼 때 신성로마제국 시절부터 독일은 프랑스, 영국처럼 중앙 집권적이지 않고 지방 분권적인 통치가 이뤄졌던 국가였습니다. 많은 제후들이 자신의 영토를 다스렸던 형태로서 프랑켄도 본래는 독립적인 지역이었으나, 19세기 초반 프랑스 나폴레옹에 의해 독일이 정복당하면서, 나폴레옹에 협력한 바이에른 Bayern 에 프랑켄 지역이 귀속되었고 현재까지 이르게 되었습니다.[19]

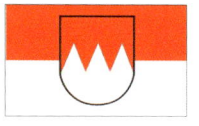

프랑켄의 국기

바이에른이 독일 맥주의 근간으로 불리는 이유는 바이스비어 Weissbier, 헬레스 Helles, 둔켈 Dunkel 등등의 독일을 대표하는 많은 맥주 스타일이 바이에른에서 탄생했기 때문이기도 하며, 호프브로이 하우스나 파울라너, 바이헨슈테판 등의 유명 양조장들이 바이에른주의 수도 뮌헨과 그 일대에 위치했기 때문입니다. 독일 맥주의 뿌리인 맥주 순수령이 1516년 바이에른 공작에 의해 반포되는 등 여러 가지 요소들이 바이에른을 독일 맥주의 심장으로 만들었습니다.

독일 16개 주 전역에 소재한 맥주 양조장이 약 1,500곳에 이르며, 이들 중 절반에 조금 못 미치는 650여 곳이 바이에른주에 분포했습니다. 바이에른주 내 오버프랑켄Oberfranken 지역에는 약 162곳 정도의 양조장이 운영 중으로, 숫자로만 보았을 때 전체 독일의 1/10을 넘는 비율의 양조장들이 오버프랑켄 지역에 소재한 것입니다. 프랑켄 지역만 합산하면 총 290곳의 양조장이 있습니다. 이들 290곳 가운데 대다수가 가내 수공업으로 맥주를 양조해오면서 '지역과 마을 단위로 맥주를 공급하는 소규모 양조장입니다.

프랑켄의 밤베르크시 주변에는 아우프제스Aufsess 라는 약 서울시 관악구 정도되는 면적의 마을이 있는데, 인구는 약 1,500명인데 반해 맥주 양조장은 4곳이 존재합니다. 아우프제스 지역은 세계 기네스북에 등재된 지역으로 지역 인구당 가장 높은 맥주 양조장의 밀집도를 보이는 곳으로, 2012년 대한민국에 하우스 맥주집을 제외한 맥주 양조장이 총 4곳에 불과했다는 사실에 비추어보면 어마어마한 수치입니다.[20]

프랑켄의 대부분의 양조장이 소규모 형태를 취하기 때문에 벡스Beck's 나 크롬바커Krombacher, 파울라너Paulaner 등 전 세계적으로 이름난 양조장은 매우 드뭅니다. 하지만 많은 양조장이 오랜 프랑켄의 전통에 따라 프랑켄만의 독특한 맥주 스타일인 라우흐비어Rauchbier 나 켈러비어Kellerbier, 아이스복Eisbock 등의 맥주들을 쉽없이 생산하며, 프랑켄 지역의 양조장에선 독일에서 어느 정도 공산품화 된 바이에른식 스타일의 맥주들 바이젠, 헬레스, 둔켈, 필스너 과 장인 정신이 깃든 맥주들의 구성이 적절하게 융화가 이루어짐에 따라, 숨겨진 독일의 전통 맥주를 즐기고 싶은 맥주 마니아들의 호기심을 불러일으키는 곳입니다.

바이에른만큼 프랑켄 지역은 맥주로서 많이 알려지지는 않았지만, 사람들이 꿈꾸어 왔던 독일의 전원적 분위기의 비어가르텐Biergarten 에서 갓 생산해낸 독일식 하우스 맥주를 즐기기에는 프랑켄 만한 곳이 없습니다.

베를리너 바이세 Berliner Weisse

베를리너 킨들 바이스
Berliner Kindl Weisse

DETAIL

홉 Hoppy	🍺
맥아 Malty	🍺
효모 Yeasty	🍺🍺🍺🍺
무게감 Body	🍺
IBU	3~8

※ 5개 만점 높을수록 맛이 강함

베를리너 바이세 대표 브랜드

베를리너 킨들 바이스
(Berliner Kindl Weisse, 독일, ×)
1809 베를리너 스타일 바이스
(1809 Berliner Style Weisse, 독일, ×)
투 욀 라이크 바이세
(To ØL Like Weisse, 덴마크, ×)
프레리 바이세(Prairie Weisse, 미국, ×)

개 요

베를린의 밀맥주 Weisse 라는 이름을 가진 베를리너 바이세는 독일의 수도 베를린의 고유 맥주로, 밀 맥아가 포함된 밀맥주이지만 남부 바이에른 Bayern 식 밀맥주인 바이스비어 Weissbier 와는 매우 다른 성향을 보입니다.

특 징

바이에른식 밀맥주 바이스비어는 바이스비어 전용 효모에서 기인한 바나나/정향 Clove 의 풍미가 압도적인데 반해서, 베를린식 밀맥주는 상면 발효 효모가 사용됨과 동시에 맥주 효모가 아닌 젖산균 Brettanomyces 과 같은 박테리아를 사용합니다. 맥아 구성은 바

이스비어와 동일하게 밀+보리 맥아의 구성으로 맥주에서 가장 밝은 색상인 연한 노란색을 띠며, 맥아에서 나오는 단맛이나 홉의 쓴쓸함 등의 풍미는 나타나지 않습니다.

정상적으로 양조된 베를리너 바이세는 알코올 도수가 3% 부근이고 청량하여 매우 가볍게 즐기기 좋을 것 같지만, 젖산균 등의 박테리아의 영향으로 시큼한 맛과 약간의 지하실 곰팡이 핀 느낌 때문에 기본적인 필스너-라거 맥주를 즐기던 사람에게는 그 신맛과 쿰쿰한 풍미가 낯설고 부담스럽게 여겨지곤 합니다.

베를린에서 유일하게 베를리너 바이세Berliner Weisse를 만드는 킨들Kindl 양조장의 오리지널 베를리너 바이세는 앞에서 언급한 신맛이 도드라지는 버전이지만, 베를린의 시민 중에서도 오리지널 버전을 그대로 마시는 경우는 드물고, 칵테일처럼 과일 시럽을 첨가하여 마십니다. 시럽을 첨가하면 본래 연한 노란색의 색상이 시럽에 의해 붉은색, 푸른색 등으로 변화하는 재미도 있습니다.

라즈베리나 산딸기 등의 과일 시럽의 첨가로 인해 신맛이 중화되고 단맛이 생성되는 알코올 도수 3%의 청량한 베를리너 바이세는 여름날에 가볍게 마시기 좋은 맥주가 되어, 여름날의 베를린의 번화한 거리를 걷다 보면 시럽을 첨가한 베를리너 바이세를 즐기는 시민들을 어렵지 않게 찾아 볼 수 있습니다.

베를리너 바이세는 17세기 후반 프랑스의 위그노 탄압을 피해 베를린으로 넘어온 프랑스인들의 맥주 양조 기술과 독일의 양조 기술이 합쳐진 결과입니다. 19세기 초 나폴레옹의 군대가 프로이센과의 전쟁에 승리하면서 베를린을 점령하였고, 그와 그의 군대는 베를리너 바이세를 마시면서 '이것은 북유럽의 샴페인이다' 라고 말했다고 합니다. 이후 베를린과 베를린 주변 지역에서는 가장 인기 있는 맥주로 자리매김합니다.

한때는 베를린과 그 일대에서 베를리너 바이세를 양조하는 곳이 700곳에 이를 정도였다고 하지만 양차 세계대전과 동서독 분리 이후 많은 곳이 사라져 현재 베를린 구역 내에서는 베를리너 킨들Berliner Kindl 양조장이라는 대규모 양조장 한 곳과, 베를린 내 새로운 맥주를 시도하는 젊은 크래프트 양조장들에 의해서 극히 몇몇 제품만 나오는 상황입니다.

베를리너 바이세는 쾰른의 쾰쉬Kölsch처럼 지리적 표시제와 같은 상표권 개념으로 베를린 경계 안에서 생산하면 베를리너 바이세라는 용어를 사용할 수 있습니다. 지금의 베를리너 바이세는 베를린 소재 킨들 양조장에서 유일하게 오리지널 맥주를 만들고 있지만, 독일이나 미국 등의 많은 실험적인 크래프트 맥주 양조장에서는 레시피와 양조기술을 학습하여 같은 스타일의 맥주를 생산합니다. 베를린의 권역 내에서 만들어지지 않은 제품들이기에 베를리너 바이세라는 용어를 사용하지 못하고, 대신 베를리너 스타일 바이세Berliner Style Weisse 라고 변형된 이름을 붙이고 있습니다.

빨대를 꽂아서 마시기도 하는 베를리너 바이세

베를리너 바이세 대표 맥주

베를리너 킨들 바이스 Berliner Kindl Weisse

국적 l 독일

특징 l

시럽이 첨가되지 않은 버전은 곡물의 고소함이 약간 드러나지만, 주된 맛은 젖산균에 의한 신맛과 눅눅한 곰팡이와 같은 맛이다. Sour Beer 쪽을 선호하는 사람들은 원래 형태의 베를리너 바이세를 선호하지만 다수의 대중에게는 신맛이 긍정적으로 다가오지 않을 수 있다. 그래서 과일 맛 라즈베리, 체리 등등 시럽이 첨가된 베를리너 바이세 제품들이 존재하는데, 이는 시럽의 단맛이 신맛을 누그러뜨리는 효과가 있기 때문에 달콤한 주스나 디저트용 음료를 마시는 듯한 기분이 들게 한다.

고제 Gose

라이프치거 고제
Leipziger Gose

DETAIL

- 홉 Hoppy
- 맥아 Malty
- 효모 Yeasty
- 산미 Sour
- 무게감 Body

특수재료 코리엔더(고수) 씨앗의 싸한 맛
색상: 노란색
알코올 도수: 4.2~5.2%
IBU: 5~12

※ 5개 만점. 높을수록 맛이 강함

고제 대표 맥주
- 라이프치거 고제(Leipziger Gose, 독일, ×)
- 리터굿츠 고제(Ritterguts Gose, 독일, ○)
- 식스포인트 재머(Sixpoint Jammer, 미국, ×)

개 요

독일 북부 니더작센 Nieder-Sachsen 주에는 고슬라르 Goslar 라는 인구 약 50,000명의 작은 도시가 있으며, 이곳을 관통하는 강의 이름은 고제 Gose 입니다. 고제 맥주는 고슬라르 지역에서 만들어지는 밀맥주로, 독일 맥주 순수령의 굴레에 매여 있는 독일 맥주 스타일에서 매우 독특한 캐릭터를 가진 맥주입니다.

특 징

고제 Gose 맥주는 양조 시 염분도가 높은 물을 사용하며, 상면 발효 효모와 젖산으로 발효합니다. 그리고 독일 맥주 순수령에서 금하고 있는 부가 재료인 고수를 사용했습니다. 밀 맥아의 비율은 독일의 다른 밀맥주들처럼 절반 이상 사용하며, 맥주의 색상은 노란색에서 금빛 등 밝은 계열을 띕니다. 홉의 특징은 그리 드러나지 않습니다.

약간의 짠맛과 함께 고수 특유의 알싸한 맛, 바이젠과 비슷한 효모의 바나나스러운 과일 맛, 젖산에서 기인하는 신맛 등이 어우러진 다양한 맛이 혼재하는 맥주입니다. 부가물을 사용한 맥주는 맥주로 인정하지 않는 독일 맥주 순수령의 굴레와, 젖산을 따로 관리해야 하는 양조의 까다로움, 맥주라고 마시기에는 사람들에게 낯설 수밖에 없는 맛 등으로 고제 맥주를 취급하는 양조장은 독일에서도 극히 드뭅니다.

원산지인 고슬라르Goslar에 한두 곳의 양조장과, 고제 맥주의 계보를 이어받은 독일 동부 작센Sachsen주의 라이프치히Leipzig의 몇몇 양조장에서 만들어내는 실정입니다. 사람들이 머릿속에 그리는 정통 독일 맥주의 이미지에는 매우 어긋나는 고제 맥주이지만 워낙 희귀한 맥주이기에 다양한 맥주를 마시는 것이 목표인 마니아들에게는 기회가 되면 마셔야 할 고제입니다.

라이프치히 Bayerische Bahnhof 양조장 고제23

고제 대표 맥주

라이프치거 고제 Leipziger Gose

국적 | 독일

특징 |

베를리너 바이세에 비해서 직선적인 신맛이 적고 고수코리엔더와 바이젠 효모의 바나나/클로브, 약간의 소금기로 인해 거부감이 덜하다. 다만 독일 내에서도 워낙 개체수가 적은 전통 맥주라 미국과 유럽을 위시한 신식 크래프트 맥주 양조계에서 재해석한 맥주들이 더 많은 것이 현실이다.

리터굿츠 고제 Rittergutz Gose

국적 | 독일

특징 |

국내 크래프트 맥주 시장에 다양한 종류의 고제 맥주가 수입된다. 색다른 향신료, 과일, 유제품과 결합한 창의적인 제품이 지속적으로 들어오고 있다. 국내의 오리지날 독일식 고제라고 할 수 있는 제품은 리터굿츠가 유일하다. 창의적인 제품을 접하기 전에 본래의 고제가 어떤 맥주인지 파악해보고 싶다면 마셔보기를 강력 추천한다.

영국의 맥주

영국은 전통적으로 상면 발효 에일 맥주를 만들던 국가이지만 전 세계적인 라거 맥주의 영향력 때문에 전통적인 영국식 에일 맥주는 아직까지 대중들에게 잘 알려지지 않았습니다. 하면 발효 라거 맥주의 강국은 독일, 상면 발효 에일 맥주 강국은 영국으로 양분되는 양상이지만 독일에 비해서 영국 맥주는 아직까지 제대로된 평가나 관심을 일으키지는 못했습니다. 맥주계에서는 독일에 버금가는 전통과 역사를 보유하였음에도 불구하고 알려진 것이 없어 많은 관광객은 영국 여행 시 아일랜드의 흑맥주인 기네스Guinness를 마시는 상황도 비일비재합니다.

더불어 본토인 영국에서조차 젊은 시민들이 에일보다는 트렌디한 라거 맥주를 즐겨 찾는 편이며, 영국의 유서 깊은 양조장에서 생산되는 에일 맥주들은 오히려 대형 양조장의 외산 라거보다 가격적인 측면에서 경쟁력이 없어 외면 당했습니다.

하지만 다양한 맥주를 탐구하면서 마시고 즐기는 크래프트 맥주가 1980년대 이후로 태동하면서 기존의 대기업 라거에서 벗어난 새로운 맥주를 찾는 사람들이 많아지자 비주류에 불과했던 영국 에일들도 조금씩 빛을 보기 시작했습니다.

영국의 에일들은 대체로 효모에서 나오는 농익은 과일 맛의 에스테르Ester를 지녔습니다. 그래서 영국의 페일 에일이나 IPA류를 접하면 은은한 과일과 같은 풍미를 느낄 수 있습니다. 영국 에일들의 재료는 기본적으로 영국에서 제작한 고소한 풍미를 내는 맥아와 브리튼 제도에서 나고 자란 찻잎이나 젖은 흙 등을 연상시키는 향기로운 홉들 위주로 구성되었지만, 크래프트 맥주의 물결에 동참하는 영국의 양조장들은 영국의 전통과 영국 이외의 기법을 혼용하는 모습도 보여줍니다.

영국 전통에 기반한 에일들은 캐스크 에일 Cask Ale 이라고 불리며 인공적인 탄산의 주입이나 살균이나 여과 등을 가하지 않은 제품들로 원형에 가까운 에일이라해서 동의어로 리얼 에일 Real Ale 이라고도 불립니다. 라거 맥주에 적응된 사람들은 캐스크 에일 한 잔을 마실 때 탄산감이 없고 평탄하며 밋밋한 성향 때문에 '이것이 맥주?'와 같은 느낌을 얻기도 합니다.

에일 스타일을 주로 취급하는 맥주 국가들인 미국, 벨기에, 영국 가운데서 영국은 미국이나 벨기에 에일보다 자극적인 면이 덜하고 대체로 순하고 안정적이며 영국 신사와 같은 젠틀한 느낌을 주기 때문에, 자극보다는 균형 잡힌 맛을 선호하는 취향의 분들이 영국 에일을 자주 찾습니다.

포터 Porter

풀러스 런던 포터
Fuller's London Porter

헤레틱 셸로우 그레이브 포터
Heretic Shallow Grave Porter

8+ DETAIL	홉 Hoppy	🍺🍺	포터 대표 브랜드
	맥아 Malty	🍺🍺🍺	풀러스 런던 포터(Fuller's London Porter, 영국, ○)
	효모 Yeasty	🍺🍺	민타임 런던 포터(Meantime London Porter, 영국, ×)
	무게감 Body	🍺🍺🍺	시에라 네바다 포터(Sierra Nevada Porter, 미국, ○)
	검은맥아 Roasted	🍺🍺🍺	헤레틱 셸로우 그레이브 포터
	색상	어두운 갈색	(Heretic Shallow Grave Porter, 미국, ○)
	알코올 도수	4.8~6.5%	파운더스 포터(Founders Porter, 미국, ○)
	IBU	18~35	
	※ 5개 만점. 높을수록 맛이 강함		

개요

포터 Porter 는 짐꾼이라는 의미인데, 맥주 스타일 명칭에 이런 이름이 붙은 까닭은 1700년대 런던의 짐꾼들에게 인기를 끌며 주로 소비되었던 맥주였기 때문입니다. 포터는 어두운 색상을 띠는 전통적인 영국식 맥주로 구리색에서 호박색에 이르는 페일 에일이 나오기 이전에는 영국을 대표하는 맥주였습니다.

특징

포터 Porter 는 상면 발효 맥주로 영국 에일 효모 특유의 과일스러운 효모 풍미가 어느 정도 있으며, 색상은 검지만 검은 맥아의 떫고 탄 듯한 맛이 아주 강렬하게 나타나지는 않고, 코코아와 유사한 캐러멜 맥아의 단맛과 혼합되었습니다. 커피 원두를 씹거나 태운 보리를 먹는 듯한 거친 검은 맥아의 맛이 그리 드러나지 않는 것이 주 특징입니다.

런던 소재 풀러스 Fuller's 양조장의 포터24

홉은 적당히 달작지근한 맥아적인 단맛에 발 맞추어 약간의 쓴맛과 영국 홉 특유의 수풀이나 흙 등의 풍미를 부여했고, 홉의 씁쓸함이 전면에 드러나기보다는 검은 맥아와 단 맥아의 쓴맛으로 균형을 맞추었습니다. 알코올 도수는 5~6% 정도입니다.

미국식 포터인 헤레틱 셸로우 그레이브 포터

미국의 신식 크래프트 맥주 양조장에서도 포터 맥주는 매우 빈번하게 만드는, 친숙한 검은 맥주 스타일입니다. 미국식 포터의 성향은 전반적으로 영국식 포터와는 다르게 홉의 씁쓸함과 코코아나 초콜릿, 커피 등의 맛이 조금 더 뚜렷하게 나타납니다. 개별 양조장의 양조 성향에 따라 조금씩은 다르겠지만 영국식 포터가 둥글둥글 원만한 느낌이라면 미국식 포터는 날이 선 느낌이라고 할 수 있습니다.

포터 대표 맥주

풀러스 런던 포터 Fuller's London Porter

국적 | 영국

특징 |
전통적인 영국식 에일 맥주를 생산하는 런던 소재 풀러스Fuller's에서 만든 포터. 초콜릿과 구운 곡물의 맛이 절묘하게 나타나며 부드럽고 진한 질감이 일품이다. 검은 맥아의 쓴맛이 지나치지 않아 어두운 계열 맥주에 두려움을 가지고 있는 사람들에게 추천하기 좋다.

파운더스 포터 Founders Porter

국적 | 미국

특징 |
다크 에일을 잘 만들기로 유명한 미국의 파운더스Founders 양조장에서 만든 포터. 영국식 포터에 비해 강건하고 검은 맥아의 탄 맛과 씁쓸함이 강조된다. 이 포터 맥주 한잔으로도 상당한 만족감을 느낄 수 있을 것이다.

Supplement
검은색 에일 스타우트 Stout 와 포터 Porter 의 차이

스타우트와 포터는 모두 상면 발효의 에일 맥주로, 유래한 국가는 영국과 아일랜드입니다. 색상은 자세히 관찰하지 않는 이상 둘 다 구분하기 어려운 어두운 갈색에서 검은색을 띱니다. 알코올 도수도 확연한 차이를 보이지 않습니다. 스타우트의 대명사인 아일랜드의 기네스 드래프트 스타우트 Guinness Draft Stout 가 4.2%인데 반해, 영국 런던 출신의 유서 깊은 양조장 풀러스 Fuller's 의 런던 포터 London Porter 는 5.4%입니다.

원래 스트롱 포터 Strong Porter 의 개념으로 시작된 스타우트 Stout 이나, 오히려 포터보다도 약한 풍미를 지닌 것들도 있기에 옛 개념은 퇴색된 것이나 다름 없습니다. 색상이 유사한 검은색 맥주들인 스타우트와 포터가 지금까지도 다른 맥주 스타일로 분류되는 사실엔 몇 가지 이유가 있습니다.

첫째, 스타우트가 포터에 비해 색상이 더 어둡습니다. 스타우트를 잔에 따라 놓으면 후면 배경이 투시되지 않을 정도로 빽빽한 검은색을 띠지만, 포터는 갈색에서 어두운 갈색으로 자세히 살피면 아주 검지는 않습니다.

둘째, 검은색 맥주를 만들 때 필수 재료인 검은 맥아들 가운데 한 종류인 로스티드 발리 Roasted Barley 와 블랙 패튼트 Black Patent 맥아를 얼마나 사용했는지에 따라 차이가 있습니다. 로스티드 발리와 블랙 패튼트는 가장 거칠게 구운 맥아로서 맥주에 사용하게 되면 기분 좋은 초콜릿이나 코코아 등이 아닌 태운 보리, 커피 원두를 그냥 씹는 맛 등의 떫고 쓰며 약간의 신맛을 내는 맥아입니다.

Roasted Barley

스타우트는 맥주 레시피의 전체 맥아 구성에서 로스티드 발리나 블랙 패튼트의 비율을 높여 사용했기에 탄 맛이나 텁텁한 쓴맛을 느낄 수 있으며, 포터 Porter 는 이들 맥아의 비율을 줄이고 대신 다른 종류의 검은색 맥아인 초콜릿 맥아 위주로 구성하여 떫고 쓴맛을 줄이고 보다 원만하고 기분 좋은 코코아, 초콜릿 맛을 살렸습니다.

셋째, 스타우트에 비해서 포터가 맥아적인 단맛 Malt Sweet 이 드러나며, 캐러멜과 같은 성향이 짙게 나타난다는 점입니다.

사실 앞에서 나열한 스타우트와 포터의 정확한 구분과 경계는 애매모호한 것이 사실입니다. 전 세계의 모든 양조장에서 이 원칙에 따라 맥주를 양조하는 것이 아니며, 개별 양조장의 성향에 따라 포터에서 더 강한 로스팅 Roasting 된 쓴맛이 나타날 수도, 스타우트임에도 더 달게 완성시켰을 수도 있으며, 포터적인 성향이 강함에도 스타우트라고 표기하는 경우도 많습니다.

그래서 현업에서 근무하는 많은 맥주 양조가나 맥주 스타일 관련 저자들도 그 둘 사이의 차이에 관한 기본 개념은 공유하지만 현실적으로는 스타우트와 포터가 이미 많이 뒤섞였다고 합니다. 오히려 너무 재단하듯 스타우트와 포터를 구분해가며 마시기보다는 그냥 즐깁시다라고 얘기하는 사람이 많습니다.

영국의 맥주 – 스타우트 Stout

스타우트 stout 라는 용어는 본래 영국에서 만들어진 검은색 에일 맥주인 포터 Porter 의 세부 분류 가운데 맛과 도수가 강화되었다는 의미로 스타우트 포터 Stout Porter 라고 불린 것에서 시작되었습니다. 이는 강한 포터, 즉 'Strong Porter'라는 뜻으로서 스타우트는 원래 알코올 도수가 약 7~8% 정도 되는 맥주였지만, 현재는 강한 성질 Strong 이 퇴색되어 일반적인 포터 맥주와 비슷한 도수를 가지게 되었습니다. 같은 어두운색상을 띠면서 출신 지역도 같은 상면 발효 맥주 포터와 비슷한 면도 많은 스타우트지만 포터에 비해서는 세분화되어 더 많은 하위 분류를 갖고 있습니다.

드라이 스타우트 Dry Stout

기네스 오리지날
Guinness Original

DETAIL

홉 Hoppy	🍺🍺
맥아 Malty	🍺🍺
효모 Yeasty	🍺🍺
무게감 Body	🍺🍺🍺
검은맥아 Roasted	🍺🍺🍺🍺
색상	검은색
알코올 도수	4.0~5.0%
IBU	25~45

※ 5개 만점. 높을수록 맛이 강함

드라이 스타우트 대표 브랜드
기네스 오리지날(Guinness Original, 아일랜드, ○)
오이스터 스타우트(Oyster Stout, 영국, ✕)
노스 코스트 올드 넘버 38 스타우트
(North Coast Old No.38 Stout, 미국, ○)

개요

드라이 스타우트를 대표하는 맥주는 스타우트 뿐만 아니라 흑맥주 세계의 아이콘인 기네스Guinness 입니다. 맥주가 드라이Dry 하다는 말은 단맛이 거의 없다는 의미로, 스타우트에서 단맛이 빠지면 검은 맥아의 맛이 더 도드라지게 됩니다. 기네스를 많이 접하지 않은 분은 간혹 한약을 먹는 것 같이 쓰다고들 표현합니다. 한약과 같은 맛은 맥아를 구운 로스티드 발리Roasted Barley 의 커피 원두나 태운 보리를 씹는 듯한 텁텁하고 쓴맛입니다.

특징

달작지근한 흑맥주와는 거리가 먼 성향의 드라이 스타우트Dry Stout 는 기네스를 위시한 아일랜드의 제품들이 유명합니다. 기네스의 드래프트draught 를 비롯 대기업에 소속된 상당수의 아일랜드 스타우트 제품들이 맥주 병이나 캔 안에 질소 위젯을 넣어 개봉시 질소 거품이 만들어져 크림과 같은 거품과 부드러운 질감을 만끽할 수 있습니다.

상면 발효 효모에서 나오는 과일과 같은 풍미는 적고, 홉에서 나오는 씁쓸함은 느껴지지만 로스티드 발리의 맛에 묻혀지는 수준이며, 홉 고유의 맛수풀, 흙, 꽃, 과일도 적습니다. 전적으로 검은 맥아의 맛에 의존하는 스타일입니다.

기네스 오리지널25

드라이 스타우트 대표 맥주

기네스 오리지날 Guinness Original

국적 | 아일랜드

특징 |

아일랜드 스타우트의 기본 틀이 되는 맥주. 질소 충전으로 크리미한 성질이 강화된 기네스 드래프트 Draught 의 명성과 영향력의 워낙 막강하기에 아이리시 스타우트의 원형이 드래프트인 것처럼 인식된 것이 사실이나, 원래는 기네스 오리지날이 정석. 드래프트에 비해 부드럽고 크림 질감은 적으나 검은 맥아의 쌉쌀한 태운 곡물 맛과 텁텁함이 더 드러난다. 질소 특유의 크림 질감을 선호하지 않는다면 기네스 오리지날을 접해보기를 추천한다.

노스 코스트 올드 넘버 38 스타우트 North Coast Old No.38 Stout

국적 | 미국

특징 |

영국의 저명한 맥주 평론가 Michael Jackson(1942~2007)이 "미국에서 만들어지는 Best Stout"라고 평한 미국 캘리포니아 Fort Bragg에 소재한 North Coast 양조장의 Old No.38 Stout, 아일랜드식 드라이 스타우트를 표방하며 만들어진 맥주로, 단단한 느낌의 무게감과 커피나 토스트와 같은 맛이 드러나는 매우 매력적인 스타우트이다.

스위트/밀크 스타우트 Sweet/Milk Stout

레프트 핸드 밀크 스타우트 니트로
Left Hand Milk Stout Nitro

영스 더블 초콜릿 스타우트
Young's Double Chocolate Stout

DETAIL

홉 Hoppy	🍺🍺
맥아 Malty	🍺🍺🍺🍺
효모 Yeasty	🍺
무게감 Body	🍺🍺🍺
검은맥아 Roasted	🍺🍺🍺🍺
색상	검은색
알코올 도수	4.0~6.5%
IBU	20~40

※ 5개 만점. 높을수록 맛이 강함

스위트/밀크 스타우트 대표 브랜드

- 레프트 핸드 밀크 스타우트 니트로
 (Left Hand Milk Stout Nitro, 미국, ○)
- 영스 더블 초콜릿 스타우트
 (Young's Double Chocolate Stout, 영국, ○)
- 세인트 피터스 크림 스타우트
 (St. Peter's Cream Stout, 영국, ○)
- 미켈러 밀크 스타우트
 (Mikkeller Milk Stout, 덴마크, ○)

개 요

드라이 스타우트 Dry Stout 에 반대되는 스타일 개념으로서, 스위트 스타우트 Sweet Stout 라고 합니다. 맥아나 유당에서 나오는 당을 발효시키지 않고 많은 양을 남겨 단맛과 묵직한 무게감을 유도한 맥주입니다.

특 징

로스팅 된 커피나 초콜릿, 구운/태운 곡물의 맛이 드라이 스타우트만큼 표현되기도 하지만 더불어 이러한 속성에 단맛이 가미된 맥주가 스위트 스타우트 Sweet Stout 입니다. 강건하고 부담스러운 요소는 없이 단맛이 구심점으로 달작지근한 초콜릿 디저트와 같은 맛을 내기도 합니다.

스위트 스타우트의 동의어로는 밀크 스타우트 Milk Stout 가 있습니다. 밀크 스타우트의 탄생은 기발한 발상, 스타우트 맥주에 우유를 섞어서 마셔보면 어떨까 하는 생각에서 비롯되었습니다. 처음에는 스타우트 맥주를 마시는 영국의 노동자로부터 시작된 행위가 스타우트 양조가들이 발효가 끝난 스타우트 맥주에 우유를 타는 데까지 이르게 되었습니다.

현대적인 밀크 스타우트들은 우유를 직접 맥주에 붓는 형태가 아닌 우유의 당 성분인 유당 Lactose 을 사용하였는데, 유당은 맥주 효모에 의해서 발효가 되지 않는 비 발효당입니다. 유당은 효모 발효 시 맥주 안에 고스란히 남게되며, 유당의 맛이 검은 맥아의 맛과 결합하면 마치 초콜릿 우유 맥주를 마시는 듯한 인상을 주게 됩니다. 홉의 쓴맛이나 영국 에일 효모의 과일과 같은 성향은 그리 나타나지 않습니다. 일반적으로 달달하고 묵직한 코코아 음료와 같은 무게감 Full-Body 과 부드러운 질감이 동반합니다.

미국 레프트 핸드 Left Hand 양조장의 밀크 스타우트26

1800년대부터 영국에서 수요가 있었던 밀크 스타우트는 1946년 영국 정부로부터 명칭에 우유Milk라는 용어를 사용하지 말라는 명령을 받습니다. 어린이들이 자주 마시고 성장해야 할 긍정적인 음료인 우유라는 말이 주류인 맥주의 이름에 포함되면 어린이들에게 혼동을 야기할 수 있다는 이유 때문입니다. 이 당시 판매되는 밀크 스타우트에는 우유가 아닌 유당이 사용되긴 했지만, 강경한 정부의 대응으로 영국의 양조장들은 'Sweet Stout'와 같은 다른 명칭을 차용할 수밖에 없었습니다.

스위트/밀크 스타우트 대표 맥주

레프트 핸드 밀크 스타우트 니트로 Left Hand Milk Stout Nitro

국적 | 미국

특징 |

효모에 의해 발효되지 않는 유당의 첨가로 개운하고 깔끔하기보다는 진득하고 육중한 성질을 보이는 맥주. 미국 레프트 핸드 양조장에서 만들었다. 달콤한 휘핑 크림이 올려진 커피나 초콜릿 티를 마시는 듯한 맛에 로스팅된 커피 원두의 맛, 홉의 꽃이나 허브와 같은 풍미도 존재한다.

영스 더블 초콜릿 스타우트 Young's Double Chocolate Stout

국적 | 영국

특징 |

영국의 웰스앤영스 브루어리 Wells & Young's Brewery에서 양조한 맥주. 실제 초콜릿이 첨가된 초콜릿 맛 컨셉을 노린 스위트 스타우트. 초콜릿의 달콤함과 검은 맥아의 로스팅 된 커피 원두, 탄 곡물 맛이 균형 있게 어울러진 맥주.

오트밀 스타우트 Oatmeal Stout

사무엘 스미스 오트밀 스타우트
Samuel Smith Oatmeal Stout

앤더슨 밸리 바니 플랫 오트밀 스타우트
Anderson Valley Barney Flat Oatmeal Stout

DETAIL

홉 Hoppy	🍺🍺
맥아 Malty	🍺🍺🍺
효모 Yeasty	🍺🍺
무게감 Body	🍺🍺🍺🍺
검은맥아 Roasted	🍺🍺🍺🍺
특수재료	귀리 – 고소한 곡물 맛 창출
색상	검은색
알코올 도수	4.5~6.5%
IBU	25~40

※ 5개 만점. 높을수록 맛이 강함

오트밀 스타우트 대표 브랜드

사무엘 스미스 오트밀 스타우트
(Samuel Smith Oatmeal Stout, 영국, ×)
앤더슨 밸리 바니 플랫 오트밀 스타우트
(Anderson Valley Barney Flat Oatmeal Stout, 미국, ○)
로그 셰익스피어 오트밀 스타우트
(Rogue Shakespeare Oatmeal Stout, 미국, ×)
뉴 홀란드 더 포엣(New Holland The Poet, 미국, ×)

개 요

서양권에서 아침에 주식으로 먹는 오트밀은 한 끼 식사로 사랑 받는 메뉴입니다. 오트밀 스타우트 Oatmeal Stout 는 1950년대 영국에서 이 같은 모티브에서 양조하기 시작한 맥주로, 당시에는 생각보다 큰 인기를 끌지는 못했습니다. 밀크 스타우트와 같은 이유 때문이었을거라 봅니다.

역 사

약 30년 동안 맥주 양조가들에게 외면 받았지만 1980년대 영국 노스 요크셔주의 사무엘 스미스 Saumel Smith 양조장에서 오트밀 스타우트를 재생산하기 시작하면서, 당시 크래프트 맥주 붐이 막 일어나던 미국의 양조가들에게 영감을 주게 됩니다. 이후 영국과 미국에서 많은 오트밀 스타우트 Oatmeal Stout 가 생산되면서 멸종 직전까지 갔던 이 스타일이 다시 회생하게 되었습니다.

특 징

오트밀은 우리말로 귀리로, 오트밀 스타우트의 전체 맥아 구성에서 약 5% 정도를 차지합니다. 독일식 바이젠 등의 밀맥주에서 밀이 50% 이상인 것을 보면 오트밀 스타우트의 귀리 함량은 그리 많지 않은 편입니다.

오트밀 스타우트를 만드는 목적은 꼭 귀리의 맛이 맥주에서 뚜렷하게 나타나게 하기 위해서는 아닙니다. 맛보다는 귀리가 포함되었을 때 맥주의 질감과 무게감 등에 기여하는 효과를 얻으려는 목적이 큽니다. 귀리는 일반적으로 맥주에 사용하는 보리, 밀 등의 맥아들에 비해 단백질과 고무, 지방질 등의 함량이 높아 액체의 점성을 높이고 크림과 같은 질감과 육중한 무게감 등을 선사합니다.

따라서 오트밀 스타우트는 귀리에서 나오는 약간의 고소함과 더불어 매끄럽고 진득한 느낌이 중점인 맥주이며, 맥주의 단맛은 드라이 스타우트 Dry Stout 와 스위트 스타우트 Sweet Stout 의 중간에 걸친듯한 느낌을 줍니다. 지나친 단맛은 배제되었지만 적당히 달면서 풍기는 검은 맥아의 커피-초콜릿의 맛, 그리고 귀리의 맛은 마치 한 그릇의 시리얼을 먹는 듯한 느낌이 듭니다.

영국 사무엘 스미스의 오트밀 스타우트

오트밀 스타우트 대표 맥주

사무엘 스미스 오트밀 스타우트 Samuel Smith Oatmeal Stout

국적 | 영국

특징 |

오트밀 귀리 스타우트의 클래식. 1758년 설립된 영국 요크셔 지역의 역사가 깊은 전통 에일 양조장 사무엘 스미스의 제품이다. 고소하고 살짝 텁텁한 곡물의 맛이 초콜릿, 커피 등과 함께 전달되면서 부드럽고 매끈한 질감을 자랑하는 맥주.

앤더슨 밸리 바니 플랫 오트밀 스타우트 Anderson Valley Barney Flat Oatmeal Stout

국적 | 미국

특징 |

미국 앤더슨 밸리 양조장에서 만든 오트밀 스타우트. 검은 맥아의 로스팅된 커피 원두의 은은함과 곡물의 고소함이 결합했다. 크림과 같은 질감은 입 안에 꽉 찬 느낌을 선사해준다.

러시안 임페리얼 스타우트 Russian Imperial Stout

올드 라스푸틴
Old Rasputin

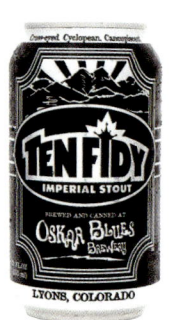
오스카 블루스 텐 피디
Oskar Blues Ten Fidy

쏜브리지 상트 페테르부크르
Thornbridge Saint Petersburg

DETAIL

홉 Hoppy	🍺🍺🍺🍺
맥아 Malty	🍺🍺🍺🍺🍺
효모 Yeasty	🍺🍺
무게감 Body	🍺🍺🍺🍺🍺
검은맥아 Roasted	🍺🍺🍺🍺🍺
색상	검은색
알코올 도수	7.5~12.0%
IBU	50~90

※ 5개 만점, 높을수록 맛이 강함

러시안 임페리얼 스타우트 대표 브랜드

올드 라스푸틴(Old Rasputin, 미국, ○)
오스카 블루스 텐 피디(Oskar Blues Ten Fidy, 미국, ○)
브루클린 블랙 초콜릿 스타우트
(Brooklyn Black Chocolate Stout, 미국, ○)
파운더스 브랙퍼스트 스타우트
(Founders Breakfast Stout, 미국, ○)
사무엘 스미스 임페리얼 스타우트
(Samuel Smith Imperial Stout, 영국, ×)
스톤 임페리얼 러시안 스타우트
(Stone Imperial Russian Stout, 미국, ○)

개요

인디아 페일 에일 India Pale Ale 이 영국에서 인도로 보내기 위해 다량의 홉을 넣어 보존성을 높인 맥주라면, 러시안 임페리얼 스타우트는 영국의 스타우트가 북해와 발틱해를 지나 러시아의 서쪽 항구이자 18~19세기 당시 러시아 제국의 수도였던 상트 페테르부르크에 무사히 도달하기 위해 알코올 도수와 홉의 비중을 높인 맥주입니다.

특 징

앞에서 언급했듯이 러시안 임페리얼 스타우트는 러시아에서 만들어진 스타우트가 아니고 영국에서 러시아까지 보내기 위해 만든 스타우트입니다. 본래 영국의 스타우트들은 검은색 맥아의 비중이 높을 뿐, 맥주의 쓴맛과 특유의 풍미 수풀, 꽃, 과일 등 가 강하게 나타나는 스타일은 아니었습니다. 그러나 먼 국가로 수출을 하려면 홉의 방부 효과가 필요했기 때문에 다량의 홉이 투입될 수밖에 없었습니다.

또 높은 알코올 도수는 추운 북해와 발트해 바다를 통과하는 동안 맥주가 얼지 않도록 하는 데 큰 도움이 되었습니다. 러시아에 많은 스타우트가 수출되던 19세기 영국의 많은 양조장에서 생산되던 스타우트들은 지금과는 다르게 알코올 도수가 6~7% 정도였지만, 러시아로 향하는 스타우트들은 10~11%라는 매우 높은 도수를 지녔습니다.

영어권 국가에서는 높은 도수의 맥주들을 종종 윈터 워머 Winter Warmer 라고 부릅니다. 겨울을 따뜻하게 해주는 맥주라는 의미로 해석될 수 있는데, 알코올 도수가 10~11%나 됩니다. 스타우트 맥주는 추운 겨울이 거의 매년 지속되는 러시아에서 맥주 한 잔으로 몸을 따뜻하게 해주는 데 탁월했습니다.

러시안 임페리얼 스타우트는 일반적인 영국식 스타우트를 상향 평준화시킨 스타일의 맥주입니다. 스타우트이기에 기본적으로 검은 맥아의 커피, 초콜릿 맛이 나타나며, 높은 알코올 도수, 다량의 홉 사용으로 강해진 쓴맛, 쓴맛의 상승으로 인해 이것을 중화시켜주면서 맛의 균형을 맞추어줄 맥아적인 단맛도 강화되었습니다.
맥아적인 단맛이 강하다는 것은 발효가 끝난 맥주 안에 당 성분이 많아 질감이나 무게감이 질척이고 묵직하다는 것의 반증으로, 그 결과 여러 잔 마실 수 있을 만큼 음용성이 좋지는 않겠지만 맥주 한 병으로 모든 맛을 다 경험하고 만족할 수 있는 궁극의 맥주가 러시안 임페리얼 스타우트 Russian Imperial Stout 입니다.

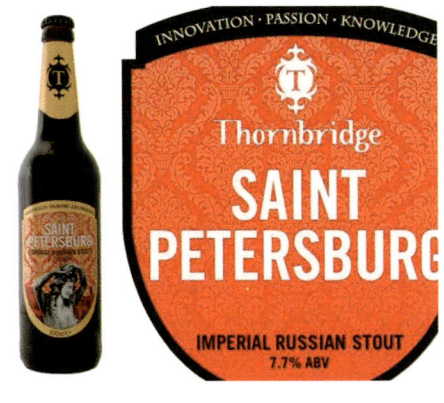

영국 쏜브리지 양조장의 샹트 페테르부르크28

제정 러시아가 지속되던 시기까지는 영국과 러시아 간 스타우트 교역이 계속되었지만 소비에트 소련의 설립 이후 냉전에 접어들면서 러시안 임페리얼 스타우트는 영국의 몇몇 양조장에서만 만들어질 정도로 축소되었습니다. 그러나 1980년대 이후 미국을 필두로 유럽에도 전파된 창의적이고 참신한 맥주를 만드는 크래프트 맥주 시장이 성장하면서 러시안 임페리얼 스타우트는 다시 전성기를 맞게 됩니다.

기본적으로 크래프트 맥주를 즐기는 소비층은 그 수가 적지만 맥주에 관한 호기심은 무궁무진하기에 대중성을 목표로 하는 대량생산 가벼운 라이트-페일 라거 맥주들에는 관심이 없고 마니아적 기질을 발휘, 좀 더 새롭고 자극적인 것을 갈망합니다. 러시안 임페리얼 스타우트는 바로 그런 마니아적 욕구를 바로 충족시켜 줄 수 있는 고풍미 상향 평준화의 맥주로, 높은 도수를 위해 많은 양의 맥아가 투입되고, 고풍미를 위해 다량의 홉이 사용되었으니 맥주의 가격은 일반 라거 맥주들의 2~3배를 훨씬 넘음에도 불구하고, 많은 크래프트 맥주 양조장에서는 이를 마니아들을 위한 필살기로 내놓고 있습니다.

일례로 미국의 크래프트 맥주 마니아들이 운집한 사이트인 Ratebeer.com과 Beeradvocate.com의 최상위권에 올라오는 맥주들이 어떤 스타일인지 살펴보면 러시안 임페리얼 스타우트인 경우가 많습니다. 여러 스타일을 돌고 돌아 점차 자극에 무뎌지면 알코올 도수 9~11%의 맥주가 극단적 마니아들에게 각광받는 것입니다. 하드코어 락 음악을 들으면서 평온하다고 말하는 필자의 지인이 생각나는 대목입니다.

러시안 임페리얼 스타우트의 원류가 영국에서 크래프트 맥주 씬의 미국으로 넘어오면서 러시안Russian은 종종 생략되어 짧은 명칭인 임페리얼 스타우트라고 주로 불리고 있습니다. 그러나 여러 크래프트 맥주 양조장에서는 본래 스타일 명칭이 러시안 임페리얼 스타우트임을 감안해서 자신들이 내놓는 임페리얼 스타우트 맥주에 러시아와 관련된 인물이나 지명 등을 넣게 됩니다.

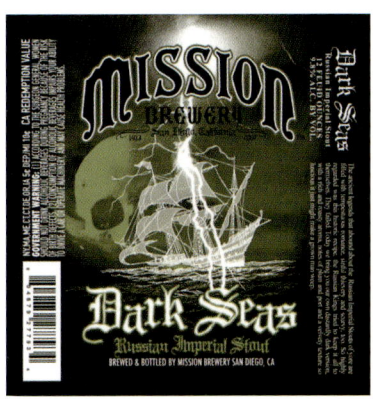

미국 미션Misson 양조장의 맥주

미국 노스 코스트North Coast의 올드 라스푸틴Old Rasputin은 러시아 마지막 황제 로마노프 2세의 제정이 타락하는 데 주요한 악영향을 끼친 괴승의 이름을 따왔고, 미국 애버리Avery에서는 러시아 말로 황제를 이르는 차르Czar를 넣어 명명했습니다.

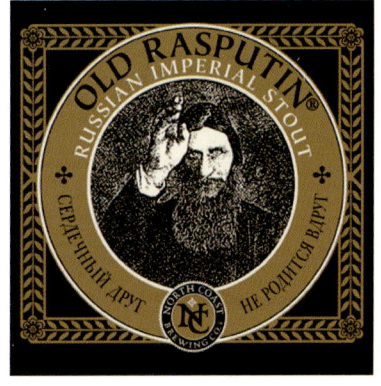

미국 노스 코스트 사의 올드 라스푸틴29

러시안 임페리얼 스타우트 대표 맥주

올드 라스푸틴 Old Rasputin

국적 | 미국

특징 |

미국 노스 코스트 North Coast 양조장에서 만든 궁극의 스타우트. 라벨의 모델은 러시아 제국 말기 활동한 괴승 라스푸틴이다. 검은 맥아의 전형적인 커피나 초콜릿맛에 건포도나 건자두 등의 과일 맛도 엿보인다. 맥아의 단맛은 그리 많지 않으며 홉의 쌉쌀함도 포착은 되나 검은 맥아의 강한 존재감에 약간 묻혀 있다. 알코올 도수 8%는 거뜬히 넘어주는 임페리얼 스타우트 계열 맥주들 가운데서는 나름 온화한 성질의 맥주.

파운더스 브랙퍼스트 스타우트 Founders Breakfast Stout

국적 | 미국

특징 |

미국 파운더스 양조장에서 만든 임페리얼 오트밀 스타우트로 미국에서도 손 꼽히는 강한 스타우트 맥주다. 오트밀 특유의 고소함과 함께 검은 맥아의 탄 맛과 초콜릿 맛이 조화롭게 어울리는 맥주

쏜브리지 상트 페테르부크르 Thornbridge Saint Petersburg

국적 | 영국

특징 |

영국의 크래프트 맥주 양조장 쏜브리지에서 제조한 임페리얼 스타우트. 상트 페테르부르크라는 맥주 명칭은 한때 러시아제국의 수도이자 서부 항구 도시에서 따왔다. 실제로 영국에서 배를 타고 떠난 러시안 임페리얼 스타우트의 목적지이기도 한 곳. 초콜릿, 커피 원두 등이 달달한 느낌보다는 씁쓸함에 가깝게 나타난다. 알코올의 따뜻함도 느껴지다가 홉의 씁쓸함으로 마무리된다.

브루클린 블랙 초콜릿 스타우트 Brooklyn Black Chocolate Stout

국적 | 미국

특징 |

18세기 영국에서 러시아 제국으로 보내지던 러시안 임페리얼 스타우트를 현대식으로 재해석한다는 목적으로 1994년부터 미국 뉴욕 브루클린 양조장에서 만들기 시작한 제품. 초콜릿이라는 이름 때문에 시음하기 전부터 달콤한 이미지로 비치곤 한다. 그러나 실제 초콜릿이 아닌 초콜릿 다크 맥아로 맛을 낸 것이므로 단맛이 적은 초콜릿 맛과 탄 맛이 주효하다. 알코올 도수 10%에서 오는 뜨끈함과 무게감으로 겨울시즌에 어울리는 맥주.

Supplement
크래프트 맥주계에서 통용되는 임페리얼 Imperial 이라는 용어

임페리얼 Imperial 은 본래 제국을 의미하는 단어로, 맥주 산업에서는 18~19세기 영국에서 러시아 제국으로 보내는 맥주를 러시안 임페리얼 스타우트 Russian Imperial Stout 라고 부르면서 등장하게 된 단어입니다.

1980년대 이후 미국의 융성한 크래프트 맥주 문화를 통해 다시 전성기를 맞은 임페리얼 스타우트는 시기상 제정 러시아와는 관련이 없었으며, 긴 이름 때문에 러시안 Russian 을 붙이는 일이 적어지면서 임페리얼 스타우트 Imperial Stout 라고 불리는 일이 잦아졌습니다.

일반적인 스타우트 맥주에 도수와 홉, 맥아적인 단맛과 묵직한 성향 등등 모든 면을 강화시킨 맥주를 임페리얼 스타우트라고 부르기 시작하면서, 임페리얼이라는 용어는 더 이상 제국을 의미하는 단어가 아닌 '기존의 맥주에서 풍미를 업그레이드 시킨'이라는 의미의 형용사가 되어버렸습니다.

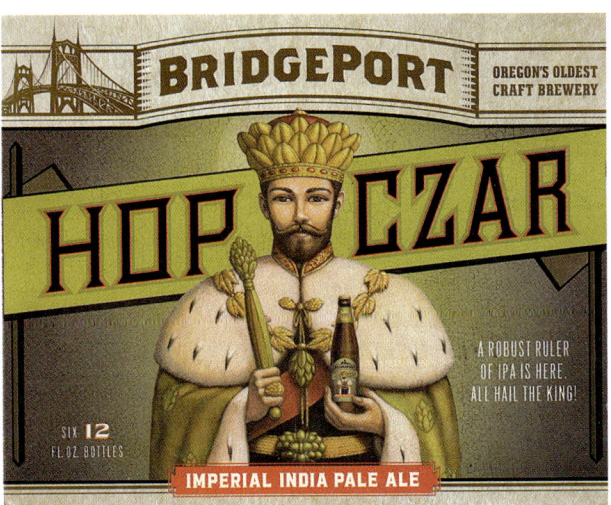

임페리얼 IPA.[30] 미국 브리지 포트의 임페리얼 IPA. IPA는 본래 차르 러시아 황제와 관련 없지만 임페리얼 Imperial 의 의미가 스타우트에서 IPA 에도 적용되면서 IPA의 주인공 홉 차르라는 재치있는 이름을 붙여졌다.

이렇게 부여된 '임페리얼'의 새로운 의미는 스타우트Stout 만의 전유물이 아닌 다른 스타일의 맥주들에도 적용되기 이르렀습니다. 기존의 인디아 페일 에일IPA에서 홉을 더 추가하고 도수를 높인 맥주는 임페리얼 인디아 페일 에일줄여서 임페리얼 IPA이 되어버렸고, 필스너를 여러 면에서 강화한 맥주는 임페리얼 필스너, 심지어는 독일식 바이젠Weizen처럼 홉과는 연관성이 없는 맥주에도 홉을 대량으로 넣고 도수를 높이면서 임페리얼 바이젠이라고 부르는 등 크래프트 맥주 산업에서 임페리얼이라는 용어는 고풍미 맥주임을 알리는 징표나 다름없게 되었습니다.

임페리얼 필스너[31]

Supplement
임페리얼 Imperial 과 더블 Double 의 관계

크래프트 맥주들의 이름을 살펴보면 몇몇 제품들에서 Double IPA, Double Stout처럼 더블Double이 맥주 스타일 앞에 붙는 수식어 역할을 하는 것을 목격하게 됩니다. 이는 크래프트 맥주 산업에서 임페리얼Imperial의 용례가 더 이상 제국이 아닌 '풍미가 강화된'으로 사용되는 것과 동일한 의미로서 Double Stout는 기본적인 스타우트의 풍미를 배가시킨 제품이란 것을 알 수 있습니다. 다만 도수 5%의 일반 스타우트를 더블Double 스타우트로 탈바꿈한다고 해서 도수가 10%가 되지는 않습니다. 약 7~8% 정도에 그치는 수준이며, 입안에서 느끼는 풍미도 완벽하게 2배라는 견해도 옳지 못합니다. 독일의 도펠복Doppelbock이 더블Double의 의미를 가진 것과 유사합니다.

일반적으로는 스타우트Stout나 IPA와 같은 검은 맥아나 홉 등의 한 가지 성향이 뚜렷한 맥주들에서 더블Double이라는 표현이 임페리얼Imperial과 같은 형식으로 붙으며, 알코올 도수나 맥주의 쓴맛 수치인 IBU와 질감이나 무게감의 묵직함 등이 같은 의미로 사용된다고 볼 수 있습니다.

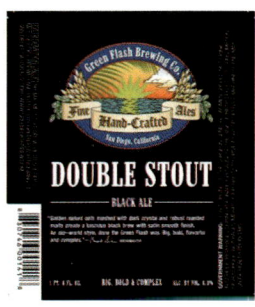

미국 그린플래쉬 더블 스타우트32

벨기에의 수도원 계열 맥주들이 DubbleDouble,2-TripelTriple,3-QuadrupelQuad,4로 가면서 도수와 풍미가 강해지는 경우와 마찬가지로, 미국을 위시한 크래프트 맥주계에서도 'Double 이 있으니 Triple IPA, Triple Stout라는 용어도 존재하는가?'라는 질문에 대한 정답은 Yes이며, Triple IPA라는 명칭을 가지고 시장에 출시되는 제품들도 있습니다.

정석적 스타일과 더블Double의 관계가 도수나 풍미에서 딱 2배 차이가 나지 않듯이, 트리플Triple도 그렇습니다. 다시 말해서 트리플 스타우트Triple Stout가 일반 스타우트Stout에서 3배를 강화한 알코올 도수 15%의 맥주는 아닙니다. 약 10% 근처입니다.

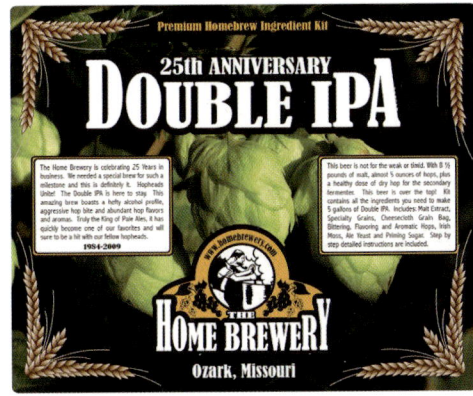

더블 IPA[33]

더블 역시도 임페리얼처럼 맥주에 있어서는 산전수전 다 겪은 마니아들의 전유물로 도수와 풍미를 높이기 위한 많은 원재료의 사용으로 인해 가격도 비싼 편이라 일반적인 라거 맥주를 주로 소비하는 대중들은 다가가기 힘든 맥주 종류들입니다. 다양하고 재미있는 맥주를 판매하는 상점이나 펍Pub 등을 방문했을 때, Double / Imperial이란 수식어가 붙은 맥주를 발견하게 되면, 자신의 맥주 성향이나 호기심, 모험심 등을 파악해서 맥주를 집어 들지 포기할지 잘 판단하기를 바랍니다.

발틱 포터 Baltic Porter

발티카 6
Baltika 6

블랙 보스 포터
Black Boss Porter

뽀할라 웨애
Põhjala Öö

DETAIL

홉 Hoppy	🍺🍺	
맥아 Malty	🍺🍺🍺🍺	
효모 Yeasty	🍺	
무게감 Body	🍺🍺🍺	
검은맥아 Roasted	🍺🍺🍺	
색상	어두운 갈색	
알코올 도수	5.0~9.5%	
IBU	20~40	

※ 5개 만점, 높을수록 맛이 강함

발틱 포터 대표 브랜드
발티카 6(Baltika 6, 러시아, ○)
블랙 보스 포터(Black Boss Porter, 폴란드, ×)
스머티노즈 발틱 포터
(Smuttynose Baltic Porter, 미국, ×)
뽀할라 웨애
(Põhjala Öö, 에스토니아, ○)

개요

스타일 명칭에 포터 Porter 가 들어가지만 러시안 임페리얼 스타우트를 이해하면 자연스럽게 발틱 포터의 유래도 알기 쉬워지기에 스타우트 편에 넣었습니다. 러시안 임페리얼 스타우트가 러시아의 상트 페테르부르크를 목적지로 향해서 출발했던 스타우트 맥주들을 대변했다면, 발틱 포터는 발트해 연안 국가들에 수출하기 위해 영국에서 만들어진 포터 맥주를 일컫습니다.

특 징

발틱 포터의 주요 수출국은 라트비아, 리투아니아, 에스토니아, 스웨덴, 폴란드, 프로이센 등으로 러시안 임페리얼 스타우트와는 달리 초창기에는 영국에서 만들어지다가 점차 수입국에서 현지화하여 영국식이 아닌 발트해 연안 국가들 방식으로 새롭게 변형된 맥주입니다.

폴란드산 블랙보스 발틱 포터

변형에 있어서 가장 눈에 띄는 차이는 영국에서 만들어지던 상면 발효 맥주인 포터 Porter 가 현지화 되는 과정에서 하면 발효 라거 효모로 바뀌었다는 점입니다. 영국과 벨기에 등은 전통적으로 에일 맥주를 생산하던 문화권이었으나 독일과 폴란드 등의 중동부 유럽은 라거 맥주를 주로 만들던 양조 문화를 지녔기 때문입니다.

또한 영국식 포터에 사용되는 홉은 브리튼 제도에서 나고 자란 홉들이 사용된 반면 발트해 연안의 발틱 포터는 독일이나 체코, 폴란드의 홉을 사용하였습니다. 체코의 사츠 Saaz 나 폴란드의 루블린 Lublin 종이 대표적입니다. 홉의 세기는 임페리얼 스타우트만큼은 아니지만 맥아적 단맛에 보조를 맞추는 수준입니다.

스타우트가 아닌 포터이기에 검은색을 내는 데 사용되는 맥아는, 로스티드 발리 Roasted Barley 와 같은 로스팅 풍미를 강하게 뿜는 타입이 아니라 적당히 기분 좋은 단맛 정도의 초콜릿이나 커피 풍미를 내는 검은 맥아가 사용되었습니다. 맥아적인 단맛은 깊게 다가오지만 라거 효모의 영향으로 끝으로 갈수록 맛이 깔끔해지는 경향이 있고, 알코올 도수는 7~8% 정도에 수렴합니다.

영국에서는 이제는 거의 취급되지 않는 맥주 스타일로 발트해 연안 국가들의 양조장에서도 아주 많지는 않지만 드물게 포터라는 이름을 달고 나오는 맥주들이 있습니다. 포터라는 용어가 영어이기 때문에, 영어권이 아닌 발트해 연안 국가들에서 Porter를 표기한다는 것은 발틱 포터의 전통을 따른다는 의미가 됩니다. 발틱 포터 역시도 임페리얼 스타우트처럼 크래프트 맥주 양조장들에서 더 많이 출시되는 맥주가 되었습니다.

발틱 포터 대표 맥주

발티카 6 Baltika 6

국적 | 러시아

특징 |

러시아의 국민 양조장이자 맥주 이름에 숫자를 붙여서 구분하는 것으로 유명한 발티카에서 만든 발틱 포터. 향긋한 커피 원두의 풍미와 캐러멜의 단맛을 동반한다. 홉의 쌉쌀함도 후반부에 슬며시 나타난다. 하면 발효한 라거 맥주라고 하지만 알코올 도수가 7.0%나 되기에 가볍거나 청량감보다는 깊고 진중한 쪽에 초점이 맞추어졌다.

블랙 보스 포터 Black Boss Porter

국적 | 폴란드

특징 |

발트해와 인접한 폴란드의 위트니카 Witnica 양조장에서 만든 발틱 포터 맥주. 이 맥주 역시 하면 발효 라거 효모를 사용하였다. 8.5%의 맥주 치고는 매우 산뜻하고 연한 질감/무게감을 보여주며, 커피-코코아-토스트 등의 맥아에서 나온 풍미가 있다. 약초와 같은 홉의 쌉쌀하면서 향긋함이 감초 역할을 수행한다.

포린 엑스트라 스타우트 Foreign Extra Stout

기네스 엑스트라 스타우트
Guinness Extra Stout

라이언 스타우트
Lion Stout

DETAIL

홉 Hoppy	●●●●
맥아 Malty	●●●●
효모 Yeasty	●●
무게감 Body	●●●●
검은맥아 Roasted	●●●●●
색상	검은색
알코올 도수	5.5~8.0%
IBU	50~70

※ 5개 만점, 높을수록 맛이 강함

포린 엑스트라 스타우트 대표 브랜드

기네스 엑스트라 스타우트
(Guinness Extra Stout, 아일랜드, ○)
라이언 스타우트(Lion Stout, 스리랑카, ○)
쿠퍼스 베스트 엑스트라 스타우트
(Coopers Best Extra Stout, 오스트레일리아, ○)
ABC 엑스트라 스타우트
(ABC Extra Stout, 싱가포르, ○)

개 요

러시안 임페리얼 스타우트 Russian Imperial Stout 가 영국에서 북동쪽인 러시아로 향한 스타우트 맥주였다면, 포린 엑스트라 스타우트는 영국과 아일랜드에서 남서쪽으로 수출된 스타우트 맥주입니다.

특 징

러시아로 향한 스타우트들과 마찬가지로 포린 엑스트라 스타우트 역시 장기간의 항해와 운송 중 기후 변화에서도 품질을 유지하기 위해 방부성이 좋은 홉과 다량의 맥아를 사용해 도수와 풍미를 향상시킨 맥주입니다. 포린 엑스트라 스타우트가 주로 향한 목적지는 카리브해 지역이나 나이지리아, 스리랑카, 동남아시아 일대입니다. 대부분 열대지역으로 향했기에 트로피컬 스타우트 Tropical Stout 가 동의어로 사용됩니다.

스타우트의 아이콘인 아일랜드의 기네스 Guinness 는 1801년부터 포린 엑스트라 스타우트를 양조했다는 기록이 있으며, 발틱 포터 Baltic Porter 와 마찬가지로 초반에는 영국과 아일랜드에서 양조되어 운송되었지만, 제국주의에 의한 식민지 개발과 자본주의 성장으로 인한 현지 공장 설립에 의해 여러 열대 국가들에서 생산하고 있습니다.

기네스의 포린 엑스트라 스타우트는 전체 기네스 매출에서 45%에 이를 정도로 많은 판매를 기록하는 제품으로 대부분이 아프리카, 아시아, 카리브해 일대에서 판매됩니다. 특히 아프리카의 기네스 산하에 있는 나이지리아, 카메룬, 케냐, 가나 등등의 13곳의 양조장에서 생산되며, 아시아에는 말레이시아 공장이 존재합니다. 기네스의 제

기네스 엑스트라 스타우트[34]

스리랑카의 라이언 스타우트

품 이외에도 스리랑카의 라이언 스타우트Lion Stout, 캄보디아의 ABC 스타우트ABC Stout, 자메이카의 드래곤 스타우트Dragon Stout 등이 무더운 열대지역에서 만들어지는 포린 엑스트라 스타우트Foreign Extra Stout 들입니다.

포린 엑스트라 스타우트는 다량의 홉을 투입하여 홉의 쓴쓸한 맛이 강하게 나타나는 것이 특징입니다. 7~8%에 이르는 높은 알코올 도수, 그리고 많은 양의 로스티드 맥아가 첨가되었기에 강한 커피, 탄 곡물 등의 맛들이 묵직하게 납니다. 몇몇 아프리카에서 나오는 포린 엑스트라 스타우트는 재료의 원가 절감을 위해 맥아Malt 보다는 옥수수나 사탕수수 등을 사용하였기에 맥아에서 나오는 정제된 맥주 맛이 아닌 약간의 럼Rum과 유사한 맛이 발견되기도 합니다.

러시안 임페리얼 스타우트는 낮은 온도에서 장기간의 숙성을 걸치기에 맛이 원만하고 둥글둥글한 느낌, 포린 엑스트라는 거칠고 공격적인 느낌이 튄다는 의견들도 나옵니다.

포린 엑스트라 스타우트 대표 맥주

기네스 엑스트라 스타우트 Guinness Extra Stout

국적 | 아일랜드

특징 |

아일랜드 내수용 스타우트들보다 모든 측면에서 강화된 맥주. 정제된 느낌보다는 자극적이고 튀면서 거친 느낌이 있다. 커피 원두의 산미가 느껴지기도, 알코올의 맛이 드러나기도 하며 홉의 쓴맛이 직선적으로 다가온다. 그저 강한 맥주를 찾는다면 시도해보는 것도 좋다.

라이언 스타우트 Lion Stout

국적 | 스리랑카

특징 |

영국 출신의 위스키 전문가이자 맥주 저서의 권위자 마이클 잭슨(가수와 동명이인)이 극찬한 스리랑카의 스타우트. 마이클 잭슨 스스로도 맥주의 변방국인 스리랑카에서 이렇게 좋은 스타우트를 마시리라고는 기대하지 못했다고 밝힌 바 있다. 맥아의 단맛이 과하지 않은 가운데 검은 맥아의 전형적인 맛들인 초콜릿-커피-태운 곡물이 조악하거나 텁텁하지 않고 향긋하게 다가온다. 8.8%의 알코올 도수이지만 부담스런 강함보다는 부드럽고 진한 맥주라는 인상이 든다.

Supplement
검은 맥아라고 다 같은 검은 맥아가 아니다!

스타우트 Stout 나 포터 Porter, 둔켈 Dunkel 등의 어두운색 맥주들의 색상은 모두 검은색 맥아 사용 여부에 따라 결정됩니다. 홉을 많이 넣는다고 색상이 어두워지지 않으며, 라거 효모를 사용하는 것이 에일 효모로 발효한 맥주들보다 색상이 옅게 나온다는 의견도 틀린 견해입니다. 초콜릿 시럽이나 먹물 등의 인위적으로 맥주의 일반적 재료가 아닌 것들을 넣지 않는 이상, 맥주의 어두운 색상은 전적으로 검은 맥아 Black Malt 사용 여부에 따라 결정됩니다.

일반적인 어두운색 맥주들의 레시피를 살펴보면 총 맥아량에서 검은 맥아가 차지하는 비중은 약 3~8% 정도 밖에 되지 않습니다. 총 5kg의 맥아를 사용한 레시피에서 검은 맥아는 대략 200~300g에 지나지 않으므로 맥주를 양조할 때 예상보다 적은 양이더라도 검은 맥아가 맥주 색상 형성에 있어서 많은 영향을 끼친다는 것을 알 수 있습니다.

맥아가 만들어지는 과정의 마지막 단계는 습기를 제거한 후 굽는 Kiln 공정입니다. 보통 드럼과 같은 로스팅 기계에 맥아를 넣고 고온에서 굽는 작업으로 굽는 온도에 따라 맥아의 특성이 정해집니다. 노란색, 금색 등 필스너 등의 밝은색 맥주에 주로 사용되는 필스너 비엔나 Vienna 맥아는 로스팅 기계에서 굽는 온도가 섭씨 80~95℃이고, 페일 에일 Pale Ale, 앰버 에일 Amber Ale 등 주로 붉은색을 띠는 맥주에 빈번히 사용되는 캐러멜 Caramel 맥아는 140~180℃에서 굽습니다. 어두운 맥아, 검은 맥아는 로스팅 기계에서 굽는 온도가 200℃에 달하기에 맥아의 외피가 검게 그을리며, 맥주에 첨가되었을 경우 검은색을 부여합니다.

검은 맥아는 통일된 단 한 종류의 맥아가 아니라 전 세계 각지의 맥아 회사에서 생산하고 있습니다. 하나의 맥아 회사에서 공급하는 검은 맥아만 해도 족히 5~10가지는 됩니다. 예를 들어 독일의 바이어만 Weyermann 맥아 회사의 검은 맥아 카테고리에 소개된 제품들만해도 카라파 3종 Carafa1, 2, 3, 초콜릿, 밀 Wheat, 로스티드 발리 Roasted Barley, 라이 Rye, 호밀, 로스티드 라이 Roasted Rye 등등 8종은 됩니다.

이렇게 검은 맥아의 종류를 세분화 한 까닭은 얼마나 높은 온도에서 장시간 동안 굽느냐에 따라서 검은 맥아의 속성도 달라지기 때문입니다. 커피 원두를 어떤 온도에서 어떻게 볶느냐의 결과에 따라 커피의 특징이 달라지는 것과 마찬가지입니다. 여기서 편의상 검은 맥아Black Malt 라고 통칭하기는 하지만 더 낮은 온도에서 구운 맥아는 검은색이 아닌 갈색을 보입니다.

검은색 맥아보다 비교적 저온에서 구워진 갈색 맥아가 맥주 레시피에 일정량이 포함되면 완연한 검은색보다는 갈색–어두운 갈색을 형성합니다. 맥주 색상을 전문적으로 판단하면서까지 마시지 않는 대중들의 시선에서는 어두운 갈색의 맥주나 검은색 맥주 모두 그냥 '흑맥주'로 탄 맥아 풍미, 커피 맛 등이 나는 맥주라고 여기는 경향이 있는 것이 사실이지만, 사실 브라운 맥아는 맥주에 온순하고 부드러운Mild 로스팅 커피의 맛, 약간의 견과Nut 류의 풍미, 잘 구워진 토스트나 순한 카카오를 먹는 듯한 특성을 맥주에 선사합니다.

갈색에 가까운 맥아35

반면 엄청난 고온에서 구워진 블랙 패튼트Black Patent 나 로스티드 발리Roasted Barley 등은 일정량만 들어가도 맥주의 색상을 금방 검은색으로 변화시키며, 진한 블랙커피를 마시는 기분, 탄 곡물을 씹는 듯한 맛, 단맛이 없는 카카오, 에스프레소 원액 등등 검은 속성이 짙은 특징들을 맥주에 입힙니다.

검은색에 가까운 맥아36

부드러운 로스팅 커피의 맛, 순한 초콜릿과 같은 맛의 어두운 색 맥주는 포터나 슈바르츠Schwarz, 둔켈바이젠Dunkelweizen 등이고, 에스프레소, 탄 곡물 등의 검은 맥아 맛을 내는 맥주는 아일랜드의 기네스Guinness 로 대표되는 드라이 스타우트Dry Stout 나 임페리얼 스타우트Imperial Stout 등이 있습니다.

또한 보리의 껍질에는 다수의 타닌 Tannin과 폴리페놀 Polyphenol이 함유되어 고온에 노출될 시 특유의 떫은 맛과 직선적인 쓴맛을 제공합니다. 따라서 몇몇 검은 맥아들은 껍질에서 나오는 떫고 쓴맛이 맥주에 부정적인 영향을 미치지 않도록 맥아 제조 시작 단계에서부터 껍질을 제거한 후 고온에 굽는 작업을 거쳐 검은 맥아를 완성합니다.

디허스크 Dehusked, 디버터드 Debittered 등의 껍질이 제거된 맥아나 곡물 특성상 껍질이 아예 없는 밀로 만든 로스티드 위트 Roasted Wheat는 색상은 어둡지만 떫고 쓴맛이 지양되는 맥주들에 요긴하게 사용됩니다. 독일의 도펠복 Doppelbock이나 둔켈 Dunkel, 미국의 블랙 IPA Black IPA가 대표적인 스타일입니다.

어두운색 계열의 맥주를 시음할 때, 투명한 유리잔에 담은 후 맥주 잔을 위로 들어 잔의 밑부분 위주로 맥주의 색상을 확인하면, 뭉쳐 있을 때는 검게 보이던 색상이 밑에서 보면 갈색이나 고동색인 경우가 있습니다.

보다 더 고온에서 구운 맥아일수록 맥주의 색상을 짙게 만들기 때문에 시음하는 맥주의 색상이 갈색 계열인지 아니면 빽빽한 검은색의 맥주인지 파악만 한다면 마시게 될 맥주의 성향은 어느 정도 파악이 가능합니다. 하나의 맥주 시음 요령입니다.

Supplement
아메리칸 블랙 에일 American Black Ale? 블랙 IPA Black IPA?

대중적인 페일 라거Pale Lager 와는 확연히 다른 맛을 내뿜는 인디아 페일 에일India Pale Ale 이 크래프트 맥주계를 대표하는 맥주로서 자리잡은 이후, 많은 크래프트 양조장에서 IPA 스타일의 맥주를 양조했고, 보다 더 진취적인 양조장들에서는 정형화된 IPA가 아닌 새로운 IPA를 시도하게 됩니다.

임페리얼 IPAImperial IPA 나 인디아 페일 라거India Pale Lager 를 비롯, 아메리칸 블랙 에일American Black Ale 혹은 '블랙 IPA'라고 불리는 맥주도 IPA 스타일에서 파생된 크래프트 맥주 업계의 새로운 발명 맥주입니다.

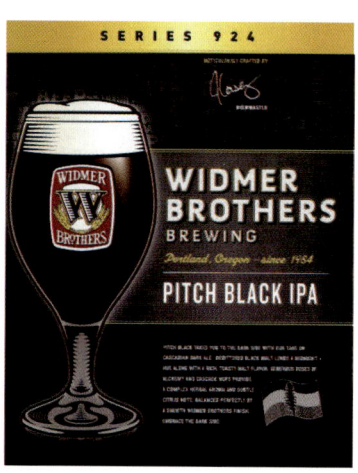

위드머 브라더스의 핏치 Black IPA[37]

'왜 IPA는 검은색 버전이 없는거지?'라는 의문에서 시작된 아메리칸 블랙 에일 혹은 블랙 IPA는 말 그대로 IPA의 전형적인 속성은 그대로 갖춘 채 검은색을 띠는 맥주입니다. 맥주가 검은색이라는 것은 자연스럽게 검은 맥아가 첨가가 되었다는 것으로 일반적으로 검은색 맥주들은 커피 원두를 씹는 떫은 맛이나 태운 곡물 맛, 초콜릿 맛이 납니다.

그러나 블랙 IPA는 검은 맥아의 속성을 배제한 채 IPA적 홉의 개성만 추구하는 스타일로 검은 맥아는 그저 색상을 위해 거드는 역할만 합니다. 즉 블랙 IPA에서는 스타우트Stout, 포터Porter 등과는 다르게 탄 곡물, 커피 원두 등등의 씁쓸하고 떫은 검은 맥아 맛은 최소화 되는 것이 바람직합니다.

블랙 IPA가 검은 맥아의 속성을 억제해야 하는 이유는 임페리얼 스타우트Imperial Stout 와의 차별되는 스타일 정체성을 갖추기 위함입니다. 임페리얼 스타우트는 스타우트이기에 당연히 충만해야 하는 검은 맥아의 특징과 강렬하게 쓴 홉, 높은 알코올 도수를 가진 모든 맥주 재료의 상향평준화를 이룩한 스타일입니다.

IPA 역시 역사적인 탄생 배경이 임페리얼 스타우트와 같기에 다량의 홉과 높은 알코올 도수를 자랑합니다. 그런 IPA를 검게 만든 블랙 IPA에서 검은 맥아의 투입으로 인해 검은 맥아의 속성이 드러나게 된다면 임페리얼 스타우트 Imperial Stout 와의 경계가 모호해집니다.

따라서 블랙 IPA를 만들 때 주로 사용하는 검은 맥아는 스타우트용 로스티드 발리 Roasted Barley나 블랙 패튼트 Black Patent 등의 떫고 쓴 로스팅 맛이 나는 종류가 아닌, 로스티드 밀 맥아 Roasted Wheat 혹은 껍질이 제거된 Dehusked 약한 초콜릿 맛이 나는 검은 보리 맥아를 사용합니다.

앞서 '검은 맥아라고 다 같은 검은 맥아가 아니다'에서 언급한 내용인 맥아에 포함된 껍질이 고온에 노출되면 폴리페놀 Polyphenol 성분 때문에 맥주에 떫은 맛을 부여하게 되는데, 껍질이 아예 없는 곡물인 밀 Wheat 을 검은 맥아화 하거나 떫은 맛이라는 부작용을 방지하기 위해 애초부터 껍질을 제거한 Dehusked 검은 맥아는 맥주에 어두운색상을 완성시켜주지만 맛에서는 아주 큰 영향을 끼치지는 않습니다.

미국 그린플래쉬 사의 블랙 IPA38

블랙 IPA 스타일은 어두운 외관을 가졌지만 최소화된 검은 맥아의 성질과 함께 미국 IPA들이 가진 미국 홉의 감귤류 Citrus 캐릭터와 씁쓸한 홉의 기운이 남아주는 맥주입니다. 미국에서 개발된 블랙 IPA다보니 미국 홉을 주로 사용하므로 East Kent Golding과 같은 은은한 꽃 향기의 영국 홉을 애용하는 임페리얼 스타우트 Imperial Stout 와는 홉 구성에서 차별점이 있습니다. 임페리얼 스타우트가 검은 맥아의 풍미에 치중했다면, 블랙 IPA는 홉의 맛과 향에 더 신경 쓴 스타일입니다.

블랙 IPA는 세상에 소개된 지 불과 10년도 안된 새로운 맥주 스타일이다보니 그 스타일명조차 정확히 확립된 상황은 아닙니다. 아메리칸 블랙 에일 American Black Ale 이라고 부르는 양조장도 있고, 캐스케디안 다크 에일 Cascadian Dark Ale 이라고 칭하기도 하며, IPA를 검게 만들었으니 블랙 IPA라는 용어를 사용하는 사람들까지 다양합니다.

가장 직설적이고 스타일 이해가 와닿는 용어는 블랙 IPA이지만 인디안 페일 에일 India Pale Ale 에서 페일 Pale 은 연한 색을 의미하는 단어입니다. 영국에서 탄생한 페일 에일이 본래 포터나 스타우트와 같은 어두운색 맥주들에 비해 색상이 밝았기 때문에 페일 에일이란 명칭으로 불린 것인데, 블랙 인디안 페일 에일 Black India Pale Ale 이라는 말은 Black과 Pale이라는 말이 의미적으로 상호 모순이 되기에 공존하기가 어렵습니다.

독일의 밀맥주 헤페-바이스비어 Hefe-weissbier 의 어두운색 버전인 둔켈바이젠 Dunkelweizen 이 둔켈바이스비어 Dunkelweissbier 라고 불리지 않는 까닭은 독일어로 어둡다는 뜻의 둔켈 Dunkel 과 흰색이라는 바이스 Weiss 가 함께 있다는 게 모순이기 때문에, 둔켈에는 항상 바이젠 Weizen, 밀 이 따라오게 됩니다.

캐스케디안 다크 에일이라는 표현은 미국 홉 생산량의 다수를 차지하는 지역인 미국 서부의 캐스케디안 산맥과 그 주변 지역명에서 온 것으로, 캐스케디안 산맥과 인접한 양조장들에서 그 일대에서 나온 미국 홉들을 사용하여 만든 검은 IPA라고해서 캐스케디안 다크 에일 Cascadian Dark Ale 이라고 합니다. 하지만 미국의 홉이 모두 캐스케디안 산맥 주변 지역에서 생산되는 것도 아니고 어두운색 IPA가 그 지역에서만 만들어지는 전유물이 아니기 때문에 정식 스타일 명칭으로 자리잡지 못했습니다.

Cascadian Dark Ale 명칭을 사용하는 제품39

미국의 맥주 스타일 정의 기관 중 하나인 Brewers Association이나 크래프트 맥주 마니아들이 시음평을 남기고 맥주에 관한 토론을 펼치는 온라인 사이트인 Beer Advocate.com 에서는 American Black Ale을 공식적으로 채택해서 사용합니다. Black Ale이라는 단어가 사실 굉장히 포괄적이기 때문에 스타우트 Stout 나 포터 Porter 등도 '블랙 에일' 이 될 수 있는 충분 조건을 갖추었기에 American Black Ale이 어두운색 IPA를 명확히 지칭하기에는 무리가 있다는 의견도 크래프트 양조계에서 발견됩니다.

실질적으로 미국 크래프트 맥주 양조장들에서 출시된 어두운색 IPA의 명칭을 살펴보면 많은 비율로 Black IPA가 통용되고 있습니다. 아무래도 스타일 특성의 핵심을 가장 잘 짚어줄 수 있는 이름이기 때문이라 봅니다.

영국의 맥주 – 페일 에일

페일 에일 Pale ale 은 밝은색의 에일이라는 의미로 영국과 미국 등지에서 주로 생산되는 가장 기본적인 타입의 에일입니다. 색상은 구리색에서 옅은 갈색에 걸치는 맥주로서 현대 맥주 시장을 주름잡는 필스너, 페일 라거가 보여주는 노란색, 금색에 비하면 '밝은색의 에일' 이라는 스타일 이름이 그리 와 닿지는 않습니다.

페일 에일이라는 이름의 유래를 이해하려면 맥아 기술의 발달로 인한 18세기 이후 유럽 맥주의 새로운 스타일 탄생과 관련한 역사적 사실을 살펴볼 필요가 있습니다. 발효주인 맥주에 당을 제공하는 매우 중요한 재료인 맥아는 물에 적신 보리를 싹을 틔운 후, 그 싹을 제거한 뒤 건조를 시키는 과정을 거쳐 수분을 제거하는 작업을 통해 완성됩니다.

현대 기술로는 열풍을 통해 맥아를 굽거나 건조시키는 작업이 어렵지 않지만, 17~18세기 유럽인들은 실질적으로 건조의 수준이 아닌 석탄이나 나무 등의 불로 가열을 했기 때문에 맥아가 그을려져 기본적으로 맥아들이 비교적 어두운 색상을 띠게 되었고, 어두운 색상의 맥아로 빚어낸 맥주들은 당연히 어두운 색상을 띨 수밖에 없었습니다.

18세기 들어 영국의 맥주 양조가들은 코크스 Cokes 를 사용한 맥아 제조로 기존의 맥아들보다 더 밝고 깨끗한 맥아를 이용하여 에일 맥주를 생산해 내었고 그 이름을 페일 에일 Pale Ale 이라고 했습니다. 그 당시 나온 맥주들의 색상은 구리색–옅은 갈색을 발했지만, 어두운 계열의 맥주 색상만을 접하던 사람들에게는 이 정도의 색상의 변화는 밝

고 연했기에 페일Pale이라는 명칭을 붙여도 무리가 없을 만큼 획기적이었습니다.

본격적인 페일 맥주의 전성기는 19세기 초반 화력이 아닌 열풍 건조에 의한 맥아 제조법의 확산으로 영국의 많은 양조장에서 페일 에일Pale Ale을 생산하게 되었고, 그들 가운데서 단연 돋보이는 성과를 낸 사람들은 영국 중부 버턴 온 트렌트Burton on Trent의 맥주 양조자들입니다.

Bass Pale Ale40

영국의 수도 런던에서 성행하던 페일 에일의 양조법을 습득한 버턴 온 트렌트의 양조가들은 황산염이 다량으로 포함된 지역의 물을 사용하여 맥주를 양조했고, 결과는 대성공이었습니다. 황산염이 많은 물은 홉 고유의 씁쓸한 맛과 향을 살리는 데 큰 도움을 주었기 때문입니다.

홉의 씁쓸한 장점을 살리고 보다 더 밝아지고 깨끗해진 색상의 버턴Burton식 페일 에일의 성공은 지역의 물과 밝은 맥아 제조법의 발견으로 가능했었고 성공가도는 한동안 계속되었지만, 화학자 빈센트C. W. Vincent가 버턴 온 트렌트Burton on Trent 지역의 물을 분석한 후 석회질과 홉 풍미에 관한 관계를 증명하자 영국과 미국의 다른 양조장들도 황산염 광물 형태로 된 맥주 양조용 화학물인 석고Gypsum를 양조 용수에 첨가하면서 버턴식 페일 에일의 입지는 좁아지게 되었습니다.

버턴 온 트렌트의 전통을 강조하는 에일 맥주

필스너 Pilsner 맥주의 고향이 체코의 플젠 Plzen 으로 받아들여지는 것처럼, 페일 에일 Pale Ale 의 본산은 런던보다는 버턴 온 트렌트 Burton on Trent 지역으로 여겨지고 있습니다. 영국의 여러 양조장이나 미국 등지의 크래프트 맥주 양조장들에서 페일 에일의 전통을 내세우며 정통성을 강조할 때 자주 등장하는 단어가 바로 버턴 Burton 입니다.

영국의 페일 에일은 홉의 쓸쓸한 맛이 기존의 어두운색 맥주들인 포터 Porter 나 스타우트 Stout 등에 비해 신선하게 다가오면서 정착할 수 있었던 맥주 스타일입니다. 그래서 영국에서는 페일 에일 Pale Ale 맥주를 가리키는 동의어로서 쓰다는 형용사인 비터 Bitter 를 사용합니다.

일반적으로 영국 페일 에일은 영국 에일 효모 특유의 발효 부산물인 에스테르 Ester 의 풍미가 살구나 자두 등의 농익은 과일 맛 형태로 나타나며, 캐러멜이나 토피 Toffee, 버터+설탕 와 비슷한 맥아의 단맛도 같이 나타납니다. 영국의 페일 에일은 도수와 풍미에 따라 여러 단계로 나뉩니다.

🌾 스탠다드/오디너리 비터 Standard/Ordinary Bitter

애드넘스 사우스올드 비터
Adnams Southwold Bitter

영스 비터
Young's Bitter

DETAIL

홉 Hoppy	🍺🍺	
맥아 Malty	🍺🍺	
효모 Yeasty	🍺🍺🍺🍺	
무게감 Body	🍺🍺	
색상	구리색	
IBU	25~35	
알코올 도수	3.2~4.0%	

※ 5개 만점, 높을수록 맛이 강함

스탠다드/오디너리 비터 대표 브랜드

풀러스 치스윅 비터(Fuller's Chiswick Bitter, 영국, ✕)
영스 비터(Young's Bitter, 영국, ✕)
애드넘스 사우스올드 비터
(Adnams Southwold Bitter, 영국, ✕)
세인트 오스텔 트리뷰트 에일
(St.Austell Tribute Ale, 영국, ○)

개 요

평범한 이름을 가진 맥주로, 영국의 페일 에일의 하위 분류 스타일 가운데서는 가장 평이하고 무난한 특색을 지녔습니다. 평균적인 알코올 도수가 3.5~4% 수준이며, 페일 라거 Pale Lager 류에 길들여진 입맛의 대중들에게 다가가기 위한 낮은 단계의 페일 에일 맥주로 음용성을 높여 부담을 줄였습니다.

애드넘스 사우스올드 비터 Adnams Southwold Bitter

특 징

홉의 쌉쌀한 맛과 에일 효모의 과일 맛, 달콤한 맥아 맛 등이 고루 나타나기는 하지만 강한 에일을 주로 마시는 마니아 그룹에게는 심심한 맥주로 받아들여집니다. 한 파인트 영국식 맥주 한 잔, 약 586ml 의 맥주를 손에 들고 선 채로 맥주를 마시면서 담소를 나누는 것이 일반적인 영국식 펍 Pub 문화에서는 강하고 부담스러운 맥주보다는 순하고 목을 축일만한 맥주가 더 선호됩니다.

에일의 본고장 영국조차도 상당수의 시민들이 자국의 에일보다는 대중적 취향에 맞춘 값싸고 접근이 쉬운 페일 라거를 펍에서 주로 마시기는 하지만, 영국 전통을 강조하는 펍들에서는 라거 맥주의 대용으로 스탠다드/오디너리 Standard/Ordinary Bitter 맥주들을 취급합니다.

영스비터

스탠다드/오디너리 비터 대표 맥주

애드넘스 사우스올드 비터 Adnams Southwold Bitter

국적 | 영국

특징 |

영국 동부 서퍽Suffolk 주에 소재한 애드넘스Adnams 양조장에서 주조한 기본적인 형태의 비터. 영국 에일 효모와 홉에서 나타나는 과실 풍미가 돋보이며 중간중간 캐러멜 특유의 단맛과 홉의 쌉쌀함이 스쳐간다. 스탠다드/오디너리 비터 스타일 특성상 강한 여운을 남기지는 않는다.

영스 비터 Young's Bitter

국적 | 영국

특징 |

영국 양조장 웰스앤영스Wells & Young's 에서 만든 에일 초심자들을 위한 비터. 과격한 에일보다는 대중성에 입각한 편한 에일을 주로 만드는 웰스앤영스의 성향이 잘 묻어난다. 귤이나 오렌지 같은 과일 풍미가 새콤하게 다가오며 홉의 쓴맛은 그리 나타나지 않는다. 4.5%의 무난한 알코올 도수를 지녔기에 펍에서 대화하며 맥주를 마시기 좋아하는 영국 사람들의 취향을 고려했음이 여러 부분에서 드러나는 맥주이다.

스페셜/베스트/프리미엄 비터 Special/Best/Premium Bitter

티모시 테일러스 랜드로드
Timothy Taylor's Landlord

풀러스 런던 프라이드
Fuller's London Pride

DETAIL

홉 Hoppy	🍺🍺
맥아 Malty	🍺🍺
효모 Yeasty	🍺🍺🍺
무게감 Body	🍺🍺🍺
색상	붉은색
알코올 도수	3.8~4.6%
IBU	25~40

※ 5개 만점, 높을수록 맛이 강함

스페셜/베스트/프리미엄 비터의 대표 브랜드

티모시 테일러스 랜드로드
(Timothy Taylor's Landlord, 영국, ✕)

풀러스 런던 프라이드
(Fuller's London Pride, 영국, ○)

셰퍼드 님 마스터 브루
(Shepherd Neame Master Brew, 영국, ✕)

파이어스톤 워커 DBA(Firestone Walker DBA, 미국, ○)

개요

평균 알코올 도수가 4.0~4.5%대에 이르는 스페셜/베스트/프리미엄 비터는, 스탠다드/오디너리 비터에 풍미나 도수를 조금 더 강화한 스타일로 스페셜/베스트/프리미엄이라는 스타일 명칭이 붙은 까닭은 많은 양조장에서 해당 카테고리 안에 드는 맥주들의 브랜드 네임을 수식할 때 스페셜/베스트/프리미엄 등의 표현을 사용하기 때문입니다.

특징

웰스 봄바디어 비터
Wells Bombardier Bitter42

영국의 맥주 회사 풀러스Fuller's의 런던 프라이드London Pride 나 코니스톤 블루버드 비터Coniston Blue Bird Bitter, 티모시 테일러 랜드로드Timothy Taylor Landlord 등 영국을 비롯 세계적으로 명성이 높은 맥주들이 이 스타일에 포진된 만큼 영국 페일 에일을 대표하는 스타일 군이 스페셜/베스트/프리미엄 비터입니다.

티모시 테일러스 랜드로드
Timothy Taylor's Landlord43

많은 공산품에서 발견할 수 있는 수식어 스페셜/프리미엄 등이 함께 한다고 해서 소비자들이 그 제품이 정말로 최상급의 맥주라고 생각하는 것에 무덤덤해진 것처럼, 스페셜/베스트/프리미엄도 페일 에일 맥주 군에서 아주 특별한 맥주는 아닙니다.

펍이나 대형 마트에서 손 쉽게 마실 수 있는 맥주로 여전히 대중친화적인 성향을 보입니다. 보편적으로 영국식 페일 에일Pale Ale이라고 부르는 것들은 이 스타일 카테고리의 맥주들이 많습니다.

스페셜/베스트/프리미엄 비터 대표 맥주

티모시 테일러스 랜드로드 Timothy Taylor's Landlord

국적 | 영국

특징 |
1858년 웨스트요크셔주에서 문을 연 티모시 테일러스 양조장의 간판 맥주. 알코올 도수는 4.1%에 불과하며 거부감이 들 수 있는 쓴맛은 잘 억제하면서도 특유의 잘 익은 과일의 새콤함과 향긋한 풀 내음으로 영국에서 사랑받는 맥주이다.

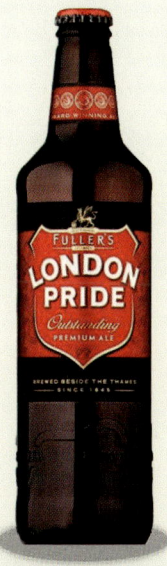

풀러스 런던 프라이드 Fuller's London Pride

국적 | 영국

특징 |
런던 소재의 풀러스Fuller's 양조장의 No.1 맥주이자 영국을 대표하는 에일이라고 해도 과언이 아닌 맥주. 영국의 펍들에서 영국 맥주 가운데선 가장 많이 발견되는 맥주이며, 국내에도 예전부터 소개되어 마니아층에서는 인지도가 있는 맥주이다. 런던 프라이드의 가장 큰 장점은 과하지 않다는 것으로 4.7%의 알코올 도수에 순한 캐러멜의 단맛과 영국 에일 효모의 농익은 과일 맛, 홉의 풀이나 나무 숲을 연상시키는 향긋함의 균형이 뛰어난 맥주로 정평이 나있다.

Supplement

에일 Ale 을 대표하는 맥주는?

페일 라거 Pale Lager, 페일 에일 Pale Ale.

하면 발효 라거 Lager 맥주 가운데서 제일 보편적이고 대중적인 페일 라거 Pale Lager 를 통상적으로 라거 맥주라고 부르듯이, 영국과 미국의 페일 에일 Pale Ale 을 편의상 에일이라고 줄여서 부르기도 합니다.

라거와 에일은 발효 방식에 따른 맥주의 대분류이지만 풍미에 따른 라거 vs 에일의 구도로 본다면 라거쪽 대표는 페일 라거, 에일쪽 대표는 페일 에일이 나옵니다. 스타우트 Stout 나 포터 Porter, 인디아 페일 에일 India Pale Ale, 벨기에 에일 Begium Ale 등 많은 종류들이 에일쪽에 포진해 있지만 에일의 상징적인 대표는 페일 에일입니다.

에일을 단적으로 표현할 때 묵직하고 쓰면서 꽃 향기가 나며 과일 맛이 강하다는 식의 서술이 많은 이유는 영국식 페일 에일, 특히 스페셜/베스트/프리미엄 비터 계열 맥주들의 특징을 묘사하는 것으로, 사용된 영국 에일 효모 특유의 과일 에스테르 맛과 홉의 씁쓸함이 가져오는 결과입니다.

영국의 페일 에일과 미국의 페일 에일은. 에일 맥주를 취급하는 양조장이라면 거의 모든 곳에서 취급하는 기본 라인업에 속해 있는 맥주로, 양조장의 베스트셀러이자 양조장의 대표작인 경우도 매우 많습니다.

1 파인트 Pint 의 페일 에일 44

거대한 자본력을 갖춘 대형 양조장에서 양산해낸 마케팅과 유통의 이점을 갖고 값싸게 판매되는 유명한 페일 라거Pale Lager들의 틈바구니 속에서 에일을 경험해 보지 못한 다수의 일반 소비자들에게 부담스럽지 않으면서 기존의 맥주들과 색다른 맥주의 맛을 어필하려면, 얌전하고 무난한 풍미의 페일 라거Pale Lager가 갖추지 못한 독특한 맛을 표출하는 것이 필수입니다.

버턴 페일 에일Burton Pale Ale이 홉의 씁쓸함을 강조했던게 주효했던 것과 같이, 많은 에일 맥주 양조장에서 생산되는 페일 에일은 비록 페일 라거에 비해 가격은 조금 비싸지만, 기존의 페일 라거류에서 느껴보지 못한 홉의 맛을 일반 대중들에게 선사합니다. 그렇게 호기심이 생겨 새로운 맥주를 찾는 소비층을 서서히 에일 맥주계로 끌어들이는 입문용 교재 역할을 합니다. 스탠다드/오디너리 비터와 스페셜/베스트/프리미엄 비터 스타일군이 에일쪽에선 이런 역할을 톡톡히 수행하고 있습니다.

엑스트라 스페셜 비터 Extra Special Bitter, ESB

풀러스 ESB Fuller's ESB

레드 훅 ESB Red Hook ESB

DETAIL

홉 Hoppy	🍺🍺🍺
맥아 Malty	🍺🍺🍺
효모 Yeasty	🍺🍺🍺🍺
무게감 Body	🍺🍺🍺
색상	붉은색
알코올 도수	4.6~6.2%
IBU	30~50

※ 5개 만점, 높을수록 맛이 강함

엑스트라 스페셜 비터 대표 브랜드
풀러스 ESB(Fuller's ESB, 영국, ○)
레드 훅 ESB(Red Hook ESB, 미국, ×)

개요

더 특별한 비터라는 이름을 가진 엑스트라 스페셜 비터 Extra Special Bitter 는 영국식 페일 에일 비터 군에서는 가장 강력한 풍미를 보여주는 맥주 스타일입니다. 평균적인 알코올 도수는 5~6%대에 이르며, 대중성을 추구하다 보니 전반적으로 풍미가 약했던 다른 비터 스탠다드/스페셜/프리미엄 등등 들에 비해서 영국 페일 에일의 진수를 맛볼 수 있는 상급의 페일 에일입니다.

특징

줄여서 ESB라고 불리는 엑스트라 스페셜 비터는 영국 런던 소재의 풀러스 Fuller's 의 가장 이름난 제품이자 스타일의 대표 맥주로, 플러스Fuller's ESB와 같이 엑스트라 스페셜 비터 스타일에 속하는 맥주에는 풀네임보다는 ESB라고 줄인 이름이 더 자주 보입니다. 아무래도 맥주 병이나 캔 라벨에 적기에는 스타일의 풀네임이 좀 길긴 합니다.

풀러스 ESB45

ESB 스타일의 특징을 소개할 때 가장 먼저 연관되는 단어는 균형Balance 입니다. ESB는 물을 제외한 세 가지 주 재료인 맥아Malt, 홉Hop, 효모Yeast 간의 맛과 느낌의 균형을 중요시합니다.

효모가 대부분의 당을 발효하지 않아 맥아 당은 거의 소멸하지 않고, 따라서 비발효당을 많이 포함한 캐러멜 맥아에서 나온 단맛이 과하지 않게 나며, 맥주라는 액체 안에 남은 당이 부담스럽게 묵직하거나 질척거리는 질감을 유도하지는 않습니다. 영국 에일 효모에서 나온 살구나 자두와 유사한 발효 부산물의 특징은 역시나 찾을 수 있으면서, 단맛을 잡아줄 양념과 같은 홉의 쌉쌀함과 영국 홉 특유의 수풀/꽃/숲과 같은 맛은 적절하게 드러납니다.

게다가 ESB의 알코올 도수는 5~6%로, 4%대의 필스너-페일 라거류에 비하면 세지만, 7~8%에 이르는 복Bock이나 임페리얼 스타우트 류에 비하면 낮은 정도라 중간 수준의 세지도 약하지도 않은 편입니다. 이렇기에 영국의 ESB 스타일을 묘사하는 영어 단어들로는 중간Medium이나 중도Moderate 등이 자주 등장합니다.

어느 재료 하나 지나침 없이 고루 그 특유의 맛이 드러나는 것이 ESB의 특징으로, 맥주에서 강렬함을 추구하는 마니아적 취향의 사람들에게는 "이 정도 되야 마신 것 같다!" 라는 반응을, 다양한 맥주에 갓 입문한 사람들에게는 "부담스런 맛이 없고 중도를 잘 지켜서 편하지만 맛도 풍성하다" 라는 인상을 주는 맥주가 ESB입니다.

엑스트라 스페셜 비터 대표 맥주

풀러스 ESB Fuller's ESB

국적 | 영국

특징 |

영국 런던 소재 풀러스 Fuller's 양조장의 맥주로 필자가 개인적으로 가장 좋아하는 맥주 중 하나이기도 하다. 맥주 재료 효모, 홉, 맥아의 절묘한 맛의 균형으로도 잘 알려진 맥주. 5.8%의 강하지도 약하지도 않은 알코올 도수에 캐러멜 등의 맥아 단맛이 나타나 홉의 감귤, 풀잎, 허브 등의 향긋함과 새콤함이 등장한다. 영국 에일 효모가 발효 시 뿜어내는 발효 부산물인 오렌지 잼이나 건과일, 잘 익은 과일의 맛이 맥아의 단맛과 홉의 향긋함과 어울러지면서 환상적인 조화를 보인다. 스타우트 맥아나 IPA 홉 류처럼 어느 재료 하나가 튀지 않으면서도 복잡하고 정제된 맛의 하모니를 보여주는 점이 가장 큰 매력이다.

레드 훅 ESB Red Hook ESB

국적 | 미국

특징 |

미국 레드 훅 양조장에서 영국의 ESB 스타일을 추구하면서 만들어 낸 제품. 1987년부터 레드 훅 양조장에서 만들었으며 이제는 양조장의 스테디셀러 맥주로 자리잡은 맥주. 쓰기만 한 비터 Bitter 맥주를 거부하며 다양한 맥주의 맛을 보여주는 데 중점을 두었다. 허브나 수풀, 과일의 맛이 캐러멜, 과일 잼 등의 단맛과 궁합이 좋게 드러나는 맥주.

미국의 맥주

미국 맥주 스타일이라는 것이 본격적으로 생겨나기 시작한 것은 불과 40년이 채 되지 않았습니다. 본래 유럽 이민자들이 미국으로 이주하면서 이주자의 출신 지역에서 성행하던 맥주를 만들던 것에서 미국 맥주의 역사가 시작되었기에 초창기 미국 맥주들은 유럽 맥주 스타일에서 크게 벗어나지 않았습니다.

그나마 이민자들이 일궈 놓은 미국 맥주의 문화는 20세기 초 금주령과 제2차 세계대전을 맞이하면서 더욱 더 쇠락하기에 이르렀고, 제2차 세계대전이 끝난 후 미국 맥주 역사는 실질적으로 버드와이저나 밀러 등의 대기업형 라거 맥주의 독점 시대를 맞이합니다.

그후 1980년에 이르러 미국 크래프트 맥주가 합법화되면서 수많은 양조장이 생겨나게 되었고, 다양한 미국 맥주들이 생겨날 토대가 마련됩니다. 이처럼 역사가 짧아 미국의 맥주 스타일은 독일이나 벨기에, 영국처럼 독자적인 스타일을 보유하지는 않았습니다.

미국 크래프트 맥주 양조장에서 기본적으로 생산하는 맥주들은 대개 영국의 맥주 스타일인 페일 에일 Pale Ale 과 인디아 페일 에일 India Pale Ale , 스타우트 Stout 등등으로 영국 맥주와 스타일을 공유하지만, 매우 효과적으로 미국화 했다는 점에서 영국으로부터 독립할 수 있었습니다.

미국에서 재배된 홉들은 젠틀하고 안정된 느낌의 영국 홉 풍미와는 달리 펑크 락 밴드의 음악처럼 펑키 Funky 하다고 비유됩니다. 감귤류 시트러스 나 열대 과일맛이 강하게 입안에 맴돌기에 마시는 사람에게 강렬한 인상을 심어주는 것이 미국식 크래프트 맥주의 강점 중 하나입니다.

미국 맥주의 가장 큰 강점은 맥주 스타일의 다양성으로 미국의 역사부터가 다양한 국적의 이민자를 받은데서 시작한 만큼 맥주 시장도 독일처럼 보수적이지 않고 타국의 맥주 스타일에도 열려 있습니다. 미국의 크래프트 맥주 양조장 중에는 미국 맥주 스타일은 아예 취급도 않고 오로지 벨기에나 독일 스타일에만 몰두하는 양조장들도 존재하는 현실이니, 미국에 거주한다면 맥주 마시기가 지겨워질 일은 없을겁니다.

독일이나 영국, 벨기에 등은 오랜 전통에서 나온 맥주 스타일이 고착화된 반면, 미국의 크래프트 맥주 양조계에서는 지속적으로 새로운 스타일의 맥주를 창조해내고 있습니다. 미국의 크래프트 맥주 문화는 창의적인 아이디어와 반전, 우수한 맥주끼리의 조합을 선호하기 때문에 아마도 앞으로 신규 등장하는 맥주 스타일의 기원은 미국일 가능성이 농후합니다.

미국식 페일 에일 American Pale Ale

시에라 네바다 페일 에일
Sierra Nevada Pale Ale

멜번 휴버트 MPA
Melvin Hubert MPA

DETAIL

홉 Hoppy	🌾🌾🌾
맥아 Malty	🌾🌾
효모 Yeasty	🌾
무게감 Body	🌾🌾
색상	구리색
알코올 도수	4.5~6.2%
IBU	30~50

※ 5개 만점, 높을수록 맛이 강함

미국식 페일 에일 대표 브랜드
- 시에라 네바다 페일 에일(Sierra Nevada Pale Ale, 미국, ○)
- 알파 킹 페일 에일(Alpha King Pale Ale, 미국, ×)
- 칼데라 페일 에일(Caldera Pale Ale, 미국, ○)
- 브루 독 데드 포니 클럽(Brew Dog Dead Pony Club, 영국, ○)
- 코나 파이어 락(Kona Fire Rock, 미국, ○)
- 멜번 휴버트 MPA(Melvin Hubert MPA, 미국, ○)

개 요

영국 에일의 가장 기본적인 형태가 페일 에일 Pale Ale 이듯이 미국 에일을 대표하는 에일은 미국식 페일 에일 American Pale Ale, APA 입니다. 1980년대 이후로 미국에서 성장한 크래프트 맥주 양조장들에서 주로 취급하는 맥주가 미국식 페일 에일이며, 미국식 페일 에일과 영국식 페일 에일은 비슷하면서도 서로 다른 양상을 보입니다.

특 징

미국식 페일 에일의 알코올 도수는 4.5~5.5% 정도로 영국식 페일 에일과 큰 차이를 보이지는 않습니다. 미국식 페일 에일 역시도 소비자들이 가장 흔하게 마실 수 있는 컨셉으로 양조장의 대표 맥주 역할을 하는 경우가 많습니다.

미국의 페일 에일과 영국의 페일 에일의 가장 큰 차이는 홉입니다. 미국과 영국 모두 홉이 강조된 맥주인 것은 맞지만 미국산 홉이 들어간 아메리칸 페일 에일American Pale Ale과, 영국산 홉이 들어간 잉글리시 페일 에일English Pale Ale은 서로 다른 특징을 나타냅니다.

미국식 페일 에일의 클래식 시에라 네바다 페일 에일46

미국식 페일 에일APA에 단골로 들어가는 미국 홉인 캐스케이드Cascade에 대한 설명입니다.

> "Unmistakable grapefruit citrus aroma and flavor. Signature hop of many American microbrews"
>
> "착오할 수 없는 자몽(감귤류)의 맛과 향이 있다. 많은 미국 소규모 양조장의 상징적인 홉"

다음은 심코Simcoe라는 미국식 페일 에일류에 많이 사용하는 홉의 설명입니다.

> "Pine and citrus aroma and flavor used for both bittering and aroma in American ales"
>
> "솔이나 감귤류의 맛과 향을 내며 아메리칸 에일들에 쓴맛 창출과 향을 위해 쓰인다."

미국 홉들의 대표적 특성자몽, 오렌지, 시트러스

다음은 센테니얼 Centennial 이라는 미국 홉입니다.

"Very popular American hops. It has a pleasant spicy citrus aroma and flavor"
"매우 인기 많은 미국 홉. 기분 좋은 감귤류의 향과 맛을 가졌다." 47

모든 미국 지역의 홉들이 그런 것은 아니지만, 미국 홉 가운데 유명하고 이름난 품종들은 대체로 자몽, 솔 등등의 새콤하고 상큼한 감귤류와 유사한 홉 고유의 맛을 지녔습니다. 이런 특성을 가진 홉들을 주로 사용하여 만든 미국식 페일 에일은 홉의 쌉싸름함과 함께 새콤한 자몽, 망고, 오렌지 등의 과일 특성을 유감없이 드러냅니다.

반면 영국식 페일 에일들은 영국에서 자란 홉들을 위주로 사용합니다. 영국 대표 홉의 하나인 켄트 골딩 Kent Golding 의 프로필 설명을 보겠습니다.

"Classic English aroma hop. Herbal, spicy floral aroma"
"전통적인 영국의 아로마 홉. 허브나, 향긋한 꽃과 같은 향을 지녔다."

다음은 영국의 퍼글 Fuggle 이라는 영국 에일에 자주 쓰이는 홉입니다.

"Wonderful Earthy, tobacco, floral character. Classic hop for any English ales
"엄청난 Earthy*, 타바코, 꽃과 같은 특징을 가졌다. 어느 영국 에일에나 쓰이는 고전적인 홉이다."

*Earthy : 강건한 땅의 느낌이라는 말로, 우리말로는 수목원의 흙의 느낌, 젖은 진흙 내 등에 비유되는 표현입니다.

영국 홉들은 미국 홉들이 감귤류의 새콤한 느낌을 주는 것과는 달리 향긋한 꽃이나 진흙, 허브와 같은 특성을 지녔습니다. 영국 홉들이 다량으로 사용된 영국식 페일 에일비터은 은은하고 향긋한 홉의 맛으로 영국식 신사와 같은 점잖은 홉의 느낌을 보여줍니다. 반면 미국의 홉들은 재기발랄하고 펑키Funky 한 개성을 가졌습니다.

미국의 페일 에일은 영국식 페일 에일에 비해 홉에 더 집중하는 경향을 보입니다. 즉 홉, 맥아, 효모가 균형을 도모한다기보다는 미국 홉의 시트러스한 느낌을 최대한 더 살린다는 것입니다. 캐러멜 맥아의 단맛을 줄이고, 효모는 과일과 같은 풍미를 내는 에스테르Ester의 발생이 적은 효모로 발효하여, 맥아와 효모의 활약을 최소화 하여 홉Hop의 개성을 가득 담은 맥주가 APA입니다.

영국에서 미국 동부로, 미국 동부에서 미국 서부 지역 페일 에일로 갈수록 효모에서 발효 부산물로 뿜어져 나온 과일과 같은 에스테르와 캐러멜 맥아의 단맛과 무게감-질감 등이 줄어듭니다. 웨스트 코스트 페일 에일West Coast Pale Ale, 서부 지역 페일 에일이라는 별칭을 가지는 태평양과 맞닿은 미국 서부해안쪽 캘리포니아, 오리건 주에 소재한 양조장에서 만드는 페일 에일들은 질감이나 무게감이 거의 라거Lager 맥주와 다름없는 깔끔하고 정갈함을 특징으로 합니다.

미국식 페일 에일 대표 맥주

시에라 네바다 페일 에일 Sierra Nevada Pale Ale

국적 | 미국

특징 |
미국식 페일 에일의 클래식이자 미국 크래프트 맥주 역사의 산역사인 시에라 네바다 양조장의 간판 맥주. 미국에서 가장 판매가 잘 되는 페일 에일로 꼽힌다. 오렌지나 레몬 등의 새콤한 과일 풍미가 살아있고 지나치게 쓰지 않은 홉의 여운이 인상 깊다.

멜빈 휴버트 MPA Melvin Hubert MPA

국적 | 미국

특징 |
2017년 10월 미국에서 개최된 GABF에서 금메달의 영광을 안은 맥주이다. 풀이나 솔, 감귤, 패션푸르츠 등의 향긋하고 새콤한 향이 가득한 맥주로, 국내외 마니아들에게 인정받는 잘 만든 미국식 페일 에일.

미국식 앰버 에일 American Amber Ale

레드 씰 에일
Red Seal Ale

브루독 파이브 에이엠 세인트
Brewdog 5AM Saint

DETAIL

홉 Hoppy	🍺🍺🍺
맥아 Malty	🍺🍺🍺
효모 Yeasty	🍺
무게감 Body	🍺🍺🍺
색상	호박색(Amber)
알코올 도수	4.5~6.5%
IBU	25~40

※ 5개 만점, 높을수록 맛이 강함

미국 앰버 에일 대표 브랜드

- 레드 씰 에일(Red Seal Ale, 미국, ○)
- 브루독 파이브 에이엠 세인트
  (Brewdog 5AM Saint, 영국, ○)
- 밸러스트포인트 캘리포니아 앰버
  (Ballast Points California Amber, 미국, ×)
- 로그 아메리칸 앰버(Rogue American Amber, 미국, ×)

개 요

소나무의 송진이 천년 이상 굳어서 완성되는 호박琥珀, Amber 은 황색에서 붉은색을 주로 띠는 보석입니다. 넝난어 앰버Amber 는 호박을 뜻하는 단어로 앰버 에일은 색이 황색, 붉은색을 발하는 맥주를 칭합니다.

특 징

맥주의 색상이 붉은색이 나오려면 비발효당을 함유한 캐러멜 맥아가 필수적으로 사용되어야 합니다. 캐러멜 맥아의 특징은 맥주의 무게감과 질감을 상승시키고 달작지근한 캐러멜 맛을 맥주에 부여합니다. 미국식 앰버 에일은 캐러멜 맥아의 사용으로 인해 맥아적인 단맛이 미국식 페일 에일보다 더 짙게 형성된 스타일입니다.

미국 앰버 에일도 미국 페일 에일만큼 미국 홉의 시트러스, 감귤 성향이 강하기는 하지만 홉에만 포커스를 맞춘 페일 에일과 달리 캐러멜스러운 단맛의 맥아와 홉이 팽팽한 균형을 맞추고 있습니다.

	미국식 페일 에일	미국식 앰버 에일
홉의 풍미	상	상
캐러멜 맥아	하	중
효모 풍미	하	하

페일 에일과 앰버 에일의 차이를 정리해 보았습니다. 그러나 양조장의 양조 성향에 따라 페일 에일이라는 이름에도 불구하고 캐러멜 맥아의 사용량이 많아 단맛이 많고 묵직한 제품들도 있습니다. 특히 미국 동부 출신의 페일 에일에서 그런 경향들이 발견됩니다. 그렇게 되면 앰버 에일 Amber Ale 과의 큰 차이가 없어지게 됩니다.

바이젠과 미국식 페일 에일처럼 스타일이 완전히 달라서 겹치는 풍미가 없다면 누구나 두 맥주를 쉽게 구분할 수 있겠지만, 페일 에일과 앰버 에일의 관계처럼 캐러멜 맥아의 강약에 따라 분리된 기본적으로는 동일한 효모와 홉을 사용한 맥주에서는 '이것은 페일 에일이다', '앰버 에일이다'라는 식으로 딱 잘라서 스타일을 맞추기는 어려운 경우가 발생하기도 합니다.

미국 노스 코스트 사의 레드씰 앰버 에일 48

개별 양조장의 양조하는 습관에 따라 앰버 에일임에도 캐러멜 맥아를 적게 쓰는 경우도 있고, 페일 에일인데 캐러멜 맥아를 강하게 가져가는 곳들도 있기 때문이죠. 이와 같은 상황은 검은 색을 보이는 에일 맥주인 포터 Porter 와 스타우트 Stout 에서도 발생합니다. 교집합이 많은 맥주들끼리의 정확한 스타일 구분은 어려움에 봉착할 때도 있습니다.

미국 앰버 에일 대표 맥주

레드 씰 에일 Red Seal Ale

국적 | 미국

특징 |

미국 노스 코스트 North Coast 양조장의 대표 맥주. 일반적으로 대중에게 널리 알려진 미국 크래프트 맥주 양조장은 페일 에일 Pale Ale 이 주축인 경우가 많지만, 노스 코스트는 레드 씰 앰버 Red Seal Amber 가 간판이다. 붉은색을 머금은 레드 씰 맥주는 캐러멜의 단맛이 받쳐주는 가운데 허브와 풀, 시트러스 등의 새콤하면서 향긋한 홉의 풍미가 퍼진다. 페일 에일류에 비해서는 약간 가라앉는 무게감을 보여준다.

브루독 파이브 에이엠 세인트 BrewDog 5AM Saint

국적 | 미국

특징 |

영국 왕실에 바치는 비아그라 맥주, 러시아 지도자 푸틴을 조롱하는 컨셉의 맥주 양조, 독일의 양조장과 고도수 맥주 경쟁이 붙어 50도가 넘는 도수의 맥주를 시도하는 등 여러 기행을 펼치고 있지만, 모든 맥주가 독특함만 강조하지는 않는다. 새벽 5시의 성자라는 이름의 5AM Saint는 아메리칸 레드(엠버)에일로 불리며 기교를 강조하기보다는 정석적으로 카라멜 맥아의 단 맛과 미국과 뉴질랜드의 시트러스함을 강조한 홉의 조합을 선보여주고 있다. 여타 다른 BrewDog의 맥주들에 비하면 Amber Ale 스타일 한계상 파괴력을 가지진 못했지만, 맥주 재료 간의 맛의 밸런스를 추구하는 사람들에게 매우 알맞은 맥주.

아일랜드의 맥주

아이리시 레드 에일 Irish Red Ale

킬케니 Kilkenny

스미딕스 Smithwick's

DETAIL

홉 Hoppy	🍺🍺
맥아 Malty	🍺🍺🍺
효모 Yeasty	🍺
무게감 Body	🍺🍺
색상	붉은색
알코올 도수	4.0~6.0%
IBU	18~28

※ 5개 만점, 높을수록 맛이 강함

아이리시 레드 대표 브랜드
- 킬케니(Kilkenny, 아일랜드, ○)
- 스미딕스(Smithwick's, 아일랜드, ×)
- 오하라 아이리시 레드(O'Hara's Irish Red, 아일랜드, ×)

개 요

아일랜드는 기네스 Guinness 를 위시한 검은색의 스타우트 Stout 맥주가 집중적으로 발달한 국가입니다. 스타우트는 검은색 맥아의 구운 보리나 커피 원두 등의 텁텁하고 쓴 곡물의 맛이 많이 느껴져 손쉽게 즐기기에는 약간의 무리가 있습니다.

특 징

아일랜드의 페일 에일 Pale Ale 이라고도 불리는 아이리시 레드 Irish Red 는 스타우트의 단점인 과한 탄 맛과 거친 곡물 맛을 없애고 기분 좋게 구워진 토스트나 비스킷 등의 맛을 더욱더 발산하는 맥주입니다. 아이리시 레드라는 스타일 명칭은 맥주의 색상이 붉은색을 띠기 때문에 붙여졌습니다.

아이리시 레드 에일 킬케니 Kilkenny

알코올 도수는 4~5% 정도로 부담없이 마시기 좋은 맥주이며, 차나 은은한 꽃과 같은 향기의 특징을 가진 영국 홉들을 주로 사용했습니다. 홉에서 나온 쓴맛은 적고 맥아에서 나온 캐러멜/토피 캐러멜+버터 와 유사한 단맛이 고소한 맛들과 함께 적당히 나타납니다. 효모의 과일 특성이나 홉의 개성이 적은 전형적인 맥아 중심적인 스타일입니다.

대표적인 맥주는 아일랜드 출신의 스미딕스 Smithwick's, 킬케니 Kilkenny 입니다.

아일랜드 출신의 스미딕스 Smithwick's

아이리시 레드 에일 대표 맥주

킬케니 Kilkenny

국적 | 아일랜드

특징 |

아이리시 레드 에일 맥주 브랜드의 이름이자 아일랜드 남부 킬케니주의 주도가 되는 도시의 명칭이기도 하다. 기네스 Guinness 양조장의 맥주로 우리나라에서 유명한 기네스 드래프트의 방식이 채용되어 질소로 인한 크림과 같은 질감으로 부드러운 감촉이 돋보이는 맥주. 스타일이 아이리시 레드이기에 기네스처럼 태운 곡물의 씁슬함보다는 약한 토피 Toffee, 캐러멜+버터와 빵과 같은 고소함이 강조되었다.

스미딕스 Smithwick's

국적 | 아일랜드

특징 |

킬케니와 마찬가지로 아일랜드 출신의 맥주이자 기네스 Guinness 소속의 맥주. 킬케니와는 다르게 질소로 인한 가공된 부드러운 크림 질감의 강화가 없는 제품이다. 스미딕스는 여러 버전이 있지만 국내에 들어온 3.8%의 수페리에 Superior 제품은 매우 마시기 편하고 부담이 없는 맥주로 단맛도 적고 약간의 고소한 빵 맛이 감돌아 누구나 부담 없이 즐길 수 있다. 하지만 아이리시 레드 에일의 스타일의 진수를 느끼기에는 약한 풍미의 맥주인 건 부정할 수 없다.

인디아 페일 에일 India Pale Ale

인도가 대영제국의 식민지가 되며, 많은 영국 군인과 상인들이 인도로 진출하게 되었고, 그들에게 보급하기 위해 19세기 초부터 영국에서 특별히 양조한 에일이 인디아 페일 에일 India Pale Ale 입니다.

18세기 영국에서 페일 에일은 브리튼 제도 내에서는 정상적인 상태로 소비자들에게 제공되는데 큰 문제가 없었습니다. 그러나 19세기 초에는 지중해와 인도양으로 향하는 관문인 홍해를 연결하는 이집트의 수에즈운하가 없었기 때문에 문제가 발생합니다. 영국에서 인도로 향하는 에일은 서아프리카를 지나 희망봉을 거쳐 인도까지 도달하는 긴 항해 기간 동안 매우 더운 지역인 적도 주변을 두 번이나 지났기에 인도에 도착했을 쯤에는 맥주가 변질되거나 상하는 등 마실 수 없는 지경에 이르렀다고 합니다.

몇몇 영국의 양조가는 경험적으로 맥주의 주재료 가운데 하나인 홉이 맥주에 다량으로 사용될 경우 맥주의 보존성을 높인다는 사실을 알고 있었습니다. 인도로 보내는 에일에는 특별히 많은 홉을 사용하였고, 아프리카를 거쳐 인도로 도달한 홉이 많이 들어간 맥주들은 품질상 아무런 문제없이 인도에 진출한 영국인들에게 제공되었습니다. 인디아 페일 에일 India Pale Ale 이라는 스타일 명칭은 인도로 보내는 페일 에일에서 유래

인디아 페일 에일 영국→인도

한 것으로 인도에서 현지 생산되는 맥주라는 뜻은 아닙니다.

방부성 때문에 홉을 듬뿍 사용하기는 했지만, 이와는 별개로 홉이 많이 사용된 맥주들은 쓴맛이 강화되며, 과일이나 허브, 솔, 풀잎 등등의 개별의 홉이 가진 고유의 맛이 맥주에 입혀집니다. 따라서 인디아 페일 에일은 일반적인 페일 에일에 비해 더 쓸 수밖에 없었고, 인디아 페일 에일이라는 맥주 자체가 홉에 의존하는 성격을 띨 수밖에 없었습니다.

영국식 인디아 페일 에일 English IPA

그린 킹
Greene King IPA

민타임 인디아 페일 에일
Meantime India Pale Ale

DETAIL

홉 Hoppy	🍺🍺🍺🍺
맥아 Malty	🍺🍺
효모 Yeasty	🍺🍺🍺
무게감 Body	🍺🍺🍺
색상	붉은색
알코올 도수	5.0~7.5%
IBU	40~60

※ 5개 만점, 높을수록 맛이 강함

영국 인디아 페일 에일 대표 브랜드

- 민타임 인디아 페일 에일(Meantime India Pale Ale, 영국, ×)
- 브루클린 이스트 인디아 페일 에일
  (Brooklyn East India Pale Ale, 미국, ○)
- 마스턴즈 올드 엠파이어(Marston's Old Empire, 영국, ×)
- 풀러스 인디아 페일 에일(Fuller's India Pale Ale, 영국, ○)
- 그린킹 IPA(Greene King IPA, 영국, ○)
- 세인트 오스텔 프로퍼 잡(St.Austell Proper Job, 영국, ○)

개 요

인디아 페일 에일 India Pale Ale 은 임페리얼 페일이나 발틱 에일처럼 인도로 보내기 위해 홉을 많이 사용하는 과정을 거치며 진화했습니다.

역 사

19세기 초반에 맥주의 보존성을 높이는 방법은 방부 효과를 가진 홉을 많이 투입하는 것과 알코올 도수를 높이는 방책이 병행되었습니다. 그래서 초창기의 IPA들은 7~8%대의 높은 알코올 도수에 도달했었습니다. 그래서 도수를 높이기 위해서라면 효모가 당을 먹고 발효하면서 알코올을 배출해야 하므로 많은 당을 필요로 하여 당원인 맥아가 많이 사용되었습니다. 따라서 높은 도수와 맥아에 의한 단맛도 강하면서 홉의 쓴쓸함까지 갖춘 고풍미의 맥주가 초창기 IPA의 모습이었습니다.

하지만 시간이 흐르고 시대가 변하면서 냉장 기술의 발달로 인해 홉의 방부성과 높은 알코올의 도움 없이도 영국에서 마시던 그대로의 맛을 긴 운송에도 보존할 수 있게 되었습니다.

때마침 필스너-라거 류의 가볍고 청량한 맥주들이 영국 맥주 시장에도 파란을 일으키자 높은 도수의 묵직하고 쓴 IPA를 생산하던 몇몇 양조장도 가벼운 맥주 시장으로 눈을 돌리게 됩니다.

특 징

현재 영국의 IPA는 두 분류로 나눌 수 있습니다. 전통에 따라 인도에 수출되던 시절의 원형을 그대로 유지하거나 따르려는 목적의 IPA와, 이름은 IPA지만 보다 더 대중적인 취향에 부합하도록 개량한 IPA입니다.

대중적인 IPA의 예로는 영국 에일 맥주 양조 회사 중에서는 규모가 큰 편에 속하는 그린 킹 Greene King 의 IPA로, 이곳은 맥주 양조장과 영국의 맥주집인 펍 체인 비즈니스를 동시에 운영하는 그룹입니다.

대표 맥주인 그린킹 IPA Greene King IPA 는 알코올 도수가 3.6%밖에 되지 않는 제품으로 원형에 가까운 IPA라면 인도로 수송하기 위해서 홉의 쓴쓸함과 높은 알코올 도수가 동반해야 하겠지만, 그린킹 IPA Greene King IPA 는 이름만 IPA를 유지할 뿐 실질적으로는 스탠다드/오디너리 비터에 더 가까운 형태를 취합니다.

영국의 메이저 에일 회사에서 나온 맥주인만큼 대중을 위한 쉬운 에일 맥주를 지향하며, 특히 그린킹 Greene King 은 자사에서 운영하는 영국 전역 약 2,300여 곳의 펍, 레스토랑, 호텔 등에서 마시기 편한 에일 맥주들을 공급합니다.

그린 킹 IPA Greene King IPA 이외에도 듀카스 IPA Deuchars IPA, 4.4%, 헨리스 IPA Henry's IPA, 3.6%, 브레인스 IPA Brains IPA, 3.4% 등의 제품들이 IPA라고는 하지만 사실상 페일 에일에 더 가까운 풍미를 지니고 있는 영국 출신의 맥주들입니다.

영국 그린킹 IPA

2009년 BBPA British Beer and Pub Association, 영국 주류업 협회에서 발표한 조사에 따르면 에일 맥주의 본 고장인 영국에서도 에일 맥주의 소비는 고작 20.6%에 지나지 않으며, 라거 맥주의 소비는 74.3%에 이른다고 합니다. 영국에서 절찬리에 판매되는 라거 맥주들은 막대한 자본을 소유한 대기업인 하이네켄 Heineken, 스텔라 아르투아 Stella Artois, 칼스버그 Carlsberg 등 전 세계적으로 유명한 회사의 맥주로, 영국 각지 어디에서든 만날 수 있는 맥주들입니다.[50]

영국의 Tesco와 같은 대형 마트에서는 대기업의 라거 맥주가 6 cans for 4£, 즉 여섯 캔에 4파운드에 판매하는 등 공격적인 파격 행사로 사람들에게 친숙하게 다가가는 반면, 영국의 에일 맥주 한 병은 평균 1.2 ~ 2£ 정도로 가격이 형성되어 있습니다.

영국의 에일 맥주 양조장들은 소규모 형태를 띠는 곳들이 많아 대기업의 라거 맥주들에 비해 마케팅이나 세일즈 면에서 상대가 되지 않으며, 영국 에일의 전통만을 추구하다가는 라거 취향의 대중들에게는 에일의 맛이 어렵게 느껴질 수 있습니다. 때문에, 그린킹 Greene King 처럼 기업화된 에일 맥주 양조장들이 영국 내에서 에일 맥주의 보급과 성장을 위해 낮은 단계에서부터 사람들을 끌어들일 무난하고 가벼운 에일을 생산하는 것은 어찌보면 당연하게 느껴집니다.

그러나 어디선가 홉이 강력한 고풍미의 IPA를 마셔본 후 쌉쌀함에 매료된 사람들은 흥미로운 IPA의 유래를 찾아보다가 영국이 IPA의 원조라는 사실을 알게 된 후 영국 출신 IPA에 막연한 동경을 가진다고 합니다. 하지만 막상 영국의 대중화된 IPA를 마셔보고 나서 스스로 생각하던 것과 괴리가 커서 아쉬웠다는 식의 맥주 마니아들의 푸념을 종종 듣습니다.

미국과 영국을 필두로 생겨난 상업성의 추구보다는 독특하고 다양한 맥주를 취급하는 움직임인 크래프트 맥주 양조계, 영국 맥주의 전통을 지키려는 사무엘 스미스Samuel Smith, 풀러스Fuller's, 민타임Meantime, 더 커널The Kernel, 쏜브리지Thornbridge 등의 양조장들은 본원에 가까운 강한 홉의 풍미와 알코올 도수를 갖춘 영국식 IPA들을 생산하고 있습니다.

영국의 전통을 지키는 양조장들과 영국 내에서 젊은 크래프트 맥주의 성장, 영국 이외에도 미국이나 다른 유럽 국가들에서 영국식 IPA를 만들고 새롭게 해석하려는 시도가 많이 보여지고 있기에, 진정한 영국식 IPA에 들어맞는 맥주들이 향후 많이 출시될 것이라 예상합니다.

영국식 인디아 페일 에일 대표 맥주

그린킹 IPA GreeneKing IPA

국적 | 영국

특징 |

영국에서 대중적인 에일에 주력하는 그린킹GreeneKing의 간판 맥주로 IPA라고 불려지기는 하나 알코올 도수가 3.6%이기에 실질적으로는 영국식 비터Bitter에 가까운 맥주. 영국 에일을 취급하는 펍에서는 그리 어렵지 않게 발견할 수 있는 대중 친화적인 맥주이다. 그래도 IPA라는 수식어로 표현된 만큼 거슬리지 않는 씁쓸함이 나타나며 잘 익은 과일의 맛과 풀의 향이 있다. 개성 강한 크래프트 양조계의 IPA에 적응된 사람들이라면 맹한 맥주라고 여길 공산이 크다.

민타임 인디아 페일 에일 Meantime India Pale Ale

국적 | 영국

특징 |

세계 시계의 표준시가 되는 그리니치Greenwich 천문대가 있는 런던 그리니치 지역에 소재한 민타임Meantime 양조장에서 만든 인디아 페일 에일. 몇몇 영국 내 대중적인 에일 양조장의 IPA가 대중성에 입각한 나머지 IPA의 성향을 점점 잃어갈 때, 2000년에 설립된 젊은 양조장 민타임은 영국 IPA의 전통을 복원하고자 7.5%의 IPA를 선보였다. 영국 홉의 은은한 풀 내음과 농익은 과일 맛이 일품으로 대중들에게는 다소 어려울 홉의 쓴맛을 간직했다. 하지만 맥아의 캐러멜 단맛 또한 함께 올라와 쓴맛을 중화시켜주기에 무지막지하게 쓰지는 않다. 홉과 맥아의 균형이 제법 괜찮은 맥주.

똑똑한 맥주 매니아는 '홉통기한'을 따진다.

"신선할 때 마시는 맥주가 가장 맛있다?" 맥주를 잘 모르는 사람이라도 생산일로부터 갓 지나지 않은 맥주가 본연의 맛을 잘 유지한다는 것을 상식적으로 알고 있습니다. 그러나 맥주 스타일마다 최고의 컨디션을 보장하는 상미기한은 각기 다릅니다. 예를 들어 벨기에의 람빅Lambic과 같은 맥주들은 상미기한Best Before이 생산일로부터 20년으로 매겨져 나오는 제품이 허다하며, 되려 갓 만들어진 제품들이 상품적인 가치가 낮고 오랜 기간 숙성시킨 상품이 더 귀하게 여겨지고 있습니다.

벨기에의 수도원 맥주나 배럴 에이징이 된 도수 높은 맥주들은 상미기한이 넉넉하여 빠르게 소비할 필요가 없지만, 반대로 생산일로부터 빠르게 소비할 것이 권장되는 맥주는 인디아 페일 에일India Pale Ale입니다. 홉의 맛을 강조한 IPA는 병입되어 시장에 출고된 후 시간이 지나면 지날수록 빠른 속도로 홉 고유의 풍미가 사라지게 됩니다. 이러한 사실을 알고 있는 매니아들은 IPA 맥주를 구매할 때 병이나 캔에 적혀있는 상미기한이 아니라 제조일자를 확인합니다.

크래프트 맥주 매니아들 사이에서 '홉통기한' 이라는 신조어가 만들어졌습니다. 홉 + 유통기한의 합성어로, 국내/수입 IPA를 막론하고 해당 맥주의 홉의 풍미가 얼마나 살아있는지를 확인하는 지표를 이르는 용어입니다. 보통 매니아들은 생산일로부터 3개월이 홉통기한의 마지노선이라 이야기들 하지만, 수입 제품 같은 경우 정식 수입 절차를 밟고 배로 운송되다 보니 한국에 도착해서 통관을 거치고 국내 유통을 시작했을 때, 이미 3개월이 지난 경우도 있어 5-6개월 까지는 감안하고 마시는 편입니다. 반면 아무리 대형마트에서 50% 날짜 임박 할인을 한다 하더라도 IPA는 구매하지 않는 게 매니아들의 선택입니다. 홉이 빠진 단 물을 왜 구매하냐는 것이죠(홉통기한은 IPA를 비롯한 페일 에일, 필스너 등등의 홉 풍미가 중요한 맥주들에만 적용되는 용어로, 홉과 관련이 없는 스타우트나 밀맥주 등에는 쓰이지 않습니다).

아쉽게도 대한민국은 홉 산지가 아니고 맥주 양조용 홉 재배가 활발히 이뤄지는 국가도 아니기에, 미국 홉 산지에서 갓 수확한 홉으로 바로 만들어 홉이 살아있는 미국 크래프트 맥주 양조장의 신선한 IPA의 맛을 그대로 경험하기에는 한계가 있다고 전문가들과 매니아들은 말합니다. 몇몇 적극적인 수입업체에서는 미국의 신선한 IPA를 항공으로 빠르게 공수하여 판매를 시도했고, 빠른 운송으로 가격이 높아짐에도 불구하고 IPA의 신선함을 느끼기 위해 기꺼이 금액을 지불하는 소비자들이 점진적으로 늘고 있습니다.

미국의 크래프트 맥주 양조장 스톤Stone 에서 취급하는 이색적인 이름의 IPA 시리즈가 있습니다. 맥주 이름 자체가 Enjoy by 07.04.19 IPA 입니다. '2019년 7월 4일 전에 즐기세요.' 라는 의미로 이때까지는 신선함이 보장된다는 것을 맥주의 제목으로 삼은 사례입니다. 날짜가 넘어가면 맥주가 상해서 못마신다는 의미는 아니지만, 가장 최고의 컨디션이 7월 4일까지는 유지된다는 것입니다.

앞으로 IPA와 같은 맥주를 합리적으로 구매하시려면 상미(유통)기한 보다는 제조(병/캔입) 날짜를 꼭 확인하시길 바랍니다.

미국식 인디아 페일 에일 American India Pale Ale

스컬핀 IPA Sculpin IPA

인디카 IPA Indica IPA

펑크 IPA Punk IPA

DETAIL

홉 Hoppy	🍺🍺🍺🍺🍺
맥아 Malty	🍺🍺
효모 Yeasty	🍺
무게감 Body	🍺🍺🍺
색상	구리색
알코올 도수	5.5~7.5%
IBU	40~70

※ 5개 만점, 높을수록 맛이 강함

미국 인디아 페일 에일 대표 브랜드
- 스컬핀 IPA(Sculpin IPA, 미국, ○)
- 인디카 IPA(Indica IPA, 미국, ○)
- 펑크 IPA(Punk IPA, 영국, ○)
- 부쿠 IPA(Boo Koo IPA, 미국, ○)
- 홉 오틴 IPA(Hop Ottin' IPA, 미국, ○)
- 빅아이 IPA(Big Eye IPA, 미국, ○)
- 스톤 IPA(Stone IPA, 미국, ○)

개요

미국 크래프트 맥주의 아이콘 맥주를 꼽으라고 하면 많은 사람들이 인디아 페일 에일 India Pale Ale 을 꼽을 겁니다. 미국의 크래프트 양조장들에서 가장 많이 생산하는 스타일의 맥주는 페일 에일 Pale Ale 이겠지만, 양조장의 주무기이자 사람들에게 각인될 만한 강렬한 인상을 심어주는 스타일은 IPA인 경우가 많습니다.

특징

영국의 IPA와 미국의 IPA는 미국과 영국의 페일 에일의 차이와 같이 가장 큰 차이점은 홉입니다. 인디아 페일 에일이라는 스타일 장르가 워낙 홉에 집중한 맥주이다 보니 홉을 '어떻게 쓰느냐'도 핵심이 되겠지만 더 중요한 사항은 '어떤 홉을 썼느냐?'입니다.

밸러스트 포인트 스컬핀 IPA[51]

영국식 IPA에는 켄트 골딩 Kent Golding 과 같은 홉이 주로 쓰이기 때문에 허브나 젖은 흙, 약초 느낌의 홉 고유의 맛이 맥주에 나타납니다. 미국식 IPA에는 흔히 'Three Cs'라고 불리는 캐스케이드 Cascade, 센테니얼 Centennial, 콜럼버스 Columbus 등 미국에서 나고 자란 감귤류의 풍미가 강한 홉들이 주로 사용됩니다.

미국의 IPA는 영국 IPA에 비해 홉의 맛이 더 직접적으로 나타납니다. 그 말은 맥아나 효모가 맛을 거의 방해하지 않으며 오롯이 홉의 특성을 살리는 데 주력했다는 것입니다. 상면 발효의 에일 효모라면 통상적으로 발효 부산물로 과일과 같은 풍미 에스테르 를 맥주에 남길 것 같지만, 미국의 에일 효모들은 영국 에일 효모들보다 중성적인 성향을 지녀서 과일 맛 등의 부산물을 남기지 않고 깔끔하게 발효합니다.

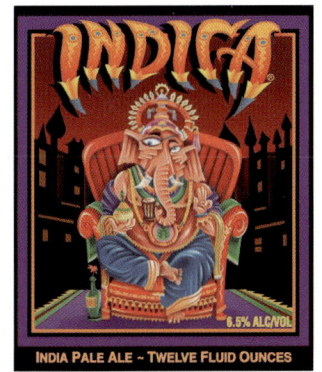

인디카 Indica 페일 에일

그리고 평균적으로 영국 에일 효모보다 발효력이 좋아 더 많은 맥아 당을 섭취하여 알코올로 치환합니다. 더 많은 당을 섭취하기 때문에 미국 에일 효모를 통해 발효가 끝난 맥주는 달면서 질척이는 느낌이 많이 소멸되어 깨끗하고 가벼우며 깔끔한 성질을 지닐 수 있게 됩니다. 영국에서 미국 동부, 미국 서부로 갈수록 이런 경향이 강합니다.

따라서 효모에 의해서 발효가 되지 않는 비발효당을 많이 함유한 캐러멜 맥아 등을 굳이 많이 사용하여 맥주를 달게 만들 필요는 없습니다. 그러나 단맛이 적당한 수준으로는 맥주 안에 남아 있어야 홉의 쓴맛의 독주를 막을 수 있습니다. 맥아적인 단맛이 하나도 없다면 티백으로 우려먹는 홉 차Hop Tea 와 같은 지독한 쓴맛의 IPA가 탄생하게 됩니다.

미국식 IPA는 맥아-홉-효모 간의 밸런스를 추구하는 스타일은 아닙니다. 주인공인 홉만 제대로 부각시켜주는 스타일입니다. 영국식 IPA도 역시 홉이 주역인 스타일이기는 하지만 맥아적인 단맛과 영국 효모 과일 맛 역시도 비중있게 등장합니다.
이해를 돕기 위해서 영국식 IPA의 홉 : 맥아 : 효모가 차지하는 비중을 수치로 매겨보면 6 : 2 : 2 정도이며, 미국식 IPA는 8 : 1 : 1입니다.

미국 스톤Stone 의 IPA52

미국식 인디아 페일 에일 대표 맥주

스컬핀 IPA Sculpin IPA

국적 | 미국

특징 |

미국 크래프트 맥주계 유명 IPA들을 거론하면 꼭 빠지지 않고 명단에 포함되는 맥주로 미국 밸러스트 포인트Ballast Point 양조장에서 만든 맥주. 양조장 설립자들 중 낚시광인 이들은 맥주 라벨에 물고기 디자인을 넣는 습관이 있는데, 스컬핀Sculpin 에는 삼세기를 닮은 물고기이 물고기가 스컬핀이다가 그려져 있다. 입안에서 통통 터지는 미국 시트러스Citrus 홉의 과일 맛과 향이 일품이며 맥아의 단맛은 절제된 채 홉의 씁슬한 여운이 길게 남는다. 쓴맛이 상당한 편이지만 홉의 과일, 풀 맛이 이를 압도하기에 확실한 특색이 있는 IPA를 접하고 싶은 분들께 추천하고 싶은 맥주.

인디카 IPA Indica IPA

국적 | 미국

특징 |

우리나라에 처음으로 소개된 미국 크래프트 인디아 페일 에일. 미국 내에서는 스컬핀Sculpin 이나 스톤Stone 처럼 저명한 IPA의 대접을 받지는 못하지만, 국내에서만큼은 확실히 뿌리 내려 한국 사람들의 입문 IPA로 그 역할을 수행했다. 폭발적인 홉 풍미의 IPA는 아니지만 갖출 것은 다 갖춘 IPA로 시트러스, 열대 과일, 풀, 송진 등의 미국 홉의 맛을 두루두루 접할 수 있으며, IPA의 약점인 쓴맛도 다른 IPA 브랜드에 비하면 다소 완만한 편. 가격도 나름 합리적이고 판매처도 많은 편이기에 맥주 전문점에서 왕좌에 앉은 코끼리 그림 맥주 인디카Indica 를 발견한다면 한 번 도전해보자!

펑크 IPA Punk IPA

국적 | 영국

특징 |

스코틀랜드 소재 양조장 브루독 BrewDog에서 만든 맥주로, 미국 크래프트 맥주의 창의적 물결에 동참하여 유럽 내에서 크래프트 맥주의 첨병 역할을 맡는 양조장 중 하나이다. 돌발적이고 괴기한 마케팅과 맥주들로 인해 크래프트 맥주 마니아들 사이에서는 괴짜 양조장으로 통한다. 푸틴을 겨냥한 'Hello! My Name is Vladimir 푸틴의 이름' 맥주 출시를 비롯하여 독일의 양조장과 경쟁적 고도수의 맥주 만들기를 통해 55%의 맥주를 낸 경력 등 괴짜 짓을 일일이 나열하기 힘든 곳이다. 그러나 펑크 IPA는 브루독의 주력 맥주이자 베스트셀링 맥주 중 하나이기에 극단적이지 않고, 브루독의 성향이 잘 묻어난 개성 강한 IPA이다. 열대 과일이나 머스캣 포도와 같은 감미로운 과일의 풍미가 강하며 홉의 쓴맛은 감지되나 지나치지 않고 긴 여운을 남긴다. 펑크 Punk 라는 이름처럼 젊고 생기 발랄한 느낌의 IPA

부쿠 IPA Boo Koo IPA

국적 | 미국

특징 |

2010년 미국 캘리포니아에서 설립된 Mother Earth Brewing의 대표 상품인 Boo Koo IPA는 미국 크래프트 맥주 시장에서 가장 각광받는 홉인 Mosaic을 비롯한 미국 홉들로 맛을 낸 웰메이드 아메리칸 IPA로 미국뿐만 아니라 국내 크래프트 맥주 마니아들에게도 많은 사랑을 받고 있다. 열대과일과 같이 새콤하며 씁쓸한 미국 홉의 느낌을 살리기 위해 맥아의 잔당감을 줄인 West Coast Style의 IPA로, 캘리포니아 해변에 앉아 마시기에 안성맞춤인 특색을 가졌다고 볼 수 있다. 캔으로만 출시되는 제품이다.

임페리얼 인디아 페일 에일 Imperial India Pale Ale

플라이니 디 엘더 Pliny the Elder

식스포인트 레진 Sixpoint Resin

스톤 루네이션 IPA Stone Ruination IPA

DETAIL

홉 Hoppy	🍺🍺🍺🍺🍺
맥아 Malty	🍺🍺🍺
효모 Yeasty	🍺
무게감 Body	🍺🍺🍺🍺
색상	구리색
알코올 도수	7.5~10.0%
IBU	60~120

※ 5개 만점. 높을수록 맛이 강함

임페리얼 인디아 페일 에일 대표 브랜드
- 플라이니 디 엘더(Pliny the Elder, 미국, ○)
- 식스포인트 레진(Sixpoint Resin, 미국, ○)
- 코로나도 이디엇 IPA(Coronado Idiot IPA, 미국, ○)
- 로스트 코스트 포그커터(Lost Coast Fogcutter, 미국, ○)
- 스톤 루네이션 IPA(Stone Ruination IPA, 미국, ○)
- 쓰리 위버스 노티(Three Weavers Knotty, 미국, ○)

개요

미국 크래프트 맥주계의 대표 맥주 스타일인 인디아 페일 에일 India Pale Ale 으로는 점차 만족을 느끼지 못하고 더 자극적인 홉의 쓴맛과 높은 도수를 찾는 마니아층의 수요가 생기자 크래프트 양조장들은 극단적인 인디아 페일 에일을 내놓게 됩니다.

특징

맥주 용어에 있어 임페리얼 Imperial 이라는 용어는 19세기 영국에서 해로로 러시아 제국으로 보내기 위해 만들었던 스타우트 Stout 맥주에서 유래한 것으로 장기간의 항해와 추운 북해의 날씨를 견디고 품질을 유지할 수 있도록 더 많은 홉과 높은 도수, 강한 풍미로 만든 것을 임페리얼 스타우트 Imperial Stout 라고 불렀습니다.

원래 임페리얼은 러시아 제국으로 보낸다 하여 '제국의 스타우트 Imperial Stout'의 의미로서 시작된 것이지만 임페리얼 스타우트를 만드는 주체가 점차 영국에서 미국 크래프트 맥주계로 넘어오면서 제국의 맥주라는 의미에서 강화된 맥주 Stronger Beer 로 그 의미가 변모하게 됩니다.

미국 임페리얼 IPA의 대표주자 플라이니 디 엘더

미국 크래프트 양조장들은 200여 년 전 영국 양조장들이 만든 스타우트 Stout 가 러시아로 향하기 위해 재료의 풍미를 더욱더 강화시켜 임페리얼 스타우트를 창조했던 것처럼 보존성을 위한 어쩔 수 없는 선택이었지만 자신들도 극단적인 IPA를 200년 전 임페리얼의 예를 따른 것이라 하여 임페리얼 IPA라는 신종 스타일을 개발해 냅니다.

홉이 중추적인 역할을 담당하는 미국식 에일 맥주인 페일 에일 Pale Ale, 인디아 페일 에일 India Pale Ale, 임페리얼 IPA Imperial IPA 간의 관계는 간단합니다. 페일 에일에서 임페리얼 IPA쪽으로 갈수록 맥주의 맛이 점차 강해지고 무거워집니다.

알코올 도수로 보면 평균적인 페일 에일의 도수는 5%, 인디아 페일 에일은 7%, 임페리얼 IPA는 9%에 이릅니다.

맥아적인 단맛과 묵직함의 특징으로는 페일 에일은 가볍고 산뜻하며, 인디아 페일 에일은 약간의 단맛이, 임페리얼 IPA는 홉의 무지막지한 쓴맛에 균형을 맞추기 위해 단맛과 묵직함이 맥주에 내재되었습니다.

홉의 씁쓸함과 특유의 맛은 임페리얼 IPA에서는 단연 압권으로, 몇몇 임페리얼 IPA 스타일에 해당하는 맥주 브랜드의 이름에는 홉의 맛이 입안에서 사정없이 터진다고 해서 홉 폭탄Hop Bomb이나 홉 로켓Hop Rocket 과 같은 무시무시한 명칭이 지어졌습니다.

고풍미를 지향하며 단가가 높은 재료인 홉의 대량 투입과 높은 도수를 생성하기 위한 많은 양의 맥아 사용은 임페리얼 IPA의 출고가를 높일 수밖에 없었습니다. 비싼 가격에 드센 풍미는 일반적인 대중 취향과는 매우 거리가 먼 맥주 스타일로 취급받게 만들었으며, 크래프트 맥주 마니아들 가운데서도 강렬한 충격을 즐기는 소수의 팬층을 확보한 스타일입니다.

임페리얼 IPA 대표 맥주

플라이니 디 엘더 Pliny the Elder

국적| 미국

특징|

강화판 IPA인 임페리얼 IPA 중에서도 마니아들이 끝판왕으로 여기는 맥주로, 이 맥주가 출시되는 시기가 되면 미국 러시안 리버 Russian River 양조장 앞에는 플라이니 디 엘더를 마시기 위해 사람들이 줄을 서는 진풍경이 연출된다. 몇몇 맥주 양조가는 IPA라는 맥주가 홉을 많이 넣기만 하면 완성되는 맥주라고 생각할지도 모르겠으나, 같은 IPA라도 홉을 어떻게 다루느냐에 따라 나타나는 홉의 느낌이 천지차이라는 것을 실감시켜주는 맥주. 8.0%의 알코올 도수를 기록하나 도수가 전혀 전달되지 않고 깔끔하고 개운한 느낌으로 맥아나 효모 맛의 방해가 없어 홉의 기운을 오롯이 접할 수 있다. 홉을 잘못 다루면 풀뿌리를 씹거나 건초 내음이 나는데 조악한 부분은 배제한 채 홉의 긍정적인 시트러스 Citrus 과일 맛과 솔, 송진 느낌 등이 세련되게 드러난다. 임페리얼 IPA를 마시는 이유가 극강의 자극이었다면 맞지 않겠지만, 홉 장인의 IPA가 목적이라면 매우 알맞은 맥주.

스톤 루이네이션 Double IPA Stone Ruination IPA

국적| 미국

특징|

미국 크래프트 맥주계의 스타 양조장인 스톤 Stone 에서 만든 Double IPA 급의 맥주 루이네이션 Ruination IPA. 파괴라는 이름에 걸맞게 강한 홉의 쓴 맛과 새콤 상큼한 과일 맛 등이 입 안에서 터진다. 더 이상 일반 아메리칸 IPA로 만족을 못 느낀다면 루이네이션에 도전해보자.

임페리얼 레드 에일 Imperial Red Ale

밸러스트 포인트 텅 버클러
Ballast Point Tongue Buckler

DETAIL

홉 Hoppy	🍺🍺🍺🍺
맥아 Malty	🍺🍺🍺🍺
효모 Yeasty	🍺
무게감 Body	🍺🍺🍺🍺
색상	붉은색
알코올 도수	7.5~10.0%
IBU	50~100

※ 5개 만점 높을수록 맛이 강함

임페리얼 레드 에일 대표 브랜드

라구니타스 임페리얼 레드
(Lagunitas Imperial Red, 미국, ×)
밸러스트 포인트 텅 버클러
(Ballast Point Tongue Buckler, 미국, ×)
에픽 임페리얼 레드(Epic Imperial Red, 미국, ×)

개요

인디아 페일 에일 India Pale Ale 에서 홉과 알코올 도수를 강화시킨 맥주가 임페리얼 IPA Imperial IPA 라면, 임페리얼 레드 에일은 미국식 앰버 에일 Amber Ale 에서 홉과 알코올의 세기를 상승시킨 맥주들을 이릅니다.

특징

앰버 에일의 강화판이기에 캐러멜 맥아에서 나오는 단맛과 질감-무게감의 상승이 있으며 홉이 강렬하긴 하지만 단맛과 호각을 이르는 정도로 단독으로 튀지는 않습니다. 임페리얼 IPA에 비해 맥아적인 성향Malt Sweet에 더 치중한 스타일입니다.

미국 크래프트 맥주계에서 비교적 새롭게 등장한 맥주이기에 아직까지는 정식적인 맥주 스타일로 인정받지는 못했지만, 임페리얼 레드 에일Imperial Red Ale이라는 명찰을 달고 출시되는 맥주들이 점점 늘어나는 추세입니다.

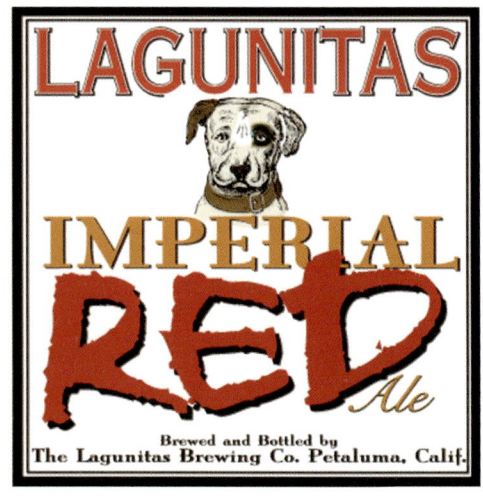

라구니타스 임페리얼 레드 에일54

Supplement
인디아 페일 라거 India Pale Lager

맥주 스타일 명칭에서 자주 등장하는 수식어들은 매우 상징적인 의미를 담고 있는 경우가 많습니다. 복Bock은 독일쪽에서 알코올 도수를 높인 강한 맥주Stong Beer를 뜻하고, 임페리얼Imperial은 영미권에서 맥아-홉-알코올을 기본 스타일에 비해 강화시킨 맥주를 가리킬 때 주로 사용되는 용어입니다.

인디아India도 본래는 영국에서 인도로 보내는 페일 에일이라해서 인디아 지명이 포함된 것이지만, 크래프트 맥주계에서 인디아India라는 용어가 맥주 명칭에 포함되면 알코올 도수와 홉의 씁쓸한 맛의 정도를 높인 것이라 생각해도 무방합니다.

인디아 페일 라거India Pale Lager는 최근 미국 크래프트 맥주계에서 새롭게 선보인 맥주로, 세계에서 가장 대중적인 스타일의 맥주인 페일 라거의 도수와 홉의 풍미를 상승시킨 맥주로, IPA에 버금가는 풍미를 라거에서도 실현한 제품입니다.

인디아 페일 라거는 존재만으로도 시사하는 바가 큰 맥주입니다. 맥주 양조에 관한 지식이 없는 일반소비자들의 입장에서는 인디아 페일 에일IPA의 쓴맛이 상면 발효 에일이기 때문에 더 도드라진다는 견해를 갖기도 합니다. 단편적인 지식인 '에일은 라거보다 강하고 쓰고 묵직하다'는 정보를 습득한 경우 더욱 그렇습니다.

에일이든 라거든 발효 방식을 막론하고 홉이 많이 들어간 맥주는 씁쓸한 맛이 강해지는게 맥주 양조에서는 기본적인 원리입니다. IPA가 에일이기 때문에 쓴맛이 센 것이 아니며, 가장 대중적인 맥주인 페일 라거의 레시피를 수정해서 홉을 기존의 2~3배 이상 넣는다면 역시 IPA만큼 씁쓸하고 뚜렷한 홉의 맛을 뿜어낼 수 있음을 IPL이 시사합니다.

더불어 미국식 인디아 페일 에일IPA과 영국식 IPA의 차이점 중 하나는 미국 에일 효모들은 영국 에일 효모들처럼 발효시 생성되는 발효 부산물인 과일 맛에스테르이 적다는 부분입니다. 특히 미국 서부지역의 페일 에일과 IPA들은 발효 부산물이 없어 효모에서 만큼은 깔끔하고 깨끗한 맥주의 맛을 볼 수 있습니다.

미국 IPA에 주로 사용되는 미국식 에일 효모들이 발효시 과일 맛을 남기지 않고 아주 기본적인 효모의 기능인 당을 먹고 알코올을 배출하는 발효에만 매진하는 특징은, 마치 라거 맥주의 깔끔하고 깨끗한 성향과 유사하게 나타납니다.

따라서 미국식 IPA와 미국 크래프트 맥주계의 신제품 IPL은 에일Ale 과 라거Lager 라는 발효 방식에서 눈에 띠는 큰 차이를 보여주지만, 다량의 홉의 사용과 효모의 발효 특성이 과일 맛 없이 깔끔하다는 점에서 실질적으로 마실 때 느껴지는 풍미는 흡사합니다.

피라미드 인디아 페일 라거55

🌾 임페리얼 필스너 Imperial Pilsner

임페리얼 필스너는 필스너의 본산지인 체코와 독일에서는 사용하지 않는 스타일 용어로, 지극히 영미권에서 태동한 크래프트 맥주계에서 사용하는 말입니다. 임페리얼이 붙여진 필스너이니 기존 필스너에서 홉-맥아-알코올 도수를 증폭시킨 제품입니다. 체코와 독일의 필스너 전통에 따라 홉Hop의 사용에 있어서는 미국 시트러스Citrus 계열보다는 독일과 체코 계열의 홉을 넣어 필스너의 풍미를 추구합니다. 홉과 알코올이 강화된 맥주라는데서 미국 크래프트 맥주계의 발명품 인디아 페일 라거IPL와 유사한 점은 많지만 IPL과 임페리얼 필스너는 어떤 성향의 홉을 사용하였느냐에 따라 차이가 납니다.

Supplement

펌킨 에일 Pumpkin Ale

서양 문화권에서 10월 31일은 할로윈Halloween이라는 축일이자 전통 행사가 열리는 기념일입니다. 마녀나 유령들이 출몰하는 날이라고 알려져 있어 할로윈 데이에 서양 사람들은 마귀나 괴물 등의 다소 우스꽝스러운 복장을 하고 파티를 즐기는 문화를 가지고 있습니다.

할로윈 데이의 상징은 '잭-오-랜턴Jack O'Lantern'이라 불리는 유령의 얼굴로, 눈, 코, 입 등이 파여 그 안에 불빛이 넣어져 랜턴처럼 주위를 밝히는 서양 호박입니다. 집집마다 잭-오-랜턴을 설치하여 할로윈 데이를 기리며 "Trick or Treat"이라 외치는 유령 분장을 한 방문자에게 사탕을 주는 것이 전통입니다.

미국과 유럽의 크래프트 맥주 양조장에서는 파티 시즌인 할로윈 데이와 가을 시즌에 맞춰서 펌킨 에일Pumpkin이라는 계절 맥주를 생산합니다. 펌킨Pumpkin, 즉 할로윈 데이의 잭-오-랜턴을 만드는 재료가 되는 서양 호박을 사용한 에일 맥주입니다.

미국의 크래프트 양조장에서 펌킨 에일을 만들 때는 터프하게 서양 호박을 가른 다음 속살을 그대로 맥아와 물이 만나는 당화 과정에 넣기도 하며, 펌킨 퓌레나 펌킨 맛 추출물 등을 맥주 양조 과정에 첨가하기도 합니다.

펌킨 에일Pumpkin Ale의 맛의 지향점은 영미권에서 할로윈 데이 시즌에 주로 즐기는 펌킨 파이입니다. 호박이 추수 시즌의 상징과도 같기에 펌킨 파이를 주로 먹는다고 하는데, 생강, 넛맥, 계피, 정향 등의 맛을 내는 펌킨 파이는 동양 문화권 사람들에게는 많이 낯섭니다.

펌킨 에일

그러나 서양 문화권에서는 익숙한 계절 음식이기에 미국의 마이크로 브루어리들에서 펌킨 파이의 맛을 맥주로서 구현하는 데 큰 어려움이 없었으며, 또 그 맛이 소비자들에게 낯설지 않아 급속도로 퍼져 가을 계절 맥주의 하나로서 완전히 자리잡았습니다. 마니아들이 운집하여 맥주를 평가하고 토론하는 사이트인 Beeradvocate.com에 등록된 펌킨 에일만 해도 2014년 6월 기준으로 637종이나 됩니다.

펌킨 파이처럼 펌킨 에일 역시 생강, 넛맥, 계피 등등의 향신료를 맥주에 넣어 특유의 향긋한 맛이 나타나며, 호박 Pumpkin 의 전분질이 투입됨에 따라 맥주는 두껍고 진한 속성을 나타냅니다. 홉의 쌉쌀함이 튀기보다는 맥아적인 단맛이 호박의 단맛과 어울려진 맛을 주로 드러냅니다. 이렇게 형성된 단맛에 각종 향신료의 특징이 추가되면서 마치 펌킨 파이를 한 입 베어 문듯한 느낌을 줍니다.

미국 등의 맥주 양조장에서 생산되는 펌킨 에일에는 할로윈의 상징이자 펌킨 에일의 상징인 '잭-오-랜턴 Jack O'Lantern '이 전면 라벨 디자인에 그려넣어진 제품들이 많습니다. 펌킨 에일이 본격적으로 출시되는 가을시즌 해외에 방문하셨다가 서양 호박의 형상이 그려진 맥주들을 발견했다면, 국내에서는 매우 희귀한 펌킨 에일일 가능성이 농후하니 시험 삼아 구매해보는 것을 추천합니다.

Supplement
크리스마스에 마시는 크리스마스 비어 Chiristmas Beer

일 년 중 사람들이 가장 들뜨고 소비 심리가 상승하는 시기는 한 해의 마감이 다가오는 크리스마스 시즌입니다. 크리스마스 시즌에는 많은 파티와 모임들이 조직되고 이루어지기 때문에 평소보다 많은 주류 소비가 자연스럽게 이뤄집니다. 세계 각국의 맥주 양조장들 역시도 크리스마스 시즌이 대목임을 알기 때문에 크리스마스에 맞춰 특별 한정 맥주를 내놓는 전통이 있습니다.

별다른 수식어나 형용사 없이 크리스마스 시즌에 출시되는 한정판 형식의 맥주들을 통틀어 크리스마스 비어 Christmas Beer 라고 합니다.

다만 국가마다 크리스마스를 뜻하는 용어가 서로 다르기에 크리스마스 맥주는 각 국가별 언어에 맞는 표현이 사용됩니다. 독일어로 크리스마스는 바이나흐텐 Weinachten 이기 때문에 바이나흐텐 비어 Weinachtenbier 라는 표현이 더 자연스러우며, 프랑스어를 사용하는 벨기에의 양조장들은 노엘 Noel 이라는 단어가 크리스마스 맥주에 붙습니다.

고로 크리스마스 맥주 Christmas Beer 라는 영어식 표현은 크리스마스에 나오는 맥주를 통칭하면서 이해를 돕기 위한 용어일 뿐 독일이나 벨기에에서는 자국어로 크리스마스를 표현하는 경향이 있습니다.

크리스마스 맥주는 크리스마스에 나온 맥주의 대명사일 뿐. 스타우트나 필스너와 같이 하나의 맥주 스타일은 아닙니다.

벨기에의 데릴리움 노엘 58

그 이유는 크리스마스 맥주를 전통적으로 생산하는 독일이나 벨기에, 영국, 미국 등의 양조장에서 내놓는 크리스마스 맥주의 스타일이 각기 다르기 때문입니다.

독일 양조장에서 선보이는 크리스마스 맥주 스타일은 하면 발효 라거 맥주를 기반으로 한 스타일로 메르젠 Merzen 이나 복 Bock, 도펠복 Doppelbock 등 필스너나 헬레스와 같은 일반적인 라거 맥주들보다 알코올 도수가 더 높고 묵직하며, 색상도 어두운 맥주들을 출시합니다.

반면 에일 맥주의 문화가 강한 벨기에나 영국에서는 크리스마스 맥주들도 에일 맥주 스타일로 구성합니다. 벨기에는 색상이 어둡고 단맛도 강하면서 고알코올, 입에 차는 두꺼움과 묵직함이 강한 스타일인 두벨 Dubbel 이나 쿼드루펠 Quadrupel 과 같은 스타일이 크리스마스 맥주의 단골 스타일이며, 영국이나 미국에서는 발리 와인 Barley Wine 이나 올드 에일 Old Ale, 어두운 색의 스트롱 에일 English Dark Strong Ale 등이 해당합니다.

각 국가마다 크리스마스 맥주가 되는 스타일은 그 나라 맥주 전통에 따라 다르지만, 공통적으로 지향하는 바는 같습니다. 크리스마스라는 추운 겨울철에 알맞는 맥주를 만드는 것으로, 가볍고 청량한 맥주보다는 윈터 워머 Winter Warmer 로 깊고 묵직한 맥주 한 잔으로 몸을 따뜻하게 데워주는 맥주들이 크리스마스 맥주가 갖출 덕목이라는 것입니다.

미국의 크리스마스 에일[59]

크리스마스 맥주가 두벨Dubbel, 올드 에일Old Ale 과 같은 기존에 존재하는 맥주 스타일을 그대로 답습해서만 나왔다면 크리스마스 특별 한정 맥주로 값어치가 별로 없을 것입니다. 크리스마스의 전통에 맞게 맥주에도 나름의 변화를 준 제품들이 많습니다. 영국이나 독일 등에서는 크리스마스 시즌에 레드 와인에 생강이나 계피, 정향클로브 등을 넣고 따뜻하게 데워서 마시는 풍습이 있습니다.

영어로는 Mulled Wine, 독어로는 Glühwein이라고 불리는 와인에 향신료를 넣는 풍습은 맥주에도 그대로 적용되었습니다. 맥주를 따뜻하게 데우지는 않았지만 크리스마스 맥주라는 타이틀을 달고 출시되는 몇몇 맥주들은 계피나 정향, 후추, 바닐라 등등의 향신료들이 들어가 향긋하고 독특한 풍미를 맥주에 입힙니다.

창의력을 기반으로한 미국의 크래프트 양조장에서 나오는 크리스마스 맥주들은 이러한 경향이 더욱 증폭되어 초콜릿이나 카카오, 오렌지 껍질, 감초, 스타아니스 등등의 갖가지 첨가물들을 맥주에 넣기도 합니다. 크리스마스 맥주에 향신료 등의 첨가물을 넣는 맥주가 많기는 하지만, 모든 맥주 양소상에서 크리스마스 맥주에 향신료를 넣는 것은 아닙니다.

미국 앵커 양조장의 크리스마스 에일

필자가 유럽에서 체류하던 시절 그곳에서 만났던 현지 맥주 양조가들과 크리스마스 맥주에 관해 이야기를 나눈 적이 있습니다. '크리스마스 맥주하면 어떤 이미지가 떠오르는가?'에 관한 질문을 제가 던져 보았습니다.

돌아온 답은 크리스마스 트리와 장식들이 꾸며진 서양식 주택에서 오픈 파이어Open fire 라 불리는 서양식 벽난로 곁 흔들의자에 앉아, 한 잔으로도 만족감을 충분히 전달 받을 수 있는 묵직하고 진한 맥주를 손에 끼고 마시면서 몸은 점점 달아올라 기분이 좋아지는 이미지가 생각난다는 것이었습니다.

크리스마스 맥주는 바로 이와 같은 상상을 실현시켜주는 특별 한정 맥주들로 근 2~3년들어 다양한 스타일의 맥주들이 소개된 우리나라에서도 수가 많지는 않지만 유럽이나 미국의 크리스마스 맥주들이 선보여지고 있습니다. 이번 크리스마스에는 크리스마스 맥주 한 잔 마시면서 추운 겨울을 이겨내보는 것은 어떨까요?

Supplement
빅 비어 Big Beer

빅 비어 Big Beer 라 함은 음용성과는 거리가 먼, 가격은 비싸지만 한 잔의 맥주로 큰 만족감을 얻을 수 있는 고풍미의 맥주를 이릅니다. 평균적으로 도수가 높은 벨기에 에일이나 임페리얼 Imperial 이나 더블 Double 등의 용어가 붙여진 스타일의 맥주들, 올드 에일 Old Ale, 발리 와인 Barley Wine 이 빅 비어 개념에 자주 등장하는 맥주입니다.

빅 비어 Big Beer 의 공통된 특징은 맥주 재료들의 맛을 상향평준화 했다는 점으로 맥아의 강한 단맛, 홉의 쓴맛, 높은 알코올 도수, 두껍고 진하며 무거운 질감과 무게감 등을 고루 접할 수 있습니다. 대중 취향, 가격 접근성 등과는 관련이 없습니다. 이런 맥주들을 대량 생산하며 일반 취향을 공략했다가는 대중에게 철저하게 외면받고 사업체가 사라질 것이기 때문에 특별 한정판/빈티지 형식으로 출시되는 사례가 많습니다.

지극히 마니아 취향에 맞춘 맥주이며 상시 제품이 아닌 경우가 많아 높은 가격대에 팔리고 있습니다.

16% 대의 쇼르슈 바이젠

Supplement

자극적인 맥주는 가라! 세션 비어 Session Beer 신드롬

본래 세션Session 비어라는 말은 영국에서 특별한 행사나 의례 전에 취하지 않고 간단하게 마시는 낮은 도수의 알코올을 의미했습니다. 영국의 오디너리 비터Ordinary Bitter 가 대표적인 영국의 세션 비어 중 하나입니다.

1980년대 이래 미국에서 크래프트 맥주 문화가 성장하고 많은 양조장이 설립되어 다양하고 색다른 맥주들이 선보여졌습니다. 1970년대까지 미국에서는 대기업 위주의 라이트 라거Light Lager 시장만이 형성되었었기 때문에 크래프트 맥주 양조장에서는 기존의 라거들과는 다른 독특한 맥주라는 인식을 사람들에게 어필 할 수 있는 맥주 스타일 위주로 만들었습니다.

페일 에일Pale Ale 이나 인디아 페일 에일IPA, 포터Porter, 스타우트Stout 등 개성 넘치는 맥주들이 크래프트 맥주 초창기에 선보였지만, 점차 미국 내에서도 크래프트 맥주 양조장 개체가 증가하면서 추세에 무난하고 기본적인 크래프트 맥주로는 다른 양조장들과의 차별성을 가지기 힘들게 되었습니다.

따라서 자극적이고 충격적인, 마시는 순간 뇌리에 박힐 수밖에 없는 강한 맥주들이 출시되었고, 점차 자극에 둔감해지는 마니아층은 더 강한 것을 찾게 되는 현상이 발생하였습니다. 크래프트 맥주계에서 가장 흔한 페일 에일Pale Ale 조차 마시기 부담스러운 대다수의 대중들이 있는 반면, 페일 에일은 시시하고 강력한 IPA는 되어야 마신 것 같다는 마니아층으로 점점 분리되면서 간격이 멀어지게 되었습니다.

미국 Founders 양조장의 데빌 댄서. 극단의 마니아들의 빅 비어Big Beer

2013년 미국 맥주 시장에서 크래프트 맥주계가 차지한 점유율은 7.8%. 이러한 상황에서 소수의 마니아들을 위한 시장으로 크래프트 맥주 산업이 향한다면 지속적인 성장을 꿈꾸기는 어려운 것이 사실입니다. 따라서 크래프트 맥주계에서 새롭게 찾은 대안이 세션 비어 Session Beer 입니다.

미국의 Brewers Association 양조협회에서 주최하는 맥주계의 월드컵인 World Beer Cup에서 지정한 세션 비어의 카테고리를 살펴보면, 우선 알코올 도수는 4.0~5.1% 범위에 들어가야 합니다. 맥주 스타일에 관계없이 지정된 도수 안에 들어가면 세션 비어가 될 자격을 갖추게 되지만, 오리지널 맥주 스타일을 제대로 실현하면서 맛에도 빈틈이 없어야 한다는 전제 조건이 있습니다. 더불어 여러 잔을 마셔도 부담없는 깔끔함과 산뜻함을 갖춘 음용성이 탁월한 맥주여야 합니다.

가령 미국식 IPA는 일반적으로 알코올 도수가 최소 5.5%를 넘기는 스타일이면서 강렬하고 쓴 홉의 특징 때문에 세션 비어의 축에는 들어가기 어렵지만, IPA의 알코올 도수를 낮추면서도 맹하거나 연한 느낌이 들지 않도록 가능한 부담을 주지 않는 선에서 최대한의 홉 풍미를 뽑아내는 일이 세션 IPA로 가기 위한 가장 큰 숙제입니다.

All day IPA

미국 미시간 주에 위치한 파운더스 브루잉 Founders Brewing 은 켄터키 브랙퍼스트 스타우트 Kentucky Breakfast Stout, 11.2% 나 데빌 댄서 Devil Dancer, 13.0% 와 같은 마니아적 성향에 맞춘 맥주들로 크래프트 맥주계의 스타 양조장으로 인정받게 되었지만, 올 데이 IPA All Day IPA 라는 4.7%의 세션화된 IPA도 취급하면서 양조장의 노선이 극단으로만 향하지 않고 대중을 위한 입문용 크래프트 맥주도 꾸준하게 생산합니다.

세션 비어는 페일 라거 위주로 맥주를 소비하던 대중을 크래프트 맥주로 끌어들이는 역할에 가장 알맞은 개념으로서, 미국뿐만이 아니라 크래프트 맥주가 서서히 전파되는 국가들에서 세션 비어 신드롬이 불고 있습니다.

어느 국가든 대기업의 페일 라거들이 절대적인 시장 점유율을 기록하고 있기 때문에, 크래프트 맥주 시장 형성 초기부터 강하고 자극적인 맥주로 소비자들에게 부담을 주기보다는, 편안하지만 맛의 개성이 확실한 맥주들을 소개하여 크래프트 맥주에 관심을 가지는 능동적인 소비층을 형성하는 쪽이 향후 크래프트 맥주 산업이 나아가야 할 길입니다.

잉글리쉬 몰티비어 English Malty Beer 에일

브라운 에일 Brown Ale

뉴캐슬 브라운 에일
Newcastle Brown Ale

DETAIL

홉 Hoppy	🍺 🍺
맥아 Malty	🍺 🍺 🍺 🍺
효모 Yeasty	🍺 🍺
무게감 Body	🍺 🍺 🍺
색상	갈색
알코올 도수	4.0~6.5%
IBU	20~30

※ 5개 만점, 높을수록 맛이 강함

브라운 에일 대표 브랜드

뉴캐슬 브라운 에일
(Newcastle Brown Ale, 영국, ○)
로그 헤이즐넛 브라운 넥타
(Rogue Hazelnut Brown Nectar, 미국, ○)
에일 스미스 넛 브라운
(AleSmith Nut Brown, 미국, ○)

개 요

브라운 에일은 영국에서 처음 만든 맥주로 18세기부터 생산된 맥주였습니다. 씁쓸함이나 과일 맛, 꽃 풍미를 주는 홉의 비중을 줄이고 고소하게 볶아진 브라운 맥아의 사용량을 늘린 맥주로 맥아적 Malty 인 성향이 강한 맥주입니다.

특 징

붉은색을 보면 열정이나 뜨거움이, 파란색을 보면 시원한 기분이 들 듯 갈색을 떠올리면 어떤 느낌이 드나요? 무언가 따뜻하고 온화하면서 맛으로는 고소한 느낌이 들 것 같습니다.

브라운 에일Brown Ale 은 바로 이와 같은 느낌에 부합한 맥주로써 새콤한 과일 맛이나 찌르는 듯한 쓴맛을 간직한 맥주가 아닌, 견과Nut 나 잘 구워진 토스트 빵과 같은 고소함과 캐러멜 같은 단맛이 적절하게 잘 어울러진 스타일의 맥주입니다. 견과의 느낌이 난다고해서 넛 브라운 에일Nut Brown Ale 이라는 명칭이 몇몇 양조장의 브라운 에일에서 등장하기도 합니다.

19세기 들어 영국 맥주계에 페일 에일Pale Ale 의 광풍이 불어닥치면서 홉 위주의 맥주가 각광 받고 맥아적인 브라운 에일은 사양길에 접어들었지만, 잉글랜드 남부의 수도 런던과 북부 잉글랜드의 뉴캐슬에서는 여전히 브라운 에일에 관한 수요가 있어 그 명맥을 유지했습니다.

런던을 필두로 남부의 브라운 에일은 전반적으로 색이 어둡고 캐러멜스럽게 달면서 알코올 도수가 낮은2~4% 경향을 보이는 반면에, 뉴캐슬의 북부 브라운 에일은 단맛이 적어 담백하고 깔끔한 맛에 캐러멜 단맛보다는 견과와 유사한 맛을 지녔습니다. 알코올 도수도 남부의 브라운 에일에 비해 4~5%로 약간 높습니다.

영국 에일 효모에서 나오는 과일과 같은 성향에스테르이 강하지는 않지만 몇몇 브라운 에일에서 발견되기도 하며, 홉의 과일이나 꽃과 같은 고유의 맛, 씁쓸함 등은 브라운 에일에서는 도드라지지 않습니다.

크래프트 맥주의 본산인 미국에서는 영국식 브라운 에일도 크래프트의 기조로 약간의 수정을 걸쳐서 재탄생되었습니다. 흔히 아메리칸 브라운 에일American Brown Ale 이라고 불리는 스타일로, 전반적으로 3~5%의 낮은 알코올 도수와 저풍미를 추구하는 영국의 브라운 에일의 풍미를 강화한 제품들입니다.

평균적인 알코올 도수는 5~6.5% 정도로 성향은 브라운 에일에서 나올 수 있는 뚜렷한 맛들인 캐러멜스러운 단맛과 견과, 토스트, 갓 구워진 빵의 특징이 잘 살려져 있으며, 맥아적인 성향이 강한 맥주들에서 주로 발견되는 꽉찬 질감과 부드러운 느낌이 드러납니다.

미국 브라운 에일은 영국 브라운 에일에서 좀처럼 나타나지 않았던 홉의 기운이 맥아적인 강세에 균형을 맞추기 위해서 적당한 쓴쓸함을 내포했고, 몇몇 미국의 브라운 에일은 미국의 감귤 성향의 캐스케이드 Cascade 와 같은 시트러스 Citrus 홉들을 사용하여 보다 더 복잡한 브라운 에일의 맛을 유도했습니다.

미국의 브라운 에일들은 미국식 앰버 Amber 에일에 비해서는 색상이 좀 더 어두운 갈색을 발하며 캐러멜적인 단맛보다는 견과, 토스트의 맛이 두드러지며, 포터 Porter 와 비교하면 초콜릿이나 커피, 약간의 탄 맛 등이 절제되었습니다.

브라운 에일은 인디아 페일 에일 IPA 처럼 날이 선 자극과는 거리가 먼, 따뜻 warm 하고 안정된 분위기를 마시는 내내 만끽할 수 있으며 영국에서 미국식 브라운 에일로 넘어갈수록 맥아와 홉의 맛이 어느 정도는 균형을 이루는 모습도 발견됩니다.

브라운 에일 역시도 많지는 않지만 미국 크래프트 맥주 양조장들에 의해서 임페리얼 Imperial 화 되었습니다. 이름은 임페리얼 브라운 에일 Imperial Brown Ale 입니다.

로그 헤즐넛 브라운 넥타

🍺 브라운 에일 대표 맥주

뉴캐슬 브라운 에일 Newcastle Brown Ale

국적 | 영국

특징 |

잉글랜드 북부 뉴캐슬이 원산인 맥주로 영국식 브라운 에일의 대표 맥주로 알려져 있다. 산업시대 뉴캐슬의 노동자 계급의 사람들이 주로 즐기던 맥주로도 유명하다. 연하고 깔끔한 질감에 입에 들어차는 무게감은 육중하지 않고 가벼운 편. 지극히 대중친화적인 브라운 에일이라 특유의 묵직하고 안정된 맛을 느끼기에는 다소 맹한 감도 있다. 편하고 부담없는 브라운 에일을 원한다면 알맞을 맥주.

시가 시티 마두로 브라운 에일 Cigar City Maduro Brown Ale

국적 | 미국

특징 |

미국 크래프트 맥주 양조장에서 만든 브라운 에일은 잉글랜드 북부지역의 전통적인 브라운 에일 맥주들에 비해 도수나 풍미를 강화한 경향이 있습니다. 미국 플로리다에 소재한 Cigar City 양조장에서 제작한 마두로 브라운 에일은 매우 정석적인 미국식 브라운 에일로 평가받고 있으며, 토스트나 구운 듯한 곡물 맛에 귀리의 첨가로 더욱더 매끄럽고 찰진 질감과 무게감을 지녔습니다.

발리 와인 Barley Wine

시에라 네바다 빅풋
Sierra Nevada bigfoot

스톤 올드 가디언 발리 와인
Stone Old Guardian Barley Wine

DETAIL

홉 Hoppy	🍺🍺
맥아 Malty	🍺🍺🍺🍺
효모 Yeasty	🍺
무게감 Body	🍺🍺🍺🍺
색상	갈색
알코올 도수	8.0~12.0%
IBU	35~70

※ 5개 만점. 높을수록 맛이 강함

발리 와인 대표 브랜드

스톤 올드 가디언 발리 와인
(Stone Old Guardian Barley Wine, 미국, ○)
앵커 올드 포그혼(Anchor Old Foghorn, 미국, ×)
J.W. 리스 빈티지 하비스트 에일
(J.W. Lees Vintage Harvest Ale, 영국, ×)
시에라 네바다 빅풋(Sierra Nevada Bigfoot, 미국, ×)

개 요

사람들이 9%, 10% 정도의 알코올 도수가 매우 높은 맥주들을 마주하게 되면 종종 나오는 말이 있습니다. "이거 완전 와인 수준인데?", 임페리얼 스타우트나 IPA, 벨기에 에일들이 평균적으로 도수가 높아 와인에 버금가는 도수를 지닌 제품들도 많지만, 그것들과는 달리 태생적으로 와인의 도수에 대적하고 경쟁하기 위해 생산된 맥주가 있으니 이는 바로 발리 와인 Barley Wine 입니다.

역사

영국 토마스 하디스 발리 와인[61]

발리 와인 Barley Wine 은 영국이 뿌리인 에일 맥주로, 17~18세기 영국과 프랑스가 경쟁적으로 식민지를 정복하고 세계 각지에서 전쟁을 벌여 양국 간의 외교 갈등이 극에 달했을 때, 영국의 상류계층을 중심으로 적국 프랑스의 보르도산 레드 와인을 소비하지 말고 우리의 것으로 와인에 대적할만한 술을 만들자는 취지로 개발한 맥주입니다.

보리로 만든 와인이라는 명칭을 가진 발리 와인 Barley Wine 은 이름에는 와인이라는 단어가 들어가지만 포도라는 과일을 원료로 하여 술을 빚는 와인과는 무관하게 과일이나 와인용 효모가 양조 과정에 있어서 일체 들어가지 않습니다. 즉 이름만 와인일 뿐 실제로는 지극히 정상적인 맥주의 재료들로만 양조되었습니다.

특 징

와인 평균인 10%대 초반의 알코올 도수에 맞추다보니 발리 와인의 알코올 도수도 대략 9~13%까지 상승하게 되었으며, 영국에서 기원한 에일 맥주 가운데서는 최상위 수준의 도수를 지닌 맥주로 자리잡게 되었습니다.

대체로 도수가 높은 맥주들의 공통적인 역학관계를 잠시 살펴보면, 맥주의 알코올 도수를 높이기 위해서는 발효 과정 중 효모가 당을 먹고 많은 알코올을 생산해야 하니, 당연히 효모가 먹을 다량의 당이 확보가 되어야합니다. 맥주의 당원은 맥아 보리로 도수가 높은 맥주에는 맥아가 많이 들어가야 한다는 결론을 얻을 수 있습니다.

발리 와인 Barley Wine 은 맥아의 단맛으로 점철된 맥주 스타일이며 높은 알코올 도수와 묵직한 무게감, 질척이는 입에 닿는 느낌은 쉽사리 벌컥 들이킬만한 맥주의 이미지와는 매우 거리가 멉니다. 색상은 주로 구리색에서 어두운 갈색까지 다양하며, 농익은 과일의 맛과 강한 알코올의 성향, 간간히 홉에서 나오는 풀이나 꽃, 찻잎 같은 맛을 접할 수 있고, 색상이 어두운 발리 와인일수록 캐러멜이나 초콜릿 등의 맛도 나타납니다.

도수가 높은 발리 와인은 완성된 품질을 갖추기 위해서는 술이 익는 기간이 필요하기에 저장통에서 짧게는 1년, 길게는 3~4년 동안 묵혀두었다가 세상 밖으로 나옵니다. 완성하는 데 소요되는 시간과 노력이 도수 4~5%대의 맥주들에 비해 훨씬 많이 투입되며 물량에 따른 원가 상승, 양조장의 이익을 가져다 줄 대중의 취향을 맞춘 상시 맥주의 기준인 여러 잔 마실 음용력의 부재, 대량 생산의 어려움 등의 요인으로 인해 발리 와인은 사시사철 구할 수 있는 상시 맥주가 아닌 빈티지, 한정판 맥주의 개념을 띠게 됩니다. 높은 알코올 도수와 묵직함과 단맛이 주는 깊은 만족감 등으로 인해 보통 크리스마스 시즌 등의 겨울철에 출시되는 경향입니다.

즉, 영국의 일반적인 대형 마트의 맥주 코너에서 구할 수 있는 맥주가 아닌, 전문적으로 희귀한 맥주를 취급하는 상점에 방문해도 구할 수 있을지 모르는 맥주입니다. 양조장의 발리 와인 출시일을 알고 기다렸다가 때가 되면 구할 수 있는 맥주이기에 발리 와인들의 가격은 이미 맥주의 가격이 아닌 와인의 가격대로 형성되어 있습니다. 대중 친화적인 맥주는 아니고 정말로 아는 사람만 마시는 빈티지 맥주의 정석을 보여주는 스타일이 발리 와인입니다.

발리 와인 Barley Wine 은 영국의 풀러스 Fuller's, 위트브레드 Whitbread, 베스 Bass 등과 같은 전통적인 양조장에서 간간히 출시되는 맥주에 그쳤지만, 미국과 유럽을 중심으로 새롭게 일어난 크래프트 정신의 소규모 양조장들은 발리 와인 생산에도 관심을 보였습니다.

이후 미국식 발리 와인American Barley Wine 이라는 새로운 장르가 생길 정도로 미국 크래프트 맥주계의 많은 양조장이 발리 와인을 생산했습니다.

신 장르 미국식 발리 와인이 클래식한 영국 발리 와인과 구별되는 차이점이라하면, 영국/미국 페일 에일, 영국/미국 브라운 에일의 경우처럼, 미국 발리 와인에서 홉의 특징이 뚜렷하게 등장한다는 부분입니다. 영국의 발리 와인이 맥아의 강한 단맛과 알코올 맛 위주이기에 홉은 그저 미미한 존재감만 보여줬다면, 미국의 발리 와인은 단맛에 견줄만한 강한 홉으로 무장되어 홉-맥아-알코올의 상향평준화를 이룩했습니다. 대표적인 빅 비어Big Beer로 거론되는 맥주 스타일입니다.

발리 와인 대표 맥주

앵커 올드 포그혼 Anchor Old Foghorn

국적 | 미국

특징 |

미국의 앵커 양조장은 1896년 미국 샌프란시스코에 설립된 양조장으로 암울했던 미국 금주령 시기와 버드-밀러 등의 대기업 페일 라거 독점 시대에도 굳건히 살아남은 양조장이다. 사람들에게는 스팀비어 Steambeer 의 원조로 잘 알려져 있는 양조장. 1965년 메이텍 Maytag 이 양조장을 인수하면서 앵커 양조장의 정체성이 매우 뚜렷해진다. 특히 앵커 올드 포그혼 Archor Old Foghorn 은 영국식 발리 와인 스타일 맥주로 출시된 시기는 1975년이다. 1975년은 미국 마이크로 브루어리법 통과 이전으로 지금과 같은 크래프트 맥주 산업이 미국에도 전무했던, 변변한 페일 에일조차도 없던 시기에 발리 와인 맥주를 생산했던 것이니 매우 시대를 앞서갔다고 표현할 수 있다. 건포도나 자두 등의 붉은 건과일의 단맛과 캐러멜 단맛이 잘 어울어진 미국 출신 발리 와인의 클래식.

스톤 올드 가디언 발리 와인 Stone Old Guardian Barley Wine

국적 | 미국

특징 |

미국 크래프트 맥주계의 슈퍼스타인 스톤 Stone 양조장에서 만든 발리 와인. 상당히 미국적으로 재해석한 맥주. '미국적'이란 홉이 필요없는 스타일인 발리 와인에서 홉의 성향을 강하게 가져갔다는 것을 뜻한다. 기본적인 발리 와인의 골격인 묵직함과 진득함, 액체임에도 씹히는 두터운 질감, 그리고 맥아적인 단맛이 계피나 어린이 감기약과 같은 맛으로 나타난다. 여기에 홉은 향과 맛 모든 부분에 걸쳐서 마치 IPA처럼 드러나는데, 허브나 풀, 나무 등등의 상쾌하면서 눅눅한 홉의 풍미가 맥아와 균형을 이룬다. 맥아를 위한 맥아에 의한 발리 와인이라는 스타일에서 홉이 맥아와 호각을 이룬다는 것은 이 맥주 역시 맥아-홉이 엄청나게 상향평준화 되었다는 것으로, 스톤 Stone 특유의 강하고 뚜렷한 맥주 성향이 여실히 드러나는 맥주.

스코티시 Scottish 에일

스코틀랜드하면 먼저 떠오르는 주류는 스카치 위스키입니다. 위스키는 맥주의 주재료이기도한 보리 맥아를 사용하는 주종으로 스코틀랜드의 많은 맥아들이 위스키를 제조하는 용도로 사용되었을 것 같지만, 위스키 못지 않게 스코틀랜드는 맥주의 문화도 발달한 지역입니다.

맥주 양조의 역사를 설명하면 기원전 4000여 년경 메소포타미아 지역 사람들의 원시적 양조를 기원으로 삼지만, 몇몇 고고학자에 의하면 스코틀랜드의 원주민들이 고대부터 맥주를 양조했다는 증거가 있다고 합니다.

스코틀랜드는 귀리나 밀, 보리 등의 맥주 양조에 주로 사용되는 곡식들이 자라나기 쉬운 자연 환경을 갖추었기에 곡물 맥아 위주의 맥주 양조를 가능케 했습니다. 반면 홉은 스코틀랜드의 기후에 맞지 않았기에 남부 잉글랜드로부터 비싼 가격을 지불하고 수입할 수밖에 없었습니다. 따라서 전통적으로 스코티시 에일에서는 홉이 큰 역할을 담당하지 못했기에 쓴맛이나 과일 향들이 적습니다.

스코티시 에일은 기본적으로 맥아적인 성향 Malty 이 강해서 비스킷, 버터-스카치, 토스트 등의 달고 고소한 맛들이 주로 발견됩니다. 몇몇 스코티시 에일에서는 물과 스코틀랜드 효모의 특성으로 아일레이 Islay 위스키처럼 스모키함과 피트 Peat 향이 나기도 하지만 전통적으로 스코틀랜드 양조장들에서는 훈연한 맥아를 넣어 맥주를 양조하지는 않습니다.

스코티시 에일들의 색상은 밝은색 계열인 노란색이나 금색을 띠는 경우가 드물며, 구리색에서 갈색에 걸치는 색상을 주로 지녔습니다.

일반적인 스코티시 에일은 알코올 도수가 2.5~5.5%의 범위에 들어갑니다. 과거 스코틀랜드에서는 알코올 도수에 따라 세금을 매겼다고 합니다. 따라서 맥주를 알코올 도수에 따라 구분합니다. 알코올 도수에 따라 60shilling light, 3.5% 미만, 70shilling heavy, 3.5~4.0%, 80shilling export, 4.0~5.5% 등으로 나눕니다. 실링 shilling 은 옛 스코틀랜드의 화폐 단위로 맥주의 세금을 도수에 따라 차등으로 매겼던 풍습에서 온 것으로, 도수가 낮은 맥주는 60shilling, 높은 맥주는 80shilling이 부과되었다고 알려져 있습니다.

알코올 도수에 따른 세금

알코올 도수	세금액	구분
3.5% 미만	60 shilling	light
3.5~4.0%	70 shilling	heavy
4.0~5.5%	80 shilling	export

스코틀랜드 벨헤이븐 스코티시 에일

스코틀랜드에서는 전통적인 맥아적 성향이 다분한 스코티시 에일 이외에 많은 크래프트 맥주 철학을 따르는 신규 양조장들이 설립되어 스코틀랜드의 전통을 고수하면서도 영국이나 미국 스타일의 맥주들을 적극적으로 받아들여 양조해내고 있습니다.

특히 스코틀랜드의 크래프트 맥주 양조장들은 스코틀랜드의 캐스크나무통를 다루는 기술을 맥주에 적용시킨 것이 눈에 띕니다. 아일레이Islay 위스키를 담은 캐스크에 스타우트Stout 맥주를 숙성시켜 아일라 위스키의 다양한 풍미를 입히는 등의 스코틀랜드 양조장에서만 할 수 있는 독특한 시도들은 스코틀랜드를 크래프트 맥주계에서 빼 놓을 수 없는 매력적인 지역으로 만들었습니다.

스코티시 위 헤비 Scottish Wea Heavy

트라퀘어 하우스 에일
Traquair House Ale

파운더스 더티 배스터드
Founders Dirty Bastard

DETAIL

홉 Hoppy	🍺🍺
맥아 Malty	🍺🍺🍺🍺🍺
효모 Yeasty	🍺🍺🍺
무게감 Body	🍺🍺🍺🍺
색상	갈색
알코올 도수	6.5~10.0%
IBU	17~35

※ 5개 만점, 높을수록 맛이 강함

스코티시 위 헤비 대표 브랜드
벨헤이븐 위 헤비(Belhaven Wee Heavy, 영국, ×)
오스카 블루스 올드 칩(Traquair House Ale, 영국, ○)
파운더스 더티 배스타드
(Founders Dirty Bastard, 미국, ○)

개 요

스코티시 위 헤비Wee Heavy 스타일은 미국 크래프트 맥주 양조장들에서 자주 시도되는 스타일로 강한 맥아적 성향과 높은 도수의 맥주로 알코올의 따뜻함을 느끼기 좋고 한 잔을 마셔도 충만한 만족감을 얻을 수 있습니다. 도수가 약한 다른 스코틀랜드 에일들에 비해 크래프트 맥주계에서 더 각광 받았습니다.

특 징

스트롱 스카치 에일 Strong Scotch Ale 이라고 불리는 위 헤비 Wea Heavy 는 스코틀랜드 세금 체계에 의한 분류에 따르면 90실링 shilling 에 들어가는 맥주였습니다. 알코올 도수가 6%를 넘어가는 맥주들은 90실링의 세금을 매겼다고 합니다.

스코틀랜드 에일 가운데서 가장 강한 풍미와 궁극의 맥아적인 성향 Malty 을 보여주는 스타일로, 독일의 알트 Alt 맥주처럼 낮은 온도에서 장기간 숙성되어 매끄럽고 부드러운 감촉을 접할 수 있는 맥주입니다. 홉의 성향은 강하지 않기에 쓴맛이 두드러지지 않으며 단맛과의 균형을 맞추기에도 모자란 수준으로서 거의 없다고 봐도 무방합니다. 강하지는 않지만 피트 Peat 등의 스모키한 향과 맛을 접할 수 있습니다.

벨헤이븐 위 헤비 Belhaven Wee Heavy 64

색상은 짙은 구리색에서 갈색을 주로 띠며, 캐러멜이나 건포도-커런트 등의 검붉은 색 과일 맛이 드러나기도 하고, 고소한 견과의 맛도 접할 수 있습니다. 알코올이 가끔씩 튀기도 합니다. 효모에서 나오는 과일 맛 에스테르 은 많지는 않으나 이따금씩 발견됩니다.

미국을 비롯한 스코틀랜드에 위치하지 않은 양조장들에서는 스코틀랜드의 위 헤비 Wea Heavy 스타일의 맥주를 모방해서 만들 때, 인위적으로 스모키한 풍미를 부여하여 더 복잡한 맛을 유도하려 피트 맥아 등을 첨가하기도 하지만, 본래 스코티시 위 헤비 스타일의 맥주에서는 없는 공정입니다.

스코티시 위 헤비 대표 맥주

트라퀘어 하우스 에일 Traquair House Ale

국적 | 영국

특징 |

스코틀랜드의 트라퀘어 하우스는 스코틀랜드 왕실이 12세기 사냥용 별장으로 건설한 곳으로 많은 스코틀랜드의 왕과 명사들이 머물렀던 저택으로 유명하다. 이곳에서 생산하는 하우스 에일은 스코틀랜드 특유의 홉과는 거리가 먼 성격을 담고 있다. 맥아와 효모가 단연 돋보이는 맥주로 검은 과일과 캐러멜, 버터 스카치 등의 달고 농익은 맛이 맴돈다. 입에 꽉 차는 무게감과 매끄럽고 순한 질감을 갖추었다. 맥아의 단맛 위주라 다소 단조로울 수도 있겠지만 단조로움보다는 감미롭다는 말이 더 어울리는 맥주로 평소 맥주를 마시면서 건과일, 흑설탕, 농익은 과일 등을 선호한다면 매우 만족스럽게 마실 수 있는 맥주이다.

오스카 블루스 올드 첩 Oskar Blues Old Chub

국적 | 미국

특징 |

미국 콜로라도에 위치한 오스카 블루스Oskar Blues 양조장은 그들의 크래프트 맥주를 캔 맥주로만 취급하는 것으로 유명하다. 스코틀랜드식 위헤비 에일을 캔으로 담은 것이 올드 첩으로 작은 캔이지만 8% 도수의 풀바디 에일이 담겨있다. 더불어 스코틀랜드의 스모키한 느낌을 내기 위해 너도밤나무 훈연 맥아가 약간 첨가된 것이 특징.

벨기에 맥주 스타일

다양한 맥주를 마시다보면 맥주 스타일이 유래된 지역에 따라 그 맥주의 맛이 엇비슷하게 나타난다는 사실을 깨달을 수 있습니다. 미국식 페일 에일 스타일을 표방한 맥주들을 마시면 캐스케이드 Cascade 나 콜럼버스 Columbus 등의 미국산 홉들에서 나오는 감귤-시트러스 맛과 솔과 같은 홉의 풍미가 공통적으로 도드라진다는 것을 반복적 시음을 통해 알 수 있으며, 영국 에일들을 마시다보면 다수가 농익은 과일 맛과 풀이나 찻잎 등등의 은은함을 풍긴다는 사실을 경험적으로 체득할 수 있습니다.

몇몇 사람들은 그 맥주 스타일에서 나타나야 할 성질이 고스란히 나타났을 때, 해당 맥주 스타일의 국가적 기원을 언급하면서 "제대로 된 미국 IPA 같다!", "매우 독일 필스너스런 맛이다!" 라고 표현하기도 합니다.
"벨기에 에일답다!" 라는 말 역시 자주 회자되는데, 벨기에 출신 맥주들 혹은 벨기에 에일 스타일을 표방하면서 만든 벨기에 이외 국가의 맥주들에서는 벨기에스러운 맛이라는 것이 분명 존재합니다.

벨기에 맥주는 독일 바이스비어 Weissbier 와 마찬가지로 기본적으로 효모의 맛을 중심으로 맥주 맛이 구성됩니다. 벨기에 에일의 효모 맛은 바이스비어와 흡사한 바나나, 정향 클로브, 페놀 의 성향을 띠는 경우도 있고 풋사과, 배, 오렌지, 후추 등등의 상쾌하면서 상큼한 효모 맛을 보이기도 합니다.

효모 맛과 맥아의 단맛 Malty Sweet 이 합세해서 벨기에 맥주들은 캐러멜이나 시럽, 캔디, 과일 잼이 들어간 초콜릿 등의 맛이 나오며, 반대 세력으로 단맛을 잡아줄 홉의 쓴맛이나 풍미는 적어 단맛이 더 부각되는 효과를 가져옵니다. 따라서 벨기에 맥주들을 접한 몇몇 사람들은 벨기에 맥주는 달콤한 성향에 가깝다고 인식합니다.

람빅Lambic 이라 불리는 신맛나는 맥주Sour Beer 를 제외한 통상적인 벨기에 에일에서 효모가 주는 맛은 절대적으로 그 특유의 효모 맛과 단맛 때문에 사람에 따라 호불호가 많이 갈리기도 합니다. 맥주는 학습의 대상이라기보다는 먼저 기호식품이기 때문에 개인의 입맛에 맞지 않으면 머리로는 이해해도 입에서 받아들이지 못합니다.

맥주를 정말 다양하게 많이 마시고 지식이 풍부한 사람임에도 벨기에 에일 특유의 맛 효모 맛 + 단맛 때문에 벨기에 맥주 자체를 거부하는 사람도 더러 있습니다. 그만큼 벨기에 에일만의 특색은 확고합니다.

벨지안 화이트 Belgian White

호가든
Hoegaarden

셀리스 화이트
Celis White

블루 문
Blue Moon

DETAIL

홉 Hoppy	🍺	
맥아 Malty	🍺	
효모 Yeasty	🍺🍺🍺🍺	
무게감 Body	🍺	
특수재료	오렌지 껍질 & 코리엔더(고수)씨앗	
색상	노란색	
알코올 도수	4.5~5.5%	
IBU	8~20	

※ 5개 만점 높을수록 맛이 강함

벨지안 화이트 대표 브랜드

호가든(Hoegaarden, 벨기에, ○)
셀리스 화이트(Celis White, 미국, ○)
세인트 버나두스 윗(St.Bernardus Wit, 미국, ○)
블루 문 (Blue Moon, 미국, ○)
베뎃트 엑스트라 화이트
(Vedett Extra White, 벨기에, ○)
크로넨부르 1664 블랑
(Kronenbourg Blanc, 프랑스, ○)

개 요

벨기에식 밀맥주인 벨지안 화이트 Belgian White 는 독일의 바이스비어 Weissbier 와 마찬가지로 'Blanc'이라는 흰색을 가리키는 프랑스어 명사가 붙기도 합니다. 반대로 북부 지역의 플라망어를 사용하는 지역에서는 'Witbier'라는 이름을 더 사용합니다.

벨지안 화이트 Belgian White 는 영어식 표현이며, 'Bière blanche'는 프랑스식, 'Witbier'는 플랜더스-네덜란드식 용어로 모두 다 같은 스타일의 맥주를 지칭합니다. 가끔씩 'Witte'라는 용어가 쓰이기도 합니다.

특 징

벨지안 화이트를 대표하는 맥주는 수입 맥주 애호가들에게는 이미 익숙한 백수인 호가든 Hoegaarden 으로 탁한 외관과 깊게 드리워진 거품, 비누 거품 같은 달콤한 풍미와 코리엔더 고수 의 향긋함, 약간의 시큼함 등이 어울러진 화사함이 돋보이는 맥주입니다. 무게감도 가볍고 산뜻하여 여러 잔 마시기에도 부담없는 스타일입니다. 굉장히 대중친화적인 맥주 스타일로, 사람들이 좋아한다고 검증된 맥주라고 할 수 있습니다.

블랑쉬 드 브뤼셀 Blanche De Bruxelle

보통 밀맥주Wheat Beer 라는 용어는 독일식 바이스비어Weissbier와 벨지안 화이트Belgian White를 포괄합니다. 독일과 벨기에의 밀맥주 모두 레시피에서 밀 맥아의 비중이 보리 맥아에 버금가거나 더 많은 양을 차지한다는 부분과 상면 발효한다는 점, 탁한 외관에 색상은 노란색-금색 등의 밝은 색상을 지닌 것, 둘 다 홉의 씁쓸함이나 풍미가 요구되지 않는다는 사실 등등에서 두 맥주는 닮은 점이 많습니다.

그러나 밀맥주라는 용어 안에 가두면서 두 맥주를 같은 맥주 취급하기에는 서로 상이한 부분도 많습니다. 독일의 바이스비어는 독일 맥주 순수령에 의거 맥아, 물, 효모, 홉 이외에는 다른 어떤 종류의 부가물도 사용할 수 없으며, 이들 외 부가물을 사용했을 시 맥주Bier 라는 용어를 쓸 수 없습니다.

세인트 버나두스 Witbier.
벨지안 화이트는 동의어로
Wit(bier) 이라고도 한다.

반면 벨지안 화이트는 독일의 맥주 순수령의 영향을 받지 않는 벨기에의 맥주이기 때문에 맥주의 풍미를 다각화 할 수 있는 부가 재료의 사용이 원활했습니다. 그래서 벨지안 화이트 맥주 레시피에는 코리엔더고수 씨앗과 말린 오렌지 껍질이 첨가되었고, 그 두 재료들은 벨지안 화이트 맥주에 당연히 들어가는 부재료로서 콤비를 이루었습니다.

코리엔더고수 씨앗이 들어감에 따라 혹자는 화장품 냄새 혹은 비누 냄새라고도 하는 향긋하면서 약간 알싸한 향이 맥주에서 풍기며, 말린 오렌지 껍질은 달콤한 껍질과 씁쓸한 껍질 품목으로 나뉘는데 각각 새콤한 오렌지 맛이나 허브와 같은 맛을 맥주에 부여합니다.

본래 벨지안 화이트 스타일은 홉이 맥주의 기본 재료로서 정착하기 이전 시기인 중세에는 Gruit Beer의 일종으로서 코리엔더와 오렌지 껍질이 홉 대신에 사용되던 맥주였습니다. 후에 홉의 기능성이 인정되면서 홉도 벨지안 화이트 맥주에 넣어지기는 했지만, 본래 홉이 그리 필요했던 스타일이 아니었기 때문에 홉의 쌉쌀함이나 고유의 홉 풍미들은 벨지안 화이트 스타일 맥주에선 그리 요구되지 않습니다. 따라서 평균적으로 낮은 IBU 수치를 기록합니다.

벨지안 화이트가 독일식 밀맥주 바이스비어 Weissbier 와 다른 점으로는 효모의 특성도 있습니다. 둘 다 상면 발효하는 효모를 사용하기는 하지만, 독일식 바이스비어는 그 성질이 바나나/정향과 같은 풍미로 나타나는 반면, 벨지안 화이트는 사과, 요거트, 약간의 산미 등등의 효모 맛으로 구성되었습니다.

독일식 밀맥주는 맥아화 Malted 된 밀 맥아를 쓰는 반면에 벨기에식 밀맥주는 맥아화시키지 Unmalted 않은 밀을 사용합니다. 독일 헤페바이젠은 검은색 맥아를 넣어 어둡게 만든 둔켈바이젠 Dunkelweizen 이나 효모를 여과한 크리스탈 바이젠 Kristall Weizen 과 같은 하위 맥주 스타일이 존재하지만, 정통 벨지안 화이트에서는 특별한 다른 하위 버전의 맥주가 존재하지는 않습니다.
다만 "안 될 것이 뭐 있어?" 와 같은 사고방식을 가진 크래프트 맥주계에서는 벨지안 화이트를 다양한 방법으로 변형했습니다. 검은 맥아를 넣어 색상을 어둡게 한 후 초콜릿, 커피 맛을 유도하는 법이나, 홉을 많이 넣어 IPA처럼 만드는 경우가 발견됩니다.

벨지안 화이트 대표 맥주

호가든 Hoegaarden

국적 | 벨기에

특징 |

벨지안 화이트의 대표적 맥주이자 세계적으로 널리 보급된 맥주. 우리나라에서 판매되는 호가든의 병과 캔 제품은 2000년대 후반부터 OB에서 생산되고 있다. 육각 모양의 전용 잔으로도 유명하며 웬만한 수입 맥주 전문점에서는 꼭 취급하는 맥주 가운데 하나. 노란 빛깔과 풍성한 거품을 간직한 호가든은 화사하고 향긋한 꽃과 향신료의 풍미가 있으며, 마시는 데 전혀 부담이 없는 가볍고 산뜻한 질감과 무게감을 보유했다. 여성 지향 맥주라고들 하지만 남성들도 상당히 좋아하는 맥주이다.

셀리스 화이트 Celis White

국적 | 미국

특징 |

벨지안 화이트를 복원시키고 호가든을 창조한 피에르 셀리스 Pierre Celis의 역작. 맥주 명칭의 셀리스는 그의 성에서 따온 이름이다. 국내 생산된 호가든이 뭔가 허전하고 심심했다면 확실하게 벨지안 화이트라는 스타일이 어떤 것인지 확인할 수 있는 맥주가 셀리스 화이트로, 코리엔더 고수의 향긋함과 오렌지 맛이 확실히 강해졌으며 효모에서 나오는 시큼한 맛도 적절하다. 맥아적인 단맛이 어느 정도 뒷받침해주기에 밋밋하고 물처럼 연한 느낌도 적다.

블루 문 Blue Moon

국적 | 미국

특징 |

미국의 맥주 대기업 밀러 쿠어스 Miller Coors 에서 벨지안 화이트 스타일을 모방하여 만든 맥주. 벨지안 화이트라는 스타일이 화사하면서도 부담스런 맛들이 포진되어 있지 않아 우리나라에서 호가든이 인기를 끌었던 것과 같이, 블루 문도 마찬가지로 미국 어디서나 찾아 볼 수 있는 전국구 맥주가 되었다. 재한 외국인이나 미국 유학생들이 추억을 되새기면서 마시는 동시에 호가든으로 검증된 벨지안 화이트 스타일이니 국내에 출시된 후 선전하는 맥주이기도 하다. 블루 문 맥주를 따른 잔에 오렌지를 끼우는 독특한 서빙 방식으로도 유명. 향신료의 향긋함이 돋보이며 곡물 등의 고소함도 살짝 드러난다. 하지만 통상적인 벨지안 화이트에서 크게 벗어나지 않았다.

세인트 버나두스 위트 St.bernardus Wit

국적 | 벨기에

특징 |

벨지안 화이트의 아버지 피에르 셀리스 Pierre Celis가 진행한 콜라보레이션으로, 1950년대 오리지날 벨기에식 밀맥주를 복원한 제품입니다. 현재까지도 벨기에에서 생산되는 세인트 버나두스 위트는 오리지날 벨기에식 밀맥주로 많은 맥주 매니아에게 사랑을 받고 있습니다. 피에르 셀리스의 딸은 미국 텍사스에 양조장을 지어 아버지의 유지를 잇고 있습니다. 다만 세인트 버나두스 위트와는 관련이 없습니다.

벨지안 화이트의 아버지 피에르 셀리스 Pierre Celis

벨지안 화이트는 벨기에와 네덜란드, 독일 서부 지역 등에서 만들어지던 밀맥주로서 홉이 아닌 야생 허브의 집합인 그루트 Gruit 를 이용해 만들던 맥주였습니다. 19세기 라거 맥주의 탄생으로 벨기에에서도 전통적인 에일보다는 필스너-라거를 취급하는 양조장들이 많아졌고, 2차 세계대전이 발발하면서 벨기에가 독일군과 연합군의 전쟁터가 되자 많은 양조장이 파괴되어 전통 맥주의 양조도 맥을 이어가기 어렵게 되었습니다.

지금으로부터 불과 60여 년 전인 1950년대 벨기에 수도 브뤼셀에서 동쪽에 위치한 후가든 Hoegaarden 지역에서는 전통적으로 밀맥주를 만들던 여러 브루어리가 하나둘씩 문을 닫아, 벨지안 화이트 맥주가 전멸할 위기에 처해 있었습니다.
결국 1955년 후가든 지역의 마지막 밀맥주 양조장이 문을 닫았지만 그 양조장 옆집에 거주 중이던 우유장수 피에르 셀리스 PierreCelis, 1925-2011 가 후가든 지역의 밀맥주가 입소문만 타면 세계적인 맥주가 될거라는 기대를 품고, 어깨 너머로 배운 지식과, 지역 베테랑 양조가의 도움으로 1966년 후가든 지역의 밀맥주를 부활시켰습니다. 이렇게 탄생한 맥주가 바로 호가든 Hoegaarden 입니다.

피에르 셀리스는 데 클루이스De Kluis 수도원이라는 뜻라는 이름의 양조장을 설립했고, 다른 벨기에의 양조장은 물론 프랑스, 네덜란드, 미국의 크래프트 맥주 양조장들에게도 귀감이 되고 모방의 대상이 될 만큼 완벽하게 벨지안 화이트 맥주의 전통을 부활시켰습니다. 하지만 1985년 큰 화재와 사업확장에 따른 부채에 대한 압박에 따라, 벨기에의 거대 맥주기업 인터브루Interbrew의 지원을 받았고 급기야 양조장은 인터브루에 매각되었습니다.

벨지안 화이트를 재탄생시킨 피에르 셀리스는 그의 노력의 산물인 호가든의 레시피가 인터브루에 의해 대중적으로 변하는 것이 탐탁지 않았는지 가족들과 함께 벨기에를 떠나 미국 텍사스의 오스틴Austin이라는 도시에 정착합니다.

그리고 얼마 후, 1992년 피에르 셀리스는 자신의 이름을 딴 셀리스Celis 브루어리를 오스틴에 설립하여, 자신이 벨기에서 만들던 정석적인 호가든과 동일한 레시피의 밀맥주를 미국에서 생산하였습니다.

셀리스의 벨지안 화이트비어는 미국에서도 크나큰 성공을 거두었고, 미국 내 맥주 페스티벌 밀맥주 부분에서 4년 연속 금메달을 차지하는 영광도 누렸지만 이번에도 거대 기업의 자본 침투를 경험하는 불운을 겪게 됩니다.

미국의 밀러Miller는 셀리스 브루어리의 주식을 대부분 사들여, 셀리스의 소유권을 빼앗아 갔고, 셀리스 화이트Celis White를 자신들의 카테고리에 포함시킵니다. 밀러는 셀리스에게 함께 공유하며 경영할 것인지, 매각할 것인지 양자택일을 권유했고, 그에 대한 셀리스의 응답은 매각이었습니다. 그는 자신의 맥주가 거대기업에 의해 두 번 다시 간섭 받고 싶지 않았던 것 같습니다.

미국에서 만든 셀리스 화이트

결국 밀러는 2001년 2월 셀리스 브루어리의 문을 닫아버렸으나, 피에르 셀리스의 셀리스 화이트는 이후 벨기에의 반 스틴베르크 Van Steenberge 양조장에서 다시 만들어지게 됩니다.

피에르 셀리스는 현대 맥주 역사에 한 획을 그은 인물이라 해도 과언이 아니지만 그의 열정과 노력이 거대 기업의 자본에 의해 여러 차례 침탈된 것은 참으로 안타깝습니다. 벨기에를 떠나 미국에서 오픈한 자신만의 소규모 셀리스 브루어리에서만큼은 그만의 소신으로 벨지안 화이트비어를 만드는 경력을 계속 이어나갔으면 좋았겠지만, 너무 연로해진 탓에 두 번째 인수합병 이후에는 2011년 운명할 때까지 양조를 그만 두고, 반 스틴베르크와 같은 양조장에서 벨지안 화이트를 비롯 자신의 레시피를 이용한 여러 맥주가 나오는 것에 만족할 수밖에 없었습니다. 그러나 2017년 피에르의 딸인 크리스틴 셀리스에 의해 텍사스에서 재오픈한 양조장에서 셀리스 화이트 맥주의 역사가 다시 시작되었습니다.

독일의 아담비어 Adambier, 폴란드의 그로지스키 Grodziskie 등등 원산지에서 재정적 이유이든, 대중적 맥주만 취급하려는 양조장들 때문이든 그 명맥을 이어나가지 못하고 멸종된 맥주들이 여럿 있습니다. 피에르 셀리스가 아니었다면 벨지안 화이트스타일 맥주도 '제2차 세계대전 이전 시기까지 벨기에서 만들어졌던 밀맥주'라는 것으로만 기억될 뿐 실체는 없는 맥주가 되었을지도 모릅니다.

현재 벨지안 화이트 스타일 맥주는 벨기에의 호가든을 필두로 미국의 블루 문 Blue Moon 등등 대기업 라인의 대중적인 벨기에 밀맥주들을 비롯하여, 크래프트 맥주계와 벨기에 장인 Artisanal 맥주계에서도 만들어지는 맥주 세계를 아우르는 인기있는 스타일이 되었습니다.

벨기에서 부활한 셀리스 화이트 66

세종 Saison

세종 듀퐁 Saison Dupont

브루클린 하프 에일 Brooklyn 1/2 Ale

라 시렌, 세종 La Sirene, Saison

DETAIL

홉 Hoppy	🍺🍺
맥아 Malty	🍺🍺
효모 Yeasty	🍺🍺🍺🍺
무게감 Body	🍺🍺
색상	금색
알코올 도수	5.0~7.0%
IBU	20~35

※ 5개 만점 높을수록 맛이 강함

세종 대표 브랜드
- 세종 듀퐁(Saison Dupont, 벨기에, ○)
- 탱크 7 팜하우스 에일(Tank 7 Farmhouse Ale, 미국, ×)
- 헤네핀 팜하우스 세종(Hennepin Farmhouse Saison, 미국, ×)
- 구스 아일랜드 소피(Goose Island Sofie, 미국, ○)
- 브루클린 하프 에일(Brooklyn 1/2 Ale, 미국, ×)
- 프레리 스탠다드(Prairie Standard, 미국, ○)
- 브라우팍툼 솔레야(Braufactum Soleya, 독일, ○)
- 라 시렌, 세종(La Sirene, Saison, 호주, ○)
- 팔야스 세종(Paljas Saison, 벨기에, ○)

개 요

세종 Saison 맥주는 밝은 색상을 띱니다. 맥주에서 나올 수 있는 가장 밝은 색상인 노란 색부터, 어두운 수준이라고 해봤자 페일 에일의 구리색 정도입니다. 따라서 어두운색 맥아에서 나오는 스모키, 로스팅 풍미, 탄 내, 원두 커피 등의 쓰고 거친 맛과는 매우 거리가 먼 스타일입니다.

왈롱 농부들이 마시던 세종의 원형은 본래 알코올 도수가 3~3.5%를 넘지않는 가벼운 맥주였습니다. 농업 용수로 물이 귀한 시기에 물 대신 갈증을 해소하려는 목적으로 약하고 부담없게 만들었다는 설도 있고, 작업 중 취하는 일을 방지하려는 이유로 저도수로 만들었다는 이야기도 있습니다.

역 사

벨기에 남부 왈롱Wallon은 프랑스 국경과 닿아 있으며, 전통적으로 프랑스어를 사용하는 지방입니다. 영어로 계절Season이라는 단어와 동일한 프랑스어인 세종Saison은 왈롱의 농가에서 만들던 맥주 스타일의 명칭이기도 합니다.

냉장 기술이 발달하기 이전 시기에는 여름의 온도는 맥주를 발효하기에 너무 높고 더웠습니다. 각종 박테리아가 창궐하여 여름에 만든 맥주는 상하기 일쑤였기에 사람들은 여름에는 맥주 양조를 쉬고 서늘해지는 가을부터 이듬해 봄까지 맥주를 양조하였습니다. 벨기에 왈롱 지역의 맥주 양조는 전문적인 시설을 갖춘 양조장에서 생산하기보다는 우리의 막걸리처럼 농가에서 가양주 형식으로 집집마다 만드는 맥주들이 많았습니다.

세종 맥주 대표 세종 듀퐁 Saison Dupont 67

가을의 추수가 끝난 무렵부터 왈롱 지역의 농부들은 가내 양조장에서 맥주를 만들면서 겨울을 나고 다음 농번기를 대비했습니다. 세종 맥주는 다음해 여름 농사일을 하면서 마시기 위한 농주로 제작되었습니다. 우리나라의 농부들이 모내기를 하면서 막걸리를 마시는 풍습과 매우 유사한 세종 맥주의 전통입니다. 늦가을부터 봄에 만든다는 부분은 독일의 3월 맥주 메르젠Märzen과 동일하지만 독일 메르젠은 소비 시기가 옥토버페스트가 열리는 초가을이며, 세종은 여름 농번기라는 점이 다릅니다.

특 징

현대로 넘어오면서 농부들의 맥주였던 세종Saison도 변화를 맞이하게 되었습니다. 냉장 기술의 발달로 더 이상 특정 계절에만 만들고 마시던 맥주가 아닌 사시사철 양조하고 즐기는 게 가능해졌습니다. 알코올 도수도 5~7% 정도로 상승하여 마냥 가벼운 맥주라고 보기는 어렵게 되었지만, 세종이라는 맥주 스타일은 부담감, 중압감, 강건함 등과는 어울리지 않는 특징들을 지녔습니다.

밝은색 맥아가 내는 맛들인 시럽, 꿀 등의 맛이 나타나기는 하지만 세종 맥주가 깔끔하고 드라이한 맛을 추구하기에 특별히 질척이게 입에 남는 단맛이 적습니다. 탄산감이 많은 편이며 가볍고 산뜻한 질감과 무게감이 요구되는 스타일이라 편하게 마시기에 알맞습니다. 농가에서 양조하던 세종이었기에 만드는 집마다 레시피가 달랐습니다. 따라서 일부 세종 맥주에는 인위적으로 향신료가 투입되기도 합니다.

세종 드 삐빼 saison de pipaix 68

왈롱 농가에서 만들어지던 옛날에는 홉이 방부 효과를 위해 많이 첨가되었다고 하지만, 현대적인 세종에서는 쓴맛과 홉의 풍미가 두드러지지 않습니다. 주로 영국과 독일의 홉들이 세종에 사용되며, IBU맥주 쓴맛 수치 자체는 씁쓸한 라거라는 필스너류에 견줄만한 30 수준을 기록하나, 벨기에 에일인 세종 효모에서 나오는 오렌지, 레몬, 향신료의 풍미에 묻히거나 결합하여 특별하게 쓴맛이 부각되진 않습니다. 즉 세종 스타일 역시 전적으로 효모의 캐릭터Yeasty 에 의존하는 맥주입니다.

미국 Boulevard 양조장의
Tank 7 Farmhouse Ale 69

세종 맥주의 대표적인 상업적 예로는 벨기에 듀퐁Dupont 양조장의 세종 듀퐁Saison DuPont 이나 팡토므Fantôme 양조장의 Saison D'Erezée가 있으며, 특히 뒤퐁의 세종 맥주는 미국의 크래프트 맥주 양조장들에게 큰 영감을 주어, 아메리카 대륙에서도 세종 맥주가 양조될 수 있도록 하는 계기가 되었습니다. 미국에서 만들어진 벨기에 세종을 모방한 맥주들은 팜하우스 에일Farmhouse Ale 이라 불리는데, 세종의 원류가 왈롱 지역의 농가이기에 팜하우스농가 에일이라는 명칭이 붙었습니다.

세종 대표 맥주

세종 듀퐁 Saison Dupont

국적 | 벨기에

특징 |

벨기에 세종들 가운데 가장 유명한 제품. 벨기에 서부에 위치한 뒤퐁 Dupont 양조장에서 생산한다. 많은 홈브루어 Homebrewer와 상업 양조장에서 세종 스타일을 개발하려고 할 때 참고하는 교과서적인 제품. 밝은 금색을 띄며 싱그러운 풀이나 과일, 허브 등의 풍미가 미각의 생기를 돋운다. 탄산이 잘 포화되어 있어 입안에서 약간의 터짐이 느껴지며 무게감이나 질감 등은 대체로 순하고 산뜻한 편이다. 벨기에 세종 효모에서 나오는 배나 사과, 후추 등과 같은 화하고 단 느낌이 전달된다. 농주 Farmhouse Ale 라는 수식어에 걸맞는 아늑한 전원의 분위기가 연출된 맥주.

라 시렌, 세종 La Sirene, Saison

국적 | 호주

특징 |

라 시렌은 호주에 설립된 신생 크래프트 맥주 양조장으로, 페일 에일이나 IPA가 아닌 세종/팜하우스 에일에 특화된 모습을 보입니다. 라 시렌, 세종은 가장 기본적인 타입의 제품으로 사과, 배, 사이더 같은 느낌에 풀과 건초와 같은 풍미가 곁들여진, 그럼에도 깔끔하고 개운하게 마실 수 있는 제품입니다.

Supplement
수도사들의 혼이 담긴 맥주 트라피스트 에일 Trappist Ale

대중에게 맥주는 싸고 쉽게 마실 수 있는 주류로 주로 생각되지만, 유라시아 대륙 반대편 유럽에선 고귀한 대접을 받기도 합니다. 그것은 트라피스트 수도원에서 만들어지는 맥주라는 어원의 '트라피스트 에일Trappist Ale'로, 줄여서 '트라피스트'라 합니다.

시메이Chimay 트라피스트 에일[70]

금욕적인 수도생활로 유명한 트라피스트 수도원의 수도승들이 자체적으로 소비하기 위한 목적으로 만들던 것으로, 자기수양과 사순절 등의 단식 시의 영양보충 용도나 손님 대접을 위해 쓰였습니다. 맥주 양조를 수양의 일부로 생각해 중시 여기기도 했습니다.

'금욕적이기만 할 것 같은 유럽의 수도원에서 웬 맥주?' 라는 의문이 생길 수도 있지만 사실 중세 이후 유럽의 수도원들에서 맥주 양조는 매우 흔한 일입니다. 현재 운영되는 맥주 양조장들 중에서 수도원 맥주 기반으로 시작한 곳이 많습니다. 대표적으로 벨기에의 레페Leffe 나 독일의 파울라너Paulaner, 바이헨슈테판Weihenstephan의 발단은 수도원 맥주에서 찾을 수 있습니다.

트라피스트 에일이라 불리는 수도원 맥주는 총 12곳으로, 벨기에 6곳, 네덜란드 2곳, 오스트리아 1곳, 미국 1곳, 이탈리아 1곳, 영국 1곳 입니다. 트라피스트 수도원에서 양조됩니다.

이름	출신	양조장 설립 년도
Chimay	벨기에	1863
Rochefort	벨기에	1595
Westvleteren	벨기에	1838
Westmalle	벨기에	1836
Orval	벨기에	1931
La Trappe	네덜란드	1884
Achel	벨기에	1998
Stift Engelszell	오스트리아	2012
St. Joseph's Abbey Spencer	미국	2013
Abdij Maria Toevlucht Zundert	네덜란드	2014
Tre Fontane	이탈리아	2015
Mount St. Bernard	영국	2018

오직 위에 열거된[71] 맥주들만이 '트라피스트 Trappist'라는 칭호를 사용할 수 있고, 이는 어센틱 트라피스트 프로덕트 마크로 증명됩니다. 중세부터 유럽의 많은 수도원에서는 맥주를 양조하였다는데, 왜 정통 수도원 맥주인 트라피스트의 생산지가 단지 12곳뿐인 걸까요?

첫째, 유럽에서의 혁명과 전쟁으로 인해 많은 수도원들이 공격 받아 파괴되었기에 급격히 수가 줄었습니다.
둘째, 수도원 자체에서 더 이상 맥주 양조의 전통을 포기했기 때문입니다. 첫 번째 항목과 연관된 파괴에 의한 복구불가의 원인도 있고, '술'이라는 것에 부정적인 인식이 있다는 것도 이유가 됩니다.
셋째, 상업과 자본주의가 발달하면서 여러 수도원의 양조법이 세속의 기업에 라이센스 형태로 판매가 되었기 때문입니다. 상업적 기업에 의해서 수도원 맥주들이 소개되다 보니 수도원 맥주 고유의 특성들이 점차 퇴색하기 시작했습니다. 하지만 '수도원에서 생산되던 신비한 맥주'라는 소개는 사람들의 호기심을 자극했고, 1900년에 접어들어 수도원 맥주는 인기를 구가하게 됩니다. 따라서 어떤 기업에서는 수도원과 아무런 관련이 없음에도 트라피스트라는 문구를 자신들의 맥주에 사용했으며, 이 행위는 정통 트라피스트 에일을 취급하는 수도원의 노여움을 사게 됩니다.

가짜 트라피스트 수도원 맥주의 활개를 지켜 볼 수만은 없었던 1997년 당시 8개의 트라피스트 수도원은 국제 트라피스트 협회ITA를 조직했고, 트라피스트 맥주가 될 수 있는 자격을 확립했는데, 이는 다음과 같습니다.

1. 트라피스트 에일은 트라피스트 수도원의 담장 안에서 수도사들의 철저한 관리하에 양조해야 한다.
2. 트라피스트 에일의 상업적 이용은 이윤 창출보다는 수도원 유지 비용 마련에 그쳐야 한다.
3. 트라피스트 맥주 양조는 수도 생활의 부차적 일환일 뿐 수도원의 주사업이 아니다.
4. 트라피스트 에일의 양조 선택과 상업적 방침은 오로지 수도원에게만 있다.

이와 같은 엄격한 조건들을 만족해야만 트라피스트 에일의 자격이 수여되는 것이며, '어센틱 트라피스트 프로덕트'라는 라벨을 수여 받을 수 있습니다. 이 요건을 충족시키지 못하면 트라피스트 수도원에서 만들어지더라도 트라피스트 맥주라는 문구를 맥주 라벨에 삽입할 수 없습니다.

자격을 인증 받은 트라피스트 맥주에만 달 수 있는 'Authentic Trappist product' 라벨

일례로 2011년 6월 16일, 프랑스의 Mont des Cats 트라피스트 수도원은 트라피스트 맥주를 출시한다고 발표했습니다. 이름은 수도원과 동명인 'Mont des Cats'로, 도수 7.6%의 앰버 에일을 출시했습니다.

Mont des Cats 수도원은 1847년 수도원내에 양조장을 설치하였고, 제1차 세계대전이 일어나기 전까지는 외부 근로자를 고용하여 맥주를 양조할 만큼 나름 성공적으로 운영했다고 합니다. 맥주 이외에 치즈도 만들었다고 알려져 있습니다.

제1차 세계대전이 막바지던 1918년 끔찍한 폭격으로 인하여 수도원이 파괴되었는데, 수도원은 전후복구가 되었지만 브루어리는 다시 재건되지 않았고, 맥주 생산은 중단되었습니다. 치즈를 생산하던 작업은 지금까지 지속했으나, 맥주를 다시 만들기로 결심한 건 90년 후인 2011년입니다.

Mont des Cats가 트라피스트회 수도원 출신의 맥주인 것은 맞지만, 공식적으로 트라피스트라고 인정하기에는 문제가 있었습니다. 트라피스트의 지나친 상업화를 막고 자격이 있는 맥주에 마크를 수여하여 공식적으로 인증하는 협회인 '국제 트라피스트 협회 International Trappist Association'는 Mont des Cats를 트라피스트 맥주로 받아들이지 않았습니다.

트라피스트가 되기 위한 필요 조건들 가운데 '트라피스트는 수도원의 담장 안에서 생산되어야 한다'라는 조건을 충족하지 못하였기 때문입니다. Mont des Cats 수도원은 1차 세계대전 때 파괴된 양조장을 복구하지 않았기 때문에 현재도 양조장이 없는 상태이며, 새로 나온 Mont des Cats 맥주는 벨기에의 시메이 Chimay 수도원의 수도사들의 감독 아래서 대리로 만들어지는 맥주였기 때문입니다.

Mont des Cats

그 때문에 Mont des Cats는 협회에서 수여하는 '어센틱 트라피스트 프로덕트' 인증을 얻지 못했고, Trappist라는 문구도 라벨에 포함할 수가 없게 되었습니다. 그래서 Biere Trappiste 라는 유사한 문구를 맥주 라벨에 실었습니다.

Mont des Cats 수도원의 수도사 인터뷰에 따르면, 그들은 현재 수도원에 양조장을 설치할 계획이 없다고 합니다. 이유는 양조장을 건립할 자금이 부족하다는 재정적인 문제 때문이라고 하며, 수도승들의 양조기술도 미숙하기 때문입니다.

만약 Mont des Cats에서 제대로 된 양조장을 갖춘다면 '어센틱 트라피스트 프로덕트' 인증을 수여 받고 트라피스트로서 당당히 이름을 올릴 수 있게 되지만, 2011년 이래로 Mont des Cats 맥주에 여전히 '어센틱 트라피스트 프로덕트' 가 없는 것을 볼 때, 여전히 유사 트라피스트 에일로서의 입지에 만족하려나 봅니다.

수도원 내 양조장에서 수도승들에 의한 양조가 이뤄진다 해서 트라피스트 에일의 지위를 누릴 수 있는 것은 아닙니다. 네덜란드의 트라피스트 맥주 중 하나인 라 트라페 La Trappe 를 생산하는 수도원에서는 1884년 양조장을 설립했습니다. 당시 양조장을 설립한 경위는 양조장 운영 자금의 확보와 자선사업 등의 취지로 시작되었습니다.

라 트라페 La Trappe 트라피스트 에일[72]

시간이 점차 경과하면서 연로해지는 수도사들로 인해 생산량에 차질이 생기자 1969년에는 벨기에 최대의 라거 맥주인 스텔라 아르투아 Stella Artois의 InBev 기업에 라이센스를 주었습니다. 또, 1999년에는 수도원 양조장 유한회사를 설립하고 네덜란드에서 대중적인 라거 맥주를 생산하는 사기업인 바바리아 Bavaria의 자회사로 소속되면서 수도원 맥주의 대량생산을 이룩하여 수도승들의 양조 부담을 줄였습니다.

국제 트라피스트 협회에서는 La Trappe 트라피스트 맥주의 이와 같은 벤처사업에 너무 상업적으로 트라피스트 맥주가 변질된다는 이유를 들어 트라피스트 맥주의 직위를 박탈했습니다. 1999년부터 2005년까지 La Trappe 맥주는 트라피스트 맥주로 인정받지 못했지만 Trappisten과 같은 유사 문구를 이용해서 여전히 트라피스트 맥주로 위장하기도 했습니다.

2005년 9월 이후 La Trappe는 ITA와 사기업 Bavaria와의 관계 조정을 통해 트라피스트 맥주로 복귀했으며, 더 엄격해진 수도승들의 관리로 La Trappe 수도원의 양조 공정이 이루어지고 있다고 합니다.

이토록 엄격한 상업성의 배제와 수도원 맥주의 정체성 유지가 트라피스트 맥주의 덕목인 만큼 맥주 마니아들 사이에서는 트라피스트 에일을 매우 고품격 맥주로 여깁니다. 그래서 맥주를 목적으로 벨기에를 방문하는 여행객 가운데 맥주 투어의 일환으로 트라피스트 맥주를 생산하는 수도원을 찾는 사람들이 늘어나는 추세입니다.

트라피스트 수도원을 방문한다고 해서 수도원 내부에 들어가 수도승들이 직접 양조하는 장면을 참관할 수는 없지만, 각 수도원마다 마련된 Visitor's Center에서 트라피스트 맥주는 물론이고 잔과 같은 트라피스트 맥주와 관련된 소품들, 수도원의 맥주 이외에 다른 사업인 치즈나 빵을 구매할 수 있습니다.

한편 일각에서는 마니아들의 트라피스트 맥주 과대 평가는 지나친 환상에서 비롯한것이다 라는 의견도 나오고 있습니다. 유럽식 정통 수도원 맥주라는 그 이름에 반해 구하기 쉽고 많은 곳에 보급되어 있는 것이 사실입니다. 실제로 벨기에 브뤼셀의 대형 마트 체인인 까르푸 Carrefour 의 맥주 코너에 가면 대기업 라거 맥주를 구매하듯이 트라피스트 에일을 손에 넣을 수 있습니다.

벨기에 트라피스트인 시메이 Chimay 나 네덜란드의 트라피스트 La Trappe 같은 경우는 트라피스트 맥주로서의 규율은 지키고 있지만 합법적인 지나친 상업성으로 인해 트라피스트의 격을 떨어뜨린다는 목소리도 있습니다. 특히 시메이는 2015년 현재 국내의 대형 마트 체인에서도 구매할 수 있게 된 만큼 사기업의 맥주들만큼 넓은 유통, 보급망을 갖춘 제품입니다.

그래서인지 시메이와는 대비되게 벨기에 트라피스트 에일 가운데 하나인 베스트 블레테렌Westvleteren은 대형 마트 등에 유통되지 않으며, 맥주를 전문적으로 취급하는 매장의 사장이 개인적으로 입수한 다음 신주단지 모시듯 그 가치를 아는 손님들에게 판매하는, 그만큼 상업적인 면을 자제하는 방식으로 가치를 드높인 맥주가 베스트블레테렌입니다.

맥주 상품의 기본인 전면 라벨과 후면 라벨이 없는 무심한 병 디자인에 오로지 뚜껑에 알코올 도수나 출신 양조장 등등의 기본적인 정보만 적힌 베스트블레테렌은 트라피스트 맥주의 이상향이자 죽기 전에 꼭 마셔봐야 할 맥주로 마니아들 사이에서 손꼽히는 맥주입니다.

트라피스트 맥주는 많은 사람들이 꿈꾸던 유럽 수도원식 맥주의 문화가 여전히 유지 계승되고 있는 것의 상징으로, 세속과 단절된 채 평생을 수련하는 수도사들의 혼이 담긴 맥주이자 철저한 상업성 배제로 많은 사람들의 칭송을 받는 맥주입니다.

베스트블레테렌 Westbleteren 73

2010년대에 들어 기존의 7곳이던 양조장이 2014년에는 3곳이 늘어 10곳이 되더니, 2018년에는 또 두 곳이 늘어 현재 12곳이 되었습니다. 크래프트 맥주 시장의 성장으로 대중의 다양한 맥주에 관한 관심이 증대함에 따라 트라피스트 에일을 취급하는 수도원이 많아질 가능성이 있습니다. 상업적으로 변모할 가능성이 없다고 하기 힘들지만, 여전히 트라피스트 에일은 다른 사기업의 맥주들보다 사람의 마음을 설레게 하는 무언가가 존재하는 것 같습니다.

트레 폰타네, 이탈리아(2015)   틴트 메도우, 영국(2018)

Supplement

애비 에일 Abbey Ale 은 무엇인가?

수도원 맥주라는 이름을 떠올렸을 때 맥주 마니아들의 머릿속에서 가장 먼저 떠오르는 맥주는 단연 벨기에의 트라피스트 Trappist 일 겁니다. 문명이 극도로 발달한 현대 사회에서도 여전히 트라피스트회의 엄격한 방침대로 수련하는 수도사들이 만든 맥주야 말로 진정한 수도원 맥주라고 여기는 사람들이 많기 때문입니다.

벨기에에는 트라피스트 에일이라는 개념 이외에도 애비 에일 Abbey Ale 이라는 맥주도 존재합니다. 애비 에일, 우리말로 번역하면 수도원 맥주라는 것으로 애비 에일이 트라피스트 에일을 포함하는 더 큰 개념으로 볼 수도 있지만, 사실 트라피스트와 에비 에일의 의미는 서로 구분되어 다른 맥주들을 지칭하는 데 사용됩니다.

트라피스트 에일은 트라피스트회 수도원의 수도승에 의해 나온 맥주를 가리키는 것으로 정확하게 지정된 반면 애비 에일은 더 포괄적인 대상을 아우릅니다. 가톨릭 수도회는 트라피스트회를 포함하여 베네딕트회, 프란치스코회, 예수회 등등의 여러 수도회가 존재합니다. 유럽 맥주의 역사가 수도원 맥주 양조에서 기원한 만큼 트라피스트회 이외의 다른 수도원 소속의 수도승들도 맥주를 양조했는데, 가장 대표적인 곳이 베네딕트회 소속의 수도회입니다.

애비 에일 브랜드
마레드수스 Maredsous [74]

마레드수스Maredsous 수도원은 벨기에 중부 Denée라는 마을에 소재했으며 베네딕트 수도회 소속입니다. 이 곳의 수도승들도 오래전부터 맥주를 양조했었지만 트라피스트Trappist회 소속이 아니기 때문에 수도승 양조 전통을 유지했다고 해도 트라피스트 에일의 자격을 얻지는 못합니다. 마레드수스 이외에도 비벨기에 권역인 독일 뮌헨 근교의 안덱스Andechs 수도원의 맥주나 벨텐부르크Weltenburg 수도원의 맥주들이 베네딕트회 수도원에서 나오는 맥주입니다.

트라피스트회가 베네딕트 수도원들에 비해서 잘 조직된 국제 트라피스트 협회ITA 를 바탕으로 전 세계적으로 수도원 맥주의 이미지와 정통성을 먼저 선점했을 뿐, 트라피스트 맥주만이 전 세계 수도원 맥주를 대변하는 것은 아닙니다. 하지만 벨기에 에일을 설명할 때 수도원 맥주라 하면 트라피스트Trappist 맥주와 애비Abbey 맥주 두 분류로 나뉘기 때문에 벨기에의 베네딕트 수도회 맥주들은 애비 맥주쪽에 속하게 됩니다.

트라피스트와 베네딕트 수도회 같이 출신에 따른 구분이라기보다는 실질적으로 트라피스트-애비 맥주를 갈라놓는 것은 누가 맥주 양조의 주도권을 가지고 있느냐에 관한 부분입니다.

앞서 트라피스트 맥주편에서 다루었던 어센틱 트라피스트 프로덕트 마크를 수여받기 위해서는 지켜야할 몇 가지 엄격한 규율이 있습니다. '트라피스트 수도승들의 관리하에 수도원 유지나 자선 사업의 목적으로 맥주를 판매 할 것, 트라피스트 수도원 내부에서 맥주가 만들어질 것' 등등이 국제 트라피스트 협회에서 정한 요건입니다.

Mont des Cats의 사례처럼 트라피스트회 수도원은 오랜 기간 유지되었고 한때 맥주 양조장도 운영되었으나 현재는 맥주 레시피만 남았을 뿐 자체 생산이 불가능한 경우, 다른 수도원이나 사기업 양조장에 위탁 양조를 맡겨서 완성된 맥주들은 트라피스트 맥주가 아닌 애비 맥주로 취급 받습니다.

반대로 사기업에서 전쟁을 통해 파괴되거나 버려진 수도원의 맥주 레시피를 구해서 생산하는 맥주들도 존재하며, 수도승 양조 문화를 유지하던 수도원에서 수도승들이 맥주 양조 작업을 관리하기 어려운 상황에 처하게 됨에 따라 수도원 맥주 전통과 라이센스를 사기업에 넘기는 상황도 여럿 발견됩니다.

가장 대표적인 애비 맥주 브랜드는 벨기에 중부 디낭Dinant에 소재한 1152년 설립된 수도원에서 나온 레페Leffe라는 맥주로 1794년 프랑스 혁명시기에 양조장이 파괴되었다가 1952년 사기업 양조장과의 라이센스 계약을 통해 수도원 맥주 전통을 복구합니다. 이후 세계에서 가장 큰 규모를 자랑하는 맥주 기업인 Anheuser Busch InBev 버드와이저, 스텔라 아르투와, 벡스 등의 세계적 브랜드 소유와의 계약을 통해 수도원 맥주 레페Leffe는 세계적인 브랜드로 발돋움하게 됩니다.

벨기에 애비 에일 대표 브랜드 레페 Leffe 75

베네딕트 수도회 소속인 벨기에 Affligem 수도원에서 나온 Affligem 맥주는 네덜란드의 하이네켄Heineken과 계약을 맺어 하이네켄 맥주의 유통망이 닿는 곳이라면 Affligem 수도원 방식의 맥주도 소비자들에게 유통될 수 있게 되었습니다.

이와 같은 사례에서 보이듯 애비 맥주는 그 기원이 수도원 맥주에서 시작되었으나 그 전통이 어떠한 이유에서든 유지되지 못하고 사기업에 넘어가 상품으로서 맥주 시장에 나온 것들을 칭하며, 트라피스트 맥주들은 전통을 유지하여 사기업들의 시장경제 논리에 지배되지 않고 수도원의 방식대로 생산되는 맥주들입니다.

Affligem Abbey Ale 76

그래서 사람들은 상업화, 속세화 된 애비 맥주들을 트라피스트 맥주들에 비해 평가 절하하고 전통을 고수한 트라피스트 맥주들을 더 숭고하고 이상적인 수도원 맥주로 받아들이는 경향이 있습니다.

맥주의 이미지로만 보았을 때 트라피스트가 더 우위에 있다는 것은 공감대가 형성되는 일반적인 견해입니다. 하지만 트라피스트든 애비 맥주든 소비자가 비용을 지불하고 마시는 상품이라는 관점에서 접근을 해본다면 전문화된 시설과 인력을 갖춘 대형 양조장의 애비 맥주와 전통적이지만 수도승들에 의해 양조되는 트라피스트 맥주 간의 품질 차이는 거의 없거나 오히려 애비 맥주가 낫다는 의견도 있습니다. 또 이미지 때문에 트라피스트 맥주는 과대평가되고, 애비 맥주는 지나친 과소평가를 얻는다라는 목소리도 나오기도 합니다.

Supplement

트라피스트 Trappist 는 맥주 스타일 개념이 아니다!

맥주에는 정말로 다양한 스타일이 있습니다. 필스너, 바이젠, 페일 에일, 스타우트, IPA, 발리 와인 등등 다 언급하지 못할 정도로 많은 스타일 종류가 존재합니다. 벨기에의 트라피스트 맥주 또한 트라피스트라는 이름으로 자주 언급되기에 사람들이 종종 트라피스트 에일 또한 벨기에 맥주의 스타일 가운데 하나라고 혼동하기도 합니다.

트라피스트 에일은 스타우트, 쾰쉬 같이 하나의 스타일로 정의되지 않았습니다. 그 이유는 총 12곳의 트라피스트 수도원에서 각기 다른 스타일의 맥주를 양조하기 때문입니다. 우선 트라피스트하면 가장 먼저 떠오르는 스타일은 두벨 Dubbel 과 트리펠 Tripel 스타일입니다.
벨기에와 네덜란드의 트라피스트 수도원인 시메이 Chimay, 베스트말레 Westmalle, 로슈포 Rochefort, 아헬 Achel, 라 트라페 La Trappe, 베스트블레테렛 Westvleteren 등이 Dubbel과 Tripel을 양조합니다. Dubbel과 Tripel 스타일은 트라피스트 에일의 메인이나 다름없는 스타일이기는 하지만, 이들은 꼭 트라피스트 맥주에만 귀속된 스타일이 아닌 벨기에 애비 맥주 Abbey Beer 나 미국과 유럽의 크래프트 양조장들에서도 자주 시도되는 스타일이기에 Dubbel과 Tripel이 트라피스트 에일 스타일이라고 결론짓는 것은 섣부릅니다.

벨기에 트라피스트 가운데 하나인 Trappist Orval에서 생산하는 젖은 가죽 느낌나는 오르발 Orval 맥주는 Dubbel과 Tripel이 아닌 벨지안 페일 에일 Belgian Pale Ale 스타일에 속하며, 네덜란드의 트라피스트 La Trappe에서는 Bock 스타일과 Witbier 벨지안 화이트 도 트라피스트 맥주라는 이름으로 시중에 판매되고 있습니다. 이런 경우만 보더라도 트라피스트 Trappist 가 맥주 스타일을 대변하는 용어가 아님이 확인됩니다.

트라피스트 에일이라는 용어가 사용되는 까닭은 수도원으로부터 레시피와 라이센스를 얻은 상업적 양조장의 애비 맥주 Abbey Beer 와의 구분을 위해서라 볼 수 있고, 약간은 감성에 입각해서 본다면 평생을 수련하며 경건한 삶을 사는 트라피스트회 수도승들에게 존경의 의미로 '트라피스트 맥주'라 칭하며 세속적인 양조장의 맥주들과는 격이 다르다는 것을 표현하는 것이 아닐까 생각해 봅니다.

두벨 Dubbel

베스트말레 두벨
Westmalle Dubbel

브뤼흐스 조트 두벨
Brugse Zot Dubbel

라 트라펠 두벨
La Trappe Dubbel

DETAIL

홉 Hoppy	🍺🍺
맥아 Malty	🍺🍺🍺🍺
효모 Yeasty	🍺🍺🍺🍺
무게감 Body	🍺🍺🍺
색상	갈색
알코올 도수	6.0~7.5%
IBU	15~25

※ 5개 만점. 높을수록 맛이 강함

두벨 대표 브랜드
- 베스트말레 두벨(Westmalle Dubbel, 벨기에, ○)
- 알라가쉬 두벨 에일(Allagash Dubbel Ale, 미국, ✕)
- 시메이 레드(Chimay Red[Première], 벨기에, ○)
- 코르센동크 파터(Corsendonk Vater, 벨기에, ○)
- 트라피스트 아헬 브륀(Trappist Achel Bruin, 벨기에, ○)
- 라 트라펠 두벨(La Trappe Dubbel, 벨기에, ○)

개 요

두벨Dubbel은 중세 유럽의 수도원 맥주 문화시기부터 양조되었다고 전해지는 스타일로 본격적으로 상업적으로 개량되고 출시된 것은 19세기 중반 벨기에의 베스트말Westmalle 양조장에서 만든 것이라고 알려집니다. 본래 수도원 맥주는 대중에게 공개되지 않고 수도승들의 수련이나 금식 기간의 영양 보충을 위해 양조되어 자체 소비되었으며 일반적으로 자체 소비용 맥주들은 비교적 낮은 도수 5%대에 밝은색을 띠는 맥주였습니다.

역사

미국 옴메강 애비 에일 두벨[75]

두벨Dubbel 맥주의 시작은 벨기에의 베스트말Westmalle 수도원이지만 이 스타일의 맥주는 곧 다른 트라피스트 수도원과 수도원식 맥주Abbey Ale를 생산하는 양조장들, 더 나아가 벨기에 스타일 맥주를 표방하는 다른 유럽 국가나 미국 등지의 크래프트 맥주 양조장들에게 모방되어 널리 퍼졌습니다.

6.0~7.5%의 알코올 도수에 벨기에Belgian, 수도원Abbey, 수도사Monk 등등의 문구들이 맥주 라벨에 있거나, 수도원이나 수도사 등이 그려진 라벨의 디자인을 가진 어두운색을 띠는 맥주들은 두벨 맥주와 밀접한 연관성을 드러내기 위한 목적이 있으므로, 두벨 스타일에 따라 만들어진 맥주일 가능성이 농후합니다.

특 징

베스트말레 두벨[76]

벨기에 수도원 맥주인 트라피스트 에일Trappist Ale과 수도원식 맥주인 애비 에일Abbey Ale이 한 맥주 스타일 장르를 지칭하지 않는 것은 두벨Dubbel과 같은 맥주 스타일이 수도원 맥주의 근간을 이루고 있기 때문입니다.

베스트말Westmalle 수도원에서는 자체 소비용 맥주들을 수정하여 어두운색을 띠면서 더 강한 알코올 도수와 입에 닿는 질감과 무게감이 묵직한 맥주를 선보이고 이름을 두벨이라 칭했습니다. 기존에 마시던 자체 소비용 맥주가 1, 즉 Single의 의미를 지녔다면, 두벨은 영어로 더블Double이라는 단어에 상응합니다. 기존의 자체 소비용 Single 맥주의 풍미를 강화했다는 의미로 만들어진 Double 맥주, 이것이 바로 두벨 스타일 맥주의 기원입니다.

두벨 맥주 스타일의 평균적인 알코올 도수는 6~7.5%로 다른 국가의 맥주들에 비해서는 매우 높은 수치처럼 보이겠지만, 벨기에 맥주들 가운데서 6~7.5%는 살짝 높거나 거의 기본적인 알코올 도수 수치입니다.

색상은 호박색Amber에서 갈색을 띱니다. 두벨 맥주가 잔에 따라진 자태를 얼핏 보면 어두운색을 띠어 흑맥주라고 생각할 여지가 있지만 자세히 들여다보면 스타우트Stout 처럼 완연한 검은색을 띠는 맥주는 아닙니다.

벨기에 에일은 기본적으로 벨기에 에일 효모를 사용했기에 공통적으로 나오는 특이한 풍미를 공유합니다. 페놀Phenol이라 일컬어지는 후추나 정향Clove스러운 약품과 같이 알싸하고 살짝 매운 듯하면서도 향긋한 맛과 향을 두벨 스타일의 맥주도 간직했습니다.

더불어서 건포도나 자두, 블랙 커런트, 체리 등등의 검붉은 류의 과일 맛이 두벨의 색상을 내는 'Special B'라는 특수 맥아와 효모가 생성하는 과일 맛으로 두 가지 재료에서 모두 동시에 나타납니다. 따라서 두벨 스타일이 기본적으로 갖춘 맥아에서 나오는 달작지근한 단맛과 검붉은 과일의 농익은 맛이 절묘한 하모니를 이룹니다.
벨기에는 맥주에는 물, 효모, 홉, 맥아만 사용해야 한다는 맥주 순수령의 적용 범위에서 벗어나는 지역이자 국가이기 때문에 맥주에 첨가물을 넣는 것이 용인됩니다. 때문에 두벨 스타일에는 전통적으로 다크 캔디 슈가나 캐러멜 슈가 시럽 등을 양조 과정 가운데 넣습니다.

캔디 슈가 등이 들어가면 약간의 단맛이 맥주에 부여되는 것은 사실이나, 단순히 단맛을 증대시키기 위해 캔디 슈가나 시럽을 첨가하는 것은 아닙니다. 캔디 슈가의 더 큰 용도는 맥주의 알코올 도수를 높이기 위한 목적입니다.

독일 맥주 순수령에 따르면 맥주의 알코올을 생성하는 당원은 오로지 맥아가 되어야 하지만, 벨기에는 독일 맥주 순수령과는 관련이 없는 독자적인 맥주 문화를 꽃피운 국가이기 때문에 알코올 도수를 높이기 위해서 맥아 안의 맥아당만 사용하는 것이 아닌 캔디 슈가나 시럽을 넣어 알코올 도수를 높이는 양조 풍습이 예로부터 전해져 내려왔습니다.

벨지안 두벨 스타일은 벨기에 맥주들의 성향이 대체로 그렇듯 홉에서 나오는 쌉쌀함이 그리 강하지 않은 편입니다. 검붉은 과일 맛의 잼이 들어간 초콜릿/캐러멜을 먹는 듯한 맥아적인 단맛에 균형이라는 측면에서 보조를 맞추기 위해 약간의 쌉쌀함은 가미되었지만, 실질적으로 단맛에 묻혀서 홉의 쓴맛과 고유의 홉 맛 등은 잘 드러나지 않습니다.

대표적인 Dubbel 맥주의 트라피스트 에일 상품은 다음과 같습니다. 베스트말레 두벨Westmalle Dubbel, 로슈폴Rochefort 6, 아헬Achel 8, 베스트블레테렌Westvleteren 8, 시메이 레드Chimay Red 등이 있고, 상업적 양조장에서 나온 애비 에일Abbey Ale 이나 크래프트 양조장의 수도원식 맥주들로는 아플리젬 두벨Affligem Dubbel, 벨기에, 마레드수스 8 브륀Maredsous 8 Bruin, 벨기에, 그림버겐 두벨Grimbergen Dubbel, 벨기에, 옴메강 애비 에일Ommegang Abbey Ale, 미국, 알라가쉬 두벨Allagash Dubbel, 미국 등이 있습니다.

두벨 대표 맥주

베스트말레 두벨 Westmalle Dubbel

국적 | 벨기에

특징 |

벨기에 트라피스트의 하나인 베스트말레에서 생산한 두벨Dubbel 스타일 맥주. 두벨 스타일의 선구자로 알려진 제품이기도 하다. 검붉은 마호가니 색이나 갈색 등이 눈에 띠며 거품이 상당하다. 입에 부드럽고 진득하게 닿는 질감과 안정된 무게감이 인상적이며, 검붉은 건과일 자두, 건포도류의 달짝지근한 과일 맛과 흑설탕 맛 등이 나타난다. 벨기에 에일 효모의 향신료, 약품 풍미도 나타나지만 검붉은 건과일류의 맛에 의해 다소 잠잠해진 느낌. 색상은 어둡지만 쓰고 태우고 떫은 거친 면모가 전혀 발견되지 않은 두벨 스타일의 특징이 잘 담긴 맥주이다.

라 트라페 두벨 La Trappe Dubbel

국적 | 네덜린드

특징 |

네덜란드의 트라피스트 수도원 Abdij O.L.V. Koningshoeven에서 제작하는 트라피스트 맥주는 라 트라페La Trappe라 불린다. 숫자나 색상으로 맥주 명칭을 표기하는 다른 트라피스트 수도원들과는 다르게 Dubbel – Tripel – Quadrupel 형식으로 스타일 명칭을 기록해주는 곳. 가장 무난한 수도원 맥주 타입이자 알코올 도수 7%인 두벨Dub-bel은 카라멜이나 대추, 검붉은 건과일 맛이 나는 매우 클래식한 스타일의 맥주이다

Supplement

엥 켈 Enkel Single

엥켈Enkel은 수도원에서 만드는 알코올 도수 4.5~5%대의 가벼움을 지닌 부담없는 풍미를 갖춘 타입의 벨기에 에일입니다. 수도원 타입의 맥주들인 두벨Dubbel, 트리펠Tripel, 쿼드루펠Quadrupel의 1-2-3-4로 이어지는 단계 가운데서 가장 하위 단계에 놓인 맥주이자 대중들에게 어필하기 좋은 마시기 편한 스타일입니다. 트라피스트 수도원이나 수도원 근처에서 방문객들을 위해 운영하는 카페나 기념품 샵에 가야 구할 수 있는 맥주가 바로 엥켈입니다. 또한 가장 마시기 편한 맥주가 제일 구하기 어렵다는 아이러니함을 보여주는 맥주입니다.

벨지안 두벨 스타일을 설명하기 이전에 그 전 단계의 맥주인 엥켈을 먼저 설명하는 것이 일반적인 순서겠으나, 엥켈 맥주는 수도원 내부의 수도승들이 자체 소비를 위해 만들었고, 대중들에게 공개가 어지간해서는 되지 않기 때문에 두벨 스타일에 비해 노출이 적고 시음 인원이 많지 않아 여러 맥주 기관들을 통해 정식적인 맥주 스타일로 인식되지는 않은 상태입니다.

Chimay Dorée[79]

트라피스트 수도원에서 나오는 엥켈 맥주로는 Chimay Dorée2014년 국내 수입이나 Petite Orval, 아헬Achel 5, 베스트블렌테렌 블론드Westvleteren Blonde 등이 존재합니다. 엥켈 맥주 스타일은 벨기에 맥주 가운데서는 약하고 저풍미에 속하는 벨지안 블론드Belgian Blonde나 벨지안 페일 에일Belgian Pale Ale 쪽에 가깝습니다.

트리펠 Tripel

시메이 화이트 Chimay White

트리펠 카르멜리엇 Tripel Karmeliet

DETAIL

홉 Hoppy	🍺🍺
맥아 Malty	🍺🍺🍺
효모 Yeasty	🍺🍺🍺🍺
무게감 Body	🍺🍺🍺
색상	금색
알코올 도수	7.5~9.5%
IBU	20~40

※ 5개 만점. 높을수록 맛이 강함

트리펠 대표 브랜드
- 베스트말레 트리펠(Westmalle Tripel, 벨기에, ○)
- 트리펠 카르멜리엇(Tripel Karmeliet, 벨기에, ○)
- 라 트라페 트리펠(La Trappe Tripel, 네덜란드, ○)
- 라 핀 두 몽드(La Fin Du Monde, 캐나다, ✗)
- 코르센동크 아그너스(Corsendonk Agnus, 벨기에, ○)

개 요

벨기에 수도원식 맥주의 2단계인 두벨 Dubbel, Double 에서 한 단계 더 상승한 강화된 풍미를 지닌 3단계 맥주인 트리펠 Tripel 은 영어 'Triple'로 대체되기도 합니다. 미국이나 유럽의 크래프트 맥주 양조장에서 벨기에 에일을 표방하면서 Triple이라는 영어 단어를 쓴다면 벨기에식 트리펠일 가능성이 있습니다.

특 징

두벨 Dubbel 의 평균적인 알코올 도수가 6~7.5%라면, 강화판인 트리펠 Tripel 은 7.5~

9.5%의 도수를 지녔습니다. 두벨보다 약 1.5~2% 정도 도수가 더 높은 트리펠이지만 색상은 대중적인 라거 맥주인 필스너에 필적할 정도로 밝은 색상인 금색이나 옅은 구리색을 띱니다.

보편적으로 맥주를 마시는 대중의 입장에서는 색상이 어두운 맥주가 독하고 알코올 도수가 높을 것이라고 생각하는 경향이 있지만, 두벨과 트리펠의 관계에서 확인되는 사실처럼 꼭 알코올 도수가 높은 맥주들이 어두운색을 보여준다는 법칙은 없습니다.

트리펠 카르멜리엇 Tripel Karmeliet 80

대중이 머릿속에 그리는 흑맥주의 표본인 아일랜드의 기네스Guinness 드래프트는 알코올 도수가 고작 4.2% 밖에 되지 않음에도 불구하고 강한 맥주 취급을 받기도 하지만, 밝은색을 지닌 벨기에식 트리펠에 비하면 절반밖에 되지 않는 알코올 도수를 지닌 맥주입니다. 즉, 알코올 도수가 올라가면서 맥주가 고풍미로 향하는 것과 맥주의 어두워지는 현상이 꼭 정비례하지만은 않습니다.

트리펠 맥주는 벨기에 에일 효모에서 뿜어져 나오는 페놀Phenol을 특징으로 합니다. 후추나 정향Clove 등의 알싸한Spicy 풍미를 지녔으면서, 두벨과는 다르게 과일의 성향이 검붉은 과일이 아닌 레몬이나 오렌지의 형태로 나타납니다.

트리펠이 두벨보다 알코올 도수는 높지만 맥아적인Malty 성향에서 비롯한 단맛은 적습니다. 두벨이 마치 검붉은 과일류 맛의 잼이 든 캐러멜-초콜릿 등으로 그 맛이 대변된다면, 트리펠은 효모에 의해 알코올로 치환될 수 있는 맥아당을 남기지 않고 발효를 더 가져가서 단맛은 줄이고 알코올 도수를 높이는 데 주력했습니다. 그에 따라 단맛은 약간만 나타나는데, 9%에 육박하는 알코올 도수에 비해서 나름 깔끔하게 떨어지는 끝 맛을 간직했습니다. 질감Mouthfeel이나 무게감Body은 두벨에 비해서 가볍고 산뜻한 편입니다.

두벨에 비해 트리펠은 상대적으로 단맛 없이 개운하게 맛이 진행되기 때문에, 두벨 보다는 홉의 존재감이 조금 더 드러나는 편입니다. 따라서 꽃이나 허브 등의 홉 고유의 풍미가 더 감지되긴하지만, 벨기에 에일의 보편적인 특성이 홉의 쓴맛을 추구하지 않기 때문에 트리펠에서도 쓴맛은 발견되지 않습니다.

기본 알코올 도수가 8%대여서, 알코올을 그대로 마시는 듯한 느낌이 들면서도 과하게 속이 뜨거워지지 않는, 좋은 기분을 즐길 수 있는 트리펠 맥주입니다. 수도원의 2단계 맥주인 두벨은 어두운 색상에 달작지근함과 깊고 묵직한 속성을 갖추었다면, 3단계 맥주인 트리펠은 오히려 밝고 화사해 도수 8~9%대의 맥주라고는 믿기지 않을 정도의 상대적인 가벼움과 아름다운 분위기를 연출합니다.

벨기에 St. Feuillien Tripel

실제로 필자가 오래전에 진행했던 일종의 블라인드 테스트 이벤트에서, 두벨 맥주와 트리펠 맥주 스타일에 해당하는 맥주를 시음단에게 주고선, 두 맥주를 마시고 어떤 맥주가 더 독하고 강한 맥주로 다가오는지 의견을 물었습니다. 시음단은 색상이나 풍미, 질감, 무게감을 고려했을 때 두벨 쪽이 더 독하다고 판단했지만 실제 맥주의 스펙상으로는 트리펠이 알코올 도수는 더 높았습니다.

독한 맥주 = 알코올이 높은 맥주라는 막연한 견해를 가진 것은 어찌 보면 당연합니다. 대체로 보면 도수가 높은 맥주들이 독한 성향을 가진 사례가 많은 것은 사실입니다. 다만 예외적으로 트리펠이라는 스타일은 맥주 스타일을 통틀어서 몇 안 되는 독한 맥주의 알코올 도수를 지녔음에도 불구하고 독한 성향을 보여주지 않는 맥주로 정평이 나 있습니다.

트리펠 맥주의 역사는 두벨에 비해서 늦게 시작되었습니다. 1930년대에 개발되었으며 1950년대에 벨기에의 트라피스트 수도원인 베스트말Westmalle에서 개발한 스타일입니다. 역시 다른 트라피스트 수도원이나 수도원계 맥주를 생산하는 상업적 양조장들에 의해 모방되어 널리 보급되었습니다.

트라피스트 에일을 양조하는 수도원들이나, 수도원의 레시피를 따른 애비 에일Abbey Ale을 만드는 상업적인 양조장들은 왠만해서는 수도원식 맥주 라인업에 두벨과 트리펠을 함께 포함하고 있습니다. 반면 쿼드루펠Quadrupel이나 엥켈Enkel Single까지 판도를 넓힌 곳은 많지는 않습니다. 그만큼 두벨과 트리펠은 수도원 맥주 스타일을 대표하는 콤비 스타일이라고 표현해도 알맞을 것 같습니다.

캐나다 Unibroue의 La Fin Du Monde[82]

대표적인 트리펠 스타일에 속하는 트라피스트 에일로는 베스트말레 트리펠Westmalle Tripel, 시메이 화이트Chimay White, 라 트라페 트리펠La Trappe Tripel, 아헬 8 블론드Achel 8 Blond가 있고, 벨기에 애비 에일계열이나 크래프트 양조장 출신 트리펠 맥주들의 상업적인 예로는 트리펠 카르멜릿Tripel Karmeliet, 벨기에, 세인트 푀이앵 트리펠St. Feuillien Triple, 벨기에, 세인트 버나두스 트리펠St. Bernardus Tripel, 벨기에, 라 핀 두 몽드La Fin Du Monde, 캐나다, 롱 스트레인지 트리펠Long Strange Tripel, 미국, 오라벨Orabelle, 미국 등이 있습니다.

트리펠 대표 맥주

시메이 화이트 Chimay White

국적 | 벨기에

특징 |

벨기에 트라피스트의 수도원의 하나인 시메이 Chimay 에서 양조한 시메이 화이트로 코르크 마개로 봉인된 샴페인 병과 같은 큰 병 750ml 이 특징이며 Cinq Cents라고도 불린다. 작은 병에는 Cinq Cents라는 표현이 없지만 큰 병과 작은 병의 내용물은 동일하니 혼동하지 말자. 2014년 국내에 드래프트 생맥주 타입으로도 수입되어 들어온 유일한 트라피스트 맥주로 가격이 꽤 나가니 자금 사정에 여유가 생겼을 때 마셔보길 추천한다. 금색에서 옅은 구리 빛 색상을 띤다. 달콤하고 화사한 꽃 내음이 풍기며 시럽이나 꿀과 같은 단맛이 입에 감긴다. 벨기에 에일 효모에서 파생된 바나나, 후추 등의 맛 또한 존재감이 강하며, 도수 8%의 맥주치고는 묵직하거나 부담스럽진 않다. 알코올의 술 맛도 잘 가리워진 편. 달콤하고 아름다운 면모에 취하여 계속 마시다 보면 어느새 취해 있는 자신의 모습을 발견하게 해주는 맥주.

트리펠 카르멜리엣 Tripel Karmeliet

국적 | 벨기에

특징 |

벨기에 북부지역에 소재한 Brouwerij Bosteels에서 만든 트리펠 Tripel 로 수도원 레시피를 기반으로 속세의 양조장인 Brouwerij Bosteels에서 제작했다. 트리펠 등의 스타일은 트라피스트의 전유물처럼 여겨지는 경향도 있기에 트라피스트 출신이 아닌 곳에서 만든 트리펠은 다소 평가절하 당하는 경향이 있지만, 트리펠 카르멜리엣은 종종 트라피스트 수도원의 트리펠들보다 더 낫다는 평가를 받기도 한다. 짙은 노란색을 띠며 거품도 풍성하다. 8.2%의 알코올 도수를 가진 트리펠이나 가볍고 상쾌함이 찾아온다. 그래도 페일 라거들보다는 진하고 무겁다 정향이나 코리엔더 고수 등의 향신료 풍미와 함께 꿀, 시럽 등의 달콤함이 깔려있다. 감귤류의 과일 성향과 바나나, 빵, 곡물 등의 달콤 고소함도 산재한다. 입에 닿는 느낌은 부드럽고 매끄러워서 마시는 사람의 기분을 좋게 해준다.

쿼드루펠 Quadrupel

베스트블레테렌 12
Westvleteren 12

세인트 버나두스 앱트 12
St. Bernardus Abt 12

DETAIL

홉 Hoppy	🍺🍺
맥아 Malty	🍺🍺🍺🍺🍺
효모 Yeasty	🍺🍺🍺🍺
무게감 Body	🍺🍺🍺🍺
색상	갈색
알코올 도수	8.0~11.0%
IBU	20~35

※ 5개 만점, 높을수록 맛이 강함

쿼드루펠 대표 브랜드

베스트블레테렌 12(Westvleteren 12, 벨기에, ○)
세인트 버나두스 앱트 12
(St. Bernardus Abt 12, 벨기에 ○)
라 트라페 쿼드루펠(La Trappe Quadrupel, 네덜란드, ○)
트라프스트 로슈폴 10
(Trappistes Rochefort 10, 벨기에, ○)

개요

벨기에 수도원 맥주 스타일의 극치라고 표현도 가능한 쿼드루펠Quadrupel은 두벨2─트리펠3에 이어 4단계에 이르는 수도원 맥주입니다. 미국에서는 짧게 줄여서 쿼드Quad 라고 부릅니다.

특징

트리펠Tripel 보다 알코올 도수가 상승하여 기본 10%는 기록하는 맥주들이 대부분이며, 전반적인 외관과 풍미 자체는 두벨Dubbel과 닮았습니다. 그러나 입에 닿는 느낌과 묵직함, 알코올의 맛, 풍미의 세기가 두벨보다 더 강하게 드러나는 스타일이 쿼드루펠로, 마시는 이에게 꽉 들어찬 풍미와 액체의 질감이 아주 큰 만족감을 주기에 쿼드루펠 스타일은 많은 양조장의 비장의 맥주로 출시되어 마니아들로부터 높은 평가를 받고 있습니다.

두벨, 트리펠과는 상이하게 쿼드루펠이라는 명칭이 직접적으로 드러나는 트라피스트 제품은 네덜란드의 라 트라페 La Trappe 의 쿼드루펠이 전부이지만, 2-3-4로 이어지는 연속관계 때문에 사람들은 맥주 스타일 용어 정리 차원에서 간편하다는 이유로 쿼드루펠이란 용어가 많이 쓰이고 있습니다.

라 트라페 쿼드루펠

벨기에의 트라피스트나 애비 에일 쪽에서는 자신들의 맥주에 쿼드루펠이라는 용어를 직접적으로 사용하지 않고, 앱트 Abt 12 등과 같은 용어나 벨지안 다크 스트롱 Belgian Dark Strong 과 같은 용어로 대신하기도 합니다.

맥주 마니아들이 운집한 맥주 시음 및 평가 사이트 두 곳인 Beeradvocate.com과 Ratebeer.com에서 오랜기간 동안 최고의 평가와 평점, 신적인 아우라를 뽐냈던 맥주인 베스트블레데렌 12 Westvleteren 12 가 쿼드루펠 스타일에 속하는 제품이며, 이외에도 로슈폴 Rochefort 10, 시메이 블루 Chimay Blue 가 있고, 상업적 애비 에일로는 세인트 버나두스 앱트 12 St. Bernardus Abt, 벨기에 와 스트라페 헨드릭 쿼드루펠 Straffe Hendrik Quadrupel, 벨기에, 말루어 Malheur, 벨기에 12°, 옴메강 쓰리 필로소퍼스 Ommegang Three Philosophers, 미국 등이 있습니다.

평균 알코올 도수 10%로 입에 들어가면 두껍고 꽉차게 다가오는 액체의 점성과 무게감, 벨기에 효모의 페놀 Phenol 과 맥아적인 단맛이 세게 밀고 들어오는 맛의 복잡함 때문에 음용성있게 연거푸 여러 잔을 마시기에는 적합하지 않습니다. 따라서 대중들에게 어필하기 위한 보급형 맥주라기보다는 양조장의 혼을 담아 출시한 궁극의 맥주들이 쿼드루펠에 많고, 높은 도수를 위한 맥아 등 많은 재료의 사용으로 인해 한 병당 가격이 범용 라거들에 비해서 많게는 10배 이상 차이나는 제품들도 흔합니다.

다수의 맥주 마니아들은 쿼드루펠 맥주들을 구매한 후 즉시 마시지 않고, 1년에서부터 길게는 5년까지 병입 숙성을 유도한 후 마시기도 합니다. 고도수의 맥주가 술이 익어가는 과정인 병입 숙성 Bottle Conditioning 을 통해 감칠맛이 더해지고 부드러워지기 때문입니다.

쿼드루펠 대표 맥주

베스트블레테렌 12 Westvleteren 12

국적 | 벨기에

특징 |

트라피스트 수도원 맥주 가운데서도 최고의 트라피스트라고 불리는 베스트블레테렌 12는 쿼드루펠 스타일의 맥주이다. 베스트블레테렌은 8과 12가 있지만 전통적으로 병 앞면과 뒷면에 라벨을 부착하지 않기 때문에 병 뚜껑의 색상과 적혀진 숫자를 확인해야 8과 12를 구분할 수 있다. 하지만 2015년부터는 베스트블레테렌의 無 레이블 정책도 변경됨에 따라 보다 더 쉽게 맥주를 분간할 수 있게 되었다. 하지만 워낙 파는 곳이 한정적이고 그에 따라 가격도 비싸기 때문에 몇몇 맥주 마니아들은 맥주를 마셔 보는 것을 목표로 삼을 정도로 귀한 취급을 받는다. 두벨 Dubbel 스타일의 강화판인 쿼드루펠 Quadrupel 인 만큼 두벨의 성향이 기본적으로 깔려있다. 검붉은 건과일류의 맛과 흑설탕, 캐러멜, 벨기에 효모의 향신료 풍미 등이 나타난다. 탄산감은 적고 비단결 같은 질감에 꽉찬 무게감으로 엄청난 만족감을 느낄 수 있다.

세인트 버나두스 앱트 12 St. Bernardus Abt 12

국적 | 벨기에

특징 |

베스트블레테렌 맥주와 일정기간 동안 역사를 공유했던 맥주였지만 현재는 세인트 버나두스 브루어리 St. Bernardus Brewery 라는 상업화된 양조장에서 생산하고 있다. 따라서 엄청난 고가인데다가 구하기도 힘든 베스트블레테렌 12의 대체품으로 취급된다. 단순한 아류가 아닌 품질도 베스트블레테렌 12에 필적하기 때문에 일부 맥주 마니아는 세인트 버나두스 앱트 12가 있으니 굳이 베스트블레테렌을 과잉 찬양할 필요가 없다고 주장하기도 한다. 묵직하면서 입에 착착 달라붙는 질감과 검붉은 과일, 벨기에 효모의 향신료 등이 강하며 단맛도 지나치지 않게 드러난다. 도수가 10.5% 이지만 알코올의 맛은 드러나지 않으며 마시면 몸이 뜨끈해지는 것을 느낄 수 있다.

Supplement

병입 숙성 Bottle Conditioning

우리말로는 병입 숙성이라고 불리는 Bottle Conditioning은 집에서 맥주를 양조하는 홈브루어들에게는 매우 익숙한 공정입니다. Bottle Conditioning의 첫 번째 목적은 맥주에 탄산CO_2을 포화시키는 것입니다. 맥주 효모는 발효과정 중에서 알코올과 이산화탄소CO_2를 생산해내며, 발효과정 중 CO_2가 병이라는 밀폐된 공간 안에서 맥주와 함께 있으면 빠져나가지 못하고 맥주 안으로 포화되어 맥주라는 액체에 탄산감을 주게 됩니다.

시설과 장비가 갖추어진 공장형 맥주 양조장들에서는 대부분 발효를 통한 자연적인 탄산화보다는 첨단 장비를 통한 인공적인 탄산을 주입을 하여 맥주 상품을 완성합니다. 공장형 양조장에서 자연적 탄산화를 하지 않는 이유는 다음과 같습니다. 효모의 발효를 통한 탄산화 시간이 오래 걸립니다. 또 탄산의 맥주 포화도는 효모의 양과 효모 활력도와 관련이 있기에 미생물의 활성도에 따라 달라집니다. 따라서 맥주 탄산의 양에 의존하는 것보다는, 인공적인 탄산화는 인간의 관리하에 정해진 기간동안 정확하고 일정한 양을 주입할 수 있는 탄산화 과정으로 맥주 품질의 균일성을 얻을 수 있기 때문에 자연 탄산화는 공장형 양조장에서는 선호되지 않습니다.

보통 완성된 맥주는 병이나 캔, 케그Keg:생맥주용 통 등의 용기에 담겨서 공장에서 출하됩니다. 공장에서 나오는 맥주는 이미 품질을 항상 일정하게 유지시킬 수 있는 모든 처리 과정, 대표적으로 맥주의 변질을 일으킬 수 있는 각종 미생물이나 효모 등의 살균 및 여과 등이 끝난 것이기에, 특별한 문제가 없는 한 병이나 캔에서 맥주가 변하지 않습니다

그러나 Bottle Conditioning이란 적은 양의 효모가 맥주와 함께 병에 주입되어 병 안에서 지속적으로 맥주의 풍미에 긍정적으로 변화를 가져오도록 하는 기법입니다. 벨기에 맥주들은 전통적으로 Bottle Conditioning을 추구했던 양조장들이 많습니다. 벨기에 맥주를 담은 750ml의 큰 병을 보면 마치 샴페인 병과 같이 생겼으며 실제로 병 입구 부분에는 샴페인 코르크로 막혀 있습니다.

벨기에의 데우스 Deus 맥주84

샴페인 코르크로 완전히 밀봉된 병 안에 소량 주입된 벨기에 에일 효모는 실온 18~24℃에서 가장 활발하게 활동합니다. 벨기에 맥주를 전문적으로 취급하는 매장에서는 벨기에 맥주들을 실온에 보관하면서 효모에 의한 Bottle Conditioning을 유도합니다. 병 안의 효모는 매우 서서히 숙성을 거치면서 약간의 탄산을 맥주에 불어 넣습니다.

그리고 높은 도수의 맥주일수록 일종의 술이 익는 과정을 거치지 않으면 조악하고 거친 맛을 내기 쉽습니다. 오프-플레이버 Off-Flavor 라고 불리는 조악하고 거친 이취는 대부분 효모의 발효 과정에서 생성됩니다. 정상적인 발효 과정을 거친 맥주일수록 이취의 발생 가능성은 적지만, 높은 알코올 도수를 가진 맥주들은 그만큼 높은 알코올을 만들기 위한 발효 과정 중에서 효모가 피로를 겪게 되어 이취가 발효 과정 중에 나올 가능성이 많습니다.

하면 발효한 라거 맥주의 숙성기간이 평균적으로 상면 발효한 에일 맥주에 비해서 긴 까닭은 장기간의 숙성기간이 효모에 의한 잡미나 이취의 발생을 억제하여 라거 맥주 특유의 깔끔하고 개운한 맛을 얻기 위함이며, 낮은 온도에서 숙성되면서 단백질이나 폴리페놀 성분 등을 침전시켜 필스너나 페일 라거 류에서 요구되는 맑은 외관을 갖기 위함입니다.

그러나 하면 발효한 라거 맥주는 모든 숙성기간을 이미 공장의 숙성 탱크에서 거친 후 병에서는 아무런 변화를 겪지 않도록 양조장에서 조치를 취했기 때문에 Bottle Conditioning과는 연관이 없습니다.

대표적으로 아세트알데히드 Acetylaldehydes 와 같은 이취는 발효 과정 중에 생기는데 완벽한 발효가 이뤄지지 않았을 때 생기는 풋사과나 페인트스러운 맛으로, 안정된 발효와 숙성을 통해서 경감시킬 수 있습니다. 벨기에 맥주들의 Bottle Conditioning은 1차 발효를 끝내고 병에서 추가적인 2차 발효를 통해 이취와 잡미를 잡는 과정을 거칩니다.

벨기에 부쉬 드 뉘 Bush De Nuits

임페리얼 스타우트Imperial Stout의 사례에서 보았듯 높은 도수는 맥주의 상미기한을 늘려주는 효과가 있습니다. 기본적으로 알코올 도수가 7%를 넘는 벨기에 에일들은 제품 품질 유지 기한이 다른 국가, 다른 스타일의 맥주와는 달리 2~3년 정도로 매우 긴 편입니다.

높은 도수의 알코올이 맥주의 품질 유지에 도움이 되는 것은 사실이지만 모든 스타일의 맥주에 적용된다고 보기에는 어렵습니다. 인디아 페일 에일IPA 같은 맥주들은 알코올 도수 7% 이상대이지만 가급적이면 생산된 후 빠른 시일내에 소비할 것이 권유됩니다.

그 이유는 홉Hop의 향과 맛이 병 안에 있음에도 점차 사라지기 때문입니다. IPA와 같은 홉의 향과 맛이 중요한 포인트인 맥주들을 장기 숙성시킨 후 마신다면 홉의 신선한 풍미는 이미 소멸되어 홉의 참 맛을 느끼기 어렵게 됩니다.

벨기에의 맥주들은 홉의 사용이 맥아적인 단맛에 보조를 맞춰주는 정도로만 홉의 씁쓸한 기운이 가미되며, 주연으로서 홉이 활약하는 벨기에 맥주 스타일이 없기 때문에 전통적으로 Bottle Conditioning 문화가 발달할 수 있었습니다.

벨지안 블론드 Belgian Blonde

레페 블론드
Leffe Blonde

그림버겐 블론드86
Grimbergen Blond

DETAIL

홉 Hoppy	🍺🍺
맥아 Malty	🍺🍺
효모 Yeasty	🍺🍺🍺🍺
무게감 Body	🍺🍺
색상	금색
알코올 도수	6.0~7.5%
IBU	15~30

※ 5개 만점. 높을수록 맛이 강함

벨지안 블론드 대표 브랜드
- 레페 블론드(Leffe Blonde, 벨기에, ○)
- 그림버겐 블론드(Grimbergen Blond, 벨기에, ○)
- 라 트라페 블론드(La Trappe Blond, 벨기에, ○)
- 카스틸 블론드(Kasteel Blond, 벨기에, ○)

개 요

벨지안 블론드는 벨기에식 에일 중에서 가장 기본적인 형태의 맥주라고 볼 수 있는 스타일입니다. 마치 필스너 라거처럼 색상에서는 밝은 톤을 견지하였지만 효모에서 나타나는 맛은 라거들과는 사뭇 다른 벨기에적인 요소인 오렌지나 레몬 등의 과일스러움이 강합니다.

특 징

밝은색 맥아에서 오는 시럽이나 꿀과 같은 단맛이 감돌며, 크리미Creamy 하면서 매끄러운 질감을 갖추었고 마냥 가볍지는 않은채 적당하면서 순한 무게감Body 을 지녔기에 벨기에식 에일의 입문용으로 탁월합니다.

평균적인 알코올 도수는 6~7%에 수렴하여 어두운색의 두벨Dubbel 스타일과 비슷한 수준에 머물지만, 벨지안 블론드는 이미 벨기에에서도 피할 수 없었던 대중적인 필스너 라거의 확장에 대응하기 위해 부담스러움을 줄여서 대중들이 마시기 편하도록 제작한 스타일입니다.

트라피스트 수도원에서 수도승들이 자체소비 목적으로 만든 가장 구하기 어려운 트라피스트인 엥켈Enkel Single 급에도 벨지안 블론드Belgian Blonde 스타일에 속하는 제품이 있으며, 애비 에일Abbey Ale 을 비롯한 벨기에의 상업적인 양조장들에서는 벨지안 블론드 스타일이 마치 라거 맥주 양조장에서 필스너/페일 라거를 취급하는 상황처럼 양조장의 기본 맥주 구성원이기도 합니다.

대표적인 벨지안 블론드의 상품으로는 레페 블론드Leffe Blond, 그림버겐 블론드Grimbergen Blond, 라 트라페 블론드La Trappe Blond 가 있습니다.

벨지안 블론드 대표 맥주

레페 블론드 Leffe Blonde

국적 | 벨기에

특징 |

레페 Leffe는 국내에서 가장 간편하고 저렴하게 구할 수 있는 벨기에 에일 브랜드로, 사실상 벨기에 에일 맥주 가운데서 전 세계적으로 많이 보급되고 판매되는 브랜드이기도 하다. 국내에서도 꽤 오래 전부터 판매되기 시작한 맥주로 블론드 Blonde와 브라운 Bruin이라는 라인업이 변함없이 쭉 유지중이다. 사실 레페 Leffe의 맥주는 10가지에 이를 정도로 다양하다. 금색 색상에 캔디나 시럽류의 단맛이 강하게 느러난다. 꽃이나 허브 등의 풍미도 이따금씩 나타나지만 단맛이 지배적인 맥주이며, 6.6%라는 도수에 비해서는 마시기 매우 편하다. 사실 6.6%면 벨기에 맥주에서는 강한 편도 아니다. 단맛 때문에 개인의 취향에 따라 평가가 갈리는 맥주.

그림버겐 블론드 Grimbergen Blonde

국적 | 벨기에

특징 |

그림버겐 Grimbergen은 레페 Leffe와 마찬가지로 수도원의 맥주 레시피를 대기업 양조장 하이네켄/칼스버그이 취한 것으로, 상업적인 양조장에서 생산되는 수도원식 맥주이자 보급형 벨기에 에일이다. 벨기에의 양조장과 프랑스의 양조장에서 만들어지고 있다. 오렌지나 배와 같은 달콤하고 새콤한 풍미에 엿이나 시럽과 같은 단맛이 돈다. 벨기에 효모의 약품이나 향신료 맛은 세게 다가오지 않으며, 안정되고 차분한 속성으로 튀지 않는 질감과 무게감이 있다.

🌾 벨지안 골든 스트롱 에일 Belgian Golden Strong Ale

듀벨
Duvel

데릴리움 트레멘스
Delirium Tremens

🍺 DETAIL

홉 Hoppy	🍺🍺🍺
맥아 Malty	🍺🍺
효모 Yeasty	🍺🍺🍺🍺🍺
무게감 Body	🍺🍺
색상	금색
알코올 도수	7.5~9.5%
IBU	22~35

※ 5개 만점, 높을수록 맛이 강함

벨지안 골든 스트롱 에일 대표 브랜드

- 듀벨(Duvel, 벨기에,)
- 데릴리움 트레멘스(Delirium Tremens, 벨기에, ◯)
- 라 쇼페(La Chouffe, 벨기에, ◯)
- 러시안 리버 뎀네이션
 (Russian River Damnation, 미국, ◯)

개 요

영국식 페일 에일의 강화판이 인디아 페일 에일 India Pale Ale 이라면 벨지안 블론드 스타일의 상위 맥주는 벨지안 골든 스트롱 에일 Belgian Golden Strong Ale 입니다.

특 징

페일 에일에서 인디아 페일 에일로 향하면 알코올 도수가 상승하고 홉이 다량으로 들어가서 더 쌉쌀한 맛과 강한 과일 맛을 내는 반면, 벨지안 블론드와 벨지안 골든 스트롱의 관계는 홉의 강화와는 무관합니다. 기본적으로 벨지안 블론드와 골든 스트롱은 홉의 쓴맛과는 무관한 스타일이며, 홉의 역할은 허브나 꽃과 같은 적당한 향을 내는 데에만 그칩니다.

벨지안 골든 스트롱 스타일의 대표격 맥주인 듀벨Duvel을 만드는 Moortgat brewery에서는 어떤 홉을 사용했는지 이미 공개했습니다. 체코 필스너의 필수 아로마 홉인 사츠와 슬로베니아의 아로마 홉인 스트리안 골딩 Styrian Golding 두 종류입니다. 두 홉 모두 쓴맛 창출과는 거리가 먼, 홉 고유의 고귀하고 아름다운 향과 맛을 내는 특징이 있습니다.

벨지안 골든 스트롱의 대표 듀벨 Duvel

찬란한 자국의 에일 문화가 꽃피워졌던 벨기에도 맑고 투명하면서 마시기 편한 페일 라거/필스너의 맥주 시장 공습으로부터 자유로울 수는 없었습니다. 벨기에 에일들은 전반적으로 높은 알코올 도수를 지녔으며, 과한 과일 맛을 지녀 여러 잔을 마시기에는 부담스러웠던 경향이 있었기에 사람들은 점차 스텔라 아르투아 Stella Artois 나 주필러 Jupiler 등의 페일 라거/필스너 맥주를 더 찾기 시작했습니다.

벨지안 블론드와 마찬가지로 벨지안 골든 스트롱 에일도 밝은색 맥주로 청량한 감이 강한 맥주를 찾는 시대의 요구에 의해서 개발된 맥주입니다. 1871년 설립된 벨기에의 Moortgat brewery에서 1차 세계 대전이 연합국의 승리로 끝난 것을 기념하기 위해 만든 맥주인 빅토리 에일 Victory Ale 이 벨지안 골든 스트롱 에일의 시초입니다. 본래 이름은 빅토리 에일 Victory Ale 이었지만 1920년대 들어서 많은 사람들이 8.5%의 높은 알코올 도수 때문에 악마 Duvel 라고 부르기 시작했고, 결국 Moortgat brewery는 사람들이 익숙하게 부르는 이름을 선택하여 빅토리 에일 Victory Ale 을 듀벨 Duvel 로 이름을 변경하였습니다.

데릴리움 트레멘스 88

듀벨 맥주의 성공은 벨기에 안에서 여러 모방작이 나타나는 계기가 됩니다. Moortgat brewery 가 아닌 다른 양조장에서 나온 벨지안 골든 스트롱 에일에는 스타일의 대표작인 듀벨과 마찬가지로 부정적인 의미의 단어가 맥주 이름에 사용되었습니다. 대표적인 제품으로는 사탄Satan, 브리건Brigand, 도적, 데릴리움 트레멘스Delirium Tremens, 알코올성 섬망증가 있습니다.

벨지안 골든 스트롱Belgian Golden Strong 스타일의 핵심은 8.5%를 상회하는 높은 알코올 도수에 비해서 입에 남는 단맛이나 질감이나 무게감에서오는 묵직함에 대한 부담감이 없습니다. 맥아당Sugar 을 효과적으로 발효하여 입에 닿는 느낌이 깔끔하고 산뜻하며 적당하게 포화된 탄산감이 어느 정도의 청량감을 더해줍니다. 벨기에 에일에서의 효모는 배, 오렌지, 사과와 같은 형태로 존재감을 드러냅니다. 알코올 기운과 함께 스파이시하게 다가옵니다.

벨기에 브리건Brigand 맥주 89

벨지안 골든 스트롱은 두벨 스타일이나 쿼드루펠Quadrupel 과는 달리 육중함과 끈적한 단맛과 약간의 거리가 있습니다. 알코올 도수나 색상, 맛에서 여러 모로 흡사한 트리펠Tripel 에 비해서는 벨지안 골든 스트롱 에일이 약간 더 바삭한 탄산감과 적은 단맛, 가벼움 등을 간직했습니다. 혹자는 트리펠의 벨기에 에일 효모 특색이 정향클로브 이나 바나나 향으로 나타나며, 벨지안 골든 스트롱 에일은 배나 오렌지, 사과와 같은 성향이 짙다고 말하기도 합니다.

개인적인 시음 경험으로는 위의 주장들이 일리가 있는 것은 사실이나, 다만 개별 양조장의 양조 성향에 따라 맥주의 특징은 얼마든지 달라질 수 있습니다. 즉 트리펠이 벨지안 골든 스트롱 에일과 유사할 수도, 그 반대로 성립하는 경우도 있으니 유사한 맥주 스타일의 구분을 너무 딱 잘라 구분하려는 것은 어느 때는 스트레스로 다가올 수 있습니다.

벨지안 골든 스트롱 에일은 트라피스트 수도원 맥주로 벨기에식 밝은색 맥주를 대표하는 트리펠과는 자매지간의 맥주 스타일이라해도 큰 무리가 없을 정도로 여러 모로 닮은 스타일이기도 하며, 벨지안 블론드 스타일과 비교한다면 평균적인 도수가 1~2% 정도 높을 뿐 크게 상이한 모습을 보이지는 않습니다.

어떻게 보면 벨지안 골든 스트롱 에일은 밝은색을 띠는 다른 벨기에 에일과 겹치는 부분이 많아 독립적인 맥주 스타일로 보기에 약간 애매한 경우가 있는 것도 사실이지만, 듀벨을 필두로 성공적으로 자리잡은 벨지안 골든 스트롱 에일의 상업적 제품들이 많아 독립적인 맥주 스타일로 인정받을 수 있시 않았나 싶습니다.

벨지안 골든 스트롱 에일 대표 맥주

듀벨 Duvel

국적 | 벨기에

특징 |

악마라는 이름을 가진 맥주. 벨기에 맥주 브랜드 중에서는 국내에 진출한 시기가 빨랐던 맥주인 만큼 국내 맥주 마니아 사이에서 인지도가 높다. 거품이 많이 일어나는 속성과 꽃봉오리를 닮은 전용 잔으로 유명하다. 따를 때 주의를 기울이지 않는다면 거품이 2/3를 차지하는 진풍경을 목격 가능할 만큼 거품이 세차게 일어나는 맥주이며, 맥주의 색상은 필스너류와 흡사한 금색을 띤다. 8.5%의 알코올 도수를 기록하여 강하고 묵직할 것 같지만 실상은 탄산이 많아 청량한 편이며 바삭거리는 탄산의 터짐으로 무게감이나 질감도 질고 묵직하기보다는 연하고 가볍게 다가온다. 배나 청사과, 사탕류의 상쾌하고 싱그러운 맛이 주로 나타나며 알코올 기운도 조금 전달되는 편이다.

데릴리움 트레멘스 Delirium Tremens

국적 | 벨기에

특징 |

맥주의 명칭으로 알코올 진전 섬망증이라는 질환을 뜻하는 의학용어를 사용했다. 맥주 전면 표지에 그려진 반복적인 동물 그림은 이 증상을 앓는 사람들이 보게되는 환각을 의미한다. 역설적 이름의 선정을 통해 중독될 수밖에 없는 맥주의 매력을 보여주려고 한 벨기에 Huyghe Brewery 양조장의 마케팅 전략이다. 사과나 오렌지와 같은 과일 맛이 두드러지며 시럽이나 사탕 같은 단맛이 존재한다. 8.5%의 도수치고는 다소 가볍고 순한 편이다. 알코올의 맛은 그리 두드러지지 않는다. 벨기에 에일이 낯선 사람들에게는 약간 버거울 수도 있겠지만 익숙한 사람들에게는 이름만큼 공포스러운 맛을 내포하지는 않았다.

벨지안 페일 에일 Belgian Pale Ale

드 코닝크 De Koninck

DETAIL

홉 Hoppy	🍺🍺
맥아 Malty	🍺🍺🍺
효모 Yeasty	🍺🍺🍺
무게감 Body	🍺🍺🍺
색상	구리색
알코올 도수	4.8~5.5%
IBU	20~30

※ 5개 만점 높을수록 맛이 강함

벨지안 페일 에일 대표 브랜드
드 코닝크(De Koninck, 벨기에, ×)
팜(Palm, 벨기에, ○)

개 요

맥주 스타일 명칭에서 페일 에일 Pale Ale 이라는 용어를 보게되면 홉의 성향이 강해서 씁쓸하며 과일 맛이 강할 거라는 막연한 기대감을 갖게 합니다. 벨지안 페일 에일은 영국이나 미국의 페일 에일들과는 다르게 홉의 성향이 그리 강하지는 않은 스타일입니다.

특 징

벨지안 페일 에일의 평균적인 알코올 도수는 5~6% 정도이며, 샛노란색 정도로 아주 밝은 색상은 아니며 금색에서 구리색 정도의 색상을 띱니다. 벨지안 페일 에일이 다른 벨기에식 에일과 가장 차별되는 특징은 효모 특성입니다.

벨기에 드 코닝크 에일90

기본적으로 벨기에식 에일은 오렌지, 레몬, 클로브, 바나나, 사과 등의 과일스러운 맛과 알싸한 풍미를 가진 것이 공통적인 특징이지만 벨지안 페일 에일은 현저하게 벨기에적 효모 맛이 적습니다. 더불어 맥아에서 나타나는 약간의 토스트나 비스킷스러운 고소함은 다른 벨기에식 에일에서 찾아보기 어려운 특성입니다. 확실한 홉 맛이나 맥아 성향, 벨기에 효모 과일 맛이 뚜렷한 게 없기에 애매한 맥주라는 평가도 더러 있습니다.

트라피스트 오르발 Trappist Orval

개인에 따라 호불호가 심하게 갈리는 벨기에적 효모 특징이 적은 스타일이기에 벨기에의 안트베르펜Antwerpen에 소재한 양조장들을 비롯한 몇몇 양조장에서는 대중적인 소비를 목적으로 벨지안 페일 에일을 집중적으로 생산합니다. 다른 벨기에 에일에 비해서 평균적으로 낮은 알코올 도수는 대중적인 맥주가 되는 데 많은 도움이 되었습니다. 안트베르펜 출신의 드 코닝크De Koninck, 벨기에 팜 브루어리Palm Brewery의 팜Palm이 벨지안 페일 에일에 해당하는 대표 맥주입니다.

벨지안 페일 에일 대표 맥주

드 코닝크 De Koninck

국적 | 벨기에

특징 |

벨기에 북부의 항구도시 안트베르펜Antwerpen 시내에 소재한 드 코닝크De Koninck 양조장의 간판 맥주. 안트베르펜 사람들의 절대적인 지지를 받는 맥주이다. 트레이드 마크는 붉은 바탕에 흰색으로 그려진 손바닥. 벨기에의 에일이 기본적으로 벨기에 에일 효모의 향신료나 약품과 같은 효모취를 드러내는 반면, 붉은색의 드 코닝크는 화하고 알싸한 효모 풍미가 많이 절제되어 있다. 더불어 고소한 느낌의 토스트 비스킷과 같은 풍미가 살짝 나타나며 홉의 잔잔한 쓴맛이 나타난다. 안트베르펜에서 바다만 건너면 영국 브리튼 제도. 거리가 가까워 영향을 받은 것인지 영국 에일과 벨기에 에일을 섞어 놓은 듯한 인상이다.

벨지안 IPA Belgian India Pale Ale

호퍼스
Hopus

스톤 캘리-벨지크 IPA
Stone Cali-Belgique IPA

& DETAIL

홉 Hoppy		🍺🍺🍺🍺🍺
맥아 Malty		🍺🍺🍺
효모 Yeasty		🍺🍺🍺🍺
무게감 Body		🍺🍺🍺
색상		금색
알코올 도수		7.0~10.0%
IBU		40~60

※ 5개 만점. 높을수록 맛이 강함

벨지안 IPA 대표 브랜드

후블론 쇼페(Houblon Chouffe, 벨기에, ○)
호퍼스(Hopus, 벨기에, ×)
스톤 캘리-벨지크 IPA
(Stone Cali-Belgique IPA, 미국, ×)
플라잉 독 레이징 비치
(Flying Dog Raging Bitch, 미국, ×)

개 요

전통적으로 벨기에의 에일은 홉의 성향이 두드러지게 나타나지는 않습니다. 홉의 역할은 향이나 홉 고유의 허브나 꽃과 같은 풍미를 곁들이는 역할을 할 뿐, 전면으로 돌출되서 쓸쓸함이나 과일 맛을 내는 경우는 매우 드물었습니다.

미국을 필두로 시작된 크래프트 맥주계의 상징이나 다름없는 맥주 스타일인 인디아 페일 에일 India Pale Ale 은 다량의 홉 투입으로 입에 강하게 남는 쓸쓸함과 함께 과일이나 솔, 풀과 같은 맛이 중점화된 맥주 스타일입니다.

특 징

크래프트 맥주계의 기조는 기본적인 맥주 스타일을 제대로 해석하고 다양한 맥주 스타일을 소비자들에게 소개하는 것도 있지만, 무엇보다도 창의적이고 독특한 맥주를 만드는 일에 몰두합니다. 크래프트 맥주 양조장의 양조가들은 전통적으로 벨기에의 에일들이 벨기에 에일 효모의 맛을 기반으로 약간의 맥아나 코리엔더, 오렌지 껍질 등의 향신료를 첨가하는 경우는 있어도, 홉의 특성을 강하게 사용하지 않는 것에 의문을 가졌습니다.

'벨기에 에일에 홉을 많이 넣어 보면 어떻게 될까?' 라는 크래프트 맥주 양조가들의 호기심은 새로운 맥주 스타일의 탄생을 가져왔는데, 벨기에 에일 스타일에 다량의 홉을 투입한 맥주는 점점 벨지안 IPA Belgian IPA 라는 이름으로 불리기 시작했습니다. 역사적으로 봤을 때 벨기에와 인디아는 맥주에 있어서는 전혀 연관 관계가 없는 사이지만, 벨기에 에일 효모를 사용한 맥주 기반에 IPA처럼 홉을 많이 넣었다는 사유 때문에 벨지안 IPA라는 이름이 붙여졌습니다.

벨기에 에일 효모가 사용되었기에 특유의 오렌지, 레몬, 사과, 클로브, 바나나 등등의 과일스러운 맛과 알싸한 치과 약품스러운 풍미를 베이스로 합니다. 여기에 미국식 IPA의 스탠다드인 미국 홉의 자몽, 망고 등등의 열대 과일과 솔 Pine, 풀 Grass 등의 맛과 홉의 씁쓸한 기운이 조화를 이루고 있습니다.

벨지에의 호퍼스 Hopus 맥주

알코올 도수는 벨기에 에일과 인디아 페일 에일 모두 7~8%이며 벨지안 IPA도 평균 7~8%대로 생산됩니다. 트리펠Tripel이나 벨지안 골든 스트롱 에일이 벨지안 IPA의 근간을 이루는 경우가 많아 맥주의 색상이나 맥아적인 성향도 밝은 색상과 약간의 꿀이나 시럽 같은 느낌만 줄 뿐, 홉을 압도하는 맥아적인 단맛을 간직하지는 않았습니다.

벨지안 IPA는 일반적인 페일 라거를 즐기는 소비자층보다는 평소 크래프트 맥주를 즐기는 맥주층에 매우 인상 깊게 다가온 스타일입니다. 맛에서는 웬만해서 다른 특성에 묻히지 않는 IPA적 홉의 특성과 벨기에 에일의 향미를 한꺼번에 만끽할 수 있어서 마시는 순간 시음자를 사로잡는 스타일인 게 보증이 되기 때문입니다. 따라서 자극을 즐기고 화려하고 현란한 맥주를 즐기는 크래프트 맥주계에서 최근 각광받는 스타일이 벨지안 IPA입니다.

벨기에 후블론 쇼페 Houblon Chouffe 93

벨지안 IPA의 근간이 되는 벨기에식 에일이 밝은색을 띠는 트리펠이나 벨지안 골든 스트롱, 벨지안 화이트이기 때문에 몇몇 크래프트 양조장에서는 이를 화이트 IPAWhite IPA라고 칭하기도 합니다. 자몽 등의 열대 과일 맛을 내는 미국 홉들의 주산지가 미국 서부임을 감안해서 미국 서부식과 벨기에식 에일의 결합이라며 Cali미국 서부 캘리포니아 주의 준말-Belgique IPA라고 부르는 양조장도 있습니다.

크래프트 맥주계의 창의성에서 시작된 벨지안 IPA이지만 미국이나 유럽 등의 크래프트 맥주계에서만 벨지안 IPA가 만들어지는 것이 아닌, 원류인 벨기에의 전통적으로 유서깊은 양조장에서도 신식 맥주 스타일을 받아들여 자체적으로 벨지안 IPA 컨셉의 맥주를 생산합니다.

벨기에의 브라스리 다쇼페Brasserie d'Achouffe 양조장의 후블론 쇼페 더블렌 IPA 트리펠Houblon Chouffe Dobbelen IPA Tripel 이나, 브루어리 반 스틴베르크Brouwerij Van Steenberge 의 파이랫Piraat, 우르텔Urthel 양조장의 홉-잇Hop-It, 브라스리 르페브르Brasserie Lefébvre 의 호퍼스Hopus 등등이 벨기에에서 생산된 대표적인 벨지안 IPA입니다.

어떻게 보면 벨기에 에일과 마찬가지로 전적으로 효모의 특성에 의존하는 스타일인 독일식 헤페-바이젠Hefe-weizen 또한 크래프트 맥주 양조장들의 재해석을 통해 다량의 홉이 투입되어 홉 맛이 강화된 제품으로 시판되기도 했고, 독일 슈나이더-미국 브룩클린 양조장 간의 콜라보레이션을 통해 홉이 충만한 호펜바이세Hopfen-weisse 라는 걸작이 세상에 선보여지기도 했습니다.

벨지안 IPA는 미국과 유럽의 크래프트 맥주는 물론 벨기에의 전통을 지키는 양조장들도 적극적으로 새로운 맥주의 물결을 받아들이고 동참하면서 많은 성공적인 상업적 사례와 상품들이 등장하여 점점 하나의 맥주 스타일로서 인정받고 자리를 잡아가고 있습니다. 반면, 독일에서는 호펜바이세와 같은 시도가 이벤트성으로 끝났을 뿐, 다른 독일의 헤페-바이젠 양조장들은 새로운 타입의 맥주를 만들려는 움직임이 보이지는 않으며, 여전히 기존의 헤페-바이젠을 생산하고 있습니다.

꼭 참신하고 독특한 혁신을 받아들이는 것이 정답은 아니므로 독일의 양조가들이 세계적으로 화제가 되고 있는 크래프트계의 독창성을 받아들이지 않는다고 나태하고 고루하다고 평하고 싶지는 않습니다. 다만 벨기에는 독일이나 영국, 체코에 못지 않는 자국 맥주의 전통을 보유했으면서도, 적극적으로 신식 맥주 경향을 받아들여 전통과 크래프트라는 두 마리의 토끼를 다 잡는 형태를 취하고 있습니다.

벨기에의 양조장들이 친 크래프트 맥주 성향을 가졌기 때문인지 독일이나 영국, 체코의 양조장들에 비해 이제는 빈번하게 일어나는 콜라보레이션도 미국이나 유럽의 크래프트 양조장들과 자주 시행합니다. 미국/유럽의 크래프트 양조장은 벨기에의 양조장으로부터 벨기에식 에일의 전통을 배우고, 벨기에 양조장은 크래프트 맥주들로부터 창의적인 해석과 인맥을 얻어 앞으로 더 많은 재미있는 일을 할 수 있는 초석을 다집니다.

따라서 앞으로의 전망을 보면 벨지안 IPA라는 신식 스타일처럼 벨기에 에일을 기반으로 한 새로운 타입의 맥주들이 점점 더 많이 출현할거라고 많은 사람들이 예상합니다. 그것이 벨기에의 양조장에서 기원했든 미국/유럽의 크래프트 양조장에서 시작되었든 말이죠.

벨지안 IPA 대표 맥주

호퍼스 Hopus

국적 | 벨기에

특징 |

벨기에 르페브르 Lefebvre 양조장에서 만든 맥주. 호퍼스 Hopfus 라는 이름에서 연상되듯 홉에 초점이 맞추어진 맥주를 지향한다. 스윙탑 Swing-top 병에 출시가 된다. 홉의 감귤류의 향과 새콤-상큼함이 만연하며, 벨기에 효모에서 나오는 맛은 트리펠 Tripel 과 닮아 있다. 효모의 알싸하고 향긋한 효모 풍미와 홉의 맛이 잘 어울려 있다.

스톤 캘리-벨지크 IPA Stone Cali-Belgique IPA

국적 | 미국

특징 |

미국 크래프트 맥주계의 스타급 양조장이라 할 수 있는 스톤 Stone 에서 만든 캘리-벨지크 IPA Cali-Belgique IPA. 제품명은 미국식 캘리포니아 IPA와 벨기에 에일을 의미한다. 상반된 두 캐릭터가 융합되어 홉의 쓴맛, 감귤, 풀 등의 맛과 향은 물론 벨기에 에일 효모 특유의 사과, 배, 후추 등의 발효 맛이 동시에 나타난다. 심심할 틈이 없는 맥주라고 할 수 있다.

비에흐 드 가르드 Bière de Garde

> **DETAIL**
> Blond(Blonde)는 세종(Saison)과 유사
> Amber(Ambrée), Brown(Brune)은 두벨(Dubbel)과 유사.
>
> **비에흐 드 가르드 대표 브랜드**
> 정랭(Jenlain, 프랑스, ×)
> 라 슈레트(La Choulette, 프랑스, ×)
> 트루와 몽(3 Monts, 프랑스, ×)

정랭 Jenlain

트루와 몽 3 monts

개 요

세종 맥주는 농번기가 끝난 늦가을부터 겨울에 맥주를 만들어서 이듬해 여름 농사일이 한창 바쁠 시기에 마시기 위해 약 6개월 동안 장기간 숙성을 합니다. 프랑스의 비에흐 드 가르드 Bière de Garde 역시도 세종과 동일한 시기에 만들어져 오랜 기간 동안 보관을 거친 뒤 마십니다. Keeping Beer 즉 보관-저장의 맥주라는 명칭을 가지게 된 것도 바로 이러한 이유 때문입니다.

역 사

와인 벨트의 중추국인 프랑스가 독일, 영국, 벨기에에 비해서 맥주 양조 문화가 약한 것은 사실이나 그렇다고 프랑스를 기원으로 한 맥주 스타일이 아주 없는 것은 아닙니다. 보르도 등의 대서양과 가까운 서부 프랑스가 포도 농사와 와인으로 유명한 반면, 벨기에 국경과 가까운 프랑스 동북부는 예로부터 맥주 양조가 활발하게 이루어지던 곳이었습니다.

프랑스 비에흐 드 가르드Bière de Garde 브랜드 정랭Jenlain

벨기에의 플랜더스 지역과 맞닿았고, 영불해협의 끝이자 영국과 프랑스를 넘나들 수 있는 해저터널이 뚫린 프랑스의 동북부 노르파드칼레Nord-Pas-de-Calais 지역을 기반으로 비에흐 드 가르드Bière de Garde 라는 맥주가 예로부터 만들어졌습니다. 영어로는 Keeping Beer라고 번역되는 이 맥주는 바로 옆 국가 벨기에에서 주로 만드는 농주Farmhouse Ale 인 세종Saison과 그 유래가 같고 친척관계에 있습니다.

비에흐 드 가르드Bière de Garde 역시 세종처럼 농가에서 마시던 맥주를 기원으로 한 스타일로, 현재까지도 노르파드칼레Nord-Pas-de-Calais 지역의 소규모 양조장들에서 생산되고 있습니다. 20세기 초 유럽에서 두 번의 세계대전이 벌어졌고 노르파드칼레Nord-Pas-de-Calais 지역과 벨기에는 연합군과 독일군이 치열하게 전투를 벌인 전장이었기 때문에, 그곳의 많은 농가가 파괴됨에 따라 맥주 양조 문화유지에도 큰 타격이 있었습니다.

벨기에의 세종Saison과 프랑스의 비에흐 드 가르드Bière de Garde를 생산하던 많은 농가들이 세계대전 이후 복구되지 못해서 맥주 스타일의 유지에 어려움이 따랐습니다. 하지만 벨기에 맥주를 연구하는 학자들이나 맥주 마니아들의 관심을 받아 현재는 많은 벨기에의 양조장에서 취급됨과 동시에 미국/유럽의 크래프트 맥주 양조장들에서도 시도하는 스타일이 되었습니다. 비에흐 드 가르드Bi?re de Garde는 세종Saison 만큼의 관심을 지금까지는 얻지 못했고, 생산하는 양조장 수도 적어 맥주 마니아 가운데서도 아는 사람들만 아는 숨겨진 보물과 같은 맥주입니다.

특 징

프랑스하면 어떤 주류가 가장 먼저 떠오르나요? 아마도 와인Wine 이 가장 먼저 떠오를 것이며 이에 따라 상대적으로 프랑스는 영국이나 독일, 벨기에 등의 주변국들에 비해서 맥주 양조 문화는 약하다고 사람들에게 알려져 있습니다.

크래프트 맥주적인 해석이 들어가지 않은 전통적인 벨기에의 세종은 밝은 색상을 띠면서 가볍고 산뜻한 분위기를 가진 단 한 종류의 맥주밖에 없는 반면, 프랑스의 비에흐 드 가르드Bière de Garde 는 BlondBlonde, AmberAmbrée, BrownBrune 이라는 색상과 특성에 따라 세 종류의 맥주로 구분됩니다.

이들 가운데 블론드Blond 는 친척 관계 맥주인 벨기에의 세종과 많이 닮은 성향을 드러내지만 엠버와 브라운은 벨기에 세종과는 사뭇 다른 풍미를 간직했습니다. 블론드에서 브라운으로 색상이 짙어질수록 맥아적인 단맛이나 입에 닿는 느낌과 묵직함 등이 상승하는 경향을 보입니다. 평균적인 알코올 도수는 6~8.5%를 기록합니다.

Amber나 Brown에서 맥아 맛은 토스트나 토피캐러멜+버터스러운 형태로 나타나며, 홉의 쓴맛이나 허브/꽃 등의 고유 맛은 그리 주효하게 나타나지 않습니다. 상면 발효 에일 맥주이지만 효모에서 나오는 과일스러운 풍미도 강하게 자리잡지 않은 스타일로 Blond에서 Brown으로 갈수록 홉의 역할은 감소하고 맥아의 단맛이 우선시 됩니다.

비에흐 드 가르드Bière de Garde는 프랑스에서 취급하는 양조장이 제한적이고, 프랑스에서 맥주보다는 와인이나 다른 주류를 마시려는 사람들이 많다보니 아직까지는 대중에 진가를 보여주지 못한 스타일이라고 생각합니다. 하지만 프랑스 전통의 에일이라는 부분과 취급점이 많지 않다는 부분에서 유니크한 맥주를 찾아 다니는 맥주 마니아층의 호기심을 자극한 측면도 있어, 크래프트 맥주계에서도 모방작을 만들거나 자체적으로 해석한 비에흐 드 가르드Bière de Garde가 점점 출현하는 추세입니다.

프랑스를 방문할 계획이 있고, 그곳에서 벨기에/독일/영국의 맥주들이 아닌 프랑스 전통의 에일을 즐길 의향이 있으시다면 다음 브랜드들을 기억해 둔다면 헤매지 않고 비에흐 드 가르드Bière de Garde를 시음할 수 있을 겁니다. 정랭Jenlain, 치티Ch'Ti, 라 슈레트La Choulette, 생 실베스트르 트르와 몽Saint Sylvestre 3 Monts, 생 따망St. Amand 을 기억해 두세요. 매우 특별한 경험이 될 겁니다.

프랑스 비에흐 드 가르드Bière de Garde 브랜드 가보슈Gavroche

비에흐 드 가르드 대표 맥주

정랭 Jenlain Ambrée

국적 | 프랑스

특징 |

프랑스의 북동부에 소재한 듀익 Duyck 양조장에서 만든 맥주. 정랭의 브랜드는 금색의 Blonde나 크리스마스 버전도 출시하지만 붉은 속성을 머금은 Ambrée Amber = 호박색 가 간판 맥주이다. 붉은 색상에 걸맞게 캐러멜의 진득한 단맛과 계피와 같은 알싸함과 향긋함이 잘 융합되어 있다. 개운함이나 깔끔함과는 성향상 거리가 멀지만 묵직하고 안정적인 성질이 강해 만족감을 느끼는 맥주로는 탁월하다.

트루와 몽 3 monts

국적 | 프랑스

특징 |

프랑스 북동부인 노르파트칼레 Nord-Pas de Calais 지역에 위치한 생 실베스트르 St-Sylvestre 양조장에서 생산한 맥주. 트루와 몽 3 Monts 도 정랭 Jenlain 처럼 여러 버전이 있지만 밝은 금색의 Blonde 버전이 가장 유명하다. 금색이나 연두색을 띠는 맥주로 탄산 기운이 있고 8.5%의 맥주치고는 산뜻하지만 마냥 연하거나 묽지는 않다. 오렌지나 귤 등의 과일 잼의 단맛이 은은하게 자리잡고 있으며 중간중간 고소한 맛도 나타난다. 거칠거나 질편한 잡맛 없이 깔끔하게 마무리되는 뒷맛.

플랜더스 레드 에일 Flanders Red Ale

로덴바흐 그랑 크뤼
Rodenbach Grand Cru

뒤체스 드 브루고뉴
Duchesse de Bourgogne

DETAIL

홉 Hoppy	🍺
맥아 Malty	🍺🍺
효모 Yeasty	🍺🍺🍺🍺
무게감 Body	🍺🍺
색상	붉은색
알코올 도수	4.6~5.0%
IBU	10~25

※ 5개 만점, 높을수록 맛이 강함

플랜더스 레드 에일 대표 브랜드
- 로덴바흐 그랑 크뤼(Rodenbach Grand Cru, 벨기에, ○)
- 뒤체스 드 브루고뉴(Duchesse De Bourgogne, 벨기에, ○)
- 뀌베 데 자코뱅 루즈(Cuvee De Jacobins Rouge, 벨기에, ○)

개 요

아일랜드의 레드 에일은 전적으로 비스킷이나 토스트, 견과 등의 맥아적인 고소한 맛이 중점화된 맥주이며 미국의 엠버/레드 에일은 캐러멜 맥아의 단맛에 미국 홉의 조화가 중점입니다. 플랜더스의 레드 에일은 신맛에 검붉은 과일의 새콤함이 돋보입니다. 미국과 아일랜드, 벨기에 플랜더스의 레드 에일들은 이름만 공유할 뿐, 맥주의 성향은 서로 완전히 다르기 때문에 맥주계에서는 이들을 지명을 붙여서 구분하고 있습니다.

특 징

로덴바흐 그랑 크뤼 Rodenbach Grand Cru 95

벨기에는 크게 두 지역으로 나뉩니다. 남부의 왈롱Wallon과 북부의 플랜더스Flanders 입니다. 플랜더스 지역에서도 서부 지역은 웨스트 플랜더스West Flanders 라고 불리며 그곳에서는 다른 벨기에 지역들의 맥주와는 차별되는 아주 독특한 맥주를 생산해 왔습니다.

Burgundies of Belgium 벨기에의 버건디, 포도주 라고 불리는 붉은색에서 버건디 색을 띠는 맥주가 서플랜더스 지역의 특산 맥주로, 특유의 붉은 색상 때문에 정식적인 맥주 스타일 명칭이 플랜더스 레드 에일 Flanders Red Ale로 지정되었습니다. 레드 에일 앞에 플랜더스라는 지명이 붙는 이유는 레드 에일Red Ale 이라는 용어가 단독으로 쓰였을 경우 아일랜드의 레드 에일Irish Red Ale 이나 미국의 엠버/레드 에일과 혼동을 줄 수 있기 때문입니다.

플랜더스의 레드 에일을 만드는 방법은 일반적인 라거나 에일과는 매우 다른 과정을 동반합니다. 기본적으로 맥주의 발효는 상면 발효 효모나 하면 발효 효모를 사용하여 이루어집니다. 사카로미세스Saccharomyces 이라고 불리는 상면/하면의 맥주 효모가 사용되어야 하며, 다른 속의 효모나 박테리아 등이 철저하게 배제되어야 정상적인 맥주의 맛을 유도할 수 있습니다.

젖산간균Lactobacillus, 락토바실루스이나 브레타노미세스Brettanomyces, 페디오코커스Pediococcus 등의 젖산균이나 박테리아 등이 맥주 발효 과정 중에 투입이 되거나 맥주 효모보다 발효 과정에서 양적으로 영향력에서 우위를 점하게 되면 정말로 원치 않는 맥주 맛을 마주하게 됩니다. 편하게 저녁에 치맥을 하려고 페일 라거 한 캔을 편의점에서 구매했는데 맥주에서 신맛이 나거나 꿉꿉한 맛이 느껴진다면 어떻겠습니까?

신맛은 젖산간균이나 브레타노미세스, 페디오커스 등의 박테리아가 활개한 맥주에서 나타나는 전형적인 증상들로 몇몇 스타일의 맥주를 제외하고는 정말로 불청객인 미생물들입니다.

그러나 사우어 비어 Sour Beer, 즉 신맛이 나타나는 에일이라는 맥주들에서는 페일 에일이나 필스너 등의 일반적인 맥주들과는 다르게 불청객 취급을 받는 박테리아의 활동을 오히려 권장하며 어떻게서든 그 특징을 유도해내려고 애를 씁니다. 사우어 비어 Sour Beer 류의 하나인 플랜더스 레드 에일 Flanders Red Ale 이 다른 맥주들과 공정에서 차별성을 보이는 것도 바로 이 때문인데, 플랜더스의 레드 에일이 내포한 신맛과 시큼함 등은 능동적으로 받아들인 박테리아에서 온 것들입니다.

플랜더스 레드 에일은 전통적으로 아주 큰 오크 Oak, 떡갈나무 통으로 발효와 숙성을 함께 진행합니다. 오크나무로 만들어진 통은 플랜더스 레드 에일의 산미를 만드는 중요한 젖산균, 박테리아들이 서식하는 최적의 환경으로 인위적으로 박테리아를 따로 배양할 필요 없이 완성된 맥주를 오크나무 통에 넣어 주고 충분한 시간을 거치면 맥주 효모와 오크나무에서 서식하는 박테리아가 맥주에 독특한 풍미를 부여해 줍니다.

Grain to Glass, 즉 보리 맥아 Grain 를 빻아 물과 반응시켜 당화하는 과정부터 맥주가 충분한 숙성시간을 거쳐서 유리 잔에 담기기까지 걸리는 시간이 하면 발효의 라거 맥주는 평균 2달, 상면 발효의 에일 맥주는 1달이 소요됩니다.

플랜더스 레드 에일과 같은 Sour Beer들은 에일 Ale 이라는 명칭을 보유하기는 했지만, 일반적인 에일과는 다르게 매우 긴 숙성시간을 필요로 합니다. 젖산균/박테리아 등에 의해 만족스러울 정도의 신맛과 산미 등이 입혀지기 위해서는 짧게는 6개월에서 1년, 길게는 2~3년 이상의 세월을 보내야만 완성됩니다. 젖산균/박테리아 등은 맥주 효모들과는 다르게 일정한 기후와 컨디션에서 서서히 맥주 풍미에 변화를 주기 때문입니다.

뒤체스 드 브루고뉴
Duchesse De Bourgogne[96]

플랜더스 레드 에일 뿐만 아니라 람빅[Lambic]과 같은 벨기에의 다른 Sour Beer들에서 마찬가지로 발견되는 독특한 과정이 하나 있습니다. 맛있는 상품으로 소비자들에게 다가가기 위해서는 한 통에서 2~3년 묵은 산미가 작렬하는 맥주를 그대로 병에 담기보다는 숙성 통에서 묵은 연식이 다른 두 종류 혹은 세 종류의 맥주를 섞어서 상품화 합니다.

예를 들자면 3년 묵은 레드 에일과 6개월된 레드 에일을 섞어서 과한 신맛을 중화하면서 더욱 감칠맛이 돌도록 합니다. Sour Beer를 만드는 각 양조장마다 블랜딩하는 맥주의 연식 조합과 비율 또한 각기 다릅니다. 이것은 오랜 기간 동안의 경험을 통해 양조장마다 터득한 비법인 것이죠.

플랜더스 레드 에일은 맥아적인 단맛이나 홉의 쓴쓸함, 홉 고유의 맛과는 거리가 먼 스타일입니다. 바닐라나 초콜릿 같은 성향이 약간 엿보이기는 하나 맥주 안에서 전체적인 영향력을 보면 매우 적은 수준입니다. 맥아적인 성향이 적기 때문에 질척이거나 묵직한 무게감이나 입에 닿는 느낌도 찾아보기 어렵습니다. 일반적인 레드 와인 정도의 무게감을 갖춘 제품입니다.

평균적인 알코올 도수는 5~6.5% 정도이며, 중요한 맛의 포인트는 건포도, 플럼, 자두, 체리 등등의 검붉은 색의 새콤한 과일류의 맛이 젖산균에서 비롯한 산미와 함께 찾아옵니다. 붉은 색상과 적절한 산미를 갖춘 플랜더스 레드 에일은 마치 레드 와인[Red Wine]을 연상케 하는 특징을 보유했기 때문에, 많은 사람들이 플랜더스 레드 에일을 와인스러운 맥주라고 표현합니다. 특히 샴페인과 같은 코르크 마개로 막힌 750ml의 큰 병에 담긴 플랜더스 레드 에일 패키지를 보면 맥주라는 생각보다는 와인일거라는 판단이 먼저 섭니다.

대표적인 플랜더스 레드 에일의 상품으로는 서플랜더스 출신 로덴바흐Rodenbach 양조장의 로덴바흐Rodenbach 맥주와 벨기에 Brouwerij Verhaeghe 양조장의 뒤체스 드 브루고뉴Duchesse de Bourgogne 가 있습니다.

마시는 순간 '이것이 과연 물, 맥아, 홉으로 만들어진 맥주?' 라는 의문점이 들게 하면서도 IPA나 스타우트 등의 크래프트 에일 맥주의 맛이 낯설던 분들도 오히려 시큼하면서 와인과 비슷한 풍미의 플랜더스 레드 에일은 거부감 없이 잘 받아들이는 사람들도 많습니다. 주변 지인들에게 독특한 맥주를 소개하고 싶다면 플랜더스 레드 에일을 함께 마셔보는 것도 좋습니다.

플랜더스 레드 에일 대표 맥주

로덴바흐 그랑 크뤼 Rodenbach Grand Cru

국적ㅣ 벨기에

특징ㅣ

플랜더스 레드 에일의 대표적인 브랜드 중 하나로 벨기에 플랜더스 지역의 로덴바흐 Rodenbach N.V 양조장에서 생산한다. 로덴바흐 그랑 크뤼가 가장 대표적인 로덴바흐의 맥주이지만, 로덴바흐 클래식 Classic, 로덴바흐 빈티지 Vintage 등도 널리 알려져 있다. 로덴바흐 맥주들의 공통점은 모두들 산미 Sour 의 속성을 지녔다는 것. 레드 와인을 닮은 외관에 시큼한 체리나 포도의 향기와 산미가 가득하다. 단맛이 질척이게 남지 않고 담백하게 Dry 빠진 터라 신맛이 더 두드러지며 후반부로 가면 오크 통의 나무 맛과 떫은 맛 등이 전해진다. 와인을 닮았지만 이것은 맥아와 홉, 효모, 박테리아로 만들어진 엄연한 맥주다.

뒤체스 드 브루고뉴 Duchesse de Bourgogne

국적ㅣ 벨기에

특징ㅣ

'부르고뉴의 공작 부인' 이라는 이름을 가진 이 맥주에는 이름의 주인공으로 판단되는 공작 부인의 이미지가 삽입되어 있다. 벨기에 플랜더스 지역의 Brouwerij Verhaeghe 양조장에서 만든 제품으로 로덴바흐 Rodenbach 와 함께 플랜더스 레드 에일을 상징하는 맥주로 여겨진다. 로덴바흐와 뒤체스 드 브루고뉴 모두 국내에 수입되어 있다. 적포도주와 동일한 색상에 적포도, 체리, 식초 등의 새콤하고 신 풍미가 작렬한다. 로덴바흐 그랑 크뤼에 비해서는 약간 더 부드러운 측면이 강조된 느낌이 있어 개운하고 담백한 맛은 경감되었기는 하나 만족감은 있다. 플랜더스 레드 에일이 레드 와인 Wine 과 유사하다는 평가를 자주 얻는데, 뒤체스 드 브루고뉴도 세간의 평가에 어느 정도 부합하는 성질을 지니고 있다.

플랜더스 우드 브륀 Flanders Oud Bruin

리프만스 구덴반트
Liefman's Goudenband

페트루스 우드 브륀
Petrus Oud Bruin 97

DETAIL

홉 Hoppy	🍺
맥아 Malty	🍺🍺🍺
효모 Yeasty	🍺🍺🍺
무게감 Body	🍺🍺🍺
색상	갈색
알코올 도수	4.0~8.0%
IBU	20~25

※ 5개 만점, 높을수록 맛이 강함

플랜더스 우드 브륀 대표 브랜드
- 페트루스 우드 브륀(Petrus Oud Bruin, 벨기에, ○)
- 리프만스 구덴반트(Liefman's Goudenband, 벨기에, ×)
- 링게 우드 브륀(Ringge Oud Bruin, 벨기에, ○)
- 부르고뉴 데 플랜더스 브륀
  (Bourgogne Des Flandres Brune, 벨기에, ○)
- 반더 긴스트 우드 브륀(Vander Ghinste Oud Bruin, 벨기에, ○)

개 요

플랜더스 우드 브륀 Flanders Oud Bruin 의 우드 브륀은 네덜란드어이며 영어로는 올드 브라운이라는 뜻입니다. 따라서 플랜더스 우드 브륀이라는 맥주 스타일 명칭은 플랜더스 브라운 에일 Flanders Brown Ale 이라고도 불립니다. 영국이나 미국의 브라운 에일과 구분하기 위해서 플랜더스 Flanders 라는 지명이 맥주 스타일명 앞에 붙게 되었습니다.

특 징

벨기에 리프만스 구덴반트 맥주

동플랜더스East Flanders 지역에 위치한 리프만스Liefmans 양조장에서는 플랜더스 우드 브륀을 17세기부터 만들었다고 합니다. 우드 브륀 스타일은 장기 보관 맥주라고도 불렸습니다. 벨기에 플랜더스 지역에서 전통적으로 우드 브륀을 만드는 과정을 살펴보면 발효와 오크통 숙성Aging을 포함하여 맥주를 완성하기까지 걸리는 시간이 보통 1년은 소요되었기에 장기 보관 맥주라고 칭해지게 되었습니다.

플랜더스 브라운 에일Flanders Brown Ale 이라고 불리는 우드 브륀 맥주는 플랜더스 출신이라는 점과 오크통에서 장기간 숙성을 거친다는 부분, 박테리아를 맥주에 초청한다는 사실에서 플랜더스 레드 에일Flanders Red Ale 과 많이 닮았습니다.

역사적으로나 공정상으로, 지역적으로 봐도 친척관계의 맥주나 다름 없는 우드 브륀과 플랜더스 레드 에일Flanders Red Ale 이지만 두 스타일을 구분하는 결정적인 차이는 산미Sourness의 강도와 맥아적인 단맛Malt Sweetness 을 얼마나 내포하느냐 입니다.

플랜더스 레드 에일은 캐러멜과 유사한 맥아적인 단맛은 거의 포함하지 않았고, 체리 등의 강한 과일 맛과 산미, 약간의 타닌Tannin 등으로 한 잔의 레드 와인을 마시는 듯한 인상을 심어줍니다.

반면 우드 브륀 스타일은 분명 산미를 간직하고 있지만 플랜더스 레드 에일에 비해서는 경감된 수준이며, 캐러멜스러운 맥아적인 단맛이 존재하여 산미의 약화를 가져오는데 일조합니다. 더불어 플랜더스 레드 에일과 마찬가지로 건포도, 체리, 자두 등을 연상시키는 과일 맛이 나타나지만 플랜더스 레드 에일에서는 새콤-시큼하게 과일 맛이 다가왔다면, 우드 브륀에서는 달고 농익은 과일 맛을 맛볼 수 있습니다.

전통적으로 만들어진 우드 브륀은 여전히 오크통 숙성의 방식을 고수하여 장기간의 숙성을 거쳐 오크통에 서식하는 박테리아가 만들어내는 강한 산미를 유도합니다. 단 현대화 된 양조장들에서 만드는 우드 브륀은 오크 나무통이 아닌, 신식 스테인리스 저장조에서 인간이 배양한 적정량의 박테리아와 함께 우드 브륀 맥주를 장기 숙성을 하기 때문에 전통적인 방식을 따른 제품들보다는 산미가 덜 합니다. 산미가 덜 하기 때문에 단맛과 조화를 이뤄 확실히 마시기에는 편하여 좀 더 대중적인 취향에 가까워졌다는 평도 얻습니다.

우드 브륀 스타일은 홉의 존재감이 없는 맥주이며, 알코올 도수의 범위는 4~8%로 넓은 편입니다. 플랜더스 레드 에일이 그렇듯, 2년 이상의 장기 숙성 맥주와 미숙성 맥주를 섞어 중화된 맛을 추구하기도 하는데, 몇몇 브랜드는 체리나 복숭아를 넣어서 과일 맛의 풍미를 머금게 하여 더 다양한 맥주의 맛을 구현합니다.

우드 브륀 맥주는 벨기에에서도 취급하는 양조장이 그리 많은 편이 아닙니다. 그 이유는 만드는 공정이 매우 어렵고 까다롭기 때문입니다. 플랜더스 레드 에일이나 람빅 Lambic 맥주들처럼 신맛이 작렬하는 맥주는 최대한 젖산균 등의 박테리아를 활성화시키면 이룩할 수 있는 일입니다. 반면에, 적절한 산미와 맥아적인 단맛의 균형과 조화가 요구되는 우드 브륀 스타일에서 적당한 산미를 창출해내기 위해 박테리아를 능수능란하게 다루는 일은 고도의 기술과 경험이 없다면 실현시키기 어려운 작업입니다. 따라서 벨기에에서 나오는 우드 브륀 브랜드를 대략적으로 추려도 10개 남짓밖에 되지 않습니다. 벨기에 트리펠 Tripel 이나 블론드 Blonde 스타일에 해당하는 맥주 브랜드 가짓수에 비하면 정말로 적은 수치입니다.

그렇기 때문에 맥주 마니아 가운데서도 기회가 된다면 주저없이 마셔봐야 할 맥주 스타일로 우드 브륀이 자주 언급됩니다. 리프만스 구덴반트Liefman's Goudenband가 우드 브륀을 대표하는 상품이며, 페르투스 우드 브륀Petrus Oud Bruin, Ichtegem's Oud Bruin도 몇 안되는 우드 브륀 브랜드 가운데 상징적인 제품입니다.

플랜더스 우드 브륀의 대표 브랜드

리프만스 구덴반트 Liefmans Goudenband

국적 | 벨기에

특징 |

벨기에의 리프만스Liefmans 양조장에서 만든 플랜더스 우드 브륀. 1679년부터 맥주를 생산한 유서 깊은 양조장이다. 주로 Sour Beer 계열인 람빅Lambic이나 플랜더스 브라운 등을 제조하는 곳으로, Sour Beer 쪽에 전념하는 독특하게 전문화된 양조장이다. 리프만스 구덴반트는 푸른색 종이 포장지로 감싼 대용량의 맥주로 8.0%에 이르는 맥주다. 리프만스 구덴반트는 우드 브륀이라는 스타일에 있어서 가장 모범적인 사례로 꼽히는데, 맥아적인 단맛이 산미와 공존하면서 조화되기 때문이다. 캐러멜이나 오렌지 잼이 첨가된 초콜릿을 먹는 듯한 단맛이 체리나 식초 등의 산미와 균형을 제대로 이루고 있다. 입에 닿는 질감도 부드럽고 진득하며 무게감도 독일의 복Bock 맥주에 필적할 정도로 단단하고 육중해서 대체로 연하고 묽은 질감의 람빅Lambic, 플랜더스 레드 등과 차별되는 정체성이 돋보인다. 따라서 람빅/플랜더스 레드의 직선적인 산미가 부담이 간다면 단맛으로 중화된 우드 브륀인 리프만스 구덴반트가 좋은 선택이 될 것은 확실하다.

페트루스 우드 브륀 Petrus Oud Bruin

국적 | 벨기에

특징 |

Bavik-De Brabandere 양조장은 벨기에 플랜더스 지역에 소재한 양조장으로 우드 브륀과 같은 Sour Ale도 만들지만 트리펠Tripel이나 두벨Dubbel과 같은 통상적인 벨기에 에일도 취급한다. 페트루스 우드 브륀의 알코올 도수는 5.5%로 높은 편은 아니며 색상은 갈색에서 어두운 갈색에 걸친다. 시큼한 레몬의 산미와 함께 건초의 투박함이 있다. 캐러멜과 토피캐러멜+버터의 맛이 돌지만 입에 진하게 남지는 않고 금새 소멸한다. 산미에 버금갈 정도로 단맛의 존재감이 강하지는 않다.

4

즉흥 발효 : 람빅 Lambic

람빅 Lambic 의 특징 및
대표 맥주

영어로는 'Spontaneous Fermentation'이라고 불리는 즉흥 발효 혹은 자연 발효를 하는 람빅 Lambic 은 벨기에의 수도 브뤼셀 Brussels 에서 남서쪽으로 약간 떨어진 센느 벨리 Senne Valley 지역에서 주로 생산되는 아주 특별한 맥주입니다.

일반적인 라거/에일의 발효는 인간이 배양하고 철저하게 관리한 효모들을 직접 양조가가 외부 대기와 차단된 발효 탱크에 투입하는 것과는 달리, 전통적인 람빅 Lambic 맥주는 대기중에 부유하거나 람빅 맥주가 담기는 오크통에 서식하는 야생 효모나 박테리아 등을 이용하여 맥주를 발효 및 숙성합니다. 람빅을 만들 때 인간의 역할은 외부에 노출된 넓은 개방형 발효조에 맥주를 식히면서 서서히 대기에 서식하는 야생효모와 박테리아들을 받아들여 발효를 유도하는 작업 이외에는 없습니다.

보편적인 라거/에일류에서 외부 대기와 차단된 발효 탱크에서 발효를 하는 이유는 대기중에 포함된 미생물들이 맥주 발효 과정 중 침투되어 불완전한 발효로 완성된 맥주에 불쾌한 맛을 더할 수 있기 때문입니다. 따라서 맥주 효모가 아닌 잡균들이 침투하지 못하도록 청결에 만전을 기하기 위해 양조가들은 효모의 투입과 발효 과정 중에는 항상 긴장 상태를 유지할 수밖에 없습니다.

벨기에 생 루이 체리 람빅 Kriek Lambic 맥주1

람빅 맥주를 발효시키는 오크나무통과 지하 발효실

그러나 람빅은 라거/에일류와 상반되게 오히려 대기에 맥주를 노출시켜 각종 미생물들을 받아들입니다. 람빅에 관해 낯선 사람들이나 양조가가 보기에는 상당히 무모해 보이는 행위로 비춰질지도 모릅니다. 하지만 벨기에의 람빅 맥주를 오랜 시간 동안 생산해오던 양조가들은 경험을 통해 벨기에 센느 벨리 Senne Valley 근교의 대기들에는 람빅 맥주 특유의 맛을 생성하는 데 보탬이 되는 미생물들이 많다는 것을 알고 있기에 대범하게 맥주를 노출시켜서 발효하는 게 가능합니다.

람빅 생산에 있어서 가장 유용하다고 알려진 박테리아는 브레타노미세스 Brettanomyces Bruxellensis 입니다. Bruxellensis가 람빅 맥주가 주로 생산되는 지역인 벨기에의 브뤼셀을 뜻한다는 사실을 미루어 볼 때, 람빅 맥주에 있어서 핵심적인 역할을 하는 박테리아임을 알 수 있습니다.

페디오코커스 Pediococcus 나 락토바실루스 Lactobacillus 와 같은 젖산균은 람빅 특유의 신맛을 자아내는데 일조하며, 브레타노미세스는 신맛보다는 헛간의 풀 냄새나 오크나무통 냄새, 말 안장, 젖었다가 말려진 가죽 냄새 등등으로 사람마다 각기 다르게 표현하는 뭔가 퀴퀴한 풍미를 람빅 맥주에 부여합니다.

람빅 맥주에서는 약 80가지의 미생물들이 발견됩니다. 양조는 10월부터 이듬해 5월까지만 이루어지는데, 기후가 무더워지는 여름철인 6월부터 9월에는 대기중 미생물들이 너무 많아 오히려 람빅 맥주 양조에 좋은 결과가 나오지 않기 때문입니다. 따라서 벨기에의 람빅 맥주 양조가들은 여름철에는 양조를 진행하지 않습니다.

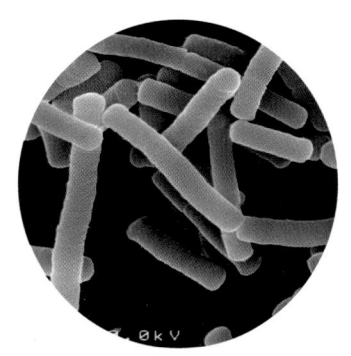

람빅을 완성시키는 젖산균인
락토바실루스 Lactobacillus[2]

람빅 맥주의 맥아 구성은 일반적인 맥주와 크게 다르지는 않습니다. 람빅 양조장들마다 정확한 수치는 조금씩은 다르겠지만 평균적으로 70%의 보리 맥아와 30%의 맥아화되지 않은 통밀을 사용합니다. 30%의 밀이 사용되었기에 보통의 밀맥주들이 그렇듯 람빅 맥주 또한 풍성히 깔린 거품층을 자랑할 것 같아 보이지만, 실상은 거품 하나 없는 맥주를 목격하게 됩니다.

람빅 맥주는 홉을 굉장히 필요로 하는 맥주 스타일이나 맥주 안에서 나타나는 홉의 특성 Hoppy 은 제로나 다름없습니다. 홉이 람빅에 절실하게 필요한 이유는 람빅 맥주의 완성까지의 시간이 매우 길기 때문입니다. 라거는 대체로 2~3주 발효 후 2달의 숙성을 거치면 완성되며, 에일은 1주 발효 후 2~3주의 숙성이면 마실 수 있는 맥주 스타일입니다.

그러나 람빅 맥주를 비롯한 플랜더스 레드 Flanders Red 나 브라운 Brown 등의 Sour Beer 류는 박테리아를 받아들여 맥주를 발효하고 숙성하기 위해 적어도 오크통 안에 맥주를 짧게는 6개월에서 길게는 3년 동안 보관해야 했습니다. 인간에 의해 배양된 맥주 효모들과는 다르게 박테리아들은 매우 서서히 맥주의 당을 갉아먹기 때문입니다. 그래서 6개월에서 3년이라는 기간 동안 맥주를 상하지 않게 보관하려면 일종의 천연 방부제가 필요했습니다.

인디아 페일 에일 India Pale Ale 의 기원에서 설명했듯이 홉은 자연에서 난 방부제나 다름없는 식물로 벨기에의 양조가들도 그 효능을 익히 알고 있었기에 오랜 시간 동안 람빅 맥주를 보관하기 위해 적극적으로 홉을 사용하여 양조했습니다. 하지만 홉을 많이 이용하여 만든 맥주는 IPA처럼 맥주가 씁쓸해지고 과일이나 풀과 같은 홉 고유의 맛이 맥주에 배기 때문에 이러한 홉의 맛을 원치 않는다면, 홉을 자유자재로 사용하는 것도 불가능했습니다.

그러나 영리했던 벨기에 람빅 양조가들은 신선한 홉을 사용하지 않고 말라버리고 묵어버린 홉을 사용하면 모든 문제가 해결된다는 사실을 발견하게 됩니다. 홉이라는 작물은 대기에 노출된 채 고온에 오래 방치할수록 고유의 향과 맛을 점차 잃게 되는 특성을 가지고 있습니다. 그래서 홉의 역할이 매우 중요한 페일 에일이나 인디아 페일 에일을 생산하는 양조장들은 홉의 신선도를 굉장히 신경 씁니다. 묵은 홉을 가지고 페일 에일 등을 양조하게 되면 홉의 열대 과일이나 허브 등의 풍미를 충분히 맥주에 담아낼 수 없기 때문입니다.

벨기에의 람빅 맥주 양조장들은 홉의 방부효과는 필요로 했지만 홉의 풍미가 필요치 않았기에 의도적으로 오래된 홉들을 사용했습니다. 그에 따른 결과로 오래된 홉에서 나타나는 특징인 묵은 풀과 같은 성향이 람빅 맥주에 입혀지게 됩니다.

그 결과 람빅 Lambic 맥주의 IBU 수치는 0~10 IBU 수준으로 정말 낮은 수치를 기록하며, 라거나 에일류의 맥주들이 홉의 향을 기본적으로 담고 있는 반면, 람빅 맥주는 홉의 향기로움을 담지 않았고 효모나 박테리아에서 발생한 쿰쿰하고 시큼한 향이 압도적으로 나타납니다.

'Spontaneous Fermentation'이라는 계획적인 발효 공정이 아닌 즉흥적으로 대기 안에 부유하는 미생물들로 발효하는 맥주이기에 람빅은 같은 양조장에서 나온 제품임에도 언제 어떻게 공정을 거쳤느냐에 따라 편차가 있다고 알려진 맥주입니다. 즉 오늘 마신 A 브랜드의 람빅을 일주일 후 같은 브랜드 제품으로 다시 마시면 산미나 야생 효모-박테리아의 곰팡내 등이 정도가 다르게 다가올 여지가 있습니다.

람빅 맥주는 오크통에서 숙성된 연차가 다른 맥주들을 어떻게 섞느냐에 따라, 숙성 과정 중에서 과일 등이 넣어져 숙성되었는가에 따라 여러 가지 하위 분류로 나뉩니다.

벨기에 람빅 브랜드 린데만스 Lindemans

🌾 스트레이트 람빅 Straight Lambic

bzar
bzart⁴

개 요

아무것도 타지 않은 람빅이라는 의미로 스트레이트 람빅 Straight Lambic 이라고 불리며, 동의어로는 섞이지 않은 람빅이라해서 언블랜디드 Unblended Lambic 라고 칭해지는 가장 기본적인 형태의 람빅 맥주입니다.

특 징

이후 소개될 괴즈 Gueuze 나 크릭 Kriek 등의 람빅 맥주들은 숙성 기간이 짧은 람빅과 오랜 숙성기간을 거친 람빅을 섞어서 완성시키거나 체리 등의 과일을 넣어 독특한 풍미를 가져간 람빅 맥주인데 반해, 스트레이트 람빅은 오로지 한 통에서 나온 람빅을 가공하지 않은 채 그대로 음용하는 람빅을 이릅니다.

각각의 람빅 양조장들마다 스트레이트로 내놓는 람빅의 연식은 다르며, 6개월이 된 람빅부터 2~3년 묵은 람빅까지 다양합니다. 오래되지 않은 'Young Lambic'이 스트레이트로 서빙되면 짜릿하고 시큼한 맛이 두드러지지만, 오래된 람빅에서는 밀 Wheat 과 같은 고소함과 야생 효모나 박테리아 등에서 생성된 특유의 헛간이나 오크통 냄새, 텁텁한 스모키한 풍미를 경험할 수 있습니다.

입에 닿는 느낌은 묵직함이나 질척임 등이 없이 매우 가볍지만 탄산감이 없는 상태에서 제공되는 것이 스트레이트 람빅의 특징이라 청량함을 만끽하기에는 부적합한 맥주입니다. 산미와 오크통에서 비롯한 나무 맛, 텁텁함 등이 자리잡고 있기에 입에 닿는 느낌 자체는 가볍고 탄산이 없어 마시기는 매우 편하나, 어딘가 모르게 밋밋하고 흐물거리는 감이 있으며 미각이 느끼는 맛 자체도 편하지는 않은 맥주입니다.

스트레이트 람빅은 막걸리로 보면 원주에 가까운 형태이기 때문에 양조장에서 직접 서빙되거나 탭드래프트 맥주로 손쉽게 취급됩니다. 괴즈Gueuze 나 크릭Kriek 에 비해서 시중에 나와 있는 병에 담긴 제품들이 많지 않습니다.

괴즈 Gueuze

칸티용 괴즈
Cantillon Gueuze 5

분 우트 괴즈
Boon Oude Gueuze 6

린데만스 괴즈
Lindemans Gueuze

DETAIL

홉 Hoppy	🍺
맥아 Malty	🍺
산미 Sour	🍺🍺🍺🍺🍺
무게감 Body	🍺🍺
색상	노란색
알코올 도수	5.0~8.0%
IBU	0~10

※ 5개 만점. 높을수록 맛이 강함

트래디셔널 괴즈 대표 브랜드
- 분 우트 괴즈(Boon Oude Gueuze, 벨기에, ○)
- 칸티용 괴즈(Cantillon Gueuze, 벨기에, ×)
- 3 폰테이넌 괴즈(3 Fonteinen Oud Gueuze, 벨기에, ○)
- 린데만스 꾸베 르네 괴즈
  (Lindemans Cuvée René Gueuze, 벨기에, ○)
- 우트 비어셀 우트 괴즈
  (Oud Beersel Oude Geuze, 벨기에, ○)

스위트 괴즈 대표 브랜드
- 모르트 수비테 괴즈(Mort Subite Gueuze, 벨기에, ×)
- 린데만스 괴즈(Lindemans Gueuze, 벨기에, ○)
- 세인트 루이스 괴즈(St. Louis Gueuze, 벨기에, ○)
- 벨 부 괴즈(Belle-vue Gueuze, 벨기에, ×)

개요

벨기에 람빅Lambic 맥주 중에서 가장 유명하고 상징적인 스타일이라면 단연 괴즈Gueuze를 꼽을 수 있습니다. 괴즈는 각각 다른 숙성조에서 나온 연식이 다른 스트레이트 람빅을 두 가지 혹은 세 가지 이상을 섞어서 완성한 제품입니다.

특징

일 년 이하의 숙성 기간을 거친 Young Lambic과 2~3년의 오랜 숙성을 거친 Old Lambic을 섞어 병에 담은 후 병입 발효Second Fermentation에 돌입합니다. 아직 야생 효모나 박테리아가 발효할만한 여분의 잔여 당Sugar이 남아 있는 Young Lambic을 Old Lambic과 섞어 밀폐된 병 안에서 발효를 거치는데, 이때 탄산이 생겨나고 그 탄산이 밖으로 빠져나가지 못해서 점점 람빅 맥주 안에 포화하게 됩니다. 쉽지 않은 람빅인 스트레이트 람빅Straight Lambic에는 탄산감이 드러나지 않는 반면에 괴즈는 병입 발효Bottle Conditioning를 거치면서 발포성을 띠게 됩니다.

벨기에 브뤼셀 일대 지역에서는 괴즈 람빅 맥주의 탄산이 새어 나가지 못하게 하기 위해 병 크기(330ml/750ml)에 관계 없이 샴페인 코르크 마개로 봉인하는 전통을 간직하고 있습니다. 그래서 때때로 괴즈 람빅은 브뤼셀의 샴페인이라는 별칭으로 불리기도 합니다.

괴즈 람빅은 탄산감과 가벼운 질감과 무게감을 지녔지만 스트레이트 람빅류에 비해서 더욱 신랄하고 쏘는 듯한 신맛을 보유했습니다. 상급의 괴즈 람빅으로 인정받기 위해서는 자극적인 신맛을 자제하고, 야생 효모나 박테리아 등에서 생성된 농장의 먼지 많은 헛간과 같은 풍미, 사과 주스와 같은 새콤함, 묵은 홉의 꿉꿉함이 산미와 조화롭게 어우러져야 합니다.

어느 순간 C 브랜드의 괴즈가 B 브랜드의 괴즈보다 유순하게 받아들여지다가도, 이후 다시 마셔보면 상황이 역전되는 경우도 비일비재 합니다.

영국의 양조장들이 페일 에일을 만들고, 독일의 양조장들이 필스너를 취급하는 일처럼 벨기에의 람빅 양조장들은 괴즈를 기본적으로 생산합니다. 람빅 맥주를 진지하게 접하기로 마음 먹었다면 아마도 처음으로 마주하게 되는 람빅은 괴즈일 가능성이 높습니다. 람빅 맥주에 있어서 차지하는 비중이 매우 큰 스타일입니다

괴즈 대표 맥주

칸티용 괴즈 Cantillon Gueuze

국적 | 벨기에

특징 |

칸티용 Cantillon 은 브뤼셀 시가지에 위치한 접근성 좋은 람빅 양조장으로 람빅 박물관을 운영한다. 가당하지 않은 전통적 람빅 Traditional Lambic 만을 다루며 이 때문에 벨기에 람빅의 대표 브랜드로 여겨지게 되었다. 브뤼셀의 명물인 오줌싸개 동상이 그려진 칸티용의 유기농 괴즈는 자극적이고 조악하게 시큼한 산미만 드러나는 맥주는 아니다. 오크통에서 보낸 세월이 느껴지는 쿰쿰한 나무의 맛과 숙성된 치즈, 헛간 냄새, 건초 등의 퀴퀴하면서 중독성 있는 야생 효모의 풍미가 고스란히 담겨 있다. 브뤼셀에 간다면 칸티용의 람빅을 마셔볼 것을 아주 적극적으로 권하고 싶다. 기회가 된다면 람빅 박물관도 관람해보길 추천한다.

분 우트 괴즈 Boon Oude Gueuze

국적 | 벨기에

특징 |

벨기에 수도 브뤼셀에서 서남쪽으로 그리 멀지 않은 지역에는 람빅 맥주에 정통한 분 Boon 이라는 양조장이 있다. 이 곳은 전통적인 람빅과 가당 람빅을 동시에 취급하는 전천후 람빅 제조소이다. 분 우트 괴즈는 특별 브랜드 중 하나로 분에서도 궁극의 람빅으로 취급 받는다. 3년 묵은 95%의 람빅과 갓 생산한 5%의 람빅을 섞어서 만드는 8.0%의 일반적인 람빅보다 알코올 도수도 센 제품이다. 꼬리꼬리, 퀴퀴한 젖은 가죽, 말 안장의 풍미가 다가오며 곰팡이 냄새도 난다. 산미가 혀를 찌를 듯 출현하는 괴즈 람빅은 아니지만 오크 Oak 나무, 건초, 가죽, 곰팡이, 버섯 등등 꿉꿉한 풍미가 강조되었다.

린데만스 괴즈　　　전통 람빅

린데만스 괴즈 Lindemans Gueuze

국적 | 벨기에

특징 |

벨기에의 람빅 양조장 린데만스Lindemans의 괴즈 람빅으로, 린데만스는 전통적인 람빅과 가당 람빅을 동시에 만드는 곳이다. 대중적인 람빅 양조장의 위치를 점하였기에 전통적 람빅보다는 가당 람빅의 비율이 압도적으로 많은 곳이다. 린데만스 괴즈 역시 전통람빅과 가당 람빅 두 가지 버전이 존재한다. 꾸베 르네Cuvee Rene라 불리는 대용량의 샴페인 병에 든 제품이 전통 람빅이고, 아무런 수식어 없이 작은 병에 린테만스 괴즈Lindemans Gueuze라고 되어 있는 제품이 가당 람빅이다. 국내에는 가당 람빅인 린테만스 괴즈가 수입된 상황. 괴즈 특유의 건초나 곰팡이 맛은 자제시킨 채 가당의 효과로 달아진 괴즈에서는 솔이나 살구 등이 혼합된 단맛이 눅진하게 나타난다. 쉽사리 다음 잔을 들이킬 수 없는 전통 괴즈 람빅과는 달리 무더운 여름에 주스나 칵테일을 마신다는 생각으로 들이키기에 아주 좋다.

크릭 Kriek

3 폰테이넨 우트 크릭
3 Fonteinen Oude Kriek

세인트 루이스 크릭
St. Louis Kriek

DETAIL

홉 Hoppy	🍺
맥아 Malty	🍺
산미 Sour	🍺🍺🍺🍺
무게감 Body	🍺🍺
특수재료	체리
색상	붉은색
알코올 도수	5.0~7.0%
IBU	0~10

※ 5개 만점, 높을수록 맛이 강함

크릭 람빅의 대표 브랜드
- 분 우트 크릭(Boon Oude Kriek, 벨기에, ○)
- 칸티용 크릭(Cantillon Kriek, 벨기에, ×)
- 3 폰테이넨 우트 크릭(3 Fonteinen Oude Kriek, 벨기에, ○)
- 린데만스 꾸베 르네 크릭
  (Lindemans Cuvée René Kriek, 벨기에, ○)
- 우트 비어셀 우트 크릭(Oud Beersel Oude Kriek, 벨기에, ○)

스위트 크릭 람빅 대표 브랜드
- 벨 부 크릭(Belle-vue Kriek, 벨기에, ×)
- 모르트 수비테 크릭(Mort Subite Kriek, 벨기에, ×)
- 린데만스 크릭(Lindemans Kriek, 벨기에, ○)
- 세인트 루이스 크릭(St. Louis Kriek, 벨기에, ○)
- 팀머만스 크릭(Timmermans Kriek, 벨기에, ○)

개요

크릭 Kriek 이라는 말은 플라망 벨기에 북부 언어로 시큼한 체리 Sour Cherries 를 뜻합니다. 벨기에의 람빅 맥주에는 특유의 신맛과 박테리아/야생 효모의 쿰쿰함, 헛간 느낌이 강조되었지만, 과일 람빅이라 불리는 제품들에는 체리나 복숭아, 사과, 라즈베리 등의 과일들이 공정 중에 첨가되어 새콤하고 달콤한 과일의 느낌이 동반됩니다.

특 징

크릭 람빅은 체리가 첨가된 람빅으로 과일 람빅들 가운데서는 가장 널리 보급되어 쉽게 구할 수 있는 맥주입니다. 람빅 맥주가 즉흥 발효를 시작하는 시점부터 과일이 발효 통에 첨가되어 오랜 기간 동안 맥주와 함께 머물면서 그 풍미를 맥주에 배이도록 합니다. 람빅 맥주가 완성되면 과육들은 병입 이전에 당연히 제거되므로 마실 맥주 안에서 부유하는 광경을 마주하지는 않아도 됩니다.

Girardin Kriek Lambic[7]

크릭 람빅의 기본 틀은 괴즈Gueuze와 같습니다. 쉽게 말해서 괴즈 맥주에 체리가 첨가된 것이 크릭 람빅이라고 볼 수 있습니다. 벨기에 과일 람빅들은 전통적으로 여러 과일을 섞지 않고 오로지 한 가지 과일만 첨가하여 완성합니다. 과일 람빅의 주인공이 되는 과일의 명칭이 과일 람빅 맥주의 스타일명이 되는데, 크릭Kriek, 체리과 프람브와즈Framboise, 라즈베리, 카시스Cassis, 블랙 커런트 등등이 존재합니다.

크릭이라는 단어는 플라망어로 시큼한 체리를 가리키기에, 꼭 람빅 맥주에만 사용되는 용어는 아닙니다. 브뤼셀 근교가 원산인 람빅과는 다른, 벨기에 플랜더스 지역의 Sour Beer인 플랜더스 브라운Flanders Brown에서도 크릭이라는 용어를 가끔씩 확인할 수 있습니다. 이유는 플랜더스 브라운에도 체리가 들어가 특유의 시큼함을 유도한 맥주 상품이 더러 있기 때문입니다. 크릭이라는 단어는 공유하지만 크릭 람빅과 플랜더스 브라운+크릭은 엄연히 다른 맥주입니다.

크릭 람빅의 특징은 주스나 설탕이 첨가된 스위트 람빅Sweet Lambic이 되느냐, 전통적인 방식에 따른 람빅이 되느냐에 따라서 그 맛과 풍미가 사뭇 달라집니다.

크릭 람빅의 대표 브랜드

3 폰테이넨 우트 크릭 3 Fonteinen Oude Kriek

국적 | 벨기에

특징 |

3 폰테이넨 3 Fonteinen 은 브뤼셀 남부 근교에 위치한 블랜더로 직접 람빅을 양조하기도 하는 작은 람빅 양조장입니다. 다른 람빅 양조장들로부터 원주를 매입하여 경험으로 익힌 레시피에 따른 비율로 섞어 재가공합니다. 기본적으로는 전통 람빅에 매진하고 있는 곳으로 괴즈나 크릭 Kriek 이 주력이며 프람브와즈 라즈베리 나 파로 빙설탕 전통 람빅 등도 취급하는 등 람빅의 다양화를 추구하는 곳이다. 체리가 첨가된 크릭 람빅의 색상은 붉은 빛깔을 띠고, 시큼한 체리와 함께 식초와 같은 산미가 포착된다. 오크 나무통의 나무 맛도 전달되는데, 괴즈 Gueuze 에 비해서는 체리 영향 때문인지 텁텁하고 퀴퀴한 요소들은 절제된 느낌이다. 체리가 포함되긴했지만 체리 주스처럼 달콤하며 새콤할 거라고 생각하고 마시기에는 괴리가 있으니 쉽게 보지 말자.

세인트 루이스 크릭 St. Louis Kriek

국적 | 벨기에

특징 |

벨기에 플랜더스 지역에 자리잡은 반 혼스브룩 Van Honsebrouck 양조장에서 만드는 세인트 루이스 크릭 Kriek 으로 세인트 루이스 람빅 브랜드에는 전통적인 람빅보다는 가당 람빅의 비중이 높다. 세인트 루이스 크릭도 가당 람빅으로, 적당한 캐러멜의 단맛과 체리의 새콤함이 많이 완화되어 마시기 편해진 산미가 특징. '체리 주스 맥주'라는 대중에게 더 가까워진 성향을 보여준다.

Supplement

스위트 람빅 Sweet Lambic

벨기에 전통 방식으로 만들어진 람빅 맥주는 강한 발효와 의도적인 부패로 인해 누군가에게는 고약하게 다가올 수도 있는 풍미를 가진 것도 사실입니다. 그렇기 때문에 평이하고 무난한 맥주를 즐기던 취향의 사람들에게는 마치 홍어나 오래된 치즈처럼 낯설다 못해 접근조차 불가능한 맥주로 받아들여지기도 합니다.

전통 방식에 따른 람빅이 소비자들에게 접근성이 좋지 못하다는 것을 익히 알고 있던 몇몇 벨기에의 람빅 양조장에서는 설탕이나 주스 등의 인위적인 가당을 넣어 보다 더 마시기 편한 람빅을 선보였는데, 이를 스위트 람빅 Sweet Lambic 이라고 합니다.

전통 람빅에서 나타나는 야생 효모/박테리아의 헛간 냄새, 젖은 가죽, 건초, 곰팡이 등등의 퀴퀴하면서 입안이 따끔거릴 정도의 신맛보다는, 마치 단맛이 강하게 감도는 과일 주스를 마시는 듯한 풍미가 스위트 람빅류에서는 부각됩니다. 람빅 특유의 산미가 나타나기는 하지만, 전통적인 람빅에 비해서는 많이 완화된 형태로 찾아옵니다.

스위트 람빅은 대부분 괴즈 Gueuze 나 스트레이트 람빅 Straight Lambic 등의 원초적인 람빅에 가까운 제품들이 대상이기보다는 크릭 Kriek 이나 프람브와즈 Framboise 등의 과일 람빅들에 적용된 것을 발견할 수 있습니다. 과일과 함께 설탕이나 주스 등이 람빅 맥주에 첨가된 것입니다. 스위트 람빅 중에서 괴즈 Gueuze 를 취급하는 곳들도 있지만 압도적으로 과일 람빅과 결합한 스위트 람빅의 종류가 많습니다.

벨기에 스위트 람빅 브랜드 벨-뷰 Belle-Vue

Kriek	체리
Framboise	라즈베리
Pêche	복숭아
Cassis	블랙 커런트
Pomme	사과
Banane	바나나
Faro	흑설탕/빙설탕

전통적인 람빅들이 맥주를 전문적으로 취급하는 매장에서만 판매되는 것과는 달리, 대중 친화적인 스위트 람빅은 벨기에의 슈퍼마켓이나 레스토랑 등에서 식전주나 갈증을 해소하는 음료로의 기능을 수행합니다. 스위트 람빅의 알코올 도수는 전통 람빅들의 절반 수준인 2~3% 밖에 되지 않기에 누구나 손쉽게 마실 수 있는 알코올 팝 음료로서의 역할도 가능해 편하게 즐기는 과일 칵테일과 같은 느낌도 선사합니다.

팀머만스 프람브와즈 라즈베리 람빅9

린데만스Lindemans나 벨 뷰Belle Vue, 모르트 수비테Mort Subite, 분Boon 등이 벨기에 스위트 과일 람빅을 대표하는 브랜드들입니다. 이들 브랜드 가운데서는 스위트 람빅에 많은 비중을 두는Belle Vue, Mort Subite 곳이 있는 반면에, 스위트 람빅과 전통 람빅을 병행하는 양조장Lindemans, Boon도 있습니다.

대중적인 취향의 공산품인 스위트 람빅이 오히려 제대로 된 람빅 문화를 전파하지 못하고 있다고 판단하는 벨기에 람빅 장인들은 스위트 람빅은 철저하게 배제하고 오로지 전통 람빅Traditional Lambic에만 열중하기도 합니다. 대표적인 곳이 벨기에 수도 브뤼셀에서 람빅 박물관을 운영하는 칸티용Cantillon이며, 3 폰테이넨3 Fonteinen, 우드 브리셀Oud Beersel도 있습니다.

이들 람빅 제조장들은 다양한 과일 람빅을 취급하지는 않고 과일 람빅 가운데서 크릭Kriek, 체리만 전통 람빅으로 만드는 경향을 보입니다. 대다수의 전통 람빅 양조장에서는 괴즈 & 크릭을 기본적으로 생산하며, 규모가 큰 전통 람빅 양조장이면 라즈베리Framboise나 포도, 살구 등을 사용하기도 합니다.

가당이 되지 않아 박테리아/야생 효모의 시큼함과 쿰쿰함이 그대로 와닿는 전통을 유지하는 람빅 양조장들은 괴즈나 크릭의 이름 앞에 전통을 강조하려는 의도인지 Oud 혹은 Oude라는 영어로는 Old에 해당하는 수식어를 붙이는 게 일반적입니다. 따라서 람빅 맥주를 고를 때 어떤 브랜드가 스위트 람빅이며 전통 람빅인지 사전 정보가 부족할 시에는 궤즈Gueuze나 크릭Kriek 앞에 Oud/Oude가 붙는지 확인하면 됩니다.

벨기에의 전통적인 람빅을 제조하는 몇몇 양조가는 장인정신과 자부심이 강해서 스위트 람빅에 관해서 부정적인 견해를 갖고 있습니다. 필자가 직접 벨기에의 람빅 양조가들과 대화를 나눠본 결과 사실로 확인되었습니다. 개인적인 견해로는 대중적으로 바뀐 스위트 람빅이 람빅을 변질시켰다고 생각하지는 않습니다. 다만 그로 인해서 전통 람빅이 사람들에게 잘 소개가 되지 않고 마니아적인 맥주로만 남는 것이 안타깝기는 합니다. 그렇다고해서 전통 람빅의 고유 캐릭터인 쿰쿰함, 시큼함 등을 버릴 수도 없는 상황입니다.

이 책을 읽으시고 람빅Lambic 이라는 맥주에 큰 관심이 생기셨다면, 스위트 람빅의 대표 브랜드인 린데만스Lindemans 의 제품은 국내에 수입된 상태이기 때문에 몇몇 대형 마트나 맥주 전문 샵 등에 방문하면 구할 수 있으니 참고 바랍니다. 그러나 전통 람빅은 특유의 난해하고 대중적이지 않은 맛 때문에 국내에는 별로 없습니다. 그래서 벨기에나 해외 방문 시 람빅을 발견하게 되면 Traditional 람빅, Oud 람빅 위주로 경험해보시는 건 어떨까요?

벨기에 스위트 람빅 브랜드 샤뽀Chapeau. 취향에 맞는 과일 맛에 따라 골라 마실 수 있다.

Part. three

크래프트 맥주란 무엇인가

what is a craft beer

1

크래프트 맥주, 제대로 알기

수제 맥주?
크래프트 맥주 Craft Beer !

영어 크래프트Craft는 수공예 그리고 수공예 작업을 하는 장인 등을 의미하는 단어입니다. 우리나라에서 2010년 이래로 본격적으로 소개되기 시작한 크래프트 맥주는 우리말로 보통 '수제 맥주'라고 불립니다. 왠지 손으로 밀가루 반죽을 쳐서 면발을 뽑는 수공업자처럼 수제 맥주도 '수제'라는 말 때문에 마치 기계의 힘을 빌리지 않은 양조가의 수작업을 통해 맥주를 완성하는 것처럼 들립니다.

그러나 사람의 손을 이용한 맥주 양조는 이미 19세기 산업혁명 이후부터 진행되지 않았으며, 맥아를 물에 담그는 당화Mash, 맥아와 맥즙을 분리하는 여과, 홉을 넣으면서 끓이는 끓임 단계Boilng, 이후 냉각과 효모 주입, 발효까지 모두 기계로 작동하는 작업들입니다.

발효를 통해 맥주의 알코올을 생성하는 작업은 사람의 손이 아닌 전적으로 효모Yeast의 일이며, 현대 맥주 양조에서 인간이 하는 육체적 노동들은 맥아 포대를 나르고 당화를 위해 물에 섞을 때의 작업이나 재료 운반, 청소 등입니다. 육체적 노동보다는 맥주 양조 장비들의 시스템 구축이나 쾌적한 양조 환경 조성, 재료의 선별, 효모의 관리 등의 노동이 주를 이룹니다.

따라서 피자 도우를 돌리거나 수타 면을 뽑는 것과 같은 수제 작업은 맥주에 한해서는 아무리 작은 최소 규모의 공장식 맥주 양조에서도 거의 이뤄지지 않습니다. 크래프트 맥주에 관한 개념은 크래프트 맥주가 어떻게 생겨났는지 그 역사와 철학을 조사해보면 바로 이해할 수 있습니다. 특히 크래프트 맥주 붐을 일으킨 본원인 미국의 맥주 역사를 잠시 살펴보겠습니다.

미국이라는 나라는 이민자들에 의해서 탄생한 국가입니다. 1620년 영국의 청교도들을 태운 메이플라워Mayflower호가 미국 동부 매사추세츠Massachusetts 주에 도착한 이래로 300여년간 유럽인은 물론이고 타의로 온 아프리카 흑인 등 다양한 곳에서 이주한 사람들이 미국의 구성원으로 삶을 살게 되었습니다.

초기 미국의 구성원들은 독일, 영국, 아일랜드 등 맥주를 주로 소비하던 유럽의 문화권 사람들이 많았던 만큼, 유럽의 맥주 문화가 미국에서도 태동하였습니다. 미국 상업 맥주의 대표 주자인 버드와이저Budweiser 나 밀러Miller는 19세기 중반 독일에서 건너온 이민자가 설립한 양조장에서 시작된 맥주들입니다. 이들 이외에도 유럽 이민자들 중에서 맥주 양조 기술을 터득한 사람들이 적당한 기후를 가진 미국 영토에 맥주 양조장을 설립하면서 1887년에는 미국 전역에 총 2,011곳의 맥주 양조장이 운영되었다고 합니다.

독일, 영국, 아일랜드 출신 이민자들이 생산하는 다양한 맥주들이 19세기 후반에서 20세기 초반까지 미국에서 꽃 피웠지만, 1919년 미국 정부가 선포한 금주령Prohibition 에 의해 전 국민의 금주가 시행되자 대다수의 맥주 양조장들은 문을 닫을 수밖에 없었습니다. '니어 비어Near Beer'라는 맥아즙 바탕에 알코올을 희석하여 알코올이 0.5%이하인, 거의 무알콜이나 다름없는 맥주형 음료가 1933년 금주령이 해제될 때까지 양조장들이 근근히 사업을 유지할 수 있게 해주던 유일한 대안이었습니다.

금주령 기간에 술을 버리는 모습

금주령 기간 동안 2,011곳에 달했던 미국의 맥주 양조장 개수는 703곳으로 줄었고, 찬란했던 미국 맥주 양조의 영광을 재현하려는 노력은 제2차 세계대전의 발발로 무산되었습니다. 전쟁의 발발로 인해 맥주의 재료로 쓰이는 곡물과 양조장을 운영할 연료, 인력 등이 전쟁에 동원되어버렸기에 작은 규모의 양조장들은 더 이상 사업을 유지하기 어려운 상황에 처하게 되었습니다. 따라서 제2차 세계대전이 벌어졌던 시간 동안은 미국 맥주 양조계가 밀러나 버드와이저, 쿠어스 Coors 등의 자본력을 확충한 대기업 맥주들의 시대가 도래하는 데 보탬이 되었습니다.

세계대전 이후 미국내 자유주의 경제의 도입으로 거대 자본의 양조장들은 적극적인 마케팅과 유통, 대중적인 취향에 맞는 마시기 편한 맥주를 저렴한 가격에 공급하면서 세력을 넓혀갑니다. 약육강식은 맥주 양조계에도 적용되어 1950년에는 407곳, 1961년에는 230곳, 급기야 1979년에는 89곳의 맥주 양조장만이 드넓은 미국 영토 안에 남게 됩니다.

금주령 해제 이후 46년 동안 미국 맥주는 단가를 낮추기 위해 옥수수나 쌀 등을 이용한 저풍미의 라이트 라거만을 만들었습니다. 그러나 유럽을 오가며 그곳의 다양한 스타일의 맥주를 체험하고 온 미국인들은 그 경험을 바탕으로 집에서 몰래 취미로 자가 맥주 양조 Home brewing 를 하며 다양한 맥주들을 직접 만들어 즐겼고, 색다른 맥주들을 함께 즐기고 알리는 이벤트들이 점차 많아지면서 다양한 맥주에 관심이 생긴 사람들이 많아졌습니다. 이로 인해 1970년대 이후 홈브루잉 인구가 증가하게 되었습니다. 특히, 1896년 샌프란시스코에 설립된 앵커 Anchor 양조장을 1965년에 인수한 프리츠 메이택 Fritz Maytag 은 앵커 양조장의 오리지널 레시피를 유지하면서도 1970년대 당시 미국 대형 양조장의 라이트 라거 맥주 천하에서는 시도조차 이루어지지 않았던 IPA나 포터 Porter, 발리와인 Barley Wine 등을 선보이면서 미국 크래프트 맥주 문화의 가능성을 보여주었습니다.

1896년에 설립한 앵커 양조장 2

46년에 걸친 금주령 이래로 미국에 처음으로 설립된 소규모 양조장 Micro Brewery 은 '뉴알비온 New Albion'으로 1976년 캘리포니아 소노마 Sonoma 에 자가 맥주 양조가 Home Brewer 였던 잭 매콜리프 Jack McAuliffe 와 그의 동료들이 설립했습니다.

코카콜라 시럽 드럼을 맥주 발효조로, 자가 제작한 구리 튜브 등을 사용하는 등 조악한 환경에서 열정만으로 맥주를 양조하던 잭 매콜리프 Jack McAuliffe 와 동료들은 취미로서의 홈브루잉이 하나의 사업이 될 수 있다는 것을 보여주는 선구자적 역할을 하면서 미국 내 열정적인 다른 홈브루어들에게도 꿈을 불어넣어 주었습니다.

하지만 1970년대 후반 여전히 미국 내에서는 다양한 맥주에 관심을 가지는 소비층이 많지 않았기에 뉴알비온의 사업은 점차 어려워져 설립된 지 불과 6년 만인 1982년 마지막 맥주 양조와 함께 짧은 역사를 마감했습니다. 뉴알비온의 열정과 시행착오는 미국 크래프트 맥주가 태동하던 1980년대 초의 미국의 다른 크래프트 브루어리들에게 매우 긍정적인 영향을 끼쳤습니다.

1978년 당시 미국 대통령이었던 지미 카터 Jimmy Carter 가 자가 소비 목적을 위한 홈브루잉을 합법화한 이래로 소규모 양조장법도 통과되어 미국 전역에 소규모 양조장이 생겨날 토대가 마련됩니다. 소규모 양조장들을 세운 주역은 46년의 금주령 동안 대기업의 버드와이저, 밀러 등의 라이트 라거 스타일의 독점에 신물이 나있던 홈 브루어 Home Brewer 출신의 사람들로 그 동안 갈고 닦은 실력을 바탕으로 미국에는 없었던 새로운 스타일의 맥주들을 창조하게 됩니다.

홉을 대량으로 투입하여 쌉쌀한 맛과 홉 고유의 과일 맛을 살린 페일 에일 Pale Ale 과 인디아 페일 에일 India Pale Ale, 검은 맥아의 초콜릿-커피의 맛과 달콤한 맛이 인상적인 영국식 포터 Porter 와 스타우트 Stout, 독일의 헤페-바이젠 Hefe-Weizen 등 초창기의 소규모 양조장들은 기존 맥주 세계에서 존재하던 가벼운 라거 맥주들과는 완전히 대비되는, 맛을 보면 확연히 다른 맛임을 누구나 알아채는 맥주들을 주로 생산하면서 다양한 맥주 스타일이 가진 매력을 사람들에게 소개하고 전파합니다.

이후 미국의 소규모 양조장들에서 만들어진 맥주는 크래프트 Craft 라고 불립니다. 크래프트라는 용어의 의미가 손으로 직접 담근이라는 근본적인 의미보다는 기존의 대기업의 라거들과는 차원이 다른 열정과 소신을 가지고 다양한 맥주를 취급하는 양조장에서 생산된 독창적이고 창의적인 맥주들을 뜻하게 되었습니다.
크래프트 맥주 양조가들의 '열정에 찬 목소리 A Passionate Voice for Craft Brewers'라는 슬로건을 가진 미국의 양조가 협회 Brewers Association 가 규정한 크래프트 맥주 양조장의 세 가지 기본 덕목들은 작은 Small, 전통적인 Traditional, 독립적인 Independent 입니다. '소규모에 전통을 고수하면서도 독립적이어야 한다'가 골자입니다. 이 기본 덕목의 기준은 다음과 같습니다.

SMALL

연간 600만 배럴, 약 10억 리터 이하의 맥주만 생산한다.

TRADITIONAL

기본적인 맥주 재료를 근간으로 전통에 따른 레시피, 그리고 전통적인 맥주 스타일을 새롭게 해석한 맥주를 만드는 양조가 이루어진다. 니어비어 Near Beer 와 같은 유사 맥주 맥주 맛 음료 는 맥주로 인정되지 않는다.

INDEPENDENT

크래프트 맥주 양조장의 지분의 25% 이상이 크래프트 맥주와는 관계없는 관련 업계 종사자나 제3의 인물에 의해 귀속되지 않는다. 75% 이상의 지분이 크래프트 맥주를 다루는 인물들에게 귀속돼 크래프드 맥주의 취지를 잃지 않는디.

미국 양조가협회 Brewers Association 에서 정의한 핵심 3가지는 크래프트 맥주의 의미를 간편하게 정리할 수는 있어도 완벽하게 대입되는 개념은 아닙니다. 예를 들어 1988년 미국 시카고에 설립된 구스 아일랜드 Goose Island 는 미국 크래프트 맥주 초창기부터 시카고와 일리노이주 일대에서 크래프트 맥주 산업을 키워왔던 양조장입니다.
특히 구스 아일랜드의 대표작 '버번 카운티 Burbon County' 시리즈는 임페리얼 스타우트 맥주를 버번 위스키 배럴에 숙성시켜 위스키 풍미를 맥주에 입힌 역작으로 인정받는 등 크래프트 맥주적인 창의력을 발휘했던 양조장이었지만, 2011년 이후 구스 아일랜드 양조장의 전 지분이 크래프트 맥주와 상반되는 버드와이저의 안호이저 부시 Anheuser Busch 에게 단계적으로 판매됨에 따라 대기업 산하 양조장이 되었습니다.
하지만 안호이저 부시는 구스 아일랜드가 23년간 유지해오던 크래프트 맥주의 노선을 바꾸지 않고 그대로 유지하면서도, 자신들의 유통 능력과 자본을 이용하여 더욱 더 상업적으로 구스 아일랜드를 변형시켰습니다. 예를 들어, 1년에 1,000병만 특별 생산되던 버번 카운티 스타우트 Burbon County Stout 가 안호이저 부시의 관리에 들어가면서 1년에 10,000병을 제작할 수 있는 환경이 마련된 것입니다.

크래프트 맥주적인 해석은 충족되나 독립성이라는 요소가 충족되지 않는 구스 아일랜드 양조장은 미국 양조가 협회의 크래프트 양조장 명단에서 제외되었습니다. 그러나 구스 아일랜드가 운영하던 두 곳의 브루 펍 Brew-Pub, 양조장과 맥주 판매처인 펍이 같이 있는 형태들은 안호이저 부시에 넘어가지 않았기에 크래프트 브루 펍으로 인정됩니다.

미국 양조가협회에서 구스 아일랜드를 크래프트 맥주 양조장으로 인정하지 않을지 몰라도, 구스 아일랜드의 크래프트 맥주들은 여전히 크래프트 맥주 팬들을 즐겁게 해 주고 있습니다. '꼭 크래프트 맥주 양조장에서 생산되어야만 크래프트 맥주가 되는 것인가?'라는 문제는 한 번쯤 생각해볼 만한 대목입니다.

크래프트 맥주의 실질적 정의에서 크래프트 맥주 양조도 사업이기 때문에 상업성을 배제할 수는 없습니다. 하지만 이윤만을 바라보고 천편일률적인 대기업의 라거 맥주들이 아닌 맥주에 관한 철학과 창의성을 가지고 주변 지역을 토대로 사람들에게 아직 알려지지 않은 새로운 맥주 문화를 전파한다는 사명감 또한 갖추어야 크래프트 맥주답다고 표현할 수 있습니다.

1979년 미국 전 영토에 89곳의 맥주 양조장이 있었지만, 지마 카터 대통령에 의해 규제가 풀어진 이후 미국 내 양조장 개수는 기하급수적으로 늘어났습니다. 대부분은 크래프티 Crafty 한 마인드를 가진 소규모 양조장들이었습니다. 1991년부터 1995년까지 매년 크래프트 맥주 시장은 35~58%에 이르는 성장률을 보였습니다.

2013년 미국 양조가협회에서 조사한 자료에 따르면 2012년에 미국에서 운영 중인 맥주 양조장은 총 2,456곳이며, 그들 가운데 크래프트 맥주 양조장은 2,401곳입니다. 크래프트 맥주 양조장이 압도적인 수치를 보여줍니다. 미국 역사상 가장 많은 개수의 양조장이 운영 중이며, 매년 갱신되는 중입니다.

그러나 2012년 미국 전체 맥주 시장에서 크래프트 맥주가 차지하는 비율은 불과 6.5%밖에 되지 않습니다. 나머지 거대한 자본의 대기업들이 포함된 56곳의 양조장들에서

93.5%의 시장 점유율을 확보했다는 것입니다.

2,347 = 6.5%, 56 = 93.5%라는 자료만 보더라도 1979년 미국에서 크래프트 맥주 시장이 형성된 지 올해로 45년이라는 시간이 흘렀음에도 미국의 100명 중 93명은 대기업에서 출시하는 값 싸고 무난한 풍미의 페일 라거/라이트 라거 맥주를 즐긴다는 사실을 알 수 있습니다.

물론 모든 사람들이 크래프트 맥주를 애용하고 즐겨야만 한다는 사고는 위험합니다. 맥주는 어디까지나 기호식품이기 때문에 개인의 취향에 따라 또는 자금 여건에 따라 구매하고 마시는 것이기에 대중적인 대기업의 라거를 마신다고 해서 진정한 맥주를 모른다는 식으로 고깝게 바라볼 필요는 없습니다.

다만 대기업의 라이트 라거를 마시는 사람들에게 크래프트 맥주를 접할 기회가 있었는지는 눈 여겨 볼 포인트입니다. 크래프트 맥주라는 존재조차 모른 채 평생 맥주 = 페일 라거로만 알고 맥주를 즐겼던 것인지, 아니면 크래프트 맥주를 마셔보고 개인의 선호, 입맛, 가격, 고풍미에 의한 꾸준한 음용력 감소 등등의 이유로 자신과 맞지 않는다고 판단하여 페일 라거로 돌아선 것인지에 관한 사항입니다.

아직까지 맥주를 즐기는 사람은 많지만 다양하고 새로운 맥주를 즐기려는 능동적인 소비자들이 그리 많지 않다고 판단한 크래프트 맥주 양조계에서는 미국 전역 구석구석에 분포한 2,347곳의 크래프트 맥주 양조장들이 지역 사회에 녹아 들어 친숙한 크래프트 맥주를 알리거나 각종 이벤트나 자선 활동 등을 통해 많은 사람들이 크래프트 맥주를 즐길 수 있도록 유도해주길 협회 차원에서 관심과 격려를 쏟고 있습니다. 이러한 노력이 결실을 맺고 있는 것인지 2012년 대비 2013년 미국 총 맥주 매출이 1.9% 하락했고, 미국 내 수입 맥주 매출도 0.6% 하락했지만, 2013년 크래프트 맥주 시장 점유율은 전년 대비 18% 상승, 매출 면에서는 20%성장했습니다. 즉 미국의 맥주 소비는 줄고 있지만 크래프트 맥주를 마시는 인구는 늘고 있다는 것입니다.

2017년 미국 크래프트 맥주 양조장 개수는 약 6,300 곳에 이르렀고, 시장 점유율은 12.7% 에 이르렀습니다.

크래프트 맥주는 혁신과 창의성이 생명입니다. 뻔한 맥주 스타일에 머물지 않으며 다양한 스타일 간의 조합과 재지 있는 변형twist을 통해 새로운 맥주를 창조합니다. 대표적인 양조장은 미국 동부 델라웨어주에 소재한 도그피시 헤드 브루어리Dogfish Head Brewery로 1990년대 후반부터 '고대 에일Ancient Ale'이라는 시리즈의 맥주를 제작하고 있습니다. 분자 고고학자와의 협업을 통해 옛 유적지들에서 나온 고대의 토기와 도기 등을 화학 분석하여 기원전 사람들이 즐기던 맥주류의 성분을 알아내고 그 자료를 토대로 맥주를 양조하여 상품화하는 프로젝트로 나온 것이 고대 에일Ancient Ale 입니다.

2001년 처음 세상에 선보인 도그피시 헤드의 고대 에일인 미다스 터치Midas Touch 는 기원전 8세기에 살았다고 알려진 손을 대면 모든 것을 황금으로 변화시킨다는 전설의 왕인 미다스 왕의 무덤에서 토기에 묻은 음료 자국을 화학 분석한 결과를 토대로 레시피가 나온 맥주입니다.

분석에서 얻는 결론은 기원전 사람들은 머스캣 포도, 꿀, 사프란 등의 재료들로 맥주를 만들었다는 것으로, 이렇게 나온 미다스 터치Midas Touch 는 크래프트 맥주계의 창의성과 혁신을 대변하는 사례가 되었습니다. 도그피시 헤드 양조장의 이 같은 참신한 시도는 크래프트 맥주계는 물론 세계적인 주목을 받았고, 양조장의 대표 샘 칼라조니Sam Calagione 는 일약 스타 양조가 반열에 오르게 됩니다.

맥주가 단순히 맛있게 마시는 음료라는 기능 이상으로 양조가의 천재성과 혁신을 관찰하는 재미도 있다는 것을 일깨워준 미국 크래프트 맥주 산업의 성공 스토리는 미국에서만 머문 것이 아니라 다른 대륙, 특히 유럽에 활발히 전파되었습니다. 19세기 유럽 이민자들이 전파한 유럽식 맥주들에 의해 미국 맥주 양조의 역사가 시작되었지만 200년이 지난 21세기에는 반대로 미국의 참신한 크래프트 맥주의 물결이 유럽의 양조가들에게 영향을 주게 된 것입니다.

영국, 네덜란드, 덴마크, 독일, 벨기에, 이탈리아, 노르웨이 등등 국가들도 미국의 80~90년대 상황처럼 크래프트 맥주를 취급하는 젊은 양조장들이 점차 늘어나는 추세이며, 유럽대륙 뿐 아니라 일본도 1995년 이래로 소규모 양조장에 관한 규제 완화로 크래프트 맥주의 물결에 비교적 일찍 동참했습니다. 일본의 크래프트 양조장들은 미국이나 유럽 유수의 크래프트 맥주 양조장들과 공동 작업 Collaboration 을 펼칠 만큼 이미 그 실력을 인정 받았습니다. 사케 양조법이나 유자, 미소 된장 등의 일본의 전통 식재료를 융합한 일본만의 새로운 크래프트 맥주 해석은 서양권 위주로 성장하던 크래프트 맥주 시장에 새로운 바람과 가능성을 보여준 것으로 평가 받고 있습니다.

2012년 한국 맥주 시장은 OB와 하이트라는 두 대기업에 의해 점유율이 양분된 상태였고, 두 공룡 사이에서 수입 맥주는 점유율이 약 5%에 지나지 않았습니다. 수입 맥주 5%의 시장 점유율 가운데서도 아사히, 하이네켄, 밀러 등의 외국산 대기업 수입 맥주의 판매량이 절대적이었다는 사실을 볼 때, 국내 수입 크래프트 맥주 시장은 없는 거나 마찬가지였습니다.
그러나 2013년을 기점으로 국내에도 해외의 독특한 크래프트 맥주의 판매량이 점진적인 상승곡선을 그리면서 수입되는 상황이며, 이태원과 홍대 상권의 맥주집들을 위주로 새로운 크래프트 맥주 문화가 형성되어 사람들의 이목을 끌고 있습니다.

미국에 비하면 45년, 일본에는 20년 늦은 2014년 4월 대한민국에서도 소규모 양조장에 관한 규제 완화로 다양한 맥주가 시도될 수 있는 밑거름이 완성되었습니다. 기존의 브루 펍들과 향후 생겨날 신규 맥주 펍들에 의해 외국 크래프트 맥주의 문화 위주가 아닌 대한민국 크래프트 맥주 문화가 생겨나길 바랍니다. 필자는 이 책을 통해서 독자분들이 크래프트 맥주에 관심을 가지는 데 보탬이 되길 바라는 마음입니다.

콜라보레이션Collaboration, 크래프트 양조장이 사는 새로운 방법

'콜라보레이션Collaboration'이란 말은 한국어로 공동 작업, 협업, 합작 등으로 해석됩니다. 콜라보레이션을 했다는 말은 보통 각기 다른 복수의 브랜드가 합작해서 새로운 결과물을 제작하여 각자의 소비층을 끌어들이는 것 이외에 또 다른 시너지 효과를 창출하는 전략적 방법을 뜻합니다.

콜라보레이션은 문화의 한 분야에 국한된 것이 아닌 서로 다른 분야에 종사하는 전문가들끼리 이루어지기도 합니다. 서로 다른 업종의 점포가 같은 자리에서 다양한 체험을 할 수 있는 샵 인 샵Shop in Shop 의 개념을 비롯해서 브랜드 상품과 사진 작가, 미술가, 음악가의 창작물을 결합한 것도 일종의 콜라보레이션 행위입니다.

크래프트 맥주계에서도 콜라보레이션 맥주Collaboration Beer 라는 표시가 최근 10년 사이에 늘어나는 추세입니다. 크래프트 맥주 산업계에서 콜라보레이션 맥주의 예로 빠지지 않고 등장하는 양조장은 미국 콜로라도의 애이버리Avery 와 캘리포니아의 러시안 리버Russian River 입니다. 그들의 콜라보레이션 맥주의 명칭은 Salvation이었습니다.

왼쪽 애이버리Avery 와 오른쪽 러시안 리버Russian River , Salvation.4

2004년 에이버리Avery와 러시안 리버Russian River 양조장은 맥주 라인업으로 벨기에 에일 스타일 맥주를 하나 갖추고 있었으며, 우연하게도 두 양조장 모두 그 맥주의 이름을 Salvation이라 명명했습니다. 같은 벨기에식 맥주를 만들면서 같은 이름을 붙인 맥주를 서로 가지고 있었음을 깨달은 두 양조장은 재미있는 상상을 하게 됩니다.
"우리 이거 한 번 섞어 볼까요?", 지리적으로 서로 가까웠던 두 양조장은 그 상상을 실행으로 옮겼고 에이버리Avery의 밝은색 벨기에 에일 Salvation과 러시안 리버Russian River의 어두운색 Salvation을 섞어 콜라보레이션 Salvation 맥주를 제작하게 되었습니다. 두 양조장의 만남은 곧 크래프트 맥주계에서 센세이션한 뉴스가 되었고 다른 양조장들에게도 큰 영감을 주었습니다.

에이버리Avery와 러시안 리버Russian River의 콜라보레이션 이후 미국의 많은 크래프트 양조장에서는 콜라보레이션 맥주를 시도했습니다. 두 곳 혹은 세네 곳 이상의 양조장들이 함께 공동작업을 하여 맥주를 내놓았는데, 콜라보레이션 맥주의 효과는 실로 대단했습니다. 이미 많은 팬들을 보유하고 있는 각각의 양조장들은 다른 양조장과의 콜라보레이션을 통해 다른 양조장의 팬들에게 자신을 알려 인지도를 상승시키며 팬층도 어느 정도 흡수하였습니다.

미국은 워낙 광대한 영토를 가진 국가라 서부 해안의 양조장에서 나온 맥주는 대서양과 인접한 동부 해안의 사람들에게 공급되기 힘들었습니다. 이는 반대의 경우도 마찬가지로 서로 다른 지역에 위치한 양조장들끼리의 콜라보레이션은 상대 양조장이 가진 유통망을 통해 기존의 맥주 유통이 어려웠던 지역을 개척할 수 있는 기회가 되었습니다.

콜라보레이션을 하는 가장 궁극적인 목적은 우리가 부족한 방면을 다른 양조장의 경험을 통해 얻는 상부상조의 시너지 효과입니다. 미국을 비롯한 유럽의 새로운 크래프트 맥주 양조장들은 크래프트 맥주계의 아이콘 맥주 장르인 페일 에일Pale Ale, 인디아 페일 에일India Pale Ale, 스타우트Stout 등을 만드는 일에는 능통했으나, 유럽의 오랜 역사를 바탕으로 구축된 경험에서 나온 맥주 스타일을 따라 잡기에는 어느 정도 무리가 있었습니다.

크래프트 맥주계의 미국적 맥주 스타일과는 그 성향이 매우 다른 역사와 전통을 기반으로 한 벨기에나 독일의 맥주 양조장과 크래프트 맥주계가 콜라보레이션을 하면서 서로에게 부족했던 부분을 채울 수 있었습니다. 전통적인 양조장은 크래프트 맥주적인 혁신을, 크래프트 맥주 양조장은 유럽 양조장의 오랜 노하우를 체득할 수 있게 된 것입니다.

가장 대표적인 사례는 미국 뉴욕에 위치한 브루클린Brooklyn 양조장과 독일의 대표적인 바이스비어Weissbier 양조장인 슈나이더Schneider 간의 콜라보레이션입니다. 그들이 합작한 맥주의 이름은 호펜바이세Hopfenweisse로, 홉의 특징이 뚜렷하게 묻어나오는 밀맥주입니다.

미국 브루클린과 독일 슈나이더의 합작 호펜바이세Hopfenweisse

이 맥주의 스타일은 바이젠복 Weizenbock 으로 본래 독일 바이젠 Weizen 계열의 맥주는 전적으로 효모의 특성에 의존하는 맥주이며, 바이젠이 복 Bock 의 특성을 지니면 효모의 특성과 함께 알코올 도수의 상승과 맥아에서 나오는 단맛이 강화됩니다.

하지만 홉의 성질은 여러 면에서 풍미가 강화된 바이젠복에서도 초대 받지 못하며, 바이젠 스타일에 홉 맛이 강하게 나는 경우 자체가 독일 맥주 시장에서 매우 드뭅니다.

반면 미국의 크래프트 맥주계는 미국의 감귤류나 솔의 특징을 지닌, 미국 홉들의 강한 풍미로 무장된 페일 에일이나 IPA 등으로 대표됩니다. 미국 브루클린과 독일 슈나이더의 만남의 결과물인 호펜바이세 Hopfenweisse 는 본래 홉의 풍미가 결여된 정통 독일 바이젠복 스타일에 다량의 미국 홉이라는 이질적인 요소가 추가된 창조물로서 맛이 매우 조화롭고 참신하여 콜라보레이션 맥주의 한 획을 긋는 기념비적인 맥주가 되었습니다.
콜라보레이션이 아니었다면 독일의 슈나이더는 경직된 독일 맥주 시장에서 미국 홉이 대량 투입된 바이젠복을 시장성이 없다고 판단하여 시도하기 매우 힘들었을 것이며, 미국의 브루클린은 슈나이더의 바이젠을 만들던 전통과 결합하지 못했다면 완성도 측면에서 성공적인 콜라보레이션을 이룩하지 못했을 수도 있습니다.

서로 부족한 부분을 채워주기 위한 콜라보레이션 이외에도 기념비적인 맥주를 만들기 위해서 유명 양조장들이 서로 협업하는 경우도 발견됩니다. 마치 만화 속 영웅들이 따로 행동하는 것이 아닌, 한데 모여서 어벤져스를 만드는 것과 같은 느낌으로 유명 크래프트 양조장끼리 콜라보레이션으로 명작 맥주를 만들기도 합니다.

시에라 네바다 30주년 콜라보레이션 맥주 기획4

미국 크래프트 맥주 업계의 선두주자이자 미국 페일 에일의 최고 브루어리인 시에라 네바다 Sierra Nevada 에서는 2010년 설립 30주년을 맞아 특별한 맥주를 콜라보레이션 작업으로 선보였습니다.

시에라 네바다의 30주년 콜라보레이션 프로젝트에 초대된 인물들은 미국 크래프트 맥주계의 산 역사나 다름없는 인물들입니다. 현대 미국사의 첫 번째 소규모 양조장을 연 뉴 알비온 New Albion 양조장의 잭 매콜리프 Jack McAuliffe, 1975년 미국 양조장 가운데 가장 먼저 크래프트적인 맥주를 시도한 샌프란시스코 앵커 Anchor 양조장의 브루마스터 프리츠 메이택 Fritz Maytag, 현 양조가협회 Brewer Association 의 회장인 찰리 파파지안 Charlie Papazian, 미국 맥주 관련 서적 집필로 명망이 높은 프레드 에카르트 Fred Eckhardt, 마지막으로 시에라 네바다의 오너인 켄 그로스먼 Ken Grossman 등 총 5명의 미국 크래프트 맥주 올스타들이 시에라 네바다 30주년 콜라보레이션 맥주를 위해 뭉쳤습니다.

크래프트 맥주의 대가들이 모여 만든 콜라보레이션 맥주는 시에라 네바다 30주년에 걸맞는 하나의 이벤트로 큰 호응을 얻었으며, 크래프트 맥주계의 유명 인사 혹은 유명 양조장끼리의 콜라보레이션은 그 자체만으로도 많은 마니아들의 가슴을 설레게 만들었습니다.

맥주계에서 콜라보레이션 작업은 등급이 맞는 양조장끼리 이뤄지기도 하지만, 그렇지 않은 경우도 많습니다. 특히 신생 양조장이나 미국이나 유럽 등의 메인스트림에서 벗어난 지역에 소재한 크래프트 양조장의 경우 명망 있는 양조장과의 콜라보레이션을 통해 인지도와 입지를 다지는 사례도 있습니다.

크래프트 맥주 붐의 원류인 미국과 맥주의 본 고장 유럽, 맥주계에서 많은 콜라보레이션이 미국과 유럽 중심으로 발생했습니다. 그러나 아시아에서 크래프트 맥주 산업이 가장 발달한 일본도 1995년 이후 소규모 양조장 설립이 가능하게 되면서부터 미국과 유럽의 양조장들과 적극적인 교류 및 콜라보레이션을 진행하며 크래프트 맥주 산업을 신장시켰습니다.

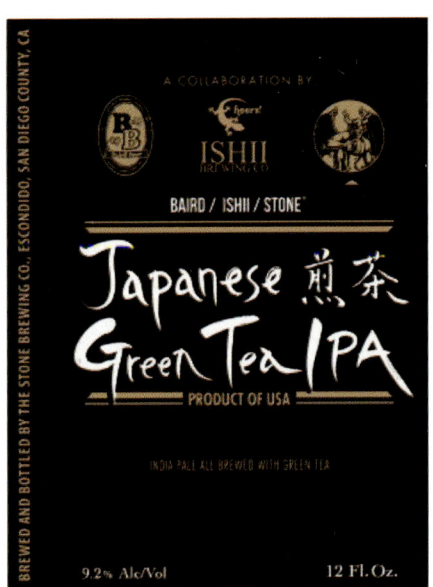

미국의 스톤Stone 양조장과 일본의 베어드Baird 양조장 간의 콜라보레이션, 미국의 코로나도Coronado와 일본의 코에도Coedo 간의 공동 작업, 노르웨이의 nogne-o와 일본 Shiga Kogen 양조장 간의 콜라보레이션 등등이 미국-유럽의 유수의 양조장과 일본의 소규모 양조장 간의 활발한 작업이 이루어진 사례입니다.

미국 스톤과 일본 Baird Beer, 괌의 Ishii 양조장 삼자 콜라보레이션 맥주 특히 콜라보레이션 맥주의 취지는 기본적이고 정형화된 맥주 스타일에서 벗어나 이벤트성이 짙은 제품을 제작하는데 더 맞춰져 있습니다. 미국과 유럽 중심의 크래프트 맥주 문화에서는 자연스럽게 그 지역 문화권에서 나는 재료들을 맥주에 넣어 콜라보레이션 맥주를 만들었습니다. 이를 테면 메이플 시럽이나 주니퍼 베리, 블루베리 등등입니다.

창의적인 맥주들이 크래프트 맥주 양조장에서 쏟아져나오면서 점점 그동안 개척되지 못했던 다른 식문화를 가진 동양의 재료들에도 관심이 미쳤는데, 일본의 양조장들은 이러한 흐름을 제대로 파악해서 자신들의 전통을 뽐 낼 수 있는 재료들로 서양의 양조장들과 콜라보레이션에 들어갑니다. 이를 통해 미국 크래프트 맥주 시장에 일본 양조장의 이름을 널리 알릴 수 있었습니다.

앞에서 언급한 미국의 스톤Stone 양조장과 일본의 베어드Baird 양조장 간의 콜라보레이션에는 녹차Green Tea를 넣은 인디아 페일 에일IPA이 시도되었고, 미국 밸러스트 포인트Ballast Point사와 일본 코에도Coedo가 합작한 IPA에는 일본의 사케 양조용 쌀과 유자 껍질이 포함되었습니다. 향후 일본 크래프트 양조장들의 일본 토속 재료들을 이용한 콜라보레이션 맥주는 지속적으로 등장할 것이라 봅니다.

크래프트 맥주계에서 콜라보레이션은 꼭 맥주 양조장끼리 진행하는 것은 아닙니다. 미국 동부 델라웨어주에 소재한 도그피쉬 헤드Dogfish Head 양조장은 세계적인 인터넷 검색 서비스 기업인 구글의 의뢰를 받아 2011년 콜라보레이션 맥주를 진행했습니다. 2011년 9월 개최된 Great American Beer Festival에 구글의 컨셉을 담은 맥주를 도그피쉬 헤드 양조장과의 콜라보를 통해 내놓는 프로젝트였습니다.

UR Kontinent라는 명칭의 이 맥주는 전 세계에 퍼져 있는 수 천명의 자사 직원들을 대상으로 '어떤 맥주가 구글 맥주로 만들어졌으면 좋겠는가?'에 관한 설문 조사를 했

구글의 의뢰를 받아 만든 도그피쉬 헤드의 UR Kontinent[5]

고, 그 의견을 종합한 구글 내 소규모 팀이 도그피쉬 헤드 양조장과의 맥주 컨셉 확정과 맥주 스타일 선정, 부가 재료의 이용 등에 관한 토의를 걸친 후 완성되었습니다.

벨기에식 다크 에일인 두벨Dubbel 스타일을 근간으로 오스트레일리아의 와틀Wattle 씨앗과 아프리카의 루이보스Rooibos 차, 유럽의 허브인 Myrica gale, 남아메리카에서 채취한 아마란스, 미국 캘리포니아의 Hiveplex Honey 등등 각 대륙을 대표하는 재료들을 골고루 넣어 양조했습니다.

UR Kontinent라는 이름은 대륙 이동설 이전에 전 세계의 대륙이 판게아라는 이름으로 전부 합쳐져있었던 것처럼, 현재 구글의 인터넷 검색 서비스는 무형적 인터넷 서비스로 전 세계를 하나로 이어준다는 의미를 담았습니다. 구글은 콜라보레이션 작업을 통해 구글답다는 창의성을 또 보여 주었으며, 구글 맥주를 통해 세간의 관심을 받고 사원들의 회사에 대한 주인의식, 소속감을 증대시키는 효과도 얻을 수 있었습니다.

미국의 도그 피쉬 헤드Dogfish Head 는 다른 맥주 양조장과의 적극적인 콜라보레이션을 진행하기도 하지만 구글과의 콜라보레이션처럼 맥주 산업과는 무관한 기업과 공동작업을 많이 펼친 곳으로 유명합니다. 2010년은 재즈의 거장 마일스 데이비스Miles Davis 의 비치스 브루Bitches Brew 가 발매된지 40년이 되는 의미있는 해였습니다.

마일스 데이비스의 비치스 브루는 재즈계에서 재즈와 락을 결합한 혁신적인 앨범으로 평가받습니다. 소니 레코드사는 도그피쉬 헤드와의 협업을 통해 비치스 브루 40주년 기념 맥주를 출시하는 프로젝트에 착수합니다. 비치스 브루의 음악과 걸맞고 앨범이 지닌 혁명적 기조에 어울리는 맥주를 위해 도그피쉬 헤드의 양조가인 샘 칼라조니 Sam Calagione 와 함께 음악을 경청하며 맥주의 방향을 모색했습니다.

2010년 6월 도그피쉬 헤드 양조장에서는 마일즈 데이비스의 앨범 명과 동일한 이름의 비치스 브루 Bitches Brew 라는 9.0%의 꿀이 첨가된 임페리얼 스타우트 Imperial Stout 맥주를 선보였습니다. 이 맥주의 라벨에는 1970년 출시된 비치스 브루 앨범의 디자인이 고스란히 맥주 라벨로 입혀져서 많은 재즈 광들과 맥주 마니아들의 호기심을 동시에 자극한 성공적인 콜라보레이션의 사례로 꼽히고 있습니다.

콜라보레이션을 하는 목적은 서로 부족한 부분을 채워주기 위해, 새로운 시장을 콜라보 파트너를 통해 개척하기 위해, 기념비적인 맥주를 내놓기 위해 등등 다양한 이유에서 비롯하지만, 크래프트 양조장에서 콜라보레이션 맥주 작업을 하는 궁극적인 이유는 재미입니다. 다른 양조장과의 교류를 통해 영감을 얻고 친분을 다지며 크래프트 맥주 시장 성장이라는 공동의 목표와 새롭고 독특한 맥주를 만든다는 양조가의 기본적인 갈망을 충족시키기에는 콜라보레이션 작업이 제격입니다.

마일즈 데이비스의 앨범명과 동일한 이름의 Bitches Brew 맥주

다른 기업과의 교류보다는 기밀의 보안을 유지하는 풍조와는 달리 자가 맥주 양조Homebrewing를 통해 성장한 크래프트 맥주 세계는 산업 초기부터 그랬듯 자신과 동일한 출신 배경을 가진 다른 크래프트 양조장에게 기밀 수준이 아니라면, 지식을 제공하고 정보를 공유하는 데 거부감이 없어 원활하게 콜라보레이션이 이루어질 수 있었습니다.

여러 목적을 바탕으로 이뤄지는 크래프트 맥주계의 콜라보레이션, 이미 일본은 미국-유럽의 크래프트 양조장과 콜라보레이션을 하는 반열에 오르게 되었지만 아직 우리나라는 이렇다할 크래프트 양조장조차도 없는 실정이니 콜라보레이션을 논하기에는 시기상조라고 봅니다.

그러나 국내에서도 2014년을 기준으로 소규모 양조장 산업이 성장할 발판이 마련되었으며, 우리 고유의 주류 문화와 식재료들 중엔 서양의 크래프트 양조장들에게 충분히 매력적일만한 재원이 많다고 생각됩니다. 보수적이고 유연하지 못한 방식으로 우물에 갇혀있지 말고 적극적인 교류를 통한다면 우리나라 크래프트 맥주 시장도 빠른 시간 내에 세계에서 주목받는 시장이 될 수 있을 거라 믿습니다.

에일Ale이
크래프트 맥주의 전유물?

라거는 마시기 편하고 대중적이며, 에일은 무겁고 마니아 취향인 맥주들이 많습니다. 일부분은 맞는 이야기입니다. 마니아 취향인 맥주를 주로 다루는 미국과 유럽을 위시한 크래프트Craft 맥주계에서도 확실히 라거 맥주들보다는 에일 맥주의 비중이 높습니다.

크래프트 맥주계에서 에일이 라거에 비해 더 비중이 큰 까닭은 보통 깔끔하게 발효가 되는 라거에 비해 에일은 과일과 같은 발효 부산물들이 맥주 맛을 더 풍부하고 복잡하게 만들기 때문도 있지만, 발효 방식에 따른 라거와 에일의 차이, 그리고 크래프트 맥주가 어떻게 생겨났는지, 그 시초가 어떤 사람들로부터 시작되었는지 본다면 왜 에일을 주로 다루는지 이해할 수 있습니다.

하면 발효한 라거Lager 맥주는 통상적으로 발효만 1~2주, 숙성은 1~3달은 거쳐야 라거 특유의 깔끔하고 정제된 맛이 나오는데 반하여, 상면 발효 에일Ale은 발효가 3~7일 숙성은 1~2주면 완성됩니다. Grain to Glass, 즉 곡물을 통한 양조에서 맥주라는 액체로 마시기까지 걸리는 시간은 에일이 라거에 비해 절반 정도 짧습니다.

그리고 라거 맥주는 발효 온도가 섭씨 8~13℃ 정도이며, 에일 맥주의 발효 온도는 18~22℃가 평균적입니다. 따라서 아주 더운 지역이 아닌 미국, 유럽, 동아시아 등의 기후에서는 에일 맥주를 만드려면 여름을 제외한 계절의 실온에서의 발효가 큰 무리 없이 가능하지만, 라거 맥주의 경우는 실온이 발효 온도보다 약간 높으며, 겨울의 온도는 너무 낮기에 8~13℃를 항시 유지시켜주는 냉장장치가 없다면 에일에 비해서 만들기 까다로운 맥주입니다.

크래프트 맥주의 시작은 1980년대 미국으로, 초창기 크래프트 맥주 양조장의 창시자들의 뿌리는 집에서 맥주를 양조하는 홈브루어 Homebrewer 들이었습니다. 균일된 맛과 정확한 생산이 요구되는 공장식 대기업의 맥주들과는 달리, 홈브루어들이 만드는 맥주는 아무래도 취미를 기반으로 했기에 상품 품질의 균일성보다는 독창성이 우선시 되었습니다.

1980년대 이전의 미국 맥주 시장은 대기업의 평이한 페일 라거 Pale Lager 들만이 시장에서 고를 수 있는 유일한 맥주나 다름 없었던지라, 홈브루어들은 기존의 대기업의 맥주를 모방하기보다는 새로운 자신만의 맥주를 창조하고 싶은 열망이 더 컸습니다. 홈브루어들은 자신들이 직접 만든 맥주들을 주변 사람들에게 나누어주면서 긍정적인 반응을 얻고 싶어 합니다.

크래프트 맥주 산업의 기반은 자가맥주 양조 Homebrew 에서 시작되었다.[6]

긍정적인 반응이란 분명 '맛있다!' 라는 가장 단순한 반응도 있겠지만, '독특하다!', '완전 색다른데!', '이게 진짜 맥주야?'와 같은 반응을 더 즐겼습니다. 대기업의 양산형 페일 라거나 라이트 라거가 맥주인줄로만 알았던 주변 사람들에게 자신이 만든 맥주의 특별함을 뽐내고 싶었던 것입니다. 그러기 위해선 라거 맥주 스타일보다는 색다른 에일 맥주 양조에 더 열중하게 될 수밖에 없었습니다.

페일 라거나 라이트 라거 등이 맥주를 다양하게 즐긴 마니아층의 인식에서는 대기업 맥주의 표본이라는 점, 대중성만을 목적으로 한다는 부분 때문에 평가절하 당하지만, 양조학적으로 보면 만드는 데 있어서 가장 까다롭고 어려운 맥주가 페일 라거/라이트 라거군입니다. 혹자는 페일 라거/라이트 라거가 밋밋하고 무미건조하며 풍미가 약한 맥주라고 하지만, 다른 관점으로 보면 페일 라거는 맛이 얇고 섬세하며 깨끗하다는 말이기도 합니다.

에일 맥주는 다량의 홉 Hop, 캐러멜이나 검은색 맥아에서 나오는 독특한 맛, 발효 시 나오는 과일 맛의 효모 부산물 등이 어느정도 요구가 되기에 작은 결함에 의한 이취나 잡미 Off Flavor 등이 가리워질 수 있지만, 페일 라거는 깨끗하고 맛이 얇기 때문에 잡미가 발생하면 맥주의 맛에서 그대로 노출될 수밖에 없습니다.

발효주인 맥주는 적정 발효 온도가 맞춰지지 못한다면 이를테면 라거 맥주를 25도에서 발효한다면 발효에 의한 잡미가 발생합니다. 정확한 발효 온도를 잡아주고 장시간 유지시켜주려면 집에서 취미로 맥주를 양조하는 홈브루잉 수준이 아닌 제대로 장비를 갖춘 전문 시설의 공장 수준이어야 감당이 됩니다. 이 때문에 어마어마한 금액을 들여 전문적인 양조 장비와 효모를 다루는 연구실 등이 완비된 대기업 양조회사들은 대중의 취향에 맞는 검증된 라거를 주로 생산합니다.

각지의 홈브루어들은 맥주 공장을 따로 가지지 못했기에 보통 집안 주방에서, 차고 에서, 다락방에서 등등 맥주를 만든 뒤 실온에 맥주를 발효시킵니다. 그래서 홈브루잉 맥주들에서는 섬세한 맛의 라거류보다는 맛이 복잡하고 다양한 페일 에일이나 스타우트, 포터, IPA 등의 에일 맥주의 비중이 높습니다.

능력 있는 홈브루어들은 처음에는 취미로 맥주를 만들었지만, 점차 주변으로부터의 호응을 얻고 이를 사업으로 발전시킬 수 있겠다는 확신이 들자 자신이 개발한 레시피를 바탕으로 소규모 양조장을 설립하는 데까지 이르게 됩니다.

미국에서 소규모 양조장이 허가된 1980년 초부터 미국 내에서 기하급수적으로 크래프트 맥주계 소규모 양조장들의 숫자가 증가했으며, 상당수가 홈브루잉 기반이었습니다. 소규모 양조장의 한정된 시설량에서 에일이 아닌 라거를 만들게 되면, 시간이 오래 소요되어 맥주를 완성하는 주기가 길어져 생산량이 저하되며, 마케팅이나 규모의 경제에 따른 가격, 맥주 유통, 소규모 공장 출신 맥주의 품질 한계 등등의 요인들이 발생하여 작은 양조장들이 대기업과 경쟁의 틈바구니에서 살아남기 어려울 수밖에 없습니다. 따라서 소규모 양조장 사업을 펼치는 이들은 버드와이저나 밀러 등의 대기업 맥주와는 다른 컨셉의 맥주를 모색할 수밖에 없습니다.

크래프트 맥주의 시작과 흐름을 보면 어떤 요인으로 인해 에일이 크래프트 맥주계에서 많이 다루어지는지 알 수 있지만, 소규모로 시작한 크래프트 맥주 양조장 가운데서도 성공적인 사업을 이룩한 양조장들은 이윤을 내실에 투자하여 대기업에 못지 않는 맥주 산업 각 분야의 전문적인 인력을 확충합니다. 양조, 설비, 효모 관리, 캔/병 포장, 유통, 살균/여과 담당자들을 고용합니다.

전문적인 인재들을 고용한 소규모 양조장들의 맥주 품질은 아마추어적인 홈브루잉 수준을 탈피했고, 상품으로서의 품질의 균일성과 항상성을 관리하는 정도로 진화합니다.

그래서 에일에만 몰두하지 않고 라거 맥주 계열도 생산하게 되었는데, 대기업의 페일 라거를 만들기보다는 복이나 메르젠 등등의 라거 맥주 가운데서도 개성이 강한 맥주들을 취급하게 됩니다.

성공한 크래프트 맥주 양조장이라도 거대 맥주 기업과의 불필요한 시장 경쟁을 피하기 위해 같은 맥주라는 공통적 매개체와는 별개로 서로 다른 노선을 향하려는 경향을 보입니다. 맥주 분야와 타깃으로 삼는 소비층이 각각 다르다는 것을 인정하는 모습을 보여주고 있습니다.

페일 라거는 대기업의 전유물, 페일 에일은 크래프트 맥주의 상징. 크래프트 맥주계와 대기업 맥주계를 이분법적으로 구분하자면 대체로 맞는 말이기는 하지만, 세상 일에는 항상 예외가 존재합니다.

2015년까지 아주 오랜 기간 동안 라거 맥주들만 생산하면서 대한민국의 맥주 시장을 양분해 오던 두 대기업 모두 현재는 에일 맥주를 출시한 사실을 미루어 보면, 라거든 에일이든 소비자와 시장이 원한다면 대기업과 크래프트 모두 한쪽에 국한되지는 않습니다.

미국 사무엘 아담스 등의 크래프트 맥주 양조장들도 옥토버페스트Octoberfest 와 같은 전통적인 라거를 양조한다.

2010년대 후반의 대세
New England IPA

인디아 페일 에일_India Pale Ale, IPA_ 스타일은 크래프트 맥주계에서 가장 잘 팔리는 아이콘과 같은 맥주임을 부정할 수는 없습니다. 그 역사의 시작은 200여 년 전 인도로 보내기 위한 영국의 맥주에서 시작되었고, 크래프트 맥주가 성장하던 1990년대 다시 선보여지면서 특유의 쓴 맛과 새콤한 과일 향의 조화로 많은 사랑을 받고 있습니다.

90년대 이후부터 크래프트 맥주계에서 인기를 얻은 IPA는 보통 American IPA라고 불렸으며, 시간이 흐를수록 파생 스타일이 나오기 시작했습니다. 어두운 면모를 갖춘 Black IPA라든가, 미국 에일 효모를 벨기에 에일 효모로 대체한 Belgian IPA, 호밀_Rye_을 첨가하여 알싸한 맛을 낸 Rye IPA 같은 제품들이 대표적입니다.

2010년대 초반에는 미국 동북부 New England 지역에 소재한 The Alchemist 양조장에서 'Heady Topper' 라는 맥주를 선보였으며, 이후 Trillium Brewing이나 Tree House Brewing이 제작한 맥주들은 통칭 New England IPA 라고 불리게 되었습니다. New Englnd(보통 줄여서 NE IPA)라고 불리는 맥주들은 이전 시기까지 미국 크래프트 맥주계를 주름잡던 West Coast IPA라는 스타일과는 매우 다른 특징을 가진 IPA입니다.

맑고 투명한 바탕에 라거에 필적할 정도로 발효 맛이 적어 상큼하며 쓸쓸하게 홉의 맛을 두드러지게 한, 따라서 따뜻한 미국 서부 해안 지역에서 마시면 좋은 타입이 West Coast IPA였다면, 지리적으로도 정 반대인 New England(West Coast: 태평양 근처

캘리포니아 남부 샌디에이고, New England: 대서양 근처 미국 북동부 지역)에서 나오는 IPA 맥주들은 기본적으로 매우 탁하면서 IPA임에도 쓴 맛은 적으면서 후르츠 칵테일/주스와 같은 면모만 살리는 특징이 있습니다.

New England IPA의 대표 이미지는 탁함입니다. 따라서 2010년대 중반 이후부터 New England 지역을 벗어나 유행하기 시작했을 때는 Hazy IPA 라고 불리기도 합니다. 사실 태생적으로 탁한 독일의 헤페바이젠같은 맥주를 제외한다면, 전문 양조장에서 생산되는 맥주들은 맑아야 옳다는 인식이 많았습니다. 맑은 금색이 트레이드마크인 필스너 라거 계열은 말할 것도 없고, 기존의 West Coast IPA 타입도 양조 및 숙성시 탁함을 유발할 수 있는 과정을 차단하거나 혹은 필터 등으로 걸러내야 외관도 외관이지만 맥주의 보존성 향상에도 도움이 되었습니다.

그러나 New England IPA는 효모를 여과하지 않거나, 탁함을 유발하는 단백질과 같은 성분이 많은 밀이나 귀리를 첨가하거나, 상상을 초월하는 양의 홉을 양조나 발효/

숙성 때 첨가한 후 침전을 가져가지 않아 홉의 풍미는 살렸지만 외관상 탁해지는 효과를 유도했습니다.

뿌연 외관과 부드럽고 매끄러운 질감이며, 효모는 과일 발효 맛을 뿜는 영국 에일 효모를 사용하였다. 홉의 쓴 맛이 적다는 특징은 기존의 홉의 맛이 두드러지는 West Coast IPA과 충분히 차별성을 가진 독자적인 타입의 IPA로 자리매김하게 했습니다. 공통점이라면 홉의 품종이 같다는 것으로 미국-오세아니아의 홉을 사용합니다.

지금 미국을 비롯한 전 세계, 그리고 우리나라 크래프트 맥주 시장에서도 유행에 민감하고 힙한 양조장이나 맥주 수입 업체들에서는 적극적으로 New England IPA를 취급하고 있습니다. 최신 트렌드를 쫓는 국내의 크래프트 맥주 소비층에서는 워낙에 New England IPA가 신선도에 민감한 타입이라 미국 유명 양조장에서 갓 생산하여 직수입된 것이면 한 잔에 만 원이 훌쩍 넘는 비용을 지불하며 마시는 사람들이 점점 늘어나는 추세입니다.

2010년대 후반에도 역시 New England IPA의 열풍은 현재진행형 상태입니다. 그런데 유행은 돌고 도는 것인지 아니면 New England IPA의 인기의 반작용인지 몰라도, 다시 극도로 깔끔하고 개운한 마치 샴페인 같은 특징을 지닌 Brut IPA가 개발되어 점유율이 높아지는 것을 보면, West Coast → New England → Brut IPA 이후에는 어떤 IPA가 나오게 될지 궁금해집니다.

American Wild

페일 라거Pale Lager 위주의 시장에서 잊혀져 있던 다른 스타일의 맥주들을 선보이며 정체성을 찾아나가던 미국의 크래프트 맥주 시장은 10년 주기로 유행하는 맥주 스타일이 바뀌었습니다.

80년대에는 지금 기준으로는 무난하지만 당시에는 신선하게 다가왔던 페일 에일, 90년대에 들어서는 IPA가 선보여지기 시작했고, 2000년대에는 Imperial/Double로 형용되는 강하고 자극이 있는 맥주들이 유행했습니다.

2010년대에 들어 미국에서는 Wild/Sour 계통의 맥주들이 유행하기 시작합니다. 벨기에의 람빅Lambic 이나 플랜더스 레드Flanders Red 등의 영향을 받아, 맥주를 와인 등을 담았던 배럴에 묵히는 곳들이 생겨납니다. 크래프트 맥주 양조장들이 라거/에일 효모 이외로도 맥주를 만들기 시작했습니다.

Brettanomyces, 보통 줄여서 브렛Brett 이라고 부르는 야생 효모로 완전히 발효하거나 다른 효모나 박테리아 등과 혼합한 발효를 나무 배럴에서 진행하는 업체들이 많아졌습니다. 브렛균은 쿰쿰하고 살짝 떫은 맛을 내는효모로, 맥주계에서는 라거/에일 효모 이외의 다른 종은 Wild Yeast로 치부하는데, 브렛이 대표적인 Wild Yeast에 해당합니다. 따라서 Wild Beer라 함은 거친 야생 맥주라는 의미보다는 Wild Yeast와 그것과 결합된 초산/젖산균들로 발효한 맥주를 일컫습니다.

벨기에의 람빅, 플랜더스 레드/브라운, 영국의 옛 포터, 독일의 고제Gose, 베를리너바이세Berliner Weisse 등은 미국 크래프트 맥주 양조장들이 Wild Beer를 만들 때 많이 참고한 타입의 맥주들로, 이들 중 몇몇은 지역적인 특색을 띠고 있기 때문에 미국에서 제품을 만들 때 해당 스타일의 명칭을 고스란히 쓰기는 어려웠습니다.

또한 Wild Beer를 만들 때 유럽의 것을 참고하되, 배럴의 주종이나 사도네이, 꼬냑, 버번 배럴 에이징 시 첨가하는 과일 및 향신료 등을 지속적으로 바꾸면서 끊임없이 새로운 맥주를 창조해냈습니다. 그래서 유럽의 원류와는 다른 속성을 갖추기에 이런 맥주들을 칭할 새로운 용어를 필요로 하게 됩니다.
이들을 큰 범위로 American Wild라 부르기 시작했습니다. Wild Beer를 위주로 취급하는 양조장들은 대체로 설립된 지 10년쯤 된 젊은 양조장이 많습니다. 국내에 정식 수입된 브랜드로 설명하면 Upright Brewing 2009년, Stillwater 2010년, Prairie 2012년, Terreux 2015년 등이 있습니다.

Wild 맥주들을 취급하는 몇몇 양조장들은 아예 크래프트 맥주의 스탠다드라 할 수 있는 평범한 IPA나 Stout 등을 연중생산 레귤러 맥주로 삼지 않고, 대표 상품 자체가 쿰쿰하고 시큼한 Wild Ale인 경우도 있습니다. Wild 맥주는 쿰쿰하고 신 맛이 나기에 대중에게 낯설 뿐만 아니라, 라거/에일에 비해 제조에 소요되는 시간이 긴 편이고, 따라서 대량 생산에도 불리하여 제품당 가격이 높을 수밖에 없습니다. 벨기에의 전통 람빅 맥주가 그러하듯이 한 병당 10달러는 우스운 수준입니다. 이런 맥주를 소비하는 사람들은 크래프트 맥주의 마니아층이라고 볼 수 있습니다.

미국에서 크래프트 맥주는 1980년부터 지금까지 약 40년을 흘러왔습니다. 수많은 양조장이 설립되어 엄청나게 다양한 브랜드의 맥주가 쏟아져 나왔습니다. 2014년에 양조장을 설립한 꿈 많은 젊은이 입장에서는 무난하게 IPA나 Stout 맥주를 만들게 되면, 쟁쟁한 선배들의 제품들과 차별화를 주기 어려워 주목받기가 힘듭니다.

따라서 균열이 일어난 지면에서 판을 흔들어 존재감을 우뚝 세우려면 새로운 타입의 맥주를 취급하는 것이 중요해졌습니다. 2010년 이후에 생겨난 Wild 맥주를 다루는 양조장들을 방문하면 스테인리스 발효조가 들어찬 공장 같은 느낌의 공간이 아니라, '와이너리가 아닐까?' 라는 생각이 들 정도로 빼곡하게 자리를 차지한 나무 배럴들을 볼 수 있습니다.

많은 사람들이 Wild 맥주는 매니아의 전유물이라고 생각했지만, 크래프트 맥주 양조장들은 점차 쉬운 Wild 맥주들을 내놓기 시작했고, IPA와 같은 인기있는 스타일과 결합한 Wild IPA 맥주도 선보이고 있습니다. 처음 경험해보는 Wild 맥주에서 나오는 쿰쿰함과 신 맛이 거부감보다는 호기심을 자극하게 된다면 매니아가 아니더라도 Wild 맥주에 입문할 수 있게 됩니다.

Wild Beer를 대중화시키려는 크래프트 맥주 양조장들이 점차 늘어나는 추세이며, 사람들이 라거-에일만 맥주라는 틀을 조금씩 깨나간다면, Wild Beer는 한 때 유행하던 맥주가 아닌 스테디셀러로 나아갈 수 있을 것이라 예상합니다.

Independent Craft Brewer Seal

2017년 6월 미국의 양조가 협회 Brewers Association 에서는 Independent Craft Brewer Seal 이라는 것을 선보인 후, 미국 내 크래프트 맥주 양조장들에게 이를 부착해줄 것을 요청했습니다.

1980년부터 미국에서 소규모 양조장, 크래프트 맥주의 문화가 시작되던 시기에 미국 영토 내 양조장의 개수는 불과 89곳에 불과했지만, 2017년에는 약 6,300곳의 양조장이 미국에서 운영 중이며, 이들 가운데 크래프트 맥주 양조장은 6,266곳에 달합니다. 그러나 6,266개의 크래프트 맥주 양조장이 시장에서 점유한 점유율은 약 12%에 지나지 않습니다. 그럼에도 불구하고 미국의 크래프트 맥주는 폐업보다 신생업체가 많아 날로 증가 추세에 있습니다.

따라서 미국의 크래프트 맥주 시장은 일찍부터 레드오션이 되었다는 평가가 나오고 있었고, 경쟁에서 뒤쳐진 양조장이나 혹은 소싯적에는 열정을 가지고 크래프트 맥주 사업에 임했던 오너가 나이가 들며 사업에서 손을 떼고 싶은 경우, 또는 미국 내 다른 주나 해외 등에 맥주를 유통하기 위한 목적 등으로 글로벌 대기업의 울타리로 들어가는 일이 발생하기 시작했습니다.

그간 글로벌 맥주 대기업 입장에서는 인구 감소 등으로 인해 매출의 감소가 발생했지만, 크래프트 맥주 시장은 반대로 성장하는 것을 지켜보고 있었습니다. 그러나 크래프트 맥주 사업에 진출하고 싶어도 브랜드 이미지가 맞지 않고(버드와이져 IPA 같은 것을 상상해보시길), 크래프트 맥주 소비층이 글로벌 라거 브랜드에 부정적인 인식을 가지고 있는 경우가 많아 주저했었지만, 생각보다 그들이 크래프트 맥주 사업을 할 수 있는 길이 쉽게 열렸습니다. 곤경에 처한 크래프트 양조장들을 자본력을 바탕으로 고스란히 인수하는 것이었습니다.

글로벌 맥주 대기업의 쇼핑 물망에 오른 양조장들은 꽤 많았습니다. 크래프트 맥주계에서 관록있고 역사깊은 양조장부터 시작하여, 장래가 촉망되는 새싹 양조장들까지 다양했습니다. 대기업에서는 이들을 인수한 후 브랜드 네임을 그대로 유지한 채 아무 일 없었다는 듯 운영하기 시작합니다.

대표적인 사례로는 미국 Goose Island → AB InBev 국내에서 Big Eye&Sculpin IPA로 유명한 Ballast Point → Constellation, 캘리포니아의 Lagunitas → Heineken, 그리고 스팀비어 Steam Beer 로 유명한 샌프란시스코의 유서 깊은 양조장 Anchor도 일본기업 Sapporo에 넘어갔습니다.

신생 양조장도 마찬가지였습니다. 2012년 미국 애쉬빌에 설립되어 크래프트 맥주 양조장의 축제인 Great American Beer Festival에서 2016년 돌풍의 주역이었던 Wicked Weed 양조장은 불과 1년만인 2017년 AB InBev에 인수되기에 이릅니다.

이러한 상황이 미국 크래프트 맥주 시장 내에서 반복되자, 독립적이고 독자적인 크래프트 맥주 양조 문화를 지키기 위해 Brewer Association에서 사명감을 가지고 Craft Brewer Seal을 내놓은 것으로, 해당 이미지가 병이나 캔에 부착된 양조장의 맥주가 Real Craft Beer임을 알리는 증표입니다.

즉, 대기업에 인수되어 크래프트 맥주인 '척' 하고 있는 제품들은 붙일 수가 없습니다. 2018년 가을에는 약 3,700 여곳에 이르는 미국 크래프트 맥주 양조장들이 해당 Seal을 적용했다고 합니다. 크래프트 맥주를 즐기고 사랑하는 사람들에게 효과적으로 진짜 크래프트를 알릴 수 있는 시그널이 되었습니다.

다만 일반 소비자는, Craft Brewery의 정의 Small, Independent, Traditional를 모르기에, Real Craft건 아니건 그냥 값 싸고 맛있는게 좋다고 생각하는 대다수의 소비자들에게 충분히 메시지의 의미가 닿을지는 미지수입니다. 더불어 크래프트 맥주 양조장들도 사명감을 가지는 것은 좋지만 결국은 사업이고 현실이기에, 사명감 없이 사업체를 성장시켜 되판다는 것은 스타트업 관점에서는 비일비재합니다.

크래프트 맥주 업계 종사자 입장에서는 배신자 혹은 종종 질투의 대상이 되겠지만, 타 업계에서는 이렇게 바라볼 것입니다.
"A 양조장 오너가 사업 성장시키고 대기업 B에게 매각해 적당할 때 Exit 잘 했네!"
크래프트 맥주 역사가 짧은 대한민국에서도 실제 발생한 일이며, 각자의 포지션에 따라 크래프트 맥주 양조장의 대기업 인수에 관한 입장은 판이합니다.

그러나 크래프트 맥주를 사업이 아닌 문화 측면에서 바라본다면 분명 우려되는 점은 있습니다. 크래프트 맥주는 획일화된 라거 맥주 시장을 바꿔보기 위해 다양성을 주무기로 하여 태어난 문화입니다. 크래프트 맥주계에서 결국 우려하는 것은 자본논리로만 움직여 개성을 잃는 시장이 되는 것으로, 자긍심과 자율성을 가지고 크래프트 맥주를 대하는 양조장들을 응원하고자 크래프트 맥주를 프로모팅 & 프로텍팅하는 Brewer Association이 Independent Craft Brewer Seal을 내었다고 보는 시각입니다.

2

특별한 맥주를 즐기기 위한
보틀샵 Bottle Shop

보틀샵 Bottle Shop,
특별한 맥주를 원한다면 이곳으로

보틀샵 Bottle Shop 은 쉽게 구하기 어려운 병/캔 맥주들을 전문적으로 판매하는 업장들을 지칭합니다. 콩글리쉬가 아닌 실제 영어권 국가들에서 사용하는 용어로 드래프트 Draft 맥주를 판매하는 맥주집인 펍 Pub 과는 다른 개념입니다.

우리나라에서는 간혹 창고형 맥주집과 혼동되어 사용되기도 합니다. 병 맥주의 종류가 선반이나 쇼케이스 냉장고에 많이 진열되어있는 것은 같지만 사업의 형태가 창고형 맥주 주점과 보틀샵은 꽤 다릅니다.

우선 창고형 맥주집은 원칙적으로 맥주의 내부 소비만 허용되는 반면, 보틀샵에서는 외부 소비만 가능합니다. 즉, 보틀샵에서 구매한 맥주를 즉시 개봉해서 마실 수 없는 것이 원칙입니다. 그래서 보틀샵은 대형 마트의 맥주 코너가 외부 매장으로 따로 나와 있는 격이라고 생각하면 이해하기 쉽습니다. 아니면 'XX 주류 백화점'과 같은 와인과 위스키 등을 전문적으로 취급하던 독립된 공간의 업소에서 주종목이 맥주로 바뀌었다고 봐도 좋습니다.

맥주 문화가 우리나라보다 앞서 발달한 서양 국가들에서는 보틀샵이라는 형태의 사업이 일찍부터 발달했습니다. 독일에서는 게트렝케마르크트 Getränkemarkt 라고 해서 식음료 및 주류를 전문 취급하는 가게들이 많습니다. 이 곳에서는 사실 콜라나 생수, 주스 등도 판매하지만 맥주를 박스 단위 혹은 낱개로도 판매하는 광경이 장관입니다.

독일의 게트렝케마르크트 getrankemarkt

몇몇 국가들에서는 주류를 지정된 형태의 소매점에서만 구할 수 있습니다. 즉 슈퍼마켓이 아닌 일명 리쿼 스토어 Liquor Store, 주류점에서만 술을 구매할 수 있습니다. 이들도 맥주 이외의 와인이나 위스키, 보드카, 기타 증류주 등을 판매합니다.

식음료나 위스키-보드카 등의 증류주, 맥주가 함께 있는 독일의 게트렝케마르크트나 리쿼 스토어 등은 보틀샵이라는 특수한 맥주 업소 형태를 완전히 설명하기에는 조금 부족한 면이 있습니다. 보틀샵의 순기능이자 보틀샵을 방문하는 가장 큰 목적 중 하나는 시중에서 쉽게 구할 수 없는 맥주를 접하기 위해서라고 할 수 있기 때문입니다. 보틀샵이라는 개념은 이러한 주류 전문점에서 맥주만 따로 독립시켜 보다 더 전문적으로 취급하는 형태를 의미합니다.

해외 한 보틀샵 내부의 맥주 진열 공간

보틀샵이라는 공간을 운영하는 사업주들은 해외나 국내를 막론하고 보통 맥주 마니아인 경우가 많습니다. 말 그대로 맥주가 좋아 보틀샵을 개업했다는 말이 어울립니다.

우리나라를 비롯해 웬만한 미국이나 유럽의 대형 마트의 주류 코너는 사실 한계가 있을 수밖에 없습니다. 판매가 일차적 목표이기 때문에 맥주를 선정하고 발주하는 데 있어서 맥주의 사업성을 고려할 수밖에 없기 때문입니다.

따라서 대형 마트의 맥주 코너는 기본적으로 대중적 선호가 검증된 유명 페일 라거 $_{Pale\ Lager}$ 스타일이 대다수를 차지하며, 조금 큰 규모의 대형 마트 매장에서는 종종 특별 맥주 코너라해서 살짝 마니아 취향의 에일 $_{Ale}$ 류나 크래프트 맥주가 진열되기도 합니다.

보틀샵도 분명 대형 마트와 맥주 구색이 겹치는 부분이 있는 건 사실이지만, 보통 대형 마트에서 만날 수 없는 맥주들을 운영자가 자신의 마니아적 감각과 지식을 바탕으로 마련해 놓습니다. 맥주에 빠져 있는 마니아 층도 단순 소비와 쉽게 마실 용도의 맥주들은 대형 마트에서 구매하지만, 특별하게 즐기고 싶은 희귀 맥주들은 보틀샵을 이용합니다. 대형 마트에는 잘 없는 맥주이기 때문입니다.

대형 마트와 보틀샵에서 판매하는 동일한 맥주가 있을 경우, 일반적으로 가격은 대형 마트 쪽이 더 저렴합니다. 맥주를 납품하는 수입 업체와의 교섭에 있어 개인 사업자가 운영하는 보틀샵보다는 규모가 큰 대형 마트가 맥주 홍보나 판매에 있어 유리하며 이익 구조가 맥주에만 전념하는 보틀샵과는 다르다는 점 등이 가격 하락에 영향을 미칩니다.

병이나 캔 맥주를 취급하는 업소의 형태를 총망라하여 평균적으로 가격이 높은 순에서 낮은 순으로 순서를 매겨본다면 아래와 같습니다.

일반 주점펍, 호프, 레스토랑 [테이크 아웃 불가] → 보틀샵 Bottle Shop → 대형 마트

가격적인 우위를 점하지 못함에도 불구하고 보틀샵이라는 사업이 자리잡을 수 있는 까닭은 맥주에 대한 전문성이 큽니다. 대형 마트는 가격은 저렴하지만 맥주에 관한 이야기나 추천을 받는 일이 현실적으로 불가능하나, 보틀샵에서는 사장이나 직원들과 맥주에 관한 담소도 나눌 수 있으며, 추천 받는 일도 가능하며 희귀 맥주에 관한 소식도 들을 수 있습니다. 그리고 맥주 전용 잔이나 병 따개 등의 수집 욕구를 불태우는 액세서리 등도 구매하기 용이합니다.

벨기에의 브뤼셀의 보틀샵 비어 템플

특히 벨기에의 브뤼셀의 구시가지를 걷다 보면 여러 상점들이 창가에 맥주와 전용 잔들을 진열해놓고 관광객들의 관심을 끕니다. 입장하면 평소 일반 슈퍼마켓에서는 볼 수 없던 수많은 맥주들이 진열장에 전시되어 있으며, 다양한 맥주들을 구경하다 보면 시간가는 줄 모르게 됩니다. 벨기에 구시가지에서는 맥주 보틀샵들이 초콜릿 상점, 와플 상점과 함께 여행객들의 관심을 사로잡는 관광명소로도 인기가 높습니다.

우연히 경험했던 희귀 맥주를 찾을 경우 대형 마트보다는 보틀샵에 전화나 방문을 통해 찾게 되는 사례가 많으며, 교육이나 모임을 통해 친해진다면 사장님의 지식을 전수받아 맥주 마니아로 성장할 가능성도 높습니다.

우라나라에서 보틀샵은 맥주 붐이 본격적으로 일기 시작한 2013년 즈음부터 시작되었습니다. 이태원이나 홍대 등지의 맥주 마니아들이 자주 찾는 펍 Pub, 드래프트 맥주 집이 많은 곳에서 생겨났습니다.

전국에 약 40개의 보틀샵이 운영 중이며, 개중에는 라면 팔고 치약 파는 그냥 친숙한 동네 슈퍼인데 사장님이 맥주에 빠져서 희귀 맥주를 구비해 놓은 곳들도 더러 있습니다. 아무래도 분포는 서울/경기권이나 광역시 등의 대도시에 많으며, 보틀샵의 소재지를 검색 확인하려면 검색 엔진에서 키워드를 '보틀샵 + 맥주'로 입력하는게 좋습니다.

국내나 해외를 막론하고 평가가 좋은 보틀샵을 판단하는 기준은 사람마다 조금씩 다릅니다. 사람마다 보틀샵에서 기대하는 가장 우선시 하는 가치가 조금씩은 다르기 때문입니다.

　　1. 가격 - 판매 중인 맥주 가격이 얼마나 합리적이고 저렴한가
　　2. 구색 - 얼마나 희귀한 맥주들이 많은가, 맥주 가짓수(맥주 스타일마다)가 많은가

신규 상품에 관한 구비가 빠른가, 맥주 액세서리(전용 잔 등)가 많은가
3. 서비스 – 친절하며 손님 응대가 정확한가, 단골 손님 응대 등
4. 전문성 – 서비스와는 별개로 직원의 전문적인 추천과 맥주 담화가 가능한가
5. 입지 – 출장이나 여행 중 바쁜 시간을 쪼개 갈 만큼 입지가 탁월한가
   (기차역 근처, 구 시가지 내 명소 소재, 대중 교통)
6. 영업 시간 – 주류 특성상 오후 늦게 열어 저녁에 닫는 곳이 종종 있음
   (특히 취미로 맥주 사업을 하는 여유로운 마인드의 유럽에서 자주 발견)

이 책에서 소개되는 많은 종류의 맥주 중 대형 마트에서 입수 가능한 제품들도 있지만, 낯설고 생소한 맥주 일수록 보틀샵에서만 구매 가능한 제품일 경우가 많습니다. 최근 2~3년 이래로 국내 맥주 시장의 급격한 성장으로 인해 맥주 전문 소매 상점인 보틀샵이 많아졌기에, 책에 소개된 맥주들이 더 이상 그림의 떡이 아니게 되었습니다.

궁금한 맥주가 있다면 집 근처 보틀샵에 전화를 하거나 시간 내어 방문해 보시길 바랍니다.

영국 런던의 보틀샵 UTO Beer

 출처 및 참고

PART 1. 맥주란 무엇인가?

1 출처 : http://w/ww.berlinreport.com/a/bier/Bier-Dateien/b02-001o.gif
2 출처 : http://3.bp.blogspot.com/_v_eNwIqT3EI/TE7WN4d3KEI/AAAAAAAAI8/5WQbNPap4Rs/s1600/Biscuit+Malt.jpg
3 출처 : http://www.newplanetbeer.com/wp-content/uploads/2011/07/hops1.jpg
4 출처 : http://4.bp.blogspot.com/-zQ-CPSsM0m4/TZXiCYTzFlI/AAAAAAAANI/51qM24YoTQo/s1600/fermented.png
5 참조 : https://www.klosterbrauerei.com/shop/Produkte/Schwarzer-Abt/68
6 출처 : http://beerpulse.com/2008/10/first-look-at-port-panzer-imperial-pilsner/
7 참조 : http://www.williamsbrosbrew.com/
8 출처 : http://merchantsfinewine.com/product/mt-pleasant-brewing-sacred-gruit-ale/
9 참조 : https://www.brewersassociation.org/statistics/number-of-breweries/
10 출처 : http://www.aperfectpint.net/blog.php/2010/03/malty-vs-hoppy-flavors-in-beer/
11 참조 : http://cicerone.org/

PART 2. 모르고 마셨던 맥주의 스타일

CHAPTER 02. 하면 발효 맥주 : 라거Lager

1 출처 : http://photos.bwca.com/s/SCHWEADY-120314-071738.JPG
2 출처 : http://joeflanigantan.com/2012/06/09/10-facts-about-joe/
3 출처 : http://cargocollective.com/johnferreira#2008-Miller-Genuine-Draft-BL
4 출처 : http://www.cupegraf.com/data_images/wallpapers/29/390340-budweiser.jpg
5 출처 : http://www.doruk-gida.com/doruk/default.asp?ild=GGIHHF
6 출처 : http://www.outsidethebeltway.com/north-dakota-drinks-the-most-beer-per-capita/
7 출처 : http://www.beerinfoindex.com/
8 출처 : http://www.camy.org/gallery/ad/70B69BFFEA0EC8072BE26A6B7C3BC155
9 출처 : http://beerivebeendrinking.tumblr.com/post/43562515931/my-first-beer-pilsner-urquell-and-the-challenges
10 출처 : http://www.beerforum.co.kr/article_beer/108024
11 출처 : http://www.beerforum.co.kr/article_beer/108024
12 출처 : http://www.charlestonerfurt.de/displaypic.php?thePic=/menu/Krombacher.jpg&id=32&more=0&name=S3JvbWJhY2hlciBQaWxzLEdyYW5kZQ==
13 출처 : http://whiskeygoldmine.com/wp-content/uploads/2010/08/bitburger_prembeer_startscreen_01.jpg
14 출처 : http://www.eichfeld.de/bier1529e.htm
15 출처 : http://www.germanbeerinstitute.com/Dortmunder.html
16 출처 : http://www.germanbeerinstitute.com/Dortmunder.html
17 출처 : http://www.karlsberg.de/Aktuelles/Eintrag/302
18 출처 : http://www.germany.info/contentblob/1949814/Galeriebild_gross/209464/Oktoberfest2_dpa.jpg
19 출처 : https://mixologia.files.wordpress.com/2012/07/pack-paulaner-oktoberfest.jpg
20 참조 : http://www.brewingwithbriess.com/Products/Dark_Roasted.htm#DarkChocolate
22 출처 : http://www.bitburger-braugruppe.de/marken/koestritzer
22 출처 : http://www.warsteiner.com/partner-brands/konig-ludwig-dunkel/
23 출처 : http://commons.wikimedia.org/wiki/File:Bock_beer_advertising,_1882.jpg
24 출처 : http://www.einbecker.de/sortiment
25 출처 : http://us.paulaner.com/our-beer/salvator-double-bock
26 출처 : http://old.kulmbacher.de/deutsch/menu70d/download/presse/gfx/gfxgross/eisbock1_gross.jpg
27 출처 : http://hiconsumption.com/2014/02/the-10-strongest-beers-in-the-world-will-get-you-drunk-fast/
28 출처 : http://www.hofbraeu-muenchen.de/en/our-brews/our-range-of-beer/hofbraeu-maibock/
29 출처 : http://www.flens.de/unternehmen/index.php?id=60&no_cache=1&tx_ttnews%5Btt_news%5D=27&cHash=f7b5539d6c3a3eafe28a9235f8745415

PART 2. 모르고 마셨던 맥주의 스타일

CHAPTER 03. 상면 발효 맥주 : 에일Ale 혹은 바이젠Weisen

1 출처 : http://webezett.de/index.php?content=weissbiere&action=show&nr=151
2 출처 : http://buteconosso.com/index.php/tag/cerveja-alema/
3 출처 : http://www.germanbeerinstitute.com/weissbier.html
4 출처 : http://www.ggf-getraenke.ch/xtshop/shop/de/bier/international/deutschland/franziskaner/franziskaner-weissbier-kristall-20-x-50cl#.U-WZmPl_um0
5 출처 : http://www.thebeerconnection.net/2012/09/seasonal-preview-fall.html
6 출처 : http://www.jamesclay.co.uk/news/award-winning-schneider-aventinus
7 출처 : http://theyearinbeer.wordpress.com/2013/03/12/exploring-german-bier-the-kolsch-ale/
8 출처 : http://www.weedist.com/2013/09/weedist-destinations-cologne-germany/
9 출처 : http://www.zumschluessel.de/
10 출처 : http://www.germanbeerinstitute.com/altbier.html
11 출처 : http://thebittenbullet.blogspot.kr/2010/02/alt-versus-kolsch.html
12 출처 : http://biervat.blogspot.kr/2012/10/bier-van-tot-z-deel-2-a.html
13 출처 : http://en.bamberg.info/
14 출처 : http://maltadonaofiltrado.blogspot.kr/2013/05/rauchbier.html
15 출처 : http://www.franken-bierland.de/en/rekord/hoechste_brauereiendichte_der_welt/
16 출처 : http://de.holidayinsider.com/unterkunftsverzeichnis/gasthof-gruener-baum?sp_id=117-377796
17 출처 : http://www.biermap24.de/aktien-zwickl
18 출처 : http://www.germanfoodguide.com/frankencooking.cfm
19 참조 : https://en.wikipedia.org/?title=Franconia
20 참조 : http://www.beutebayern.de/tag/bier/
21 출처 : http://berliner-kindl-weisse.de/altersschranke.php
22 출처 : http://berliner-kindl-weisse.de/altersschranke.php
23 출처 : http://www.do-it-at-leipzig.de/Bayerischer-Bahnhof-en
24 출처 : http://www.thebeercade.com/just-tapped/
25 출처 : http://www.guinness.com/en-gb/thebeer-es.html
26 출처 : http://allaboutbeer.com/article/milk-stout-2/
27 출처 : http://www.savorsa.com/2011/12/beer-of-the-week-samuel-smith-oatmeal-stout/
28 출처 : http://food.uk.msn.com/drink/10-stouts-porters-guinness?page=9
29 출처 : http://www.northcoastbrewing.com/beer-rasputin.htm
30 출처 : http://www.bruguru.com/hopczarwallpaper.htm
31 출처 : http://www.bruguru.com/samuel_adams_hallertau_imperial_pilsner
32 출처 : http://www.onestopwines.net/whats-on-tap/green-flash-double-stout/
33 출처 : http://www.homebrewery.com/beer/beer-kits-extract.shtml
34 출처 : http://www.guinness.com/en-row/thebeer-fes.html
35 출처 : https://bsgcraftbrewing.com/craftbrewing-malt-patagonia-roasted-dark-malts
36 출처 : http://www.brewshop.co.nz/malt-black.html
37 출처 : http://domesticcraftbeer.blogspot.kr/2011/12/widmer-pitch-black-ipa.html
38 출처 : http://beerpulse.com/brewery/green-flash-brewing/
39 출처 : http://bccbnews.ca/granville-island-return-of-cloak-dagger-cascadian-dark-ale/
40 출처 : http://www.cafe-pallieter.be/over-pallieter/bieren/
41 출처 : http://lovelypackage.com/adnams-southwold-bitter/
42 출처 : http://www.thealeroom.co.uk/real_ale/wells_bombardier_english_premium_beer_500ml_P639.html
43 출처 : http://timothytaylor.co.uk/
44 출처 : http://www.shopbrewmeister.com/index.php/river-thames-epa.html
45 출처 : https://thewinecountry.com/shop/fullers-esb-england/
46 출처 : http://www.sierranevada.com/press-room
47 참조 : http://www.northernbrewer.com/shop/brewing/brewing-ingredients/hops
48 출처 : http://www.northcoastbrewing.com/beer-RedSeal.htm

49 출처 : http://www.eadt.co.uk/business/bury_st_edmunds_greene_king_to_roll_out_new_beers_in_ipa_brand_extension_1_1327519
50 참조 : http://www.beerandpub.com/statistics
51 출처 : http://www.ballastpoint.com/beer/sculpin/
52 출처 : http://www.stonebrewing.com/
53 출처 : http://beerpulse.com/beer/arcadia-hop-rocket-ale/
54 출처 : http://thefullpint.com/beer-news/lagunitas-2009-bombers-and-seasonal-6-packs/
55 출처 : http://brewpublic.com/beer-releases/pyramid-introduces-india-pale-lager-as-new-year-round-offering/
56 출처 : http://hopleaf.hk/rogue-hazelnut-brown-nectar-12oz-craft-beer.html
57 출처 : http://www.redbubble.com/people/odysseyroc/works/10830821-skeleton-jacks-halloween-town-pumpkin-ale?p=sticker
58 출처 : http://www.beer-coasters.eu/coasters/huyghe-8.jpg
59 출처 : http://beerpulse.com/2013/11/mission-springs-brewing-expanding-operations-in-south-korea-1928/
60 출처 : http://juliegoeshealthy.blogspot.kr/2013/12/five-things-friday-day-to-day.html
61 출처 : http://produto.mercadolivre.com.br/MLB-573737778-cerveja-artesanal-thomas-hardys-ale-raridade-_JM
62 출처 : http://www.examiner.com/article/old-guardian-stone-brewery-s-powerful-but-good-barley-wine-style-ale
63 출처 : http://beerpulse.com/beer/belhaven-scottish-ale/
64 출처 : https://www.noblegreenwines.co.uk/traquair-house-ale.htm
65 출처 : http://www.beertownaustin.com/features/pierre-celis-memories/
66 출처 : http://www.newgrounds.com/bbs/topic/1061392/2
67 출처 : http://www.standaard.be/cnt/dmf20130816_00695259
68 출처 : http://www.saveur-biere.com/fr/biere-bouteille/4221-saison-de-pipaix.html
69 출처 : http://www.boulevard.com/BoulevardBeers/tank-7-farmhouse-ale/
70 출처 : http://www.refinedguy.com/2012/07/11/beer-101-15-beer-styles-every-man-should-know/
71 참조 : https://en.wikipedia.org/wiki/Trappist_beer
72 출처 : http://beercycling.com/the-10-best-beers-of-the-netherlands/
73 출처 : http://belgium.beertourism.com/belgian-beers/westvleteren-12
74 출처 : http://intothetrade.wordpress.com/products/maredsous-abbey-beer/
75 출처 : http://intothetrade.wordpress.com/products/maredsous-abbey-beer/
76 출처 : http://brokenspiritsbeer.blogspot.kr/2011/02/affligem-tripel.html
77 출처 : http://www.ommegang.com/#!beer_abbey
78 출처 : http://www.belgiangourmetfood.com/tag/belgian-beer/page/3/
79 출처 : http://biernetwerk.nl/abt-van-de-maand-chimay-doree-goud/
80 출처 : http://winestyle.ru/products/Bosteels-Tripel-Karmeliet.html
81 출처 : http://www.buenabeer.com.br/produtos-st-feuillien/st-feuillien-tripel.php
80 출처 : http://www.unibroue.com/en/beers/15
83 출처 : http://definitionale.com/tasting-the-koningshoeven-quadroupel/
84 출처 : http://www.artisanalimports.com/artwork_public.asp?id=2
85 출처 : http://belgium.beertourism.com/belgian-beers/bush-de-nuits
86 출처 : http://www.pompe-a-biere.com/biere-belge-grimbergen-blonde-2900.html
87 출처 : http://makeswordswork.com/blog/duvel-is-a-fine-belgian-ale-for-beer-snobs-and-everyone/
88 출처 : http://www.belgiangourmetfood.com/tag/belgian-beer/page/2/
89 출처 : http://belgium.beertourism.com/belgian-beers/brigand
90 출처 : http://www.beerhawk.co.uk/dekoninck-blond
91 출처 : https://www.behance.net/gallery/603950/hopus
92 출처 : http://thebeerlist.ca/houblon-chouffe-dobbelen-ipa-tripel/
93 출처 : http://coronadobrewingcompany.com/beers/
94 출처 : http://www.bidbeer.com/products/la-brasserie-de-st-sylvestre/trois-monts
95 출처 : http://www.boozehund.com/drinks/1614-rodenbach-grand-cru
96 출처 : http://www.brouwerijverhaeghe.be/en/duchesse-de-bourgogne
95 출처 : http://www.totalwine.com/eng/product/petrus-oud-bruin/104117817

PART 2. 모르고 마셨던 맥주의 스타일

CHAPTER 04. 즉흥 발효 : 람빅Lambic

1   출처 : http://plazilla.com/page/4295129046/belgische-fruitbieren-en-geuzes
2   출처 : http://www.institut-rosell-lallemand.com/page.php?idPage=33
3   출처 : http://www.flandern.at/entdecken/typisch_flandern/belgisches-bier/lambic-bier/
4   출처 : http://www.luekensliquors.com/beer/oud-beersel-bzart-lambiek-750ml
5   출처 : http://kvitre.no/category/ol/usa/
6   출처 : http://www.latisimports.com/brands/palm-breweries/boon-lambics/boon-geuze-mariage-parfait/
7   출처 : http://www.saveur-biere.com/fr/biere-bouteille/4365-girardin-kriek-.html
8   출처 : http://drinkwiththewench.com/2008/11/my-obsession-with-wild-beers/
9   출처 : http://www.beercartel.com.au/Timmermans-Framboise-Lambic

PART 3. 크래프트 맥주란 무엇인가

1   참조 : https://www.brewersassociation.org/statistics/craft-brewer-defined/
2   출처 : http://en.wikipedia.org/wiki/Anchor_Brewing_Company#mediaviewer/File:Anchor_Brewing_
3   참조 : Brewers
4   출처 : http://alcoholbyvolumeblog.wordpress.com/2014/03/19/collaboration-beer-history/
5   출처 : http://www.fermentobirra.com/urkontinent-la-birra-di-google/
6   출처 : http://homebrewingassistant.com/

INDEX

번호

3 Fonteinen Oude Kriek … 391
3 Fonteinen Oud Gueuze … 387
3 Monts … 363
3 폰테이넨 괴즈 … 387
3 폰테이넨 우트 크릭 … 391
1809 Berliner style weisse … 176
1809 베를리너 스타일 바이스 … 176

로마자

A

ABC Stout … 215
Adnams Southwold Bitter … 228
Adolphus Busch … 75
Aecht Schlenkerla Rauchbier Märzen … 165
Aktien Zwick'l Kellerbier … 169
Allagash Dubbel Ale … 328
Alpha-acid … 52
Alpha King Pale Ale … 241
Alsterwasser … 105
Anchor Old Foghorn … 290
Ancient Ale … 409
Andechs … 324
Anderson Valley Barney Flat Oatmeal Stout … 197
Antwerpen … 356
Arcobräu Zwicklbier … 169
Avery … 203, 411
Ayinger Altbairisch Dunkel … 116
Ayinger Celebrator … 123

B

Baird … 416
Ballast Points Sea Monster … 200
Ballast Point Tongue Buckler … 271
Baltika 6 … 210
Bamberg … 165
Bayreuth … 174

BBPA … 257
Beck's … 93
Belgian White … 32
Belhaven Wea Heavy … 299
Belle Vue … 395
Belle-vue Gueuze … 387
Belle-vue Kriek … 391
Berliner Kindl Weisse … 176
Berliner Weisse … 34
Bière de Garde … 363
Biergarten … 175
Big Eye IPA … 262
Bitburger … 93
Bitches Brew … 418, 419
Black Boss Porter … 210
Black Patent … 188
Blue Moon … 301
Boon Oude Gueuze … 386
Boon Oude Kriek … 391
Bottle Conditioning … 341
Bottle Shop … 435
Bourgogne Des Flandres Brune … 374
Brains IPA … 256
Brewdog … 129
Brewer's Gold … 24
Brew Master … 60
Brewpub … 59
Brigand … 351
British Beer and Pub Association … 257
Brooklyn … 413
Brooklyn East India Pale Ale … 254
Brugse Zot Dubbel … 328
Budweiser … 43
bzart … 385

C

Caldera Pale Ale … 241
Cantillon Gueuze … 386
Cantillon Kriek … 391
Carlsberg … 74
Cascade … 22
Cask Ale … 184
Cass … 43

Celis White … 301
Chimay Red[Première] … 328
Chimay White … 334
Cicerone … 58
Coedo … 416
Coniston Blue Bird Bitter … 232
Coopers Best Extra Stout … 214
Coors Light … 43
Corona … 78
Coronado … 416
Corsendonk Agnus … 334
Corsendonk Vater … 328
Crystal Wheat Beer … 144
Cuvee De Jacobins Rouge … 368
C. W. Vincent … 226
Czar … 203

D

DAB 오리지널 … 101
De Koninck … 354
Delirium Tremens … 349
Deuchars IPA … 256
Devil Dancer … 284
Diebels Alt … 159
Dogfish Head Brewery … 409
Dortmund … 102
Dragon Stout … 216
Duchesse de Bourgogne … 368
Dulacher Hof Dunkelweissbier … 147
Dunkel … 65
Düsseldorf … 159
Duvel … 349

E

Einbeck … 119
Einbecker Mai-Ur-Bock … 131
Einbecker Urbock Dunkel … 120
Erdinger Hefe-Weissbier … 136
Erdinger Weissbier Pikantus … 149
Eringer Weissbier Dunkel … 147
Eringer Weissbier Kristall Klar … 144
Export … 92

F

Founders Breakfast Stout … 200
Founders Brewing … 284
Franken … 110
Frankenheim Alt … 159
Frederick Miller … 75
Froach Heather Ale … 40
Früh Kölsch … 154
Füchschen Alt … 159
Fuggle … 243
Full Body … 70
Fuller's Chiswick Bitter … 228
Fuller's ESB … 236
Fuller's India Pale Ale … 254
Fuller's London Porter … 184
Fuller's London Pride … 231

G

Gaffel Kölsch … 154
German Wheat Ale … 143
Glühwein … 280
Gose … 34
Grain to Glass … 370
Greene King IPA … 254
Grimbergen Blond … 346
Guinness Extra Stout … 214
Guinness Original … 190

H

Hallertau Mittelfrüh … 24
Heineken … 77
Hennepin Farmhouse Saison … 350
Henry's IPA … 256
Heretic Evil Twin … 246
Heretic Shallow Grave Porter … 184
Hoegaarden … 32, 301
Hofbräu Maibock … 131
Hop Breeding Company … 24
Hop Ottin' IPA … 262
Hopus … 357
Houblon Chouffe … 357

I

IBU … 52
Imperial Stout … 40
Indica IPA … 262
IPA … 36

J

Jenlain … 363
J.W. Lees Vintage Harvest Ale … 290
J.W.리스 빈티지 하비스트 에일 … 290

K

Kaiserdom Kellerbier … 169
Karlsberg Radler … 105
Kasteel Blond … 346
Keeping Beer … 363
Keg … 136
Kellerbier … 92
Kent Golding … 243
Kentucky Breakfast Stout … 284
Kilkeny … 38
Kindl … 177
König Ludwig Dunkel … 116
Korbinian … 38
Köstritzer … 114
Kriek Lambic … 380
Krombacher … 93
Kronenbourg blanc … 302
Kulmbacher Icebock … 127

L

La Chouffe … 349
La Fin Du Monde … 334
Lagunitas Imperial Red … 271
Lambic … 65
La Trappe Quadrupel … 339
La Trappe Tripel … 334
Leffe Blonde … 346
Left Hand Milk Stout Nitro … 193
Leipzig … 181
Leipziger Gose … 180
Liefman's Goudenband … 374
Light Body … 70
Lindemans … 384
Lindemans Cuvée René Kriek … 391
Lindemans Gueuze … 386, 387
Lindemans Kriek … 391
Lion Stout … 214, 215

M

Marston's Old Empire … 254
Max … 82
Meantime India Pale Ale … 254
Meantime London Porter … 185
Mikkeller Milk Stout … 193
Miles Davis … 418
Mix-beer … 105
Mort Subite … 395
Mort Subite Gueuze … 387
Mort Subite Kriek … 391
Mulled Wine … 280
Münchner Hell … 98

N

Naturtrüb … 139
Newcastle Brown Ale … 286
nogne-o … 416
Non-Craft … 46
Nord-Pas-de-Calais … 364
North Coast … 192
Nürnberg … 174

O

Oettinger Schwarzbier … 113
O'Hara's Irish Red … 250
Oktoberfestbier … 107
Old Rasputin … 200
Oud Beersel Oude Geuze … 387
Oud Beersel Oude Kriek … 391
Oyster Stout … 190

P

Pale Lager … 39
Palm … 355
Paulaner Hefe-weissbier … 136
Paulaner Oktoberfest-Märzen … 106
Paulaner Salvator … 123
Petrus Oud Bruin … 374
Phenol … 49
Piraat … 360
Pliny the Elder … 266
Primátor Exkluziv 16° … 131
Punk IPA … 262

R

Rauchbier ··· 92
Red Hook ESB ··· 236
Red Seal Ale ··· 246
Regensburg ··· 152
Reinheitsgebot ··· 29
Reissdorf Kölsch ··· 154
Ritterguts Gose ··· 180
Rodenbach Grand Cru ··· 369
Rogue American Amber ··· 246
Rogue Hazelnut Brown Nectar ··· 286
Russian River ··· 411

S

Saaz ··· 24
Saison Dupont ··· 310
Salvation ··· 411
Samuel Adams Oktoberfest ··· 106
Samuel Smith Imperial Stout ··· 200
Samuel Smith Oatmeal Stout ··· 197
Santiam ··· 24
Schlenkerla ··· 167
Schlüssel Alt ··· 159
Schneider ··· 150
Schneider Aventinus Weizen-Eisbock ··· 127, 129
Schneider Weisse Tap 6 Unser Aventinus ··· 149
Schneider Weisse Tap 7 Unser Original ··· 136
Schorsch ··· 129
Schorschbock Ice 13 Dunkler Eisbock ··· 127
Schwarzbier ··· 33
Sculpin IPA ··· 262
Shepherd Neame Master Brew ··· 231
Shiga Kogen ··· 416
Sierra Nevada bigfoot ··· 290
Sierra Nevada Pale Ale ··· 241
Simcoe ··· 242
Sink the Bismarck ··· 129
Sion Kölsch ··· 154
Smithwick's ··· 38
Smoke Beer ··· 34, 166
Smuttynose Baltic Porter ··· 210
Sorachi Ace ··· 24
Spalt ··· 94
Spezial ··· 167
Spezial Rauchbier Lager ··· 165
Spontaneous Fermentation ··· 380
St. Bernardus Abt 12 ··· 339
St. Bernardus Wit ··· 302
Stella Artois ··· 77
St. Georgenbräu Kellerbier ··· 169
St. Louis Gueuze ··· 387
St. Louis Kriek ··· 391
stone old guardian barley wine ··· 290
St. Peter's Cream Stout ··· 193
Strong Beer ··· 119
Sweet Gale ··· 40

T

Tank 7 Farmhouse Ale ··· 310
Tettnang ··· 22
Thornbridge Saint Petersburg ··· 200
Thurn Und Taxis Roggen ··· 152
Timmermans Kriek ··· 391
Timothy Taylor's Landlord ··· 231
Trappist Achel Bruin ··· 328
Trappistes Rochefort 10 ··· 339
Trappist Orval ··· 327
Traquair House Ale ··· 297
Tripel Karmeliet ··· 335
Tsingtao ··· 78
Tucher Bajuvator ··· 125

U

Uerige Alt ··· 159
UR Kontinent ··· 417

V

Vedett Extra White ··· 302

W

Wallon ··· 311
Weihenstephaner Hefe-weissbier ··· 136
Weihenstephaner Hefe-weissbier Dunkel ··· 147
Weihenstephaner Korbinian ··· 123
Weihenstephaner Kristallweissbier ··· 144
Weihenstephaner Tradition ··· 116
Weihenstephaner Vitus : ··· 149
Weizen-Weissbier ··· 143
Weltenburg ··· 324
Weltenburger Kloster Barock-Dunkel ··· 116
Westmalle Dubbel ··· 328
Westmalle Tripel ··· 334
Westvleteren 12 ··· 339
William Brothers Brewing Company ··· 39
Winter Warmer ··· 201
Würzburg ··· 174

Y

Young's Bitter ··· 228
Young's Double Chocolate Stout ··· 193

Z

Zatec ··· 94

한글

ㄱ

가펠 쾰쉬 ··· 154
경수 ··· 27
고대 에일 ··· 409
고제 ··· 34
그린 킹 ··· 254
그림버겐 블론드 ··· 346
기네스 오리지날 ··· 190
기네스 엑스트라 스타우트 ··· 214
뀌베 데 자코뱅 루즈 ··· 368

ㄴ

노르파드칼레 ··· 364
노블 홉 ··· 102
노스 코스트 ··· 202
노이슈반스타인 ··· 118
농주 ··· 78

뉘른베르크 … 174
뉴캐슬 브라운 에일 … 286

ㄷ

데릴리움 트레멘스 … 349
데빌 댄서 … 283
도그피시 헤드 브루어리 … 409
도르트문트 … 102
도펠복 … 38
둔켈 … 65
뒤셀도르프 … 159
뒤체스 드 브루고뉴 … 368
듀라커 호프 둔켈바이스비어 … 147
듀벨 … 349
듀카스 IPA … 256
드래곤 스타우트 … 216
드 코닉크 … 355
디벨스 알트 … 159

ㄹ

라구니타스 임페리얼 레드 … 271
라 쇼페 … 349
라우흐비어 … 34, 92
라이쓰도르프 … 154
라이언 스타우트 … 214
라이프치거 고제 … 180
라이프치히 … 181
라 트라페 쿼드루펠 … 339
라 트라페 트리펠 … 334
라 핀 두 몽드 … 334
람빅 … 65
러시안 리버 … 270
레겐스부르크 … 152
레드 씰 에일 … 246
레드 훅 ESB … 236
레페 … 18
레페 블론드 … 347
레프트 핸드 밀크 스타우트 … 193
로그 아메리칸 앰버 … 246
로그 헤이즐넛 브라운 넥타 … 286
로덴바호 그랑 크뤼 … 369
뢰벤브로이 오리지널 … 97
리터굿츠 고제 … 180
리프만스 구덴반트 … 375
린데만스 … 384
린데만스 괴즈 … 386, 387
린데만스 꾸베 르네 크릭 … 391

린데만스 크릭 … 391

ㅁ

마스턴즈 올드 엠파이어 … 254
마일즈 데이비스 … 418
맥스 … 78
맥아즙 … 90
맥주 순수령 … 19
맥큐언스 스카치 에일 … 297
메르젠 … 108
메소포타미아 … 16
모르트 수비테 … 395
모르트 수비테 괴즈 … 387
모르트 수비테 크릭 … 391
미켈러 밀크 스타우트 … 193
미켈러 … 56
민타임 런던 포터 … 185
민타임 인디아 페일 에일 … 254

ㅂ

바이로이트 … 174
바이헨슈테파너 헤페바이스비어 … 136
바이헨슈테판 … 17
바이헨슈테판 비투스 … 149
바이헨슈테판 오리지널 … 97
바이헨슈테판 코르비니안 … 123
바이헨슈테판 크리스탈바이스비어 … 144
바이헨슈테판 트라디치온 … 116
바이헨슈테판 헤페바이스비어 둔켈 … 147
발리와인 … 54
발티카 6 … 210
밤베르크 … 165
밸러스트 포인트 씨 몬스터 … 200
밸러스트포인트 칼리코 엠버 … 271
밸러스트 포인트 텅 버클러 … 270
버드 라이트 … 84
버드와이저 … 43
베네딕트 수도원 … 324
베뎃트 엑스트라 화이트 … 302
베를리너 바이세 … 34
베를리너 킨들 바이스 … 176
베스트말레 두벨 … 328
베스트말레 트리펠 … 334
베스트블레테렌 12 … 339
베어드 … 416

벡스 … 93
벨 부 괴즈 … 387
벨 부 크릭 … 391
벨 뷰 … 395
벨지안 트리펠 … 54
벨지안 화이트 … 32
벨텐부르거 클로스터 바로크 둔켈 … 116
벨텐부르크 … 324
벨헤이븐 위헤비 … 297
병입 숙성 … 341
보틀샵 … 436
부데요비츠키 부드바르 … 87
부드바이스 부드바르 … 76
부르고뉴 데 플랜더스 브륀 … 374
분우트 괴즈 … 386
분 우트 크릭 … 391
뷔르츠부르크 … 174
브란덴부르크 맥주 전쟁 … 33
브레인스 IPA … 256
브루독 … 129
브루마스터 … 60
브루어스 골드 … 24
브루펍 … 59
브루클린 … 413
브루클린 이스트 인디아 페일 에일 … 254
브뤼흐스 조트 두벨 … 328
브리건 … 351
블랙 보스 포터 … 210
블랙 패튼트 … 188
블루 문 … 301
비어가르텐 … 175
비에흐 드 가르드 … 363
비치스 브루 … 418
비트부르거 … 93
빅아이 IPA … 262
빈센트 … 226

ㅅ

사무엘 스미스 오트밀 스타우트 … 197
사무엘 스미스 임페리얼 스타우트 … 200
사무엘 아담스 옥토버페스트 … 106
사순절 … 124
사츠 … 28
산미 … 67
상트 페테르 부르크 … 200

샌티엄 … 24
생 루이 체리 람빅 … 380
세인트 루이스 괴즈 … 387
세인트 루이스 크릭 … 391
세인트 버나두스 앱트 12 … 339
세인트 버나두스 윗 … 302
세인트 피터스 크림 스타우트 … 193
세종 듀퐁 … 310
셀리스 화이트 … 301
셰퍼드 님 마스터 브루 … 231
소라치 에이스 … 24
쇼르슈 … 129
쇼르슈복 아이스 13 둔클러 아이스복 … 127
수메르 … 16
슈나이더 … 150
슈나이더 바이스 탭 6 운저 아벤티누스 … 149
슈나이더 바이스 탭 7 운저 오리지날 … 136
슈나이더 아벤티누스 바이젠 아이스복 … 127, 129
슈바르처 압트 … 33
슈바르츠비어 … 33
슈팔트 … 94
슈페치알 … 167
슈페치알 라우흐비어 라거 … 165
슐렌케를라 … 167
슐뤼셀 알트 … 159
스머티노즈 발틱 포터 … 210
스미딕스 … 38
스카치 에일 … 54
스컬핀 IPA … 263
스텔라 아르투아 … 77
스톤 올드 가디언 발리 와인 … 290
시메이 레드 … 328
시메이 화이트 … 334
시에라네바다 빅풋 … 290
시에라 네바다 페일 에일 … 241
심코 … 242
쏜브리지 상트 페테르부르크르 … 200
씨서론 … 58

ㅇ
아돌푸스 부쉬 … 75
아르코브로이 츠비클비어 … 169
아메리칸 IPA … 55
아사히 수퍼 드라이 … 68
아우구스티너 라거비어 헬 … 97
아이리시 레드 … 38
아인벡 … 119
아인벡커 마이 우어 복 … 131
아인벡커 우어 복 둔켈 … 120
아잉거 셀러브레이터 … 123
아잉거 알트바이리슈 둔켈 … 116
악티엔 츠비클 켈러비어 … 169
안덱스 수도원 … 324
안트베르펜 … 355
알라가쉬 두벨 에일 … 328
알스터바서 … 105
알파 액시드 … 52
알파 킹 페일 에일 … 241
애드넘스 사우스올드 비터 … 228
애버리 … 203
애이버리 … 411
앤더슨 밸리 … 199
앤더슨 밸리 바니 플랫 오트밀 스타우트 … 197
앵커 올드 포그혼 … 290
에딩거 … 37
에딩거 바이스비어 둔켈 … 147
에딩거 바이스비어 크리스탈 클라 … 144
에딩거 바이스비어 피칸투스 … 149
에딩거 헤페바이스비어 … 136
에스테르 … 69
에히트 슐렌케를라 라우흐비어 메르젠 … 165
엑스포트 … 92
연수 … 27
영스 더블 초콜릿 스타우트 … 193
영스 비터 … 228
예수회 … 323
예젝 … 87
오디너리 비터 … 38
오이스터 스타우트 … 190
오하라 아이리시 레드 … 250
옥토버페스트비어 … 92, 108
올드 라스푸틴 … 200
왈롱 … 311
외팅어 슈바르츠비어 … 113

외팅어 엑스포트 … 101
우트 비어셀 우트 괴즈 … 387
우트 비어셀 우트 크릭 … 391
위어리게 알트 … 159
윌리엄 브라더스 브루잉 컴퍼니 … 39
인디아 페일 에일 … 40
인디카 IPA … 262
임페리얼 IPA … 55
임페리얼 스타우트 … 40
임페리얼 인디아 페일 에일 … 54
임페리얼·트리플 IPA … 55
잉글리쉬 비터 … 54

ㅈ
자테츠 … 94
장크트 게오르겐브로이 켈러비어 … 169
정랑 … 363
지온 퀼쉬 … 154

ㅊ
차르 … 203
칭타오 … 78

ㅋ
카를스베르크 라들러 … 105
카스 … 43
카스틸 블론드 … 346
카이저돔 켈러비어 … 169
칸티용 괴즈 … 387
칸티용 크릭 … 391
칼데라 페일 에일 … 241
칼스버그 … 74
칼텐베르크 … 118
캐스케이드 … 22
캐스크 에일 … 184
케그 … 136
켄터키 브랙퍼스트 스타우트 … 284
켄트 골딩 … 243
켈러비어 … 92
코니스톤 블루버드 비터 … 232
코로나 … 78
코로나도 … 416
코르비니안 … 38
코르센동크 아그너스 … 334
코르센동크 파터 … 328
코에도 … 416

쾨니히 루트비히 둔켈 … 116
쾨스트리쳐 … 113
쿠어스 라이트 … 43
쿠퍼스 베스트 엑스트라 스타우트 … 214
쿨름바허 아이스복 … 127
크로넨부르 1664 블랑 … 302
크롬바커 … 93
킨들 … 177
킬케니 … 38

ㅌ

탱크 7 팜하우스 에일 … 310
테트낭 … 22
투허 바유바토르 … 125
트라퀘어 하우스 에일 … 297
트라피스트 로슈폴 10 … 339
트라피스트 아헬 브륀 … 328
트라피스트 오르발 … 355
트루와 몽 … 363
트룬 운트 탁시스 로겐 … 152
트리펠 … 47
트리펠 카르멜리엇 … 335
트리플 IPA … 55
티모시 테일러스 랜드로드 … 231
팀머만스 크릭 … 391

ㅍ

파운더스 브랙퍼스트 스타우트 … 200
파운더스 브루잉 … 284
파울라너 … 18
파울라너 뮌히너 헬 … 97
파울라너 살바토르 … 123
파울라너 옥토버페스트 메르젠 … 106
파울라너 헤페바이스비어 … 136
팜 … 355
퍼글 … 243
펑크 IPA … 262
페놀 … 49
페일 라거 … 39
페트루스 우드 브륀 … 374
팝스트 … 45
포터 … 54
풀러스 ESB … 236
풀러스 런던 포터 … 184
풀러스 런던 프라이드 … 231
풀러스 인디아 페일 에일 … 254

풀러스 치스윅 비터 … 228
프란치스코회 … 323
프랑켄 … 110
프랑켄하임 알트 … 159
프레드릭 밀러 … 75
프로치 헤더 에일 … 40
프뤼 쾰쉬 … 154
프리마토 익스클루시브 16 … 131
플라이니 디 엘더 … 267
플라토 … 90
플젠 … 27
피라미드 IPL … 274
픽스헨 알트 … 159
필스너 맥주 … 27
필스너 우르켈 … 87

ㅎ

하이네켄 … 77
할러타우 미텔프뤼 … 24
헤네핀 팜하우스 세종 … 310
헤더 에일 … 40
헤레틱 셀로우 그레이브 포터 … 184
헨리스 IPA … 256
호가든 … 32, 302
호퍼스 … 357
호프브로이 마이복 … 131
호피 데이즈 … 358
홉 오틴 IPA … 262
후블론 쇼페 … 357

맥주 스타일 사전
••• 2ND EDITION •••

1판 1쇄 발행 2019년 10월 15일

저　　자 | 김만제
발 행 인 | 김길수
발 행 처 | (주)영진닷컴
주　　소 | (우)08505 서울시 금천구 가산디지털2로 123
　　　　　　월드메르디앙벤처센터 2차 10층 1016호
등　　록 | 2007. 4. 27. 제16-4189

가격 25,000원

©2019. (주)영진닷컴

ISBN | 978-89-314-6118-3
이 책에 실린 내용의 무단 전재 및 무단 복제를 금합니다.

도서문의처 | http://www.youngjin.com

YoungJin.com Y.
영진닷컴